John Prince-Smith, Dr. Karl Braun-Wiesbaden

John Prince-Smiths gesammelte Schriften

John Prince-Smith, Dr. Karl Braun-Wiesbaden

John Prince-Smiths gesammelte Schriften

ISBN/EAN: 9783742890795

Hergestellt in Europa, USA, Kanada, Australien, Japan

Cover: Foto ©berggeist007 / pixelio.de

Manufactured and distributed by brebook publishing software (www.brebook.com)

John Prince-Smith, Dr. Karl Braun-Wiesbaden

John Prince-Smiths gesammelte Schriften

John Prince-Smith's

Gesammelte Schriften.

Zweiter Band.

Ueber den politischen Fortschritt Preussens. Handelsfeindseligkeit und Zollschutz. Ueber die englische Tarifreform. Vermischte volkswirthschaftliche Schriften.

Herausgegeben

von

Dr. Karl Braun-Wiesbaden.

BERLIN.
Verlag von F. A. Herbig.
1879.

Vorwort.

Indem ich hiermit den zweiten Band von John Prince-Smith's gesammelten Schriften der Oeffentlichkeit übergebe, schicke ich die Bemerkung voraus, dass die Sammlung nicht, wie ursprünglich beabsichtigt war, sich auf zwei Bände beschränken, sondern deren drei umfassen wird. Diese Erweiterung des Umfanges erscheint geboten sowohl durch die Reichhaltigkeit des Nachlasses, von welchem man nicht gern etwas Erhebliches preisgeben wollte, als auch durch die Masse des Materials, welches zur Verfügung stand für die Skizze der äusseren und inneren Lebensentwickelung des Verfassers. Auch der dritte Band ist druckfertig. Er wird binnen Kurzem erscheinen, den Rest der volkswirthschaftlichen Schriften und die Lebensbeschreibung enthalten und das Werk vollenden.

Während der erste Band den Abschluss der politischen und volkswirthschaftlichen Thätigkeit des Verfassers enthält, bringt der hier vorliegende zweite in den drei ersten Abschnitten, aus den Jahren 1843 bis 1846, deren Beginn und erste Begründung.

In höchst beachtenswerther Weise stellt sich uns Prince-Smith in der ersten Abhandlung „*Ueber den politischen Fortschritt Preussens*", 1843, als Kulturpolitiker dar, welcher sich tief durchdrungen zeigt von der hohen politischen Aufgabe seines in Preussen neu gewonnenen Vaterlandes, von dem er selbst sagt „*dass er diesem Lande fast mehr verdankt, als dem Geburtslande*". (Seite 4—5.) Die dem vorliegenden Werke zu Grunde liegende Gesammtauffassung ist in der letzten Schrift des Verfassers „*Der Staat und der Volkshaushalt*", (Bd. I, Seite 133—200), in ihren Grundlagen unverändert, jedoch in den Einzelheiten feiner und vollständiger durchgearbeitet und durch gereiftere Lebenserfahrung vertieft und bereichert, zum abschliessenden Ausdruck gebracht worden.

Wir glauben kaum, dass damals, 1843, schon irgend ein anderer Schriftsteller oder Politiker die kulturhistorischen Grundlagen der politischen Stellung und Zukunft Preussens so klar und gleichsam divinatorisch aufgefasst und dargestellt habe.

Als auf eine Ergänzung dieser Abhandlung weist der Verfasser selbst (Seite 7) auf sein beinahe gleichzeitig erscheinendes volkswirthschaftliches Programm hin, welches er in den beiden Aufsätzen „*Ueber Handelsfeindseligkeit*" (Seite 79—149) und „*Ueber die Nachtheile der Industrie durch Erhöhung der Einfuhrzölle*" (Seite 150—192) systematisch darlegt und begründet. Heute würden wir diesen Aufsätzen die gemeinsame Ueberschrift „*Ueber Kampf- und Schutzzölle*" geben; und da dieselben Satz für Satz auch auf die Gegenwart anwendbar erscheinen, so dürften sie im Hinblick auf den jetzt hin und her wogenden Tageskampf, unseren politischen und volkswirthschaftlichen Freunden dringend empfohlen zu werden verdienen.

Die Abhandlung „*Ueber die englische Tarifreform und ihre materiellen, sozialen und politischen Folgen für Europa*" (Seite 189—270) ist die umfangreichste dieser Schriften.

V.

Sie fasst die volkswirthschaftlichen und die politischen Theorieen so innig zusammen, dass sie als der treffendste Ausdruck der gesammten Lebensauffassung und Weltanschauung unseres verewigten Freundes betrachtet werden kann. Diese Lebensauffassung war nicht auf eine Trennung der Politik und der Volkswirthschaft, sondern auf deren gegenseitige Durchdringung und wechselseitige Förderung gerichtet.

Die den zweiten Band abschliessenden freihändlerischen Streitschriften sind theils, wie die „*Petition um Schutz gegen Beschränkung des Verkehrs*" (Seite 321—328) Vorbilder der Stilistik, theils, wie „*Für und Wider Differenzialzölle*" (Seite 329—388) Muster jener Dialektik, welche die Gegner und deren Behauptungen durch die Macht einer unerbittlichen Logik zwingt, sich selbst zu kritisiren und zu widerlegen. Diese Methode der Behandlung ist schon im ersten Bande, Seite 357 bis 429, auf die *Sozialisten* angewandt worden. Hier findet sie Anwendung auf die, mit jenen nahe verwandten *Protektionisten*.

Der Aufsatz endlich „*Wer trägt die Schlacht- und Mahlsteuer?*" (Seite 273—289) ist als ein Vorläufer der durch ihre Feinheit so ausgezeichneten Abhandlung „*Ueber die Abwälzung*" (Band I, Seite 43 bis 64) zu betrachten.

Berlin S.W., den 10. Juli 1879.

Der Herausgeber.

Inhalt des zweiten Bandes.

                    Seite

Ueber den politischen Fortschritt Preussens . . . 1

Handelsfeindseligkeit und Zollschutz.
 I. Ueber Handelsfeindseligkeit 79
 II. Ueber die Nachtheile der Industrie durch Erhöhung der Einfuhrzölle 150

Ueber die englische Tarifreform und ihre materiellen, sozialen und politischen Folgen für Europa . 189

Vermischte volkswirthschaftliche Schriften.
 I. Ueber die Frage: Wer trägt die Schlacht- und Mahlsteuer? . 273
 II. Ueber die Breslauer Denkschrift für Differenzialzölle 290
 II. Petition um Schutz gegen Beschränkung des Verkehrs . . . 321
 IV. Für und Wider Schutz- und Differenzialzölle 329

Ueber den politischen Fortschritt Preussens.

Ueber den politischen Fortschritt Preussens.

Allen Landtags-Abgeordneten der Preussischen Monarchie hochachtungsvoll gewidmet.

> Euch des Regierens Wesen deuten woll'n
> Leicht dürfte das als Redesucht erscheinen,
> Da ich wohl weiss, dass Eure eigne Kenntniss
> Darin schon jeden Aufschluss übersteigt,
> Den ich Euch bieten kann. — Es fehlt Euch nichts
> Als die Selbstständigkeit, der'n Euer Werth
> Schon fähig. — Lasset die sich jetzt bewähren!
> **Shakespeare.** Mass für Mass.

Vorrede.

Viel Neues ist nicht in dieser Schrift enthalten. Es war nicht unser Wunsch, durch Neuheit anzuziehen. Was wir Neues an einem so alten Stoffe hätten entdecken können, wäre sicherlich nicht das Naheliegende, Wesentliche. Das Wesentliche aber, um das es uns zu thun ist, wird häufig nicht zum klaren Ausdrucke gebracht, weil es so nahe liegt, dass Keiner sich die Mühe giebt, es auszusprechen —, kommt bisweilen nicht zum allgemeinen offenen Verständniss, eben weil es Jedem sich von selbst zu verstehen scheint. Wenn es uns nun in dieser Schrift gelungen sein sollte, das längst vom Publikum Durchgefühlte zur bestimmten Aeusserung, das zerstreut Gedachte in logischen Zusammenhang zu bringen, so dass dabei »ein Jeder fühlt, was er im Busen hegt« — alsdann hätten wir damit alles, was wir wünschen, und mehr, als wir hoffen durften, erreicht. Das grösste Glück, das einem Schriftsteller begegnen kann, ist: ein öffentliches Geheimniss auszusprechen. Dazu gehört mehr Selbstvertrauen als Scharfsinn. Wem dies einmal durch einen glücklichen Treffer gelungen ist, der erwirbt sich dadurch einen Ruf, der häufig sogar ausser allem Verhältniss zu seiner wissenschaftlichen Befähigung steht. Hiervon ist Herr von Bülow-Cummerow ein lebendes Beispiel. Im Besitze einiger, dem Publikum bisher fehlenden bestimmten Angaben über die Gebrechen der preussischen Finanzzustände, deren aber alle Welt schon längst bewusst war, hatte er den Muth, solche zu veröffentlichen. Darauf allein gestützt, ist er im Stande gewesen, vor dem Publikum die Rolle eines grossen Publizisten auf eine Zeitlang zu übernehmen und es über Staat und Verfassung des Breiteren belehren zu wollen, obgleich seine Einsicht in das Wesen politischer und sozialer Zustände weder eine tiefere, noch eine weitere, noch eine andere, als diejenige ist, welche jeder ältliche Landedelmann, der einigen Zeitwechsel durchgemacht und dabei seine Zeitungen fleissig gelesen hat, sich erwirbt. — Wenn wir also für das Gelingen eines schriftstellerischen Versuchs das *à propos*, nämlich das Aussprechen schon weitverbreiteter Ueberzeugungen, sehr hoch anschlagen, so ist damit doch nur eine ephemere Aufmerksamkeit gewonnen, wenn nicht zu gleicher Zeit sowohl die tiefere Quelle als auch die ferneren Konsequenzen aufgedeckt werden; denn nur dadurch werden diese zerstreuten Ueberzeugungen zu festen und fruchtbringenden Gedanken. Es genügt nicht, dem Gedanken bloss eine Gestalt zu geben — er muss noch einen haltbaren Grund, eine innere Fülle, eine nothwendige Richtung erhalten, dadurch aber wird er zu einer nachhaltig sich entwickelnden Macht. Wir sind uns dieser Erfordernisse klar bewusst gewesen, und wenn wir ihnen nicht genügt haben sollten, so ist es nicht, weil wir nicht darnach gestrebt hätten.

Der Verfasser, wenn auch kein Preusse, ist lange genug in Preussen einheimisch gewesen, um dessen Zustände genau kennen zu lernen und sich für völlig eingebürgert betrachten zu dürfen. Und der Umstand, dass er unter Englands volksthümlicher Verfassung aufwuchs, dürfte wohl als ein Vorzug für eine Schrift gelten, deren Aufgabe es ist, die absolute mit der konstitutionellen Monarchie in deren respektivem Einfluss auf das Leben zu vergleichen. Seine Anhänglichkeit an Preussen und seine rege Theilnahme für preussische Zustände erklären sich auch natürlich genug daraus, dass er diesem Lande fast mehr als dem Geburtslande verdankt; denn Preussen bot ihm, was England versagte, und was höher, als die blosse Geburt zu schätzen, nämlich die Leichtigkeit, eine wissenschaftliche Ausbildung zu verfolgen.

Die in dieser Schrift niedergelegten Betrachtungen sind dem Verfasser durch das bewegte politische Interesse aller heutigen Gesellschaftskreise aufgedrungen worden. Dies machte es ihm natürlich zum Bedürfnisse, sich über die allerseits besprochenen Verhältnisse Klarheit zu verschaffen. Und wer einmal sich den Beruf eines Schriftstellers erwählt hat, empfindet ein eben so unabweisbares Bedürfniss, die Ergebnisse seines Denkens zu veröffentlichen. Denn im Nachsinnen beschwört er gleichsam um sich eine Geisterschaar herauf, die ihm keine Ruhe lässt, bis er sie durch die magischen Zeichen der Schrift gebannt und unter den Deckel eines Buchs gebührend bestattet hat. Die Ruhe aber, welche der Schriftsteller durch Erfüllung dieser Pflicht gewinnt, ist eben so auffallend als vollständig, denn mit der Uebergabe des letzten Correcturbogens hören die also fixirten Gedanken auf, ein Theil seines innern Eigenthums zu sein, und treten ihm als ein Aeusseres, fast Entfremdetes gegenüber. — Der Verfasser wollte also eigentlich durch diese wenigen Bogen sich mit der Zeitfrage, der kein Denkender ausweichen darf, vorläufig abfinden, damit er um so freier sich der Staats- und Volkswirthschaft, welche sowohl Neigung als Studium ihm als sein Fach bezeichnen, zuwenden könne.

Wenn aber Einer aus seinem eigentlichen Fache hinaustritt, um in einem andern etwas zu unternehmen, und nicht etwa dabei bloss einer gewöhnlichen Sucht zum Dilettiren folgt, so muss er zu seiner Rechtfertigung, zwischen seiner eigentlichen Wissenschaft und dem berührten Gegenstande nicht gewürdigte Beziehungen aufweisen, durch deren Geltendmachung er berufen wäre, einen neuen und bedeutsamen Gesichtspunkt aufzustellen. Im vorliegenden Falle glauben wir, dies gethan zu haben. Wir haben die Politik aus den dem Staatswirth eigenen Grundansichten beurtheilt. Diese belehrten uns nämlich, dass die äusseren politischen Formen stets durch den innern sozialen Zustand bedingt seien, und dass, wenn auch jene mächtig auf diesen einwirken, eine politische Umgestaltung nur Folge, aber auch unausbleibliche Folge einer veränderten sozialen Basis sei. In der Entwickelung des jetzigen Industriesystems und Weltverkehrs aber erkennen wir *neue* soziale Elemente, welche nicht nur die früheren von der absoluten Regierungsform erfüllten Anforderungen an eine Staatsmacht aufheben, sondern sogar entgegengesetzte Bedürfnisse erzeugen, mit denen das für eine andere soziale Stufe berechnete Staatssystem nunmehr unverträglich ist. Das wesentliche Merkmal der niederen Gesellschaftsstufe, aus der die absolute Regierungsform hervorging, war der Konflikt, sowohl unter den Nationen als unter den Ständen einer Nation. Friede und Ordnung waren früher nur das zufällig hergestellte Gleichgewicht zwischen den sich bekämpfenden Kräften; daher war die diplomatisch-polizeiliche Macht einer absoluten Regierung nöthig, um alle selbstständig werdende Kraft zu negiren, welche, durch Aufhebung des faktischen Gleichgewichts, Bewegung, mithin erneuerten Kampf und Zerstörung erzeugen könnte. Das wesentliche Merkmal unserer jetzigen Gesellschaftsstufe aber ist die durch das entwickelte Industriesystem und den internationalen Verkehr entstandene Gegenseitigkeit*) der Interessen, welche den allgemeinen Konflikt aufhebt und Frieden und Ordnung durch das allseitige gebieterische Bedürfniss derselben sichert und sie nicht mehr von der diplomatischen und polizeilichen Thätigkeit einer Staatsmacht abhängig macht. Aber nicht nur beseitigen die industriellen Ordnungsgesetze das Bedürfniss eines Negirens selbstständigwerdender individueller Bewegungskräfte, sondern sie erheben das entgegengesetzte Bedürfniss, das Bedürfniss nämlich freiester Bewegung und grösster Selbstständigkeit der Individuen, mit Rücksicht auf das möglichst grosse positive Schaffen, welches die durch unsere jetzige soziale Phase uns gestellte Aufgabe bildet. Soll also eine Staatsmacht den Bedürfnissen unserer Zeit entsprechen — und nur insofern sie dies thut, kann sie sich dauernd

---

*) Wir werden diese durch das Industriesystem begründete Gegenseitigkeit des Interesses und Gemeinschaft des Vortheils sowohl zwischen Nationen als zwischen allen Klassen und Individuen einer Nation künftig besonders beleuchten, denn sie ist noch nirgends hinlänglich eingesehen und hervorgehoben worden, bildet jedoch den eigentlichen Schlüssel zur Beurtheilung aller neueren sozialen und politischen Verhältnisse.

erhalten — so muss sie ihren diplomatisch-polizeilichen mit einem sozial-bildenden Karakter vertauschen; denn es ist in den inneren bestimmenden Gesetzen des industriellen Lebens eine neue Macht entstanden, welche die Regelung und Gliederung der Gesellschaft völlig ausführt und sichert, mithin die früheren negirenden Funktionen der absoluten Staatsgewalt zu diesem Behufe ersetzt. Wohin aber führt diese neue ordnende und bestimmende soziale Macht? Führt sie zum einzigen vernünftigen Ziele aller Gesellschaftseinrichtungen: zum höchsten Glücke Aller? — Diese Frage hat man allerdings uns aufzuwerfen ein Recht, wenn wir eine Anerkennung der Suprematie jener Industriemacht und die Unterordnung alles Uebrigen fordern, damit sie ihr System entwickeln könne. Denn das neuere Industrieleben in seiner bisherigen Ausbildung, weit entfernt davon, das Glück Aller zu realisiren, ist von so grässlichen Leiden für die Volksmasse, und von so bedrohlichen Missständen für den gesellschaftlichen Zusammenhalt begleitet erschienen, dass es wohl zu überlegen wäre, ob man nicht seine Herrschaft bekämpfen und seine Ausdehnung abwehren sollte. — Darauf könnten wir einfach antworten: Die Fortentwickelung und Ausbreitung des Industriesystems geht aus einer Nothwendigkeit hervor, gegen welche sich gar nicht ankämpfen lässt; man möge wollen oder nicht, sich zu wehren versuchen oder sich willig fügen, man muss einmal hindurch — *il faut toujours passer par là!* — Oder wir könnten erwidern, dass keine bisherige soziale Einrichtung ihr eigentliches Endziel, nämlich das Glück Aller — nicht einmal das der Mehrzahl — erfüllt habe, sondern alle Gesellschaftsstadien von noch grösseren Leiden und noch kritischeren Missständen begleitet gewesen, wesshalb man an dieses Stadium nicht Anforderungen machen dürfe, deren Lösung überhaupt noch nicht als möglich erwiesen wäre. — Auf diese Weise könnten wir abschliessen und uns fernere Mühe ersparen. Dies aber wollen wir nicht. Wir sind im Gegentheil Willens, die aus der eben aufgeworfenen Frage hervorgehende Aufgabe zum Gegenstand einer baldigst folgenden Schrift zu machen, worin wir die Grundgesetze des Industriesystems, nämlich freie Konkurrenz und das unantastbare Eigenthumsrecht, in ihren Beziehungen zu dem Glücke Aller, prüfen werden. Wir werden also die Theorien der sogenannten

Sozialisten und Kommunisten zu erörtern haben, und, um jedes Missverständniss über unsere Tendenz zu verhüten, erklären wir zum voraus, dass jene Theorien aus einem gänzlichen Verkennen des Wesens sowohl der Konkurrenz als des Eigenthums hervorgegangen sind, und dass die Missstände, denen sie abhelfen möchten, sich durch kein blosses Beschränken, welches immer nur ein Negiren ist, lindern lassen, sondern nur durch Positives, nämlich durch Entwickelung viel grösserer Produktionsfähigkeit, zu beseitigen sind. Hierzu aber gehören zuvörderst bürgerliche Freiheit und die Verbreitung einer wahren Lebensbildung durch die ganze Gemeinde. Denn wir fragen ganz aufrichtig: besitzt die Masse der Menschen einen solchen Grad der persönlichen Ausbildung, hat sie die von der Zivilisation gestellte Aufgabe schon in dem Maasse gelöst, dass ihre Erhebung über den rohen Kampf um die ersten Bedürfnisse irgend möglich sei? Einige Wenige haben durch Ansammlung des Eigenthums und durch Erziehung dies gethan; die Masse aber hat sich noch zu wenig über den rohen Naturzustand erhoben. Da indessen die Ausbildung Einiger die Ausbildung der Uebrigen nicht ausschliesst, sondern erleichtert; und da das vorhandene Eigenthum die Erzeugung neuen Eigenthums keineswegs verhindert, indem Eigenthum durch Sparen erzeugter Dinge sich in's Unendliche vermehren lässt, so kommt es darauf an, die positive Kultur der Masse auf demselben Wege zu erhöhen, auf welchem die der Wenigen erhöht ward. Gesellschaftliche Einrichtungen können nur die Möglichkeit oder die negativen Bedingungen des Glücks bieten; die Verwirklichung des Glücks erfolgt erst aus dem Herstellen der positiven Mittel, aus dem wirklichen Schaffen. Zur Beförderung dieses letzten Zwecks ist alle Macht einer sozial-bildenden Regierung nothwendig, nicht nur weil dieser Zweck der humanste und dem Begriffe einer christlich-erleuchteten Regierung am meisten entsprechende ist, sondern auch, weil das Glück derer, die ihre Kulturaufgabe gelöst haben, durch die Nähe einer physisch überlegenen, auf der niedrigsten Entwickelungsstufe harrenden Masse unvermeidlich getrübt wird.

Elbing, den 1. Juni 1843.

Inhalt.

Politischer Fortschritt — was er ist; warum er gefordert, wie er gutgeheissen wird und faktisch vor sich geht.

Wesen des Revolutionären: eine rechtlose faktische Macht. Präventivmittel gegen dasselbe: *Legalisirung der fakt. Macht* durch Verfassungsgesetze.

Entwickelung *bestehender Verfassungsgrundlagen* in Preussen auf dem *natürlichen Wege* des Sichmachenlassens. — Bedingungen dieser Entwickelung, nämlich negative: *Nichthindern* dessen, was sich entwickeln will; positive: *Anerkennung* dessen, was sich entwickelt hat. — Bestehende Hindernisse der Entwickelung der Provinziallandtage. Anzuerkennender Grad ihrer erreichten Entwickelung.

[*Allgemeine Ausschüsse* keine Stufe *ständischer* Entwickelung. Ihre *Geschäftsordnung* raubt ihnen den ständischen Karakter. — Wesen eines *ständischen Organs: Ausspruch der Interessirten als solcher* woher Stände zum begutachtenden Beirath ungeeignet.]

Zeitgemässe Entwickelung. Das Wort „zeitgemäss" bezieht sich nicht auf Zeitfolge, sondern auf das zur Zeit schon Entwickelte. *Rascher politischer Fortschritt den zur Zeit bestehenden inneren und äusseren Verhältnissen Preussens angemessen.* — Preussen positiv und negativ zur volksthümlichen Verfassung vorbereitet — ausser im Verwaltungswesen.

Geschichtliche Entwickelung auf historischer Basis, zielt auf Begründung eines *Konservatismus,* welcher auf althergebrachtem Missbrauche beruht. Entstehung des historischen Konservatismus; Quelle seiner Macht; sein früherer Zweck. — Ein historischer Konservatismus in Preussen *wäre gefährlich, ist aber unmöglich.* — Was die *Intelligenz* Preussens bedeutet. — Ein Konservatismus der Gewohnheit, oder *Zopfkonservatismus* ist wider die Zeitrichtung. — *Verfehlte Versuche* zur Begründung eines Konservatismus durch *überwiegende Vertretung des Landbesitzes* und Trennung der Provinzen.

Regierungskunst und wahre *Staatswissenschaft, Staatsmännische Aufklärung* in Preussen von der Niederlage bei Jena bis zum Siege bei Belle-Alliance. *Grundlagen von Preussens Neuzeit.* Preussens Bedeutung für Europa's Zukunft. — Die *negativen Tugenden* sind schon durch das negirende Regieren in Preussen ausgebildet; jetzt thut *Freiheit* noth, um *positive Kraft* zu entwickeln.

Exekutive Schwäche in Preussen. — Unter kultivirten Völkern *bedingt Volksthümlichkeit* der Regierung die *exekutive Kraft* und *erhöht das königliche Ansehen.* Missverhältniss zwischen *Form* und *Wesen* der preussischen Staatseinrichtung und *missliche Lage* der gesetzgebenden Organe. Dadurch wird *politische Bewegung* über die Gebühr angeregt; besonders durch **die Zensur.**

[Das jetzige *Streben* nach einer *Entwickelung* der populären *Verfassungselemente* in Preussen ist loyal und patriotisch] — eine *natürliche Frucht* der *durch die preussischen Monarchen* gelegten und gepflegten *Keime der Bildung und Sittigung.*
Art *des von politischer Selbstständigkeit zu erwartenden Segens.* — Der durch politische Bevormundung erzeugte kleinmüthige Geist.
Das Fortschreiten liegt nicht *in der Wahl,* sondern *in der Nothwendigkeit.* — Politischer Uebergang — *von was, zu was* und *durch welche Triebkraft.*
Feudalismus — Absolutismus — Industriestaat. Gegensätze der jetzigen und der früheren Gesellschaftsstufe liegen in dem *früheren Antagonismus* und der *jetzigen Gegenseitigkeit der Interessen;* — desshalb *politische Umgestaltung.* Die Abhängigkeit der Menschen von ihren gesteigerten Bedürfnissen bedingt die *Macht der Industrieordnung* — deren naturnothwendige Gesetze für *Frieden, Ruhe, Recht* und *Sittlichkeit* sorgen — mithin die alten diplomatischen und polizeilichen Funktionen der absoluten Fürstenmacht ersetzen — und von der Staatsthätigkeit eine Ausbildung, an Stelle der Negirung, selbstständiger Individualitäten erheischen. — *Das Geld* als neue *staatliche Potenz.* — Die Tendenz unserer Zeit ist nicht zur Anarchie, nicht einmal zur Freiheit, sondern zur Annahme eines neuen strengeren Zwanges in den Gesetzen der industriellen Ordnung.
Die Regierungsmänner des absoluten Systems beweisen sowohl durch ihr Thun als durch ihr Unterlassen *den Mangel eines staatsmännischen Maassstabs für unsere Zeit;* — ihnen fehlt gründliche *Kenntniss der Volkswirthschaft.* — Pauperismus und Proletariat.
Stellung des *Throns* zum *Volke* in der Vorzeit *antagonistisch;* in der Jetztzeit *auf gegenseitiger Wohlthat* beruhend; — durch *politischen Fortschritt* wird *Ergebenheit und Liebe gegen die erbliche Monarchie* gekräftigt. — *Der Uebergang zur volksthümlichen Verfassung* kann nur auf Grund eines *noch nicht aufgehobenen Antagonismus zwischen Thron und Volk* verwehrt werden.
Absolute Unfreiheit — absolute Freiheit — halbe Freiheit; Unsegen der letzten. Konzessionen in der Gestalt von Unfreiheit.
Insofern *Sitte, Intelligenz* und *Rechtsgefühl* die Verwirklichung einer volksthümlichen Verfassung ermöglichen, erreicht man *bürgerliche Selbstständigkeit* — aber *menschliche Freiheit* erst dann, wenn man sich von seinen Bedürfnissen emanzipirt, durch erhöhte produktive Macht und ein Suchen der Befriedigung im Schönen und Einfachen, mehr als im materiellen Vielen. Das Industrieleben mit seinen zum Theil trivialen Trieben eine nothwendige Durchgangsstufe zur höheren Kulturstufe, wo Freiheit erst im verschönerten Leben erreicht wird.

Ueber den politischen Fortschritt Preussens.

»Politischer Fortschritt« bedeutet in Preussens Gegenwart den Uebergang von einer ausschliesslich durch Beamte besorgten Regierung zur Einwirkung des Volks auf die Führung der Staatsgeschäfte. Insofern die Ausschliessung des Volks von der Berathung seines eigenen Wohls eine Folge seiner politischen Unfähigkeit, und das Gelangen zum Rechte der Selbstleitung eine Folge seiner bürgerlichen Ausbildung ist, macht jener Uebergang unbestreitbar einen Fortschritt aus.

Der politische Fortschritt wird vom preussischen Volke, in allen seinen Lebensäusserungen, als ein unabweisbares Bedürfniss gefühlt, und als ein unverweigerliches Recht gefordert; — nicht etwa wegen Missbrauchs der Beamtenmacht oder unerträglicher Gebrechen der jetzigen Verwaltung — denn es erkennt die Beamten für pflichttreu und human, die Verwaltung, als solche, für vorzüglich an — sondern, weil es einem geistig aufgeklärten Volke zum Lebensbedürfniss wird, für sich selbst zu handeln und zu denken, für sich selbst zu sorgen, selbstständig sich zu fühlen.

Der Monarch Preussens hat dieses Bedürfniss anerkannt, das politische Fortschreiten gutgeheissen, und zur Beförderung desselben, unter gehöriger Berücksichtigung der allgemeinen Sicherheit und Wohlfahrt, mitzuwirken, durch königliches Versprechen sich verpflichtet.

Dass der politische Fortschritt jetzt faktisch, sogar mit raschen Schritten, in Preussen vor sich geht, ist unleugbar. Das neue in den Provinzial-Landtagen erwachte Leben; das grosse Gewicht, welches das Volk auf deren Berathungen zu legen angefangen hat; die Regsamkeit, womit die Presse sich jeder öffentlichen Angelegenheit bemächtigt; die jetzt täglich erwiesene Berücksichtigung der öffentlichen Meinung von Seiten der Regierung: diese bekunden hinlänglich den wachsenden Einfluss der Volksstimme auf den Gang der Regierungsgeschäfte. Es handelt sich also darum, diesem wachsenden Einflusse der Nation auf die Landesregierung jedesmal die entsprechenden Organe zu verleihen; — denn einerseits kann die Einwirkung des erwachenden Volksbewusstseins und der allgemeinen Aufklärung nicht abgewiesen werden, andererseits darf sie nicht ihre staatsrechtlichen Befugnisse überschreiten. In dem Maasse, als die politische Bildung und die Macht der öffentlichen Meinung im Volke wachsen, müssen also die Formen der Verfassung modifizirt werden, oder es tritt unvermeidlich ein rechtloses Uebergreifen, eine Gewöhnung des Volks an aussergesetzliches Einwirken auf den Staatsgang ein, — welches als der unheilvollste aller Zustände erkannt werden muss. In England wurden die Emanzipation der Katholiken und die Reformbill, den Organen der Verfassung zum Trotze, durch eine aussergesetzliche Gewalt, welche die Verfassung faktisch für die Zeit aufhob, durchgesetzt. Wie unheilbar die Verfassung des Landes dadurch verletzt, wie tief die vorhin unerschütterliche Achtung des Volks für Gesetzlichkeit dadurch untergraben worden ist, wie leicht das verführerische Beispiel eines solchen Erfolges zur Desorganisation führen könne, beweist die gegenwärtige Repealagitation, worüber Besorgnisse sich äussern, welche selbst die erprobte Selbsterhaltungskraft einer freien, durch Jahrhunderte entwickelten Konstitution nicht gänzlich zu beseitigen vermag. Und wenn in einem absolut monarchischen Staate die Bestrebungen der Behörden durch eine rechtlose Presse abgelenkt, wenn Stände, welchen kein Bestimmungsrecht zusteht, vom erwachenden Volksbewusstsein unterstützt, eine Kraft erlangen, durch welche der Regierungsgang sich bestimmen lassen muss, so ist schon damit der Keim eines grossen Verderbens gelegt — das Staatsleben verfällt in einen revolutionären Karakter. Denn das Wesen einer Revolution besteht nicht im bewaffneten Kampfe, nicht in dem Vertreiben gewalthabender Personen von ihrer Stellung, — sondern jedes Weichen der Staatsorgane, wider ihren

Willen, vor einer aussergesetzlichen Gewalt, ist eine Revolution. Sobald die Rechte irgend eines Gliedes des Staatskörpers nicht mehr seiner unabweisbaren Einwirkung entsprechen, woraus natürlich ein unberechtigtes Eingreifen entsteht, ist schon das Revolutionäre da. Das Prinzip der freieren Verfassungen, welches die stärkste Partei jedesmal an das Staatsruder bringt und damit die faktische Gewalt sogleich legalisirt, ist das einzige vollkommene Präventivmittel gegen Revolutionen, auch die einzige Bürgschaft für die Sicherheit der Regierung, indem es dieselbe von der Uebermacht unzertrennlich macht. Und wenn in England revolutionäre Bewegungen oder Unsicherheit sich äussern, so ist es nur, weil man daselbst nicht das Grundprinzip' der Verfassung treu durchgeführt, sondern grosse Parteien von der gebührenden Vertretung ausgeschlossen und damit deren Legalisirung verhindert hat. Die Aufgabe für denjenigen, welcher, während einer Periode der politischen Entwickelung, das Staatsgebäude immer sichern will, liegt darin: *den jedesmal entstehenden und in den Staatsgang unbesiegbar eingreifenden Mächten entsprechende Berechtigungen durch Verfassungsgesetze zu verleihen, um damit einem Zustande der Verfassungslosigkeit und Gesetzwidrigkeit beständig vorzubeugen.*

, In Preussen scheint es durch allseitiges Uebereinkommen beschlossen und abgemacht zu sein, dass sein politischer Fortschritt nicht durch Verpflanzung oder Nachbildung fremder Institutionen, sondern durch zeitgemässe Entwickelung bestehender Grundlagen geschehen solle. Diese Phrase: »zeitgemässe Entwickelung bestehender Grundlagen,« wird so häufig im Munde geführt, dass man ihr, wie den meisten aus Gewohnheit gebrauchten Redensarten, keinen hinlänglich klaren Begriff beilegt. Wir wollen ihre Bedeutung festzustellen versuchen. Wie wir sie verstehen, will man nämlich nicht eine Aufgabe hinstellen und alsdann verordnen, dass durch eine Verfassungsvorschrift eine Macht zu deren Lösung entstehe — denn hierbei könnte die Aufgabe eine vergriffene und die hervorgerufene Macht eine ungenügende oder des innern Halts entbehrende sein — sondern man will die vorhandenen beschränkten Volksorgane möglichst frei gewähren und aus eigenem Lebenstriebe sich kräftigen lassen, um ihre jetzt dürftigen Befugnisse in dem Maasse zu erweitern, als sie sich zur Lösung höherer Aufgaben befähigt erweisen mögen. Dieses wäre der rein empirische Weg der Staatsentwickelung, ein Weg, der sich in allen Dingen als der segensreichste und wirklich vernünftigste erweist; auch ist er in diesem Falle um so mehr zu billigen, als ihm das schon von uns hervorgehobene Sicherheitsprinzip zur Richtschnur dient, nämlich *die jedesmalige Legalisirung der faktischen Macht.*

Ueber die einzuschlagende Richtung wäre man also einig; der Weg liegt klar vorgezeichnet; die Nothwendigkeit des Vorschreitens wird von Allen zugegeben. Es kommt also darauf an, dass man wirklich vorwärts gehe. Das Prinzip des Sichmachenlassens, welches dabei gelten soll, verbietet zwar alles Umhertappen und Voraneilen, aber es gebietet uns eben so sehr, *nichts zu unterdrücken, was sich machen will, und dasjenige, was sich gemacht hat, anzuerkennen.* Diese zwei Gebote bestimmen unsere Pflichten bei der »Entwickelung bestehender Grundlagen auf naturgemässem Wege.« Nur durch strenge und ungesäumte Erfüllung dieser Gebote beweisen wir, dass wir es mit der übernommenen Verpflichtung treu und ernst meinen.

Das erste der erwähnten Gebote zur Förderung der gedachten Entwickelung spricht unsere negative Pflicht, die des Nichthinderns, aus. Und wenn auch hinsichtlich der positiven, als zweckdienlich erachteten Schritte unsere Einsicht in Betreff der Art und Zeit bestimmen darf, so wird doch die negative Bedingung unseres Verhaltens, nämlich *die Wegräumung aller Hindernisse des Entwickelns,* sogleich von vorne hinein und absolut geboten. — Die Entwickelung muss, wie gesagt, in einer gewachsenen Macht der vorhandenen ständischen Organe zur Uebernahme erweiterter Staatsfunktionen bestehen, mithin von einer Vermehrung der öffentlichen Theilnahme an denselben ausgehen. Aber es bestehen noch mancherlei Verordnungen, welche diesem entgegenstehen und mithin der übernommenen Verpflichtung widerstreiten. — Zunächst müsste man, insofern man die bestehenden Grundlagen sich wirklich ausbilden sehen will, den Provinzial-Landtagen jede Gelegenheit gewähren, ihre Leistungen vor der Nation zu dokumentiren, damit das Volk deren Befähigung zur Wahrnehmung seiner Interessen erkenne und mit der ganzen Kraft seines Bewusstseins unterstütze. Dazu gehört zuvörderst die unbedingte Publizität der Verhandlungen, und zwar in der für das grosse Publikum eingänglichsten Form. Es ist zwar dem letzten rheinländischen Landtage ein sehr erweiterter Spielraum hinsichtlich der durch die Zeitungen zu veröffentlichenden Debatten nachgegeben worden. Aber es bestehen dennoch in dieser Hinsicht Beschränkungen, deren Beibehaltung den Vorwurf »einer unzeitgemässen Hemmung des Fortschritts« zuziehen dürfte. Das Verbot, andere, als die amtlichen Berichte über die Landtagsverhandlungen, in die Zeitungen zu inseriren, hat als angeblichen Grund, dass es unstatthaft sei, neben den authentischen noch unauthentische Berichte veröffentlichen zu lassen. Aber abgesehen davon, dass das Unauthentische in dem Authentischen seine Kontrole hätte und gegen eine falsche Angabe über den Landtag jedes einzelne Mitglied reklamiren könnte, und für solche Berichtigungen Zeugen genug wären, um ihnen Glauben zu verschaffen, so fehlt es doch an jedem Grunde, für die Landtagsverhandlungen Präventivmaassregeln anzusprechen, welcher die Regierung für ihre eigenen Verhandlungen nicht bedarf; denn nach diesem Prinzipe würde man die Schritte der Staatsbehörden nur durch Abdrucken erlassener Aktenstücke zur öffentlichen Kenntniss bringen dürfen. Den Einwand, dass Sachen in den Landtagen zur Erörterung kommen können, welche sich nicht für die Oeffentlichkeit eignen, muss man entschieden abweisen, denn der Landtag hat nur das öffentliche Interesse, und vorzüglich die Prinzipien der Gesetzgebung zu erörtern; er soll weder dem Stoffe noch der Form nach Erörterungen pflegen, wovon die Kommittenten, und mithin das Publikum, nicht Kenntniss erhalten dürfen; dagegen ist es wichtig, dass die Kenntnissnahme des Publikums von den Vorgängen auf dem Landtage möglichst getreu und unmittelbar sei. Es muss auch der Presse freistehen, die Verhandlungen in solche Form zu bringen, wie das Redaktionsgeschäft mit Rücksicht auf die Leser dieselbe räthlich machen dürfte. Nur ein sehr enger Kreis der hartnäckigsten Politiker vermag es, alle Landtagsberichte *in extenso* durchzuarbeiten; das grosse Publikum erschrickt bei deren Anblick und bleibt daher von genauerer Kenntnissnahme derselben ausgeschlossen. — Die versagte Oeffentlichkeit der Landtagssitzungen und die Unterdrückung der Namen der Sprechenden, welche die Theilnahme des Publikums und den Einfluss der Persönlichkeiten mindern sollen, hindern gleichfalls die Entwickelung der bestehenden Grundlagen zu wirksamen Volksorganen. Die Beschränkung der Anzahl Exemplare von den gedruckten Verhandlungen, welche nach besonderer Genehmigung und Zensur an die Abgeordneten vertheilt, aber nicht in den Buchhandel gebracht werden dürfen, ist eine Bestimmung ähnlicher Tendenz. Das Verbot, Petitionen vor deren Einreichung zu veröffentlichen, hat als angeblichen Grund, dass man der Entscheidung des Landtags nicht vorgreifen solle. Aber der Landtag ist kein Gericht, welches in aller Unbefangenheit über die Ansprüche des Volks ein Urtheil sprechen soll, sondern er hat die Ansichten und den Willen der Nation auszusprechen, und seine Entscheidungen werden dies um so wahrer thun, je mehr die öffentliche Stimme vorgreifend auf die Meinung des Landtags einwirken kann. Wollten wir einen solchen Grund gelten und die Landtage über den Einfluss der öffentlichen Stimmung erheben lassen, dann wäre von der Entwickelung bestehender Grundlagen zu Volksorganen keine weitere Rede. Die bestehenden polizeilichen Vorschriften wider das Einsammeln von Unterschriften und die Haltung von Versammlungen zur Entwerfung oder Annahme von Petitionen beschränken gleichfalls das Aufleben einer regeren Theilnahme an den vorhandenen Grundlagen. — Alle diese erwähnten Hindernisse sind aufgestellt worden und werden noch beibehalten, aus Besorgniss, dass die vorhandenen Grundlagen sich entwickeln könnten. Erst nachdem eine solche Aussicht aufhört, Besorgniss einzuflössen, kann der Wille, jene Entwickelung zu befördern, überhaupt gehegt werden, und von dem wirklichen Vorhandensein eines solchen Willens kann nichts, als das Wegräumen aller genannten Hindernisse, das erste Zeugniss liefern.

Wenden wir uns jetzt zu der *positiven* Pflicht des Entwickelns, nämlich der Anerkennung dessen, was sich entwickelt hat. — Die Landtage haben bei ihren jüngst beendeten Sitzungen in mehreren Provinzen eine so gereifte legislative Einsicht, so ausgebildeten parlamentarischen Takt und einen so loyalen und patriotischen Geist erwiesen, dass wir nicht nur das Vorhandensein tüchtiger Elemente zu einer volksthümlicheren Regierung in Preussen, sondern auch eine schon erreichte bedeutende Durchbildung dieser Elemente daraus erkennen müssen. In Betreff der Masse der durch sie erledigten Geschäfte bei geringer Vorbereitung und sehr kurz zugemessener Zeit dürften die Landtage den Beamtenkollegien wohlbegründetes Erstaunen einflössen, während sie auch hinsichtlich der Gediegenheit ihrer Diskussionen und der Intelligenz ihrer Entscheidungen mit den mehr hervorragenden parlamentarischen Versammlungen in die Schranken treten dürften. Ihre Fähigkeit zur Lösung der ihnen gestellten Aufgabe haben die Provinzial-Landtage zur Genüge bewiesen. Dass sie auch vereint zur Wahrnehmung der allgemeinen höchsten Staatsinteressen befähigt wären, kann demnach keinem gerechten Zweifel unterworfen werden. Es fehlte der Vereinigungspunkt. Die allgemeinen Ausschüsse sind angeordnet worden. Mit der Zusammensetzung dieser Ausschüsse kann man zufrieden sein, bis das Bedürfniss einer andern Begründung sich herausgestellt haben wird. Mit den Befugnissen der allgemeinen Ausschüsse jedoch kann man nicht zufrieden sein. Es fehlt noch alle hinlängliche Bestimmung ihres Ressorts, sowie auch die nöthige Garantie für ihre Einberufung und Anhörung. Sie sind noch nicht mit gehöriger Bestimmtheit in die Verfassung des Landes eingereiht, sondern stehen als ein Nebenglied da, welches man beliebig übergehen oder gelegentlich benutzen kann, je nachdem es sich gefügig und gefällig zeigen dürfte. Die allgemeinen Ausschüsse haben noch keine Rechte, mithin können sie nicht erspriesslich für das allgemeine Wohl wirken. Auch ist diese Rechtslosigkeit vom verderblichsten Einflusse auf den Geist einer jeden solchen Versammlung, denn sie reizt zu einem beständigen Ankämpfen, um Rechte sich zu erringen und, wo keine festen Grenzen *de jure* gestellt sind, einen unbestimmten Spielraum *de facto* zu gewinnen. Nur der Besitz des Rechts vermag es, jenes Gefühl der Verantwortlichkeit aufzuerlegen, welches für Mässigung bürgt, indem es auch davon abhält, das geschätzte Gut der besessenen Rechte durch ein übergreifendes Bestreben auf's Spiel zu setzen. Wenn auch auf den Landtagen vielleicht hier und da ein solches Bestreben sich gezeigt hat, so geht dies lediglich und allein aus dem Mangel an Bestimmung und Verbürgung ihrer Rechte hervor und würde mit der Beseitigung jenes Mangels auch schwinden. Die Berechtigung ist die einzige Mutter sowohl der

Mässigung als der Loyalität. — Aber die Geschäftsordnung für die allgemeinen Ausschüsse ist es, wogegen man am ernstlichsten reklamiren muss. Die allgemeinen Ausschüsse sollten nach der Verheissung eine weitere Entwickelungsstufe der ständischen Institutionen sein. Sie mussten also vor allen Dingen einen ständischen Karakter erhalten. Diesen haben sie bei ihrer ersten Zusammenkunft nicht gehabt, und bei der auferlegten Geschäftsordnung nicht haben können. Wie unbestimmt auch die Attribute eines ständischen Organs sein mögen, so gibt es doch gewisse Kennzeichen, welche nie gefehlt haben, nämlich die Erlaubniss der unmittelbaren Bitte an den Monarchen und der freien Berathung unter sich. Diese Befugnisse also hat der preussische Landtag für die allgemeinen Ausschüsse gefordert, um ihnen den fehlenden ständischen Karakter zu verleihen, und um sie wirklich zu einer ständischen Institution zu machen. Dass man ihnen diese Befugnisse auch gewähren werde, nehmen wir zuversichtlich an, denn das Schauspiel, welches die erste Versammlung darbot, darf sich nicht wiederholen. Die Auserwählten der Landtage, die an Geist und Stellung hervorragendsten Männer aller Provinzen, von einem Minister mit seinen Adjunkten schulen, nach dem Alphabete aufsagen und bloss mit Ja und Nein auf engbestimmte Fragen antworten zu sehen, ist für die Stände eine Erniedrigung, die sie durch nichts verdient haben. Wir wollen nur an die eine Thatsache erinnern, dass nämlich, als die Ausschüsse eine Dankadresse für das in sie gesetzte Vertrauen votiren wollten, sie innewerden mussten, wie das gegen sie gehegte Misstrauen ihnen alles Adressiren überhaupt abgeschnitten hatte. Diese Geschäftsordnung hat sich als der bedauerlichste Missgriff, welcher jemals von unserer Regierung begangen worden ist, erwiesen, und dürfte auch selbst von ihren Urhebern schon als solcher angesehen werden. Sie konnte nur aus völliger Unbekanntschaft mit dem Karakter derartiger Versammlungen und den Mitteln, solche zu leiten, hervorgehen; aber jetzt hoffentlich ist man mit dem populären Elemente des Staatslebens vertrauter und wird sich mit mehr Fassung demselben gegenüber zu verhalten wissen.

Die fragliche Geschäftsordnung hat den Ausschüssen nicht nur alles ständische Aeussere genommen, sondern sie vernichtet auch innerlich das Prinzip des ständischen Wesens. Um dies deutlich zu machen, müssen wir erklären, was wir für das innere Prinzip des Ständewesens, abgesehen von allen äusseren Formen, ansehen. Die Abgeordneten der Stände sind die Vertreter bestimmter Interessen; ihre Einberufung bezweckt, die Interessirten, als solche, anzuhören; man will also durch sie erkennen, welches Interesse gewisse Klassen der Staatsmitglieder bei gewissen Maassregeln haben, — mit welcher Lebhaftigkeit des Willens sie ein Vorhaben unterstützen oder sich ihm widersetzen werden. Es ist rathsam für die Regierung, dies zum voraus bei ihren Maassnahmen genau zu wissen, um Kollisionen mit dem Willen derer, die doch nicht im Staatsleben ganz ignorirt werden können, zu vermeiden; aber noch mehr, als die Richtung und Intensität des Willens der betheiligten Klassen, ist es wichtig, den Grad ihrer Macht zur Unterstützung dieses Willens kennen zu lernen. Sollen diese Zwecke erreicht werden, — soll der Monarch von der Anhörung der Stände, als solcher, irgend einen besonderen Nutzen haben, — so muss denselben vollkommene Freiheit der Diskussion ertheilt werden, ohne welche sie nicht ihr Interesse, das heisst: ihren Willen und ihre Macht, an den Tag legen können. Um eine blosse Meinung von ihnen zu hören, kann es der Regierung nicht zu thun sein. Zum ledigen Beirath bedarf es keiner ständischen Erwählung. Zur blossen Begutachtung kann man sich die ersten besten Sachverständigen, gleichviel woher, nehmen; man müsste dabei die Stände sogar gerade vermeiden und Unbetheiligte suchen, deren Urtheil durch kein eigenes Interesse getrübt würde. Beirathende haben ihre unbefangene Ansicht, Stände das Interesse besonderer Klassen, Volksvertreter das allgemeine Interesse zu äussern. Stände sind zum Beirath, wegen ihres Interesses an den vorgelegten Fragen, am wenigsten geeignet; auch verlieren sie, als Beirathende gebraucht, das Wesentliche des ständischen Karakters.

Durch strenges redliches Erfüllen dieser beiden Pflichten, — durch das Nichthindern dessen, was sich machen will, und das Anerkennen dessen, was sich gemacht hat — wird die Entwickelung bestehender Grundlagen auf naturgemässem Wege bewirkt, und zwar nach dem Prinzip der Sicherung vor allem Revolutionären durch Legalisirung der jedesmaligen faktischen Macht. Die Entwickelung würde dabei auch rasch genug vor sich gehen; denn mehr kann man nicht verlangen, als dass das Kleid erweitert werde, in dem Maasse als der Körper wächst. — Aber die Entwickelung, zu der man sich verpflichtet hat, soll nur eine *zeitgemässe* sein; und es entsteht die Frage, ob auf dem genannten Wege nicht eine *unzeitgemässe* Entwickelung sich herausstellen dürfte? — Dieses Wort »*zeitgemäss*« spielt eine bedeutende Rolle in der neueren Politik. Es ist ein plausibles Prädikat, welches eine höchst billige, von keinem Wohlmeinenden zu übergehende Forderung an die Vorwärtsdrängenden zu stellen scheint. Aber prüfen wir es näher; stellen wir dessen Begriff fest und heben wir ihn klar heraus; denn er ist im familiären Gebrauche noch sehr unbestimmt, und im Vagen liegt immer Gefahr, — im Nebelschoosse der Unbestimmtheit werden die Dämonen des Trugs und der Verfinsterung stets ausgebrütet.

Die im Worte »*unzeitgemäss*« enthaltene Beziehung zielt nicht auf Zeit im eigentlichen Sinne, nicht auf Abschnitte der Dauer, sondern sie bezeichnet die Unangemessenheit einer fraglichen Institution mit den zur Zeit bestehenden Einrichtungen, sei es des Auslands, sei es des Inlands. In diesem Sinne kann für Preussen ein sehr rasches Vorschreiten in der Entwickelung seiner volksthümlichen Verfassungsgrundlagen nicht unzeitgemäss sein. Denn, mit Ausnahme Russlands und Oesterreichs, stehen alle bedeutenderen europäischen Nationen auf einer höheren Stufe des politischen Fortschritts als Preussen, und Preussens Beziehungen zu denselben werden erschwert, ja der Frieden und das Glück Europa's wird gefährdet durch sein Zurückbleiben. Kann es den zur Zeit bestehenden Verhältnissen des Auslands angemessen sein, dass Preussen, welches keiner Nation an Intelligenz, sittlicher Kultur und Macht nachgiebt, so weit an bürgerlicher Selbstständigkeit zurücksteht? Eben so wenig darf man behaupten, dass die von den Männern des Fortschritts geforderten Institutionen mit den bestehenden Einrichtungen im Inlande unverträglich wären. Ein plötzlicher Uebergang von absolutistischen zu populären Institutionen ist nur dann bedenklich, wenn mächtige, dem Volksrechte widerstreitende Privilegien bestehen, deren Umsturz unter hartem

Kampfe und mit Gefahr tiefer Erschütterungen auf die Erweiterung der Volksmacht erfolgen dürfte. Aber in Preussen existiren keine solchen mehr. Die Adelsvorrechte, die Zunftmonopole, die Bauernunterthänigkeit sind schon aufgehoben; eine Hierarchie hat es schon seit Jahrhunderten nicht gegeben, auch findet sich daselbst fast keine Spur des hierarchischen Geistes vor. Die Militärmacht ist keine insolente, von Raub lebende Soldateska; die Bureaukratie keine von Missbrauch und Sinekuren sich bereichernde Schmarotzerkaste. Der Hof ist sittlich, wirthschaftlich und human. Es giebt in Preussen nichts von alledem, was in früheren absoluten Staaten vor dem Gerichte der Volksmacht zittern musste; es giebt daselbst sogar nichts von den historischen Uebelständen, gegen welche das volksthümliche Element in England, dem ältesten Sitze der repräsentativen Regierung, noch lange wird ankämpfen müssen; denn Preussen hat keine Lords mit einem erblichen Vorrechte der Gesetzgebung, keine Landbesitzer mit einem Monopol der Volksnahrung, keine Staatskirche auf Kosten der dissentirenden Mehrzahl dotirt, kein Irland, kein Kanada, kein Ostindien. Und wenn sogar morgen in Preussen ein ganz frei gewähltes und mit unbeschränkten Befugnissen bekleidetes Parlament zusammen käme, was könnte es Grosses thun? Weiter nichts, als verordnen, dass Diejenigen, welche sich der Sorge für die öffentliche Ordnung widmen, sich etwas weniger bemühen; dass das Volk sich mehr seiner eigenen Angelegenheiten annehme; und dass die Geschäfte [welche jetzt weitschweifig und heimlich], künftig einfacher und offener verrichtet werden. Es würde vollkommene Rede- und Druckfreiheit geben, und diese das ganze Regierungswesen in die Oeffentlichkeit hervorziehen, aus seiner Lichtscheu herausreissen. Aber darf es denn das Licht scheuen? Wir glauben es nicht. Wir glauben nicht, dass es unter den Gewalthabern in Preussen wirkliche Feinde der öffentlichen Wohlfahrt giebt, oder dass solche, wenn sie vorhanden wären, weniger vor der Gerechtigkeit der preussischen Monarchen, als vor der des Volks sich zu fürchten hätten. Auch kennen wir keine drückenden Missbräuche, an denen Viele betheiligt wären und zu deren Sturz die Stimme des öffentlichen Unwillens sich erheben dürfte. Es würden vielmehr nur im Verwaltungs- und Gerichtsgang Reformen vorgenommen werden, bei welchen die Beamten selbst gutwillig mitwirken, und sich nachher viel behaglicher fühlen müssten, sobald sie erst, durch einige Vertrautheit mit dem Volksgeist, ihre angewöhnte unnöthige Scheu vor aller Gemeinschaft mit demselben überwunden hätten. Wenn aber Preussen nichts darbietet, was jene, sonst den Uebergang zur volksthümlichen Regierung begleitenden, Wehen veranlassen könnte, so besitzt es dagegen schon Institutionen, welche vorzüglich geeignet sind, den Volksorganen eine breite und feste Basis zu verleihen, und zwar in seiner Städteordnung, Kreisordnung, Gemeindeordnung und Landwehr. Es ist kaum möglich, einen Staat sowohl positiv als negativ vollkommener für den Uebergang zur politischen Selbstständigkeit vorbereitet sich zu denken. Dieser Uebergang müsste sich ohne alle Kollisionen, ohne erhebliche Schwierigkeit machen lassen; aber eben diese Leichtigkeit des Ueberganges, der Umstand, dass durch den Uebergang so wenig Materielles sogleich geändert würde, ist der Grund, wesshalb er noch nicht gemacht worden ist. Es wäre dabei hauptsächlich nur für den geistigen und moralischen Aufschwung Vieles sogleich zu gewinnen; und die an Bevormundung gewöhnte Masse hat lange Zeit hindurch in behaglicher Niederträchtigkeit verharren und ihrem Geiste nichts Anstrengendes zumuthen lassen wollen. — Wir möchten das Wort »zeitgemäss« ganz verbannen; denn obgleich es nicht eine Beziehung auf die Zeitreihe ausdrücken soll, so wird doch diese zu leicht untergeschoben, und daraus eine Beschönigung des Zögerns geschöpft, als ob nämlich das Unzeitgemässe durch Warten zeitgemäss würde. Was man für den Fortschritt ausbedingen darf, ist, dass er »symmetrisch« sei; dass alle Theile der Staatsinstitutionen sich in gleichem Verhältnisse entfalten, und nicht einzelne Glieder verkümmert zurückbleiben. Ist alsdann die Entfaltung in einer Richtung stärker als in anderen, so entsteht die Aufgabe, nicht etwa das Ueppige zurückzuhalten, sondern das Leblosere anzuregen. Aber mit einem vollendet symmetrischen Kunstwerk darf man nicht sogleich hervortreten wollen; die organische Bildung auf naturgemässem Wege fängt immer vom Unverhältnissmässigen an und dringt durch viele Stadien der Unvollkommenheit hindurch zur Symmetrie hin. Das Kind ist anfangs fast nur Kopf, und erst nachdem es lange gekrochen, gewankt und häufig gestolpert, ent-

wickeln sich die Glieder zur Leichtigkeit und Sicherheit ihrer
Verrichtungen. Nur nicht die ewigen Vorwände für's Zaudern,
Hinhalten, Nichtsthun! — denn wenn auch die Zeit Rosen bringt,
was nützen uns solche, die nur auf unserem Grabe blühen sollen?
Wie alt ist doch schon die Welt, wie lange hat sie schon gelitten
und geharrt, und wie viele Generationen haben ohne Hoffnung
hinabgehen müssen! — Und wir, sollten wir auch nichts ersehen?
Und wenn wir endlich für uns selbst Früchte des langen Harrens
sehen wollen, haben wir eine Ewigkeit noch zu leben, dass wir
Jahre, selbst Vierteljahrhunderte als nichts rechnen? Zwischen den
Jahren 1815 und 1840 »Wie viel Gute, die, um schöne Stunden
Vom Glück getäuscht, vor uns hinweg geschwunden!« Kann es
eine Nation verantworten vor den Dahingeschiedenen, vor den
Nachkommenden, vor der Geschichte, vor sich selbst, wenn sie ein
Vierteljahrhundert aus purer Gleichgültigkeit pausirt und eine
gänzliche Leere in ihrem moralischen Dasein lässt? Und zwischen
1840 und 1843 sind freilich nur drei Jahre; aber sind diese eine
kurze Zeit? Wievielmal drei Jahre sind dem Menschen in Kraft
und Bewusstsein zugemessen? Nicht um Jahre, sondern um Tage
muss es sich für uns handeln, wenn wir im Fluge unseres
jämmerlich beschränkten Daseins noch des Lebens froh sein wollen;
und selbst über jede Stunde müssen wir von uns selbst und der
Mitwelt Rechenschaft fordern.

Bei dem erfreulichen Entwickelungstrieb, der sich jetzt in den
bestehenden Verfassungsgrundlagen äussert, giebt es dennoch eine
Seite des Staatslebens, welche so sehr vom todten Beharrungs-
prinzipe behaftet ist, dass sie jeder symmetrischen Entfaltung noch
ein grosses Hinderniss entgegenstellt, und energisches Eingreifen
einer reformirenden Hand bedarf, um lähmenden Missverhältnissen,
vielleicht einem verderblichen Stocken des Fortschritts vorzubeugen.
Wir meinen die schwerfällige verwickelte Verwaltungsmaschine.
Es gehört nur geringe Bekanntschaft mit dem Wesen und Wirken
einer volksthümlichen Regierung dazu, um einzusehen, dass eine
freiere Gesetzgebung nicht einer geschlossenen Verwaltungszunft
gegenüber stehen könne, ohne beständigen Widerstreit zu erzeugen
und den Geschäftsgang in einen fruchtlosen, verderblichen Kampf
zu verwickeln. Dem Volke hilft es nichts, dass es die Gesetz-

gebung bestimme, wenn es nicht für den Geist der Ausführung eine Bürgschaft besitzt; es hilft ihm nichts, Richtungen vorschreiben, wenn es nicht den Gang der Bewegung selbst zu lenken im Stande ist. Aber eine geschlossene Bureaukratie vermag es jederzeit, durch ihren Widerstand den Geist einer populären gesetzgebenden Versammlung zu annulliren; auch lässt sie sich durch Nichts aus ihrem mechanischen Gange herausbringen. Die Beispiele Englands und Frankreichs bieten einen auffallenden Beleg für diese Behauptung. In England giebt es fast keine Zentralisation der Verwaltung. Die Gemeinden sind selbstständig in Betreff ihrer lokalen und ausschliesslichen Interessen. Das oberste Verwaltungsgeschäft des Staats wird dadurch so sehr vereinfacht, dass es vom Parlamente völlig kontrollirt werden kann. Das Parlament ist in der That nicht nur gesetzgebende, sondern auch zugleich die oberste verwaltende Behörde. Und so muss es auch sein, wenn die Sachen gut gehen sollen. Denn die Idee eines Gleichgewichts zwischen zwei solchen Haupttheilen der Staatsmaschine, als es die Gesetzgebung und die Verwaltung sind, ist ein Unding; Gleichgewicht ist ein Aufheben der gegenseitigen Bewegungskraft, Stocken Tod; beim Bewegen muss ein Unterliegen des einen oder des andern Theils, oder völlige Hemmung, oder ein schroffes Auseinandergehen sich einstellen. Alle Balancirtheorien für ein lebendiges Staatswesen sind Hirngespinnste, und haben sich niemals anderwärtig als in den Köpfen der Phantasten realisirt. Nur weil das Parlament beide Funktionen, nämlich die der obersten Gesetzgebung und der obersten Verwaltung, in sich vereinigt, hat es die Macht, mit seinen Prinzipien durchzudringen; nur daher auch wird in England nach Prinzipien regiert. Aber die französischen Kammern, einer zentralisirten Verwaltung, einer geschlossenen Bureaukratie gegenüber, bleiben mit ihren Prinzipien ohnmächtig oder müssen dieselben nach dem Geiste der Beamtenzunft modifiziren. Daher dreht sich der Kampf in Frankreich nicht um Prinzipien, sondern nur um Personen. Derjenige, der an's Ruder kommt, fühlt sich sogleich durch den erstarrenden Hauch der Hydra, der er verfallen ist, gebannt; derjenige, der an's Ruder gelangen will, wagt es nicht, durch das Dringen auf durchgreifende Reformen, den Boden, auf dem er selbst stehen will, zu untergraben. Der Volkseinfluss in den Kammern vermag nichts gegen den Widerstand der Verwaltungszentralisation auszurichten; selbst die Julirevolution, welche leider ein falsches Ziel sich erkor und die Bureauregierung stehen liess, hat gegen deren verderblichen Einfluss nichts vermocht, — desswegen allein bietet in Frankreich das repräsentative Regierungssystem so unerfreuliche Resultate dar; denn es ist nur ein halbes Werk: freie Gesetzgebung durch ein gänzlich unfreies Volk, Selbstständigkeit für die allgemeinen, Unselbstständigkeit für die besonderen Interessen; eine Bewegungskraft der Freiheit für das Werkzeug des Despotismus. Wenn also in Preussen eine symmetrische Entwickelung bestehender Grundlagen bewirkt werden und zu einem für das Staatswohl gedeihlichen Zustande führen soll, muss zuvörderst auf eine durchgreifende Vereinfachung der Verwaltung hingearbeitet werden. Diese kann nur durch Ausbildung des Gemeindelebens und die möglichste Befreiung der Gemeinden, in Betreff ihrer unmittelbaren eigenen Angelegenheiten, von der Einmischung vorgesetzter Behörden, erzielt werden. Die bestehenden Städte- und Kreisordnungen bilden hierzu brauchbare Grundlagen. Die Gemeinden müssen durch Oeffentlichkeit belebt und zur Selbstständigkeit aufgemuntert werden. Es ist eine Inkonsequenz, dass eine Stadt durch ihre Deputirten über die höchsten Staatsmaassnahmen entscheiden und dabei kaum die geringste ihrer eigenen Angelegenheiten allein bestimmen dürfen soll. Die Städte- und Kreisordnungen sollten, nach ihrer anfänglichen Bestimmung, eine volksthümliche Selbstständigkeit in den untern Sphären des Staatslebens hervorrufen und sichern, dieselben von dem ertödtenden Drucke des Beamtenmechanismus erlösen; aber ein so einseitiger Versuch konnte nicht gelingen; die Kommunal- und Kreisgeschäfte sind gänzlich in die Netze des unseligen Papierregiments hineingezogen worden und bilden nur Fortsetzungen des einen herrschenden Systems. Als Beweis dafür berufen wir uns auf die Erklärung der Stadt Elbing, dass eine Oberbürgermeisterstelle nur durch einen im Verwaltungsfache erzogenen Beamten ausgefüllt werden könne, so wie auf die Thatsache, dass zu Landräthen lange Zeit hindurch fast nur Beamte gewählt wurden. Die alte Gewohnheit, Alles durch die Behörden verrichten zu sehen; und sich an diese in jedem schwierigen Falle zu wenden, ist leider bei allen Volksgliedern in Preussen so tief eingewurzelt, dass eine Abweisung solcher Zumuthung und ein Zwang zum Selbstdenken und Selbsthandeln nöthig sein dürde, um die Gemeinden zu einiger Selbstständigkeit zu erziehen. Die Einführung des öffentlichen Gerichtsverfahrens und der Jury wäre jedoch das allerwirksamste Mittel, um Vertrauen auf die eigene Thätigkeit und das eigene Urtheil zu erwecken.

Aber nicht nur symmetrisch, sondern auch *geschichtlich* soll die Entwickelung sein; man will nur Institutionen, die auf einer *historischen Basis* gegründet sind. Auf diese Bedingung wird grosses Gewicht gelegt; von ihrer Erfüllung soll der ganze Segen, von ihrer Missachtung alles Unheil des Vorschreitens abhängen. Wir müssen uns also vollkommene Klarheit über dieses als unsern Hort zu bewahrende geschichtliche Prinzip verschaffen. Aber wo ist es zu suchen, wie zu erfassen? Gleich dem versenkten Hort der Nibelungen liegt es im Schoosse grauer Jahrhunderte verborgen, auch datirt es, wie jener, aus dem Reiche des Nebels seinen Ursprung. Es wird schwer sein, diesen Hort heraufzubeschwören und in leibhafter Gestalt anzuschauen; denn, so wenig auch unsere Zeit zur Klarheit über die Statik und Dynamik des Staatslebens überhaupt gelangt ist, so hat sie nirgends mehr Unklarheit der Vorstellungen, als gerade über diese geschichtliche Entwickelung und historische Basis, verrathen. In Allem, was bisher hierüber vorgebracht worden ist, erkannten wir nur jenes Haschen nach einer zufälligen Aeusserlichkeit, welches den Mangel eines wissenschaftlichen Grundbegriffs bekundet. Diese Unklarheit entspringt, unserer innigsten Ueberzeugung nach, zunächst aus einem Mangel an Offenheit; man gesteht sich nicht frei genug und gerade heraus, was man eigentlich will; man wendet sich nicht mit hinlänglicher Wahrhaftigkeit dem Gange der Dinge zu, um sie in ihrer Grundeinfachheit aufzufassen. Diesen Fehler wollen wir also zu vermeiden suchen. Wir wollen diese zur Mode gewordene Theorie ihres Modeflitters entblössen; die unter dem vornehmen Ausputze sich verstecken den Hinterhaltsgedanken an den Tag ziehen; — ohne alle Selbsttäuschung das Wesen dessen, um was es sich dabei handelt, in's Auge fassen.

Was soll denn mit einer sogenannten geschichtlichen Basirung erzielt werden? Ganz einfach herausgesagt: ein konservatives Element. — Was ist ein konservatives Element; welche sind die Bedingungen seines Bestehens; wie hängt es mit dem Geschichtlichen zusammen; und was wird mit diesem letzten Ausdrucke gemeint? — Das konservative Element einer Verfassung liegt in der Verleihung einer überwiegenden Macht an diejenigen, welche immer geneigt sein werden, sich jeder Abänderung des Bestehenden zu widersetzen. Diese Neigung hat zwei Quellen: das Unrecht und die Unwissenheit. Viele auf Unrecht beruhenden Verhältnisse sind uns aus den älteren Epochen unserer Geschichte her übertragen worden; die durch solche althergebrachten Verhältnisse Begünstigten wollen sie natürlich unangetastet wissen; auch wissen sie nicht, bei gänzlichem Mangel an Einsicht in die Bedingungen der Staatserhaltung, was für Folgen ein Antasten des bestehenden Unrechts haben könnte; daher der Zusammenhang zwischen dem Geschichtlichen und dem Konservatismus; denn »das Geschichtliche« bedeutet, bei dieser Frage, althergebrachtes Unrecht. — Dies alles wollen wir näher beleuchten.

Ursprünglich ist der Mensch thierisch; human wird er erst durch Zivilisation. Selbstsucht ist ihm angeboren und Gewaltäusserung sein erster Trieb; Gefühl für Billigkeit und freiwillige Anerkennung der Rechte Anderer werden ihm erst durch hohe Bildung beigebracht. In den früheren Geschichtsperioden einer Nation herrscht also der Egoismus allein. Im Kampfe siegt die Stärke und macht die ihr beliebigen Einrichtungen. Einige Krieger unterwerfen sich die übrigen in Stumpfsinn verharrenden Landeseinwohner, nöthigen dieselben für sie zu arbeiten, erklären sich für die Herren des Bodens, für das herrschende adlige Geschlecht, und organisiren sich zu einer Körperschaft zur Sicherung ihres Sieges. Der Anführer dieser Krieger wird zum Fürsten. Einzelne an Geistesbildung Ueberlegene stiften eine Kirche und wirken auf den Aberglauben des unwissenden Haufens, um sich eine grosse weltliche Habe zu erschleichen. Die bemittelteren unter den mit Handel und Handwerken Beschäftigten verbinden sich in den Städten zu Zünften, theils um ihren Besitz zu vertheidigen, theils um denselben, durch Ausschliessen Anderer von der Theilnahme an ihrem Gewerbe, durch Monopole, zu mehren. Dies ist, mit kürzesten Worten, das Wesentliche der Begründungsgeschichte mittelalterlicher Stände: Fürst, Adel, Priesterschaft, Bürger und Bauern. Sie gingen aus dem Egoismus und der Gewalt hervor; und der innere Zusammenhalt der vier erstgenannten Stände beruhte auf dem Besitz eines Unrechts. Diejenigen, welche als Stand zusammenhielten, genossen nämlich auf Kosten Anderer; sie hatten ein auf Uebermacht gegründetes, den gerechten Ansprüchen der Gesammtheit zuwiderlaufendes Interesse. Aber die Natur äussert in ihrem ganzen Lebensprozesse, bis in die geringsten Einzelheiten der physischen, moralischen und intellektuellen Welt, ein stetes Bestreben zur Ausgleichung. Im Staatsleben äussert sich dieses allgemeine Naturgesetz in der unablässigen Tendenz zur Beseitigung der Ungleichheiten in der Rechtsvertheilung. Die sich mehrende und mehr verbreitende Intelligenz, die Heranbildung zur Humanität, sind es, welche die Rechte der Gesammtheit gegen die Usurpationen der Sonderinteressen allmählich vindiziren. Gegen diese Tendenz sträuben sich, natürlich, die durch das Bestehende Bevorzugten. Sie wollen Zustände aufrecht erhalten, unter welchen sie auf Kosten Anderer geniessen. Sie äussern ein hartnäckiges konservatives Bestreben und bilden ein schwer zu überwindendes konservatives Element. Da sie aber die Minderzahl ausmachen, dürfte es nöthig sein, das Prinzip ihrer Macht näher zu beleuchten, um uns ihre auffallende Wirksamkeit, dem Interesse der Mehrzahl und dem Streben der Zivilisation gegenüber, erklären zu können.

Die Furcht, das Besessene zu verlieren, dessen Werth man kennt und von dessen Vertheidigung die Selbsterhaltung abhängt, spornt den Willen ungleich stärker an, als die Hoffnung, ein vorenthaltenes Gut, wodurch man seine Lage verbessern möchte, zu erlangen. Der Besitz ist etwas Faktisches, Bestimmtes, Gegenwärtiges, und äussert eine direkte Macht auf den Willen; dagegen ist die Aussicht auf einen Besitz etwas Ideelles, Unbestimmtes, Künftiges, welches nur zu einer Willensäusserung anlockt. Die Besitzer eines unrechtmässigen Guts bilden eine geschlossene, engverbündete Körperschaft; sie vereinigen sich über den Jedem gebührenden Antheil und suchen in der Einigkeit und Vereinigung ihren Schutz; die Sache jedes Einzelnen ist Sache Aller, denn sie betrifft das Prinzip an sich, welches nur durch absolute Unverletzbarkeit gerettet werden kann; der unablässige Vertheidigungszustand, in welchem die Körperschaft sich immer befindet, führt zu einer exakten innern Disziplin und bildet den egoistischen Willen zu einer fast unwiderstehlichen Intensität aus; auch äussert der Egoismus, wie jede mehr thierische Seite unserer Natur, einen wunderbaren Instinkt zur Wahrnehmung des Zuträglichen und des Schädlichen. Das schärfste Denken vermag es nicht, durch logische Verbindungen so weite und sichere Schlüsse zu machen, als das Gefühlsvermögen der Selbstsucht sie zieht; es verkündet ein Gewitter wie ein Gichtkranker, nach dem Zucken seiner Nerven, lange ehe der Meteorolog dessen Herannahen wahrnehmen kann, — Die vom Besitze Ausgeschlossenen sind dies aber, weil sie weniger Intelligenz und Willen haben; sie haben gar keinen Zusammenhalt; sie sind nicht weniger auf einander als auf ihre Bedrücker eifersüchtig; die Ungewissheit, welcher Antheil der Beute, wenn sie angreifen und siegen sollten, Jedem zufallen möchte, die Furcht, wie bisher, leer auszugehen, der Neid über den grössern Gewinn eines Nebenbuhlers, dies alles verhindert eine Verbindung zur erfolgreichen Vindizirung des Rechts. Daher sind die Privilegirten im Stande, sich gegen die Ansprüche der übervortheilten Mehrzahl zu behaupten, bis ein bedeutender Grad von Intelligenz und Moralität diese durchdrungen und gekräftigt hat.

Es giebt aber noch eine Seite dieses geschichtlichen Elements, welche wir, gerechter Weise, nicht unerwähnt lassen dürfen. Diese Bevorzugungen Einzelner auf Kosten der Gesammtheit gingen aus einem Bedürfniss der Gesammtheit hervor und wurden zum Unrecht erst mit der Zeit, als nämlich jenes Bedürfniss aufgehört hatte. Als unvermischtes Uebel, zum reinen Schaden Anderer, kann sich keine Macht erhalten, und selbst aus der eigensüchtigen Gewalt entwickelt sich ein Nutzen für die Humanität; denn ob sie gleich das Böse will, muss sie doch, nach dem ewigen Schöpfungsgesetze, das Gute schaffen. Das Feudalsystem entwickelte sich als Schutzwehr gegen die unablässigen Gebietsverletzungen durch verheerende Räuberzüge; es war nöthig, um die Völkerwanderungen zum Stehen zu bringen. Die Burgherren bildeten die Hauptleute des Landesheeres, und bezogen ihren Sold als Landrente, um ihnen ein um so grösseres Interesse in der Gebietsvertheidigung zu geben. Sie nahmen zwar Vieles und theilten die Früchte des Fleisses ihrer Schützlinge nach einer drückenden Regel; aber sie verhinderten wenigstens dafür, dass Andere nicht regellos Alles nahmen. Wie theuer auch die Untergebenen die dürftige Sicherheit erkauften, so war sie doch unter den damaligen Verhältnissen nicht billiger zu haben. Die Kirche nahm auch viel; aber sie führte die Administrations- und Gerichtsgeschäfte, unterhielt die Wissenschaften, übte die Heilkunde aus, sorgte für Armenpflege, bildete, vermittelte und schützte. Der Spruch: »unter dem Krummstab ist gut wohnen«, ist ein Zeugniss der Wohlthaten, welche, ungeachtet aller Missbräuche, die mittelalterliche Kirche besonders denjenigen Ländern erwies, in welche die Kultur sich erst einzudrängen bestrebt war. Die Zünfte nahmen auch viel; aber ohne sie hätte sich die Industrie gegen die Stürme der damaligen Zeiten gar nicht wehren können. Alle jene, auf Privilegien beruhenden Institute waren damals nöthig, um Einzelnen sowohl die Macht als den hinlänglichen Trieb zu geben, die Interessen des Landesschutzes, der Intelligenz, der Erwerbsthätigkeit im Kampfe der überall herrschenden rohen Gewalt zu vertreten. Sie lösten die von der Zeit gestellte Aufgabe; denn die Gesellschaft war noch auf einer zu niedrigen moralischen und intellektuellen Stufe, um sich anders als durch Uebermacht regeln zu lassen. Sie bildeten bedeutende Persönlichkeiten aus, und wirkten selbst, vermöge des durch ihre unrechtmässige Begründung hervorgerufenen Widerstands, befördernd auf die Menschheit ein. Aber mit der Ueberwindung der Gewaltherrschaft durch Sitte und Intelligenz hat die jetzige Zeit eine andere Aufgabe uns gestellt, und erfordert zur Gliederung des sozialen Vereins auch andere Einrichtungen.

Wenn auch der konservative Trieb sich da am heftigsten äussert, wo ein besessenes Unrecht gegen die Reklamationen der Uebervortheilten zu vertheidigen ist, so darf man keineswegs behaupten, dass das konservative Prinzip nur zur Vorenthaltung der Gerechtigkeit gedient habe. So lange das Prinzip der Gewalt die Menschen beherrscht, streben die Unterliegenden nicht darnach, das Recht wiederherzustellen, sondern vielmehr Macht an sich zu reissen, um gleichfalls Unrecht begehen zu können. Die Masse, welche Einige auf Kosten Anderer leben sieht, möchte gerne ein Gleiches thun, und würde, wenn dies gelänge, ein regelloses Plündern an die Stelle geregelter Privilegien setzen. Dies ist auch im Geschichtsverlaufe roher Zeiten geschehen, fast so oft die unkultivirte Masse die sie niederdrückende Macht durchbrach. Aus bitterer, schreckenerregender Erfahrung war man gegen die Forderungen der Masse misstrauisch geworden. Man fühlte zwar das Ueble des Bestehenden, aber man fürchtete sich, grösseres Uebel aus dessen Auflösung hervorgehen zu sehen. Man erkannte zwar, dass Reformen nöthig wären; aber es fehlte die hinlängliche Einsicht zum sichern Bessermachen; und man durfte sich am allerwenigsten dem Drange einer Zeit überlassen, in welcher das Rechtsgefühl noch nicht völlig die Gesellschaft durchdrungen hatte. Daher entwickelte sich das konservative Prinzip aus der Nothwendigkeit, auf dem geregelten Unrecht gegen regelloses Unrecht Stand zu halten, — das grössere durch das geringere Uebel abzuwehren; und es hat hierin seine guten Dienste geleistet. Wenn aber die Ueberzeugung, dass Keiner auf Kosten der Anderen geniessen darf, die ganze Gesellschaft durchdrungen, und somit das Recht völlig die Herrschaft des Gewaltprinzips gebrochen hat, alsdann ist ein konservatives Element weder haltbar noch nothwendig. Da der Kampf aufgehört hat zu entscheiden, ist es nicht nöthig, die Interessen durch Bevorrechtigte vertreten zu lassen; da das grössere Uebel, nämlich die Raubsucht der Masse, aufgehört hat, ist es nicht mehr nöthig, sich in das kleinere Uebel, nämlich die Räuberei der Privilegirten, zu fügen. Wenn die sittliche Bildung schon allgemein das Rechtsgefühl im Volke befestigt hat, dann darf und muss man sich dem Fortschrittstrieb der Zeit überlassen, und wenn man auch seinen Weg nicht weit vor sich zu sehen vermag, kühn auf die Wohlthätigkeit der ewigen Gesetze für die menschliche Entwickelung vertrauen, ohne sich vor den Wogen zu ängstigen, aus welchen deren grossartige Gestaltungen emporsteigen. — Das Rechtsgefühl aber fordert für Jeden nur die Erlaubniss, frei schaffen zu dürfen; es treibt nicht, wie die Gelüste des Unrechts, durch die Sehnsucht nach mühelosem Genusse, sondern stellt vielmehr vermehrte Thätigkeit, grössere Beanspruchung der selbstständigen Kraft in Aussicht; dies ist nur für die moralisch Gestärkten anlockend; und daher ist ein sehr hoher Grad der bürgerlichen Veredelung nöthig, um das konservative Element ganz zu beseitigen, — den Rest von partiellem Unrecht durch den allgemein erregten kräftigen Sinn für Recht auszurotten.

Ist denn, bei der Entwickelung der vorhandenen Verfassungsgrundlagen in Preussen, die Einführung eines konservativen Elements wünschenswerth? — und wenn dem so ist, soll man ihm eine sogenannte geschichtliche Basis geben? — Wir glauben, dass jener alte historische Konservatismus, nämlich der Vertheidigungskampf des Missbrauchs, nicht als Prinzip des Zusammenhalts für die Zukunft der preussischen Verfassung nöthig sei; denn das preussische Volk ist schon zu sehr sittlich gebildet und vom Rechtsgefühl beherrscht, um sich jemals einem destruktiven oder unrechtmässigen Bestreben hinzugeben; es kennt zu wohl den Werth der Ordnung, um sich der Unordnung zu überlassen oder solche unter sich zu dulden; es besitzt sogar, im Gegentheil, aus langer Angewöhnung her, eine übertriebene Sucht zur Herbeirufung einer obrigkeitlichen Macht, sogar bei geringfügigen Uebelständen, die sich leicht von selbst beseitigen liessen; und diese Sucht dürfte ihm noch lange seine bürgerliche Selbstständigkeit verkümmern, wenn noch so günstige Verhältnisse für deren Verwirklichung sich darböten. Der vernünftige Konservatismus, der Widerstand der Einsicht gegen den Unverstand, des Rechtes gegen den Unfug, wird allerdings zur Begründung einer Verfassung nöthig sein; allein um dieses Haltes gesichert zu sein, bedarf es nur der Sorge, dass die Staatsmacht den Einsichtsvollen, Sittlichen, jedem Missbrauche Fernstehenden anvertraut werde. — Aber eine geschichtliche Basirung des Konservatismus ist in Preussen desswegen unmöglich, weil »das Geschichtliche«, im fraglichen Sinne, daselbst vernichtet ist; die althergebrachten Missbräuche, welche allein zu einer blinden Vertheidigung des Bestehenden von Seiten der dabei Betheiligten hätten führen können, sind aufgehoben und lassen sich wahrlich nicht zurückrufen. Könnte man dem Adel das gesetzliche Vorrecht der Beamtenstellen und des Grundbesitzes,

Steuerfreiheit und das Herrenrecht über die Hörigen wiedergeben;
— könnte man in den Städten die Zünfte mit ihrem Gewerbszwang
und ihren Monopolen wiederherstellen, ihnen das Recht geben, alle
Juden vom Handel auszuschliessen und beliebige Zölle von den
Zufuhren der Landleute zu erheben; — könnte man eine grosse
hierarchische Kirche reich dotiren; — könnte man, mit einem
Worte, durch gesetzliche Missbräuche, grosse, dem Allgemeinwohl
widerstreitende Interessen in's Leben rufen, und damit einen
schroffen Antagonismus der Stände begründen, — alsdann hätte
man ein ständisches Element, wie es in der früheren Geschichte
bestand, auf welchem auch ein Konservatismus von altem Schrot
und Korn basiren könnte. Müsste aber nicht Derjenige eine gar
absonderliche Befangenheit verrathen, welcher nur für einen Augenblick wähnen könnte, dass Preussen in *dieser* Richtung Schritte
machen dürfte? Dieser Wahn verriethe zunächst ein gänzliches
Verkennen der grossen Triebkräfte, welche für die Neugestaltung
der sozialen Verhältnisse unserer Zeit wirksam sind. Indessen
dürfen wir vielleicht nicht von Jedermann fordern, dass er diese
allgemeinen Gesetze gesellschaftlicher Entwickelung erfasse. Aber
die besonderen Bedingungen der Zustände eines gegebenen Staats
wenigstens richtig zu begreifen, ist eine Forderung, die wir an
jeden Staatsmann machen müssen. Kann denn ein Preusse, bei
der geringsten staatsmännischen Einsicht, an die Möglichkeit einer
Rückkehr zu Demjenigen glauben, dessen Abwerfung den ganzen
Inbegriff von Preussens Neuzeit ausmacht? Was giebt Preussen
seine Stellung, seine Macht, seine Bedeutung, seinen innern Halt?
Was hat es so ruhig und innerlich fest gemacht, während aller Bewegungen Europa's seit dem Frieden? Was flösst ihm eine so
unerschütterliche Zuversicht ein, der Zukunft gegenüber, vor
welcher andere Nationen so lange Besorgtheit hegen? Was ist das
Palladium, welches ihm Kraft bei seiner Armuth, Sicherheit bei
seiner zerrissenen Grenze, Hoffnung bei seinen Leiden giebt? Seine
Intelligenz, wird man antworten; — und man hat Recht, wenn man
mit diesem Worte den richtigen Begriff verbindet. Es darf aber
nicht damit gemeint sein, dass das preussische Volk sich an
geistiger Befähigung vor anderen auszeichnet und durchschnittlich
die meisten und besten Kenntnisse besitzt; dass Preussens Gelehrte

und Künstler alle übrigen verdunkeln; seine Gewerbsmänner die
erfinderischsten, seine Kaufleute die unternehmendsten sind; auch
kann man nicht behaupten, dass seine Staatsmänner die gediegensten, seine Diplomaten die gewandtesten [oder seine Regenten
alle mit dem erstaunlichen Genie des grossen Friedrich begabt
sind.] Im Gegentheil, brauchbare Mittelmässigkeit und gute
Uebung ist die Hauptkarakteristik des preussischen Geistes, welcher
an Lebendigkeit, Schwung, Originalität und Genie, sogar an hervorragendem Talente von vielen anderen, auch deutschen Nationen
merklich übertroffen wird. Jene Intelligenz, auf welche Preussen
mit Recht Anspruch machen darf, liegt darin, dass es einst, in
denkwürdiger Stunde, alle jene aus den Zeiten der ermangelten
Intelligenz herrührenden Missstände wegwischte, die bürgerlichen
Berechtigungen für einen viel höheren Grad der allgemeinen Intelligenz, als da wirklich bestand, normirte, — kurz, dass es
durch seinen Ausspruch einen Sieg der Rechtsausgleichung bewirkte, welcher sonst erst mit der Zeit und nur von einer viel
grösseren Verbreitung der Intelligenz im Volke hätte errungen
werden können. Die grosse Klugheit dieses Schritts hat sich am
meisten darin bewährt, dass er die bürgerliche Kultur, welche er
beförderte, auf lange Zeit hin vor allem Ankämpfen um Recht
verwahrte, und sie befähigte, in friedlicher Liebe zu einer gerechten Ordnung, sich in Einigkeit und Anhänglichkeit an ein so
bevorzugtes Vaterland zu befestigen. *Diese* Intelligenz verleugnen
wollen wäre, geradezu gesagt, höchst *unpreussisch;* diese Wohlthat misskennen, unstaatsmännisch; dieses Palladium der Ruhe
Preussens antasten, wäre sogar schlimmer als ein Verbrechen, —
es wäre eine Thorheit, gegen welche die Ordnungspolizei sich erheben müsste. Denn wovon lebt noch die absolute Form der Regierung in Preussen, seitdem sie alle gewöhnlichen Stützen des
Absolutismus von sich geworfen hat? Sie hat keine Vasallen,
Raubritter, Condottiéri noch Söldnerbanden; keine Prälaten; keine
Schöffen; keine Alcalden und Alguazils, — zum innern Kampfe
überhaupt keine Hilfsschaaren. Aber sie lebt, weil sie den Kampf
gänzlich zu bannen gewusst hat. Will sie sich Hilfsschaaren
verschaffen, auf die Gefahr hin, den Kampf heraufzubeschwören?
Glaubt sie, dass jene sich geschwinder einstellen werden, als

dieser mit verheerender Macht über alle Gegenwehr hinweg braust? Den Zündstoff des abgethanen Missbrauchs darf man nicht in Preussens friedliches Unterthanenleben werfen, ohne einer Explosion gewärtig zu sein, auf deren Erschütterungen Preussen am allerwenigsten vorbereitet ist. Das Gerücht einer dergleichen Absicht setzt die Vorposten und Wächter ein wenig in Allarm; sie rapportiren und geben sich Signale zur Behutsamkeit; aber im Innern des Lagers zeigt sich keine Bewegung, weil man da nicht an die Möglichkeit eines solchen Attentats glauben kann. — Es ist uns nicht darum zu thun, dies fruchtbare Thema für eindringliche Ergüsse auszubeuten. Wir wollen nur schlicht unsere Ansicht kundthun, und glauben schon, uns verständlich gemacht zu haben. Geschichten kann man noch vorsuchen, recht unternehmende, romantische; aber »Geschichtliches« in Preussen wiederherstellen, wie es zur Basirung eines Stockkonservatismus erfordert wird, kann man nimmermehr. — Hätten diejenigen, welche die Idee einer geschichtlichen Basirung auffassten, sich offen gestanden und klar gemacht, was sie eigentlich wollten, sie hätten die Eitelkeit dergleichen Bestrebungen aus zwei Gründen einsehen müssen: für die Verwirklichung ihrer Wünsche giebt es in Preussen zu wenig gesetzliches Unrecht und zu allgemein verbreitetes Rechtsgefühl, — *zu wenig Missbrauch und zu viel Intelligenz!*

Man wird uns vielleicht erwidern, dass wir eine zu schroffe Auffassung der historischen Tendenz dargelegt und Motive, die keineswegs gehegt werden, untergeschoben haben; dass es keineswegs um den durch Missbrauch bedingten Stockkonservatismus, sondern nur um die Rettung historisch-nationaler Gewohnheiten, um die ehrwürdige Bedächtigkeit und Stabilität altväterischer Sitte sich handle. Wenn *darauf* die Hoffnungen und Bestrebungen gerichtet sind, — wenn der *angestammte Zopf* allein das Ankertau in den Stürmen der Zeiten abgeben soll — dann zeigt die ganze Idee ein noch grösseres Verkennen unserer jetzigen Lebensphasen, als wir ihr vorhin zuschrieben. Denn nichts liegt mehr augenfällig auf der Oberfläche da, als die vor sich gehende unaufhaltsame Verwüstung aller Angewöhnungen durch die rasche Umgestaltung aller äusseren Verhältnisse. Die sozialen Grundbeziehungen sind in Preussen kaum dreissig Jahre alt. Mit der Destitution des Adels, der Aufhebung der Hörigkeit und Dorfgemeinheit, Einführung der Gewerbefreiheit, allgemeiner Militärpflichtigkeit u. s. w. hat sich Alles neu gestalten müssen. Die Bücklinge vor dem gnädigen Erbgutsherrn, das Kleben an der Scholle, das Hutabnehmen vor einem gestrengen Rathsherrn, das Zittern vor dem Korporalstock musste mit einem Male verschwinden. Mit jenen Reformen gerieth das ganze Leben in Fluss; es trat eine Periode des Wechselns ein, welche nichts zur Stabilität gedeihen lässt. Landgüter gehen von Hand zu Hand, wie Staatsschuldscheine; heute ist man Kaufmann oder Soldat, morgen Gutsbesitzer, übermorgen wieder etwas anderes; grosse Güter werden zerstückelt, Bauernhöfe vereinigt; der ackerwirthschaftliche Betrieb muss bald diese, bald jene Richtung nehmen; kaum hat sich der Gewerksmann mit dem einen Verfahren vertraut gemacht, so wird ihm eine neue Aufgabe gestellt; der Handel wechselt täglich seine Wege. Die Idee irgend einer Stabilität, wo der Strudel des heutigen Tages keine Besinnung für den morgenden zulässt, kann so wenig Fuss fassen, dass Jedermann alle seine Maassregeln als provisorisch betrachtet und sich hütet, durch stabile Einrichtungen sich künftige Hindernisse in den Weg zu legen. Man traut sich kaum, ein massives Haus zu bauen, einen dauerhaften Rock anzuschaffen, weil man nicht weiss, wie lange irgend ein gegenwärtiges Bedürfniss uns ankleben wird. Geselligkeit, Rangordnung, Geschmack, Mode, Kunst, Genuss, Tageseintheilung, Wohnort, — alles wechselt beim geringsten Anstoss, wie die Figuren des Kaleidoskops; nichts vermag sich in dem ewigen Auflösungsprozesse zu einer haltbaren Form zu konsolidiren. — Kann es denn mit der Einsicht eines Gesetzgebers verträglich sein, auf diesem Triebsand eine Verfassung aufbauen zu wollen?

Um die Wahrheit dessen zu beweisen, was wir über die Eitelkeit der Bestrebungen nach einem Konservatismus auf historischer Grundlage gesagt haben, blicken wir auf das Wirken des bisher in dieser Richtung Versuchten hin. Unsere Provinzial-Landtage sind auf dem Grundbesitz und der Wahl nach streng abgeschiedenen Ständen basirt. Mit der Festhaltung dieser Einrichtungen glaubte man eine historische Basis, mithin einen unbeweglichen Konservatismus gewonnen zu haben. Und was hat sich herausgestellt? Beschlüsse mit voller Stimmeneinheit über grosse Lebensfragen der Verfassungsreformen, — Majoritäten im Sinne der Fortbewegung, wie sie nicht in der Geschichte eines Kongresses, eines Konvents oder des Marsfeldes, mit so entschiedenem Uebergewicht, vorgekommen sind! Sie machen keine blinden Angriffe, streben nach keinen gewaltsamen Umwälzungen; ihre Anträge sind mässig, loyal, sogar in unterthänige Sprache eingekleidet; aber sie haben gar nichts von einem konservativen Karakter; sie wollen keineswegs das Bestehende *als solches* festhalten; sondern zum Bessern, wo es sich darbietet, greifen; sie prüfen mit Unbefangenheit, und entschliessen sich mit muthigem Vertrauen auf ihren Beruf, den Vorschriften der Verstandeseinsicht zu folgen. Und es handelt sich nicht um die Heftigkeit oder Geschwindigkeit ihres Bewegungstriebs, sondern um das Faktum, dass sie nicht stehen bleiben wollen, — dies entscheidet für ihren völlig antikonservativen Karakter. Es kann sich nicht einmal gegen die Bewegungstendenz auf den Landtagen eine kleine hemmende Fraktion bilden, welche den Namen eines konservativen Haltpunktes verdiente. Wenn einige Wenige sich von einem Antrag um eine zeitgemässe Reform ausschliessen, womit beschönigen sie diesen Nichtbeitritt? Sie haben sich noch nicht von dem Segen des Vorgeschlagenen überzeugen können; sie halten es für unrathsam, das gewisse Gute für ungewisses Bessere auf's Spiel zu setzen; sie wollen lieber das Bessere von einer weisen Regierung, welche des Guten so viel gab, erwarten; sie wollen nicht den Entschliessungen des Monarchen vorgreifen, um nicht Gefahr zu laufen, seinen Wünschen entgegen zu handeln. Dieses alles sind persönliche Entschuldigungen, keine prinzipielle konservative Opposition. Es haben sich freilich nicht die Landtage aller Provinzen so geäussert wie die von Preussen und Posen und dem Rheinlande. Die anderen zeigten mehr [Gleichgültigkeit und Unentschiedenheit]; sie unterliessen es, gewisse Reformanträge zu machen, und lehnten einige vorläufig ab; wo sie nicht für den Fortschritt sich entschieden, verhielten sie sich mehr negativ; aber einen haltbaren konservativen, *den Fortschritt thätig negirenden* Sinn, zeigten sie ganz und gar nicht; sie sind vielleicht nur um eine Session in der Regsamkeit des Vorwärtsstrebens hinter den vorerwähnten

Provinzen zurückgeblieben. — Wenn der Grundbesitzer ein dem Allgemeinen zuwiderlaufendes Interesse hätte, so würde die Basirung der Landtage auf Grundbesitz eine sichere Bürgschaft für die höchst konservative Abwehr aller Ansprüche des allgemeinen Interesses wider bestehende Sonderinteressen gewähren. Die überwiegende Vertretung der Landeigenthümer in England bildet ein sehr wirksames Hemmniss der Reformen, weil jene befürchten müssen, dass die Reform ihre Kornbill treffen könne. Aber warum soll in Preussen ein Landbesitzer Reformen abgeneigt sein? Er lebt von keinem Missbrauche, den die Nemesis des Volksgerichts an ihm rächen dürfte. Er ist Kapitalist, der freiesten Konkurrenz ausgesetzt, wie jeder andere Gewerbsunternehmer; und ob Einer Getreide und Wolle, Brot oder Tuch fabrizire, ob er seine Zinsen vermöge eines Hausbesitzes, eines Staatsschuldscheins oder eines Landguts bezieht, hat keinen Einfluss auf seine politische Gesinnung, so lange mit keinem ein missbräuchliches Monopol verknüpft ist. Der Besitzende hat zwar ein beständiges Interesse, den gerechten Besitz wider Angriffe, sowohl von aussen als von innen her, zu vertheidigen; auch ist das Interesse an der Integrität des Vaterlandes und der Aufrechterhaltung der Ordnung in eben so hohem Grade mit dem Besitze eines geistigen Vermögens verbunden; aber dieses Interesse ist nicht stärker bei dem Besitze von Grund und Boden, als mit dem Besitze anderen Eigenthums, vorwaltend; im Gegentheil ist Grundeigenthum weniger als anderes der Gefahr einer Vernichtung durch Umwälzungen ausgesetzt. In früheren Zeiten, als Grundrente fast die einzige Quelle des Reichthums und Gebietsvertheidigung die Hauptaufgabe für den Staat war, da bot das Interesse des Landbesitzers vorzugsweise eine Garantie für die Stabilität des staatlichen Prinzips dar; es verräth aber Unwissenheit des Wesens politischer Elemente, wenn man eine solche in ihm heute noch sucht, da das bewegliche Eigenthum viel inniger an die bestehende bürgerliche Ordnung für seine Erhaltung gebunden ist. Gutsbesitzer müssen, nach dem jetzigen Betriebe des Ackerbaus, unternehmende, vielseitige, mit der Welt mitgehende Menschen sein; sie haben ein direktes Interesse an Allem, was die Grösse und Wohlhabenheit der Bevölkerung mehrt: an leichter Besteuerung, raschem Umschwung, verbesserter Kommunikation, entwickelter Thatkraft. Ihre gebietende Stellung über zahlreiche Untergebene bildet ihren Willen zur Selbstständigkeit aus, flösst eine Abneigung gegen vielregierende Einmischung in ihre Anordnungen ein; sie lernen den eigenen Kräften vertrauen und neigen sich zur Unabhängigkeit; ihr Wohlstand, durch eigene Umsicht und Betriebsamkeit gemehrt und erhalten, überhebt sie alles kriecherischen Anschliessens an den Machthaber, von dem sie weder Etwas zu erhoffen noch zu fürchten haben. Gutsbesitzer, ohne Kornbill, sind vorzüglich geeignet, allenthalben die unabhängigsten und freimüthigsten Vertreter des Fortschritts abzugeben. Aber vorzüglich in Preussen muss man erwarten, sie als solche auftreten zu sehen; denn sie haben die schonungslosesten Reformen bereits selber hier ausgestanden; wie tief auch das Messer in ihr Fleisch schnitt,. haben sie die Wunde verschmerzt und finden die wohlthätigen Folgen der Operation in einem gesünderen, festeren Leben; für sich haben sie nichts mehr dergleichen zu befürchten, und sind auch, aus der eigenen Erfahrung, weniger ängstlich bei einem sogar gewaltsam scheinenden Eingriffe; sie wollen auch andere kranke Glieder des Staats, an welche die Reihe kommt, nicht aus unverständiger Zaghaftigkeit geschont wissen; sie sind durch Stellung, Interesse und erlebtes Schicksal vor Allen berufen, sich als. entschlossene Reformer zu zeigen, und sie zeigen sich als solche. — Die ängstliche Sonderung der Stände, um dadurch ein konservatives, d. h. ein den Fortschritt hemmendes, Element zu gewinnen, ist gleichfalls ein verfehlter Entwurf. Denn es giebt in Preussen keine gesonderten, einander entgegengesetzten Interessen, um die Stände in einen Konflikt zu bringen, welcher, ihre gegenseitigen Bestrebungen entkräftigend, das Vorwärtsschreiten hemmen könnte. Die Stände sind nur dem Namen nach verschieden. Ob einer ein grosses oder kleines Landgut besitze, sein Gewerbe auf dem Lande oder in der Stadt betreibe, ob er Rittergutsbesitzer, Bauer oder Städter heisse, macht nichts für sein Interesse an der Geltendmachung des allgemeinen Rechtes, an der Beförderung des politischen Fortschritts aus, wo missbräuchliche Vorrechte verschwunden sind; denn nur im Unrechte giebt es Spaltungen und Krümmungen der Wege, — das Recht hat eine einzige gerade Heerstrasse. Die Vorgänge auf unseren Landtagen dürften hinlänglich dargethan haben, dass durch die nominelle Verschiedenheit der Stände keine wirkliche Verschiedenheit der Richtungen bedingt wird. — Aus der Absonderung der Provinzen können sich eben so wenig abweichende Interessen und gegenseitig sich hemmende Bestrebungen erzeugen. So lange alle Provinzen gleiche Rechte geniossen und gleiche Pflichten haben und keine auf Kosten der anderen geniesst, kann sich keine Spaltung der politischen Richtung unter ihnen herausstellen, wenn auch vielleicht die Regsamkeit der Theilnahme an den gemeinsamen Staatsinteressen sich in verschiedenen Graden zu derselben Zeit unter ihnen äussert. Anhänglichkeit an eine historisch ausgezeichnete Fürstenreihe, dankbar anerkennende Schätzung einer humanen und intelligenten Gesetzgebung, wie auch das ahnungsvolle Gefühl einer hohen Bestimmung des preussischen Staats in der kommenden Geschichte Deutschlands, dies alles überwiegt die täglich vor der allgemeinen Kultur schwindende Verschiedenheit der Abstammung und Sitte, und verbindet alle heterogenen Glieder in einem einigen Streben zur Befestigung und Entwickelung eines starken und grossen Vaterlandes. Wo das Rechtsprinzip, wie in Preussen, durch alle bürgerlichen Einrichtungen hindurch, aufrecht erhalten wird, da muss sich die Einigkeit behaupten; denn nur aus dem Missbrauch, wie wir schon öfters wiederholt haben, entspringt Entzweiung. [Nur Eines giebt es noch in Preussen, welches unter den verschiedenen Provinzen eine Divergenz der Interessen hervorbringen dürfte, nämlich der Missbrauch — die Schutzzölle], welche zum angeblichen Nutzen schlesischer Hüttenwerke und rheinländischer oder märkischer Fabriken die Verbrauchsgegenstände aller übrigen Landeseinwohner vertheuern. Aber die Wissenschaft hat über dieses Schutzzollsystem mit solcher Entschiedenheit den Stab gebrochen*), dass ihre Abschaffung eher stattfinden, als sie selbst zum erheblichen Elemente des politischen Zwiespalts werden dürften.

Eine Staatswissenschaft, welche das Staatsleben als ein, durch nothwendige Entwickelung des geistigen, sittlichen und materiellen Vermögens bewirktes, stetiges Fortschreiten der menschlichen Kultur auffasst, — und alle Staatseinrichtungen als bloss

---

*) Siehe die folg. Schrift: „Ueber Handelsfeindseligkeit". Note d. Verf.

äussere, durch vorübergehende Bedürfnisse der besonderen Kulturstufen bedingte Momente betrachtet; und demnach aus den Bewegungsgesetzen des geistigen, sittlichen und materiellen Fortschritts die nothwendig gewordenen Modifikationen der Staatsaufgabe berechnet — eine solche Wissenschaft ist fast nirgends zum Eigenthum des Bewusstseins geworden. Es hat bisher nur eine Regierungskunst gegeben, welche, ohne Einsicht in den nothwendigen Zusammenhang des geschichtlichen Lebens, alles Geschehene vielmehr als zufällig Gemachtes betrachtend, und im Glauben befangen, dass die Gegenwart sich nach Belieben gestalten lasse, sich nur damit beschäftigte, Mittel zu einem gegebenen Zwecke aufzufinden und anzuwenden. Unkenntniss der tiefer liegenden Gesetze, nach welchen der nächste Staatszweck wechselt, erzeugte natürlich ein festes Anklammern an den einen begriffenen Zweck, über welchen die vorhandene Regierungskunst nicht hinausreichte. Die von der Vorsehung begründeten Einrichtungen für den Fortschritt äusserten sich, dieser auf ein einziges, jeweiliges Moment beschränkten Kunst gegenüber, als eine dunkle, zerstörende Macht, gegen welche man nur durch unermüdliches Erneuern der von ihr weggeschwemmten Dämme sich wehren konnte. Man fühlte sich, von Zeit zu Zeit, bewusstlos durch sie hingerissen und stand rathlos auf den Trümmern seiner Werke da. Damit man also auf eine Weile Sicherheit hätte, und den einmal vorhandenen Staatszweck festhalten könnte, haben sich unter allen Regierungsformen, wider die unablässig verwirrtmachenden Eingriffe des nothwendigen Fortschritts, Hemmungsmittel herausgebildet, deren Grundbedingung wir, als im gesetzlichen Missbrauch oder der Aengstlichkeit der Blindheit liegend, nachgewiesen haben. In Preussen, wo gegenwärtig die eindringliche Gewalt der Fortschrittsgesetze, in Folge der erweiterten, geistigen, sittlichen und materiellen Basis, sich heftig äussert, und die abwehrenden Dämme am schwächsten sind, da möchten Einige, wie es scheint, in der Geschwindigkeit Hemmungsmittel verschaffen. Die Nothwendigkeit eines Ueberganges zur volksthümlichen Verfassung wird wohl erkannt; doch möchte man bei Zeiten diese gewaltige und [gefürchtete Maschine mit Gegengewichten und Handhaben versehen, wodurch deren Gang möglichst schwach und lenksam würde]. Der Hinblick auf Amerika erfüllt Manchen mit Widerwillen gegen die Missachtung aller irdischen Heiligkeit, und mit Unbehaglichkeit vor dem fast anarchischen Sichgehenlassen aller bürgerlichen Triebkräfte. Die Gegenwart Frankreichs flösst Bangigkeit vor einem nur leicht verdeckten Vulkan ein, dessen Ausbrüche keineswegs ihr Ziel erreicht haben dürften. Spanien erregt Entsetzen vor den Schrecken eines unabsehbaren Bürgerkriegs. Nur England scheint, trotz seines etwas geräuschvollen Treibens, zuverlässige Haltpunkte gegen ein Ueberstürzen in die Anarchie zu besitzen, und zwar in seiner Aristokratie und Hierarchie, nebst vielen altherkömmlichen, lokalen Einrichtungen, welche von der Mehrzahl mit Ehrfurcht angesehen und mit Eifersucht gehegt worden. Wir glauben, dass die konservativen Elemente der englischen Zustände als vorzüglichstes Muster Denjenigen vorschweben, welche die Idee einer historischen Begründung für Preussens künftige Verfassung aufgestellt haben. Wenn diese Vermuthung wohlbegründet ist, so verräth jene Idee nichts weniger als staatsmännische Einsicht, weder in das Zeitgemässe noch in das Prinzip des bürgerlichen Zusammenhalts. Jene Schutzwehren, an welchen der Zeiten Fluth sich in England noch bricht, verursachen gerade die Brandung, vor deren Gewalt sie zu sichern scheinen; auch ist ihre Stunde schon sichtbar abgelaufen. Das Schicksal des Getreidemonopols, des Hauptbollwerks alles englischen Konservatismus, ist schon durch die Stimme des Landinteresses selbst gesprochen worden; nach der Erstürmung dieser Position müssen alle Werke der aristokratischen Befestigung vernichtet werden. Und dass sie auch nicht länger gehalten werden dürfen, sieht Jeder ein, welcher erkennt, in was für namenlose Gefahr sie das soziale Gebäude dadurch gestürzt haben, dass sie die Volksbildung unterdrückt, ein fürchterliches Proletariat erzeugt und dssselbe, durch Vorenthaltung des Rechtes, zur Gesetzwidrigkeit erzogen haben. England sieht endlich ein, dass die alte Regierungskunst aufgegeben und zu einer gerechten Staatsweisheit gegriffen werden müsse, welche allein die drohenden, durch jenen Konservatismus erzeugten, sozialen Missstände heilen kann. Soll denn Preussen von den Erfahrungen Anderer keinen Nutzen ziehen, sondern aus staatsmännischem Unverstand ein System ergreifen, welches so unheilschwanger sich anderwärtig gezeigt hat, und aus dem man sich nur mit so gewaltigen Wehen wieder retten kann? Es gab eine Periode in Preussens Annalen, — zwischen der Niederlage bei Jena und dem Siege bei Belle-Alliance — während welcher gewaltsame Ereignisse die bisherige Regierungskunst sammt ihren Werken völlig umgestürzt und vernichtet hatten. Preussens Geschichte war nebst der nationalen Selbstständigkeit erloschen; zu konserviren, wo Alles über den Haufen geworfen war, gab es nichts mehr. Die Furcht, dass der Himmel einstürzen möchte, durfte nicht mehr von der Ausübung der Gerechtigkeit abhalten, denn der Himmel war schon eingestürzt, das Aergste schon hereingebrochen. Alles musste wieder aufgebaut werden, und man hatte nicht Zeit für die geschichtlichen Künsteleien gewöhnlicher Regierungsmittel. Mit dem Tode vor Augen wollte man durch Werke der Gerechtigkeit das richtende Schicksal sühnen. Man war von seinem Rathe verlassen und baute allein auf Gott, indem man nur gerecht zu sein sich bestrebte. Man musste die Gerechten anrufen, sich blindlings in ihre Hände geben. Da traten auch Männer hervor, welche sich getrauten, das gefallene Vaterland wieder aufzurichten. Und sie stellten das Vaterland her —, kräftiger, grösser, sicherer, als es jemals gewesen, ein Ziel der Bewunderung und Hochachtung für die Mitwelt. Diese Männer waren keine Genies, keine überfeinen diplomatischen Köpfe, sondern nur klug durch die Erleuchtung des Rechtsgefühls und gross durch das Vertrauen auf die Kraft einer rein humanen Gesinnung. Sie suchten nicht nach einer geschichtlichen Basis, sondern räumten allen geschichtlichen Schutt hinweg, um ein unerschütterliches Fundament auf dem Boden des Menschenrechts für ihren Neubau zu gewinnen. Und der Bau hat sich bewährt und steht noch fest, und ist noch Preussens Stolz und Preussens Burg. Und die Zeit jenes Baues ist die Zeit der wahren Bedeutsamkeit Preussens für europäische Kulturgeschichte, — eine Zeit, in welcher der Geist des Rechts allein, über alle geschichtlichen Rücksichten sich erhebend, frei schalten durfte, und der gerade Gedanke einmal seine Geltung erhielt. Will Preussen jetzt diesen Gedanken, diesen Geist verleugnen, die Stütze seiner Grösse verwerfen, die erprobte Bahn seines Heils verlassen? Erschrickt es vor der Kühnheit seiner eigenen Thaten? Giebt ihm die Todesnoth allein den Muth, sich gross zu zeigen? — ˙Preussen besitzt alle Elemente einer grossen Zukunft. Diese Elemente fallen weniger in's Auge, weil sie meist negativer Art sind und hauptsächlich in der Abwesenheit der anderweitig eingewurzelten Hindernisse freier Kultur bestehen. Wenn es die hervorstechenden Vorzüge einiger anderen Nationen nicht aufweist, so ist es dafür frei von deren Ausartungen. Es hat nicht Englands Reichthum, schaffende Kraft und energisches Nationalitätsgefühl; aber es ist frei von dessen Einseitigkeit der Richtung und Egoismus der Staatspolitik, und birgt noch kein solches Proletariat. Es hat nicht Frankreichs geistige Regsamkeit, aber auch nicht dessen grundsatzlose, fast zur bürgerlichen Desorganisation führende Selbstsucht des Individuums. Es hat nicht Amerika's gewaltige Entwickelung selbstständiger kernhafter Persönlichkeiten, aber dagegen höhere Bildung, mildere Sittigung und mehr Biederkeit. Preussen hat [weder grosse Tugenden] noch so grosse Laster, [weder hohe Vorzüge] noch tiefe Gebrechen; — vorurtheilsfrei, vielseitig, gemässigt, human, bildet es sich zu einer harmonischen, immer tiefer wurzelnden und umfassenderen Zivilisation heran. Es bietet ein wohlbearbeitetes, völlig gereinigtes Feld dar, worauf die kommende neue Kulturphase des *Weltbürgerthums* den am besten bereiteten Boden finden und die ersten Früchte tragen wird, — und das Weltbürgerthum ist die Gestalt der europäischen Zukunft. Preussen wird auch seine Bestimmung für die Entwickelung einer neuen europäischen Kulturepoche erfüllen, und in Preussen wird »*Christoph der grosse Europäer*,« ein Gegensatz des deutschen Michels, seinen Thron begründen. Soll aber Preussen die Erreichung des herrlichen Ziels nicht verzögern, den Segen nicht verkümmern, sein Verdienst nicht verkürzen und sich selbst innere Kämpfe bereiten, so muss es seine Aufgabe klar erfassen, seinen Beruf anerkennen und muthig die ihm vorgeschriebene Bahn verfolgen. Preussen darf den obrigkeitlichen Zwang lüften, weil seine Bürger für die Aufrechterhaltung der Ordnung schon genug des innern sittlichen Halts besitzen; es muss dies auch thun, um in der Nation eine Regsamkeit und einen Schwung zu erzeugen, welche zum Schritthalten mit frei sich entwickelnden Völkern nöthig sind.

Das Regieren hat für die nationale Erziehung seine Aufgabe gelöst, indem es die vorhinerwähnten *negativen* Vorzüge zuwege gebracht hat. Jetzt aber thut es um positive Kraft Noth, und darum muss das Regieren, dessen Wesen im Negiren liegt, möglichst eingeschränkt und auf das Volk selbst, zur Erweckung der geistigen Thätigkeit desselben, übertragen werden.

Aber noch einen andern unabweisbaren Grund giebt es für den ungesäumten Uebergang zu einer volksthümlichen Verfassung in Preussen. Und dieser Grund liegt in der Nothwendigkeit, der Regierung in allen ihren Funktionen einen festeren Rückhalt und grösseren Nachdruck zu geben. So befremdend auch die Behauptung Vielen erscheinen möge, welche mit dem Wesen von Staatsgrundlagen überhaupt wenig bekannt, die Lage Preussens nicht unbefangen in's Auge gefasst haben, so müssen wir doch unsere Ansicht unumwunden aussprechen, dass die preussische Regierungsform ohne hinlängliche Grundlagen dasteht, und als wesentlich schwach zu erklären ist. Der Verfassung nach ist der preussische Monarch absolut wie der Kaiser von Russland; er hat sich zwar durch den Beirath der Landtage und des Staatsrathes eine Art von Beschränkung auferlegt; aber nur insoweit es ihm beliebt, sich dadurch beschränken zu lassen, und es liegt in seinem Ermessen, welche Entschliessungen er zur Prüfung vorlegen und welches Gewicht er auf eine ihm submittirte Ansicht geben will. Er regiert nach Gesetzen, aber nur nach selbst gegebenen, von ihm selbst abhängigen. Er beachtet gesetzliche Zustände; aber es giebt keinen gesetzlichen Zustand, den er nicht befugt wäre, über Nacht durch einen Federstrich aufzuheben. Daher ist diese Verfassung, scherzhafter Weise, »eine obrigkeitliche gesetzmässige Willkür« genannt worden. Bei aller dieser Machtvollkommenheit jedoch fehlen dem preussischen Monarchen alle Werkzeuge der Willkür, denn seine Armee ist eine Nationalgarde und sein Beamtenkorps in bedeutendem Grade von populären Elementen infizirt.*) Wenn auch die preussische Regierung alle Rechte des

---

*) Da es Jedem durch Ablegung der vorgeschriebenen Examina freisteht, Beamter zu werden, und der Gebrauch eine Beförderung nach dem Dienstalter, auch eine Absetzung nur nach richterlichem Urtheil einge-

Despotismus besitzt, giebt es doch keine Regierung, welche weniger sich getrauen kann, eine despotische Handlung zu begehen. Der Form nach geschieht jede Bewegung des Unterthanen nur durch Duldung der absoluten Regierung; dem Wesen nach besteht die Absolutheit der Regierung nur durch den Willen der Unterthanen fort. Die Regierung behält das Recht, Alles zu thun, was sie will, weil sie nur das will, was dem Volke frommt. Der preussische Monarch ist durch kein Staatsgrundgesetz beschränkt, aber umsomehr dadurch, dass eine grosse und tugendhafte Regentenreihe das Volk in seinen Ansprüchen an die Milde, Gerechtigkeit, Thätigkeit und Fürsorge seines Herrschers fast verwöhnt hat. Der preussische Monarch ist in Wirklichkeit von allen vielleicht am meisten beschränkt, weil seine Beschränkungen nicht fest bestimmt, nirgends vorgeschrieben sind, sondern jedesmal aus der Lage der Dinge und der Richtung der allgemeinen Stimmung herausgelesen werden müssen. Wenn auch die öffentliche Stimmung bisher sich wenig regte, so war dies nur, weil die Regierung sich hütete, sie durch entschiedene Eingriffe anzuregen. So sehr muss die Regierung alle Kollisionen vermeiden, dass sie genöthigt ist, nach dem sprichwörtlichen Ausdrucke, mit dem Volke wie mit einem rohen Ei umzugehen. Selbst gegen eine Minorität des Volks trägt sie Bedenken, mit nachdrücklichem Zwange durchzugreifen, wie die sogenannten katholischen Wirren auffallend beweisen. Einzelne Verbrecher werden sogar mit einer Umständlichkeit behandelt, welche in keinem anderen Staate angetroffen wird; und selbst die Ausführung zivilrechtlicher Erkenntnisse muss, um den Schein schroffer Härte von Seiten der Behörden zu vermeiden, mit Schonung erfolgen. Die schlimmste Seite dieser Behutsamkeit vor der Anregung einer Verstimmung zeigt sich in der Schlaffheit aller exekutiven Maassregeln. Die Behörden erlassen

---

führt hat, stehen preussische Beamten vor Willkür hinlänglich geschützt, um eine volksthümliche ziemlich unabhängige Körperschaft zu bilden, in welcher die verschiedenen Tendenzen ihre Geltung haben können. Auch hat das Beamtenkorps in Preussen sich häufig als den effektivsten Vertreter humaner Prinzipien und allgemeiner Volksrechte gezeigt, wofür ihm hohe Anerkennung gebührt. Note d. Verf.

zahllose Verordnungen, um ihre Geschäftigkeit zu beweisen, und
die Unterthanen lassen es, durch Zögern, Ausweichen, Vernachlässigen, darauf ankommen, dass man sie zwinge, und zwar in der
durch Erfahrung befestigten Ueberzeugung, dass Zwang nicht so
leicht angewendet werde; sie gewöhnen sich an das Bestreben,
möglichst wenige Verordnungen zu befolgen. Wir dürfen nur
jede Gemeinde, jeden Gutsbesitzer, jeden Hauseigenthümer befragen,
wie viele Vorschriften unberücksichtigt gelassen oder umgangen
werden, und wie wenig Mittel die Behörden zur Erzwingung einer
pünktlichen Beachtung anwenden. Und wenn für die allgemeineren
politischen Richtungen energischere Maassregeln von der Regierung
angekündigt werden, begegnet ihnen das Publikum mit der Ueberzeugung, dass sie nicht in Ausführung kommen. Es ist eine nicht
zu leugnende Thatsache, dass die absolute Gesetzgebung und die
exekutiven Behörden Preussens viel bedenklicher, als die eines
konstitutionellen Staats, bei durchgreifenden Zwangsmaassregeln
sich erweisen müssen, obgleich sie mit Reformen im Sinne der
Zeitrichtung so kühn als jede andere sein dürfen, auch leichter als
andere solche durchführen könnten. — Unter zivilisirten Nationen
ist die Regierung in dem Maasse mächtig, als die Verfassung
volksthümlich ist; denn alsdann wird die ausführende Gewalt von
dem unwiderstehlichen Beschlusse der faktischen Uebermacht stets
unterstützt. Und seitdem in Preussen eine öffentliche politische
Stimmung sich entschieden kund thut, und einen bestimmenden
Einfluss auf den Regierungsgang äussert, [reichen die bisherigen
Mittel nicht mehr aus, um der Regierung eine faktische Absolutheit
zu bewahren]. Bei der Verschiedenheit der politischen Richtungen
ist es nicht mehr möglich, wie bei der vorherigen Theilnahmlosigkeit des Volks für Staatsfragen, alle Kollisionen zu vermeiden;
daher muss die Regierung sich einen Rückhalt verschaffen, womit
sie sich sogar gegen starke Opposition geltend machen könne. Um
eine Uebermacht zu überwinden, giebt es in der Natur überhaupt
keine Erfindung; aber um sich stets auf der Seite der Uebermacht
zu befinden, mithin immer mächtig zu sein, giebt es ein höchst
einfaches Mittel, nämlich: dem Monarchen Räthe zu verschaffen,
die ihm nicht nur mit Rath, sondern auch mit der That zur Seite
stehen können — Männer, welche, insofern sie das ganze Volk

wahrhaft repräsentiren, neben der Stimme ihrer Majorität auch die Einstimmung der nationalen Uebermacht in die Vollstreckung des Beschlusses herbeibringen. Welche Kraft gewänne nicht dadurch die ausführende Gewalt des Herrschers! Und um die Befestigung seiner ausführenden Gewalt muss es ihm jetzt vorzüglich zu thun sein; denn diese verbleibt dem Monarchen und seinen Beamten stets allein und ungekürzt. Aber die Aufgabe der Gesetzgebung kann er nicht immer mit seinen besoldeten Dienern allein erledigen. Denn sobald die bürgerliche Sittigung das allgemeine Recht zur höchsten sozialen Macht und die Aufklärung zum Gemeingut erhoben hat, kann die höchste Intelligenz allein die Gesetze bestimmen. Möge ein Ministerkabinet immerhin aus erfahrenen, gebildeten, begabten Männern bestehen; es kann doch nur einen fast unmerklich kleinen Theil der Intelligenz einer kultivirten Nation in sich schliessen, und steht immer einer mächtigen Anzahl eben so gebildeter und begabter Männer ausser Amte gegenüber. Und um zu bewirken, dass das Ministerkabinet gerade die höchste Intelligenz in sich schliesse, giebt es ein erprobtes Mittel: die konstitutionelle Einrichtung nämlich, wonach Diejenigen, welche in einem ganz populären politischen Leben die geistige Uebermacht gewonnen haben, das Kabinet jedesmal bilden müssen. Dadurch wird der Krone die Stütze der höchsten Intelligenz, als einzige bei einer hohen Volksbildung mögliche Regierungsmacht, stets zugesichert. Die von Vielen gehegte Vorstellung, dass der Uebergang zu einer volksthümlichen Verfassung eine Beschränkung oder Schwächung der monarchischen Macht mit sich führe, ist eine durchaus falsche. Dieser Schritt ist, im Gegentheil, ein Weg, um bei einer gewissen Stufe bürgerlicher Kultur das königliche Ansehen zu befestigen; — denn sobald die allgemeine Sittigung und Aufklärung den Despotismus, das Regieren trotz der Volksmeinung, unausführbar machen, muss durch eine freie Verfassung dafür gesorgt werden, dass die Regierung stets die Volksmeinung, als einzig zuverlässigen Hebel der Macht, besitze. — Die Verfassungsformen sind überhaupt nichts Willkürliches, sondern werden durch die Verhältnisse der Volksbildung, der Eigenthumsverhältnisse, der Rechtsgleichheit, der äussern Stellung jedesmal nothwendig vorgeschrieben; und der Staatsmann hat nicht danach zu fragen, was er wohl thun möchte, sondern was er, nach der Lage seiner Verhältnisse, thun muss. Dass Preussens Verfassungsformen mit den Verhältnissen, wonach alle Staatsformen überhaupt sich richten sollten, nicht im Einklang stehen, ist augenfällig; denn obgleich alle Bedingungen einer despotischen Gewalt verschwunden sind, und der Regierung nichts fremder als der despotische Geist wäre, wird die Verfassungsform eines reinen Despotismus beibehalten. Dass dies kein bloss theoretisches Uebel sei, beweist die von uns schon erwähnte exekutive Schwäche; aber eben so unleugbar ist die missliche Lage seiner gesetzgebenden Behörden unter den obwaltenden Umständen. Sie bereiten Gesetzentwürfe im Stillen, verwenden Jahre auf die Schlichtung aller tausenderlei nur ihnen gewichtigen Rücksichten, und müssen es erleben, dass das Werk, sobald es das Tageslicht der Oeffentlichkeit erblickt, todtgeboren daliegt und im Stillen verscharrt werden muss, weil es die eine Rücksicht, nämlich die veränderten Staatsbedürfnisse, nicht erfasste. Nicht nur eine missliche Lage, sondern ein unschickliches Verhältniss dürfen wir es nennen, dass die höchsten Regierungsorgane der Gefahr ausgesetzt werden, sich auf solche Weise zu kompromittiren, — ihre Maassregeln, wofür sie mit ihrem ganzen Ansehen einstehen, von einer Instanz verworfen zu sehen, die sie nicht anerkennen. Um dergleichen zu vermeiden und das Ansehen der Obrigkeit auf's sicherste zu wahren, wünschen wir, durch eine volksthümliche Verfassung, den Monarchen in den Stand gesetzt zu sehen, seine Beschlüsse auf die höchste nationale Intelligenz zu begründen und mit dem Nachdrucke des Volkswillens auszuführen. — *Wären wir blinde Anhänger einer sogenannten Volksregierung, und wollten wir die Herrschaft des Volkswillens rücksichtslos verwirklicht sehen, so würden wir dem gegenwärtigen Gange der Dinge gerne noch zuschauen; denn nichts könnte geeigneter sein, das Selbstgefühl der Masse zu erwecken und zu stärken, als die Siege, welche, unter den jetzigen Verhältnissen, die unberechtigte Volksmeinung gefeiert hat.* Aus Mangel an einer ächt konservativen Basis kann die Regierung selbst sich nicht gänzlich vor dem Einflusse des Fortschrittstriebes erwehren, sondern regt allerlei Dinge an, welche eine von ihr weder beabsichtigte noch erwartete Bewegung zur Folge haben.

Prince-Smith, Ges. Schriften. II.

Aber bei dem Anstoss dieser Bewegung fühlt sie sich, aus eben demselben Mangel einer festen Begründung, beängstigt und zum Widerstreben geneigt, wodurch sie nur das durch die allgemeinen Verhältnisse bedingte Vordringen noch stärker reizt, indem, unfähig dasselbe aufzuhalten, sie mit ihrem Gegenstemmen davon zurückprallt. Sie dient auf jede Weise dazu, eine politische Regsamkeit im Volke jetzt zu erhalten, deren Kraft sie kaum brechen, deren Richtung sie nicht bewältigen kann.

Und sollen wir Dasjenige bezeichnen, was, nach unserer aufrichtigen Ueberzeugung, den Strom der politischen Meinung bestärkt und allgemein wider die Regierung gewendet hat, so nennen wir, ohne Bedenken, *die Zensur*; denn es ist eine eben so unleugbare als auffallende Thatsache, dass, während unter Pressfreiheit es niemals, selbst einer schlechten Sache, an kräftigen Wortführern gefehlt hat, dagegen unter der Zensur keine wirksame Stimme für eine so humane und wohlwollende Regierung, als wofür die preussische anerkannt werden muss, sich erheben kann. Eine vollständige Unterdrückung aller öffentlichen Besprechung der Regierungsmaassregeln durch die Presse ist zwar eine Gewaltthat, hat jedoch einen Sinn; denn alsdann lässt die Regierung die Presse überhaupt nicht als Macht bestehen und hat sie weder für noch wider sich. [Wenn man aber dies nicht will, sondern politische Erörterung gestattet, alsdann ist unbedingte Pressfreiheit das einzige Mittel, einen Antheil an jener Macht, welche die Presse alsbald erlangt, für die Regierung zu gewinnen. Eine Zensur, wie die preussische, gestattet, dass man rede, will aber das Was und Wie vorschreiben. Aber die Vernunft, welche, zwar unwillig, einem Machtgebot des Schweigens gehorcht, empört sich gegen eine Willkür, die in ihre inneren, unwandelbaren Gesetze eingreifen, ihr Wesen verfälschen möchte. Die Wirkung der Zensur liegt zu klar am Tage, als dass sie von einem unbefangenen Auge zu verkennen wäre; sie ist »eine That, die sich grimmig selbst gescholten,« und selbstwillig, wie Menschen häufig sind, müssen sie dies doch einsehen. Die Zensur erregt von vorne herein Misstrauen gegen die Güte einer Sache, die sich nicht auf den offenen Kampfplatz der freien Erörterung hinauswagen will, um sich den Sieg der vernünftigen Ueberzeugung zu erstreiten.

Die Zensur verlockt zum Angriffe gegen die Regierung, denn sie verleiht dem Angreifenden einen Schein des Muthes und giebt der Opposition eine sichere Wirksamkeit, und zwar auf folgende Weise, die man vielleicht noch nicht bedacht hat: wenn der Angriff nämlich schwach ist, so glaubt man, er sei durch den Zensor geschwächt worden; wenn er scharf und treffend erscheint, so glaubt man, er wäre noch sehr viel tiefer und schärfer eingedrungen, wenn der Zensor ihn nicht abgestumpft; und wenn die Opposition gar nichts vorzubringen weiss, so sieht man darin nur das Gegentheil, — nur eine verschärfte Unterdrückung, aus Furcht der Regierung vor alledem, was sich vorbringen liesse! Und noch ausserdem übernimmt die Zensur ein ästhetisch-kritisches Redaktionsamt, damit die Opposition sich nichts durch unmotivirte Aufstellungen oder unanständige Aeusserungen vergebe, sondern stets gehaltvoll und gehalten vor den Augen des Publikums erscheine! Dagegen macht die Zensur jeden unabhängigen Ehrenmann abgeneigt, eine mit der Regierungsmeinung übereinstimmende Ansicht öffentlich zu verfechten, weil er das Unedle eines Kampfes wider gefesselte Gegner zu sehr empfinden muss, um sich irgend einen Ruhm davon zu versprechen. Ausserdem aber hält die Zensur die Anhänger der Regierung aus Prinzip davon ab, sich der Presse zu bedienen, und nöthigt diese, sich von der Opposition allein zu ernähren, denn die Zensur stellt die öffentliche politische Diskussion als etwas Rechtloses, sogar Polizeiwidriges hin; sie will das Ansehen der Regierung auf etwas Anderem als auf der Macht der öffentlichen Ueberzeugung gegründet wissen; sie überhebt die Regierungsorgane der Pflicht, sich die öffentliche Ueberzeugung zu gewinnen; und so lange sie dies thut, versteht es sich von selbst, dass die Bureaukratie es viel bequemer finden wird, sich auf eine Zensurpolizei für die Geltendmachung der eigenen und Beseitigung anderer Ansichten zu verlassen, als mit Geist und Herz einen freien Sieg zu erstreiten. Die anbefohlenen amtlichen Berichtigungen zeigen, durch Gereiztheit des Tones, verschnörkelte Sprache, und überhaupt eben so absichtliche als anstössige Ueberhebung, wie hartnäckig die Beamten sich einer Anerkennung der öffentlichen Meinung widersetzen, wie unfähig sie sein werden, dieselbe zu gewinnen, so lange die Zensur fortbesteht. Wir fragen: ist die Presse jetzt eine Macht oder nicht; bedarf die Regierung einer Stütze in der öffentlichen Ueberzeugung oder nicht? Wenn mit Ja geantwortet wird, so giebt es kein anderes Mittel, als die Pressfreiheit, um der Regierung einen Antheil an dieser Macht zu verschaffen und die öffentliche Ueberzeugung für sie zu gewinnen. Unter Pressfreiheit stellt sich sogleich ein Gleichgewicht der Meinungsäusserung heraus; die konservative Partei, wie Englands Beispiel beweist, hat nie Mangel an geistvollen und beredten Wortführern; und, weil sie für positiv Vorhandenes redet, hat sie den Vortheil an Einigkeit und Bestimmtheit, und bewährt jene Selbsterhaltungskraft im Kampfe der Meinungen, die wir im sonstigen Lebenskampfe schon an ihr erkannt haben. Die Opposition einer freien Presse hat niemals eine Sache, nicht einmal eine Person gestürzt, welche sich nicht schon durch Inkonsequenzen und Unfähigkeit untergraben hätte. Und während das Publikum einem zensirten Angriffe die vermeintlich gebrochene Kraft hinzurechnet, bringt es von dem unzensirten Vieles, auf Rechnung des Parteieifers, in Abzug; der Eine meint es in seinen Augen böser als er scheint, der Andere scheint böser als er es meint. Wenn nun die Zensur selber böser scheint als sie es meint, und wirklich eine ziemlich freie, politische Aeusserung duldet, so ist für die Regierung der Nachtheil dieser Suppositionen doppelt stark. – Wir wünschen also Pressfreiheit nicht, um die politische Bewegung zu unterhalten und zu beschleunigen; — dafür wirkt die Zensur, »ein Theil der Finsterniss, die sich das Licht gebärt,« am sichersten; sondern wir wünschen Pressfreiheit, damit die Vernunftüberzeugung, welche nur aus dem freien Meinungskampf hervorgeht, die durch unseren Kulturgrad bedingte Bewegung regele und stets zu einem Fortschritt stempele.]

Das Streben nach einer populären Verfassung in Preussen ist keine leichtsinnige Neuerungssucht, keine gedankenlose Ungeduld, keine Selbstüberschätzung, nichts Zufälliges noch Willkürliches; sondern es ist die natürliche und nothwendige Frucht jener, durch die Gesetzgebung von 1808 bis 1815 gelegten Keime, entwickelt und gezeitigt durch ein Vierteljahrhundert des äusseren Friedens, der inneren Ruhe, des zunehmenden Wohlstands, der geistigen Pflege, der humanen Verwaltung. Eine solche Erziehung, von einer so vollständigen Anerkennung des Rechts der Einzelnen ausgehend, als wie sie die Gesetze jener gedachten Periode aussprachen, musste ein denkendes Volk von gemässigtem Temperamente zur Selbstständigkeit heranbilden. Jene Intelligenz, welche Preussens Stärke und Preussens Stolz, das Wesen des neuern Preussenthums, ausmacht, fordert jetzt die Anerkennung ihres Schaffens, die Vollendung ihres Werkes. Es ist eine an Grausamkeit streifende Ungerechtigkeit, wenn man diese Forderung einen Mangel an Pietät gegen den Monarchen, an Dankbarkeit gegen das Bestehende, an Liebe gegen das Vaterland schilt. Sie ist, im Gegentheil, eben so loyal und patriotisch, als sie besonnen und ernst sich zeigt. Sie geht aus der weltgeschichtlichen Erkenntniss hervor, dass es Preussens Beruf sei, sittlich und geistig schon durchgebildet, jene staatliche Entwickelung in ruhigem Bewusstsein seines Thuns und mit ungestörter Ruhe, anstatt, wie andere Nationen, nur im blinden Kampfe, zu verwirklichen, — seine Zukunft auf einer breiten und sicheren Basis freier Kraft, durchdrungenen Rechtsgefühls und allgemeiner Aufklärung zu begründen; *und sie erhebt sich jetzt, diese Forderung, mit dringender Stimme, weil die Zeit gekommen ist, Schritte zu thun, welche, wenn sie jetzt versäumt werden, die natürliche Stufenmässigkeit jener Entwickelung verhindern und künftige Uebereilung des Versäumten herbeiführen müssen.* Wenn auch der humane Geist des Landrechts und eine gerechte Verwaltung schon früh Vieles bewirkt hatten, so ist das preussische Volk vor dem Jahre 1806, in allen staatlichen Bedingungen, ein anderes, als das, welches jetzt siebenunddreissig Jahre nach der damals vorgenommenen Regeneration seiner innersten sozialen Zustände, dasteht. Man muss die Neuzeit von der alten Zeit unterscheiden, und die Fähigkeiten und Bedürfnisse des Volks nach den Bedingungen dieser Neuzeit beurtheilen; sie nicht aber in der kriegsruhmlichen Vorzeit suchen. Die preussischen Regenten haben, als Alleinherrscher, sich einen unvergänglichen Namen in Europa's Kronik erworben, durch die Kraft, womit sie Preussen vereinigt, den Heldenmuth, womit sie es beschützt, die Weisheit, womit sie es beherrscht haben. Dies alles wird aber durch den Ruhm überstrahlt, welchen ihnen die Kulturgeschichte zuerkennt, wegen der

Liebe und Beharrlichkeit, womit sie ihr Volk zu bilden bestrebt waren. Jetzt ist die Zeit da, wo das Volk sich für diese Erziehung empfänglich und solcher Erzieher würdig zeigen will. Und jetzt, ein Jahrhundert nach der Thronbesteigung des grossen Friedrich, dem so würdige, für dasselbe humane Werk belebte Nachkommen gefolgt sind, darf man nicht so schmählich das geschichtliche Leben Preussens verleugnen, um Friedrichs Volk noch geistig und sittlich unreif für politische Selbstständigkeit zu erklären. Welches Volk ist jemals so reif gewesen? Wo ist jemals so viel Gewöhnung an Ordnung, Liebe für Recht, Ruhe der Ueberlegung, Hass des Parteiwesens, Geist der Toleranz und gründliches Wissen in's Innere des Volks gedrungen, als jetzt in Preussen? *Preussen fühlt sich überreif.* Mit allen seinen Trieben und Kräften will es sich vor der Welt bethätigen. Es fühlt, dass eine neue Zeit in Europa angegangen ist, aber sieht sich von der Theilnahme an derselben ausgeschlossen. Es mag die Ziethen'sche Husarenjacke oder den Blücher'schen Landwehrrock anziehen, den Dessauer Marsch brummen oder das Becker'sche Rheinlied singen, es wird nur für seine naive Wunderlichkeit belächelt, und fühlt sich vor der Welt gekränkt und innerlich gedemüthigt. Es schmachtet im Bedürfniss eines erhebenden und kräftigenden Gefühls. Es erkennt, dass, zur Zeit des Friedens und der Aufklärung, jene Selbstachtung, welche allein ein würdiges und schwunghaftes Nationalitätsgefühl einflösst, nur aus der Bethätigung seiner geistigen und sittlichen Selbstständigkeit sich schöpfen lässt. Es will in der bürgerlichen Kulturgeschichte jenen ersten Rang einnehmen, den es in der diplomatischen Staatengeschichte schon lange behauptet.

Und wenn wir politische Selbstständigkeit erlangt haben, wird sie uns Segen bringen, werden wir es dabei besser haben? Mit dieser Frage begegnet uns die grosse Schaar der Zaghaften, welche lieber die Uebel ertragen, die sie haben, als zu unbekannten fliehen. Wir wollen auf diese Frage eine unumwundene Antwort geben, nichts vorspiegeln, nichts verhehlen; denn alles hängt davon ab, dass wir sowohl über die uns zustehenden Ansprüche, als über die auferlegten Pflichten, ganz mit uns im Klaren dabei sind. — Denken sich vielleicht jene Fragenden, unter dem durch eine freie Regierungsform zu erlangenden Segen, dass sie bei weniger Anstrengung mehr geniessen, oder nur sicherer, leichter, wenn auch beschränkt, fortleben dürften? *Diesen Segen bringt eine freiere Regierung nicht.* Denn die grösste Freiheit ist nur das weiteste Recht des möglichst grossen Schaffens, und die höchste Selbstständigkeit macht die höchsten Ansprüche auf die selbstthätige Kraft. Und die wahre Würde, wie das wahre Glück des Menschen, liegt im Schaffen, in der Kraftäusserung. Aber darin liegt der Unsegen aller Bevormundung, dass sie Furcht vor dem Lebenskampf, Neigung zur Beschränktheit ernährt, und alles freie Erringen gegen eine kümmerliche Sicherheit zu opfern bewegt; denn sie lässt den Menschen nicht zur Erkenntniss seiner individuellen Kraft kommen, noch den Stolz des allein errungenen Sieges kosten, sondern fügt ihn in ihre Systeme ein, wo das Individuum, jeder unabhängigen Wirksamkeit entzogen und vom mechanischen Gange geleitet und gehalten, zur Feigheit erzogen wird. Der Andrang nach Aemtern in bureaukratischen Staaten beweist, wie weit dieser Einfluss sich der Menschen bemächtigen kann. Dem Beamten stehen keine solchen Aussichten auf Besitz und Genuss zu, als solche sich dem unabhängigen Gewerbsmanne eröffnen; das Einkommen eines hochstehenden Staatsdieners übersteigt selten das eines gewöhnlichen Kaufmannes, aber das Wenige, was jener hat, besitzt er sicher, und, was für ihn eben so viel werth ist, er weiss, was von seinen Leistungen gefordert wird, und ist nicht neuen und unbestimmten Ansprüchen auf seine Thätigkeit ausgesetzt; er besorgt nicht, neue Bahnen allein aufsuchen und brechen zu müssen, wenn die Verhältnisse sich um ein Weniges verändern sollten; sondern er rückt mit einem Systeme sachte fort, dessen Beharrungsvermögen eine Gewähr vor dem Zufall leistet. So weit erniedrigt die politische Unfreiheit die Menschen, dass wir die begabtesten, zur höchsten Fähigkeit ausgebildeten Naturen nur nach *einem Unterkommen* bestrebt sehen, — begierig, sich in den ersten besten Schlupfwinkel zu verkriechen, und ihr Lebenlang darin zusammengekauert zu sitzen, so sie nur vor den Stürmen des Lebens geborgen bleiben! Wer dies für einen Segen hält, wird solchen nicht durch den politischen Fortschritt geboten sehen; denn dieser hebt nicht den Lebenskampf auf, damit der Kleinmüthige unbelästigt bleibe, sondern setzt vielmehr in direkteste

Bewegung alle jene Hebel, welche dazu dienen, um den Menschen aus der Trägheit herauszureissen und ihn beständig vorwärts zu treiben. Politische Freiheit *wird* Segen bringen — den Segen der Thatkräftigkeit — indem sie jeder schwunghaften Tüchtigkeit ein freieres Feld, ein schöneres Ziel, eine reichere Belohnung darbietet, — der Trägheit aber ihr Lotterbett entzieht, der Kleinmüthigkeit ihr Versteck niederreisst. Sie stellt eine Regierung hin, um Unsegen zu unterdrücken; für den Segen aber verweist sie uns auf die Quelle, von wannen allein er entspringen kann: auf die eigene Thatkraft, sowohl des Einzelnen als der freien Vereinigung; denn der Segen muss aus dem positiven Schaffen uns kommen, und kann nicht durch Regieren, dessen Wirksamkeit eigentlich nur eine negirende ist, gegeben werden. Und während die Freiheit den Einzelnen seine, vom negirenden Drucke des Regierens gelöste Kraft erkennen lässt, erhebt sie seinen Blick zum Erfassen der Allgemeinheit, beseitigt jene Aengstlichkeit, welche die Mutter einer engherzigen Selbstsucht und jedes bürgerlichen Lasters ist, — sie giebt, mit der Selbstständigkeit und Ehre auch Kraft und Tugend, — und nur unter den Kräftigen und Tugendhaften kann das gesellige Prinzip sich in seiner Würde entwickeln, nämlich: als eine Vereinigung der Kräfte durch Achtung, Vertrauen und gegenseitiges Unterstützen.

»Aber werden wir es bei der Freiheit besser haben?« — lautete der zweite Theil der Frage. Wenn damit gefragt werden soll: ob eine freie Regierung wohlfeiler und schonender sein dürfte, so antworten wir mit *Nein*. Volksthümliche Regierungen sind gewöhnlich kostspieliger als absolute; und wenn sie auch nicht gegen das Recht, wie reine Despotieen, verfahren können, so sind sie, in ihrem Rechte, von rücksichtsloser Entschiedenheit. Eine konstitutionelle Regierung in Preussen dürfte nicht bei ihren exekutiven Maassregeln so viel Federlesens machen, als wie die bureaukratische Verwaltung es thun muss. In diesen Hinsichten hätte man es nicht besser:

„Gehorchen müsst' man mehr als immer,
„Und zahlen mehr als je vorher."

Eine volksthümliche Regierung ist auch nicht immer die vernünftigste und humanste; denn sie ist nur so vernünftig und human, wie die grosse Masse des Volks, während die gebildete Minderzahl, woraus eine Bureaukratie besteht, jener an Vernunft und Humanität viel voraus sein kann. — Warum denn eine volksthümliche Regierung wünschen? — Weil es nicht so sehr darauf ankommt, dass ein Volk vernünftig und human regiert, als dass es vernünftig und human *gemacht* werde. Dazu trägt die Selbstregierung am meisten bei; denn der Mensch wird nur durch Erfahrung gebessert, und zwar durch die Lehren, die er aus selbstbegangenen Fehlern zieht. Nichts vermag ein Volk von der Unvernunft und Inhumanität so sehr zu heilen, als wenn diese Fehler sich selbst an ihm strafen. Es ist nicht wünschenswerth, dass ein Volk besser regiert werde, als wie es sich selbst zu regieren weiss; denn wenn es unter der Selbstregierung schlecht hat, so wird es dadurch klüger werden; und des Menschen nächste Bestimmung ist: Vorschreiten in der Aufklärung, nicht »es guthaben«; es ist gut, dass es sich etwas quäle, wenn dies das Vorschrejten befördert. — Aber ist es denn eine Frage für unsere Wahl, ob wir vorschreiten oder stehen bleiben wollen? Nein; eben so wenig als es für uns eine Frage ist, ob wir altern oder ewig jung bleiben wollen; und wenn auch der Knabe durch das Mündigwerden keinen Segen sich versprechen, und als Mann weniger gut zu fahren fürchten sollte, so entginge er nicht dadurch der Erfüllung seines Schicksals, dass er die Schuljacke abzulegen sich weigerte. Wir könnten sagen, wie so häufig heutzutage gesagt wird: »die Zeit drängt und fordert unabweislich ein Vorschreiten.« Die Phrase ist eben so bequem als nichtssagend. Denn »die Zeit« kann nichts Anderes bedeuten, als die zur Zeit bestehenden Verhältnisse; und darin liegt gerade für uns eine Aufgabe, nämlich: zu zeigen, was diese Verhältnisse sind, — welches unter ihnen entstandene Missverhältniss eine Umgestaltung in's Werk setzt, — woher dies Missverhältniss gekommen, — und wo die nöthig gewordene Umgestaltung hinaus muss? Es ist leicht sagen: »wir befinden uns in einer Periode des geschichtlichen oder sozialen Uebergangs«, — es kommt nur darauf an, zu sagen: von was zu was wir übergehen, und durch welche Hebel die Bewegung geschieht. Dies genügend darzuthun, würde ein umfassendes Werk erfordern; doch glauben wir, durch einige kurze Andeutungen, soviel, als unser gegenwärtiger Zweck verlangt, klar machen zu können. Woher die Feudaleinrichtungen entstanden, haben wir gezeigt. Es war die Zeit der Fehde Aller gegen Alle:

„Wo Gross und Klein sich kreuz und quer befehdeten,
Und Brüder sich vertrieben, tödteten;
Burg gegen Burg, Stadt gegen Stadt,
Zunft gegen Adel Fehde hat,
Der Bischof mit Kapitel und Gemeinde;
Was sich nur ansah, waren Feinde.
In Kirchen Mord und Todtschlag, vor den Thoren
Ist jeder Kauf- und Wandersmann verloren,
Und Allen wuchs die Kühnheit nicht gering:
Denn Leben hiess: sich wehren! —"
Faust. Theil II.

Die Gewalt allein herrschte. Gesetz war nur der Zwang, welchen entgegengesetzte Gewalten sich für den Augenblick aufzulegen vermochten. Noch galt das ursprüngliche Recht, nämlich das der stärkeren Faust. Jeder nahm, was er konnte, und behielt, was man ihm nicht zu entreissen vermochte. Der Besitz bestand, so weit man ihn vertheidigen, die Freiheit, so weit man sie behaupten konnte. Der Fürst, die Saalherren, die Hintersassen, die Hörigen, die Städter standen alle in Widerstreit einander gegenüber, bald vereinzelt, bald verbündet, wie der eigennützige Zweck es mit sich brachte. Aber in der Natur geht aus jedem Widerstreite der Gewalten eine gewisse Ordnung, durch Ausgleichung, hervor. So auch hier. Die Fürsten nämlich fanden sich ab mit den Burgherren und Städten gegen Dienste und Abgaben, wofür sie gewisse Rechte und einigen Schutz gewährten. Die Burgherren thaten ein Gleiches mit ihren Hintersassen und Hörigen; auch trafen sie mit den Städten ein Uebereinkommen, gegen gewisse Transitzölle, das gänzliche Ausplündern fahrender Handelsleute zu unterlassen. Innerhalb der befestigten Stadtmauern organisirte sich gleichfalls das allgemeine Raubgelüst der Zeit in bestimmten Formen, und zwar im Zunftwesen und Prohibitivsystem. — Die Bedingungen dieser gegenseitigen Verträge wurden nach Verhältniss der Macht jeder Partei, zu fordern oder zu ver-

weigern, festgestellt; aber auch jedesmal wieder durch offenen
Kampf aufgehoben, sobald ein verändertes Verhalten der gegenseitigen Stärke irgendwo ein Mehrfordern oder Wenigergeben ermöglichte. Dieser Zustand, wenn auch nicht der beste, war doch
unter den gegebenen Bedingungen der einzig mögliche. Die
Volksmasse war, durch ihre Armuth und Unfähigkeit, nothwendig
der Verknechtung verfallen. Ohne gesammeltes Eigenthum, ohne
erweitertes Wissen ohne produktive Geschicklichkeit zog der
Arbeiter eine höchst dürftige Versorgung seiner eigenen rohen
Bedürfnisse von dem Fleck, auf dem er sass; und ausserdem, dass
ein Theil seines Ertrags durch einen Mächtigeren ihm entrissen
wurde, berührten ihn die Interessen Anderer fast gar nicht. Es
fehlte der Masse nicht nur die Kraft, sondern auch das Interesse,
sich zur Vertheidigung zu vereinigen; denn was sollten die unproduktiven Blossstehenden viel vertheidigen wollen? Ihre gänzliche
Rechtslosigkeit war nur im Verhältniss mit ihrer intellektuellen
und materiellen Kraftlosigkeit, daher ein Unglück, aber nicht ein
Missstand. Selbst unter der Feudalordnung, welche doch immer
eine Ordnung war, schritt die Masse an Produktionsfähigkeit, mithin an Kraft und Bildung vor; sie erreichte zwar keinen Wohlstand, aber erhob sich um etwas über ihre erste Entblössung.
Die Volksvermehrung und die Einführung indirekter Steuern
brachten die stehenden Heere zuwege, und erhoben die Macht des
Fürsten über die aller anderen Staatsmitglieder. Daraus entstand
ein sehr verschärfter Konflikt unter den eroberungssüchtigen
Herrschern. Um der gesteigerten Gefahr von aussen her zu begegnen, musste die Nation, nothgedrungen, es sich gefallen lassen,
alle Macht in die Hände eines einzigen Befehlshabers niederzulegen,
damit dieser dieselbe in jedem Augenblick gegen einen etwaigen
fremden Angriff wenden konnte. Die Nation musste sich einer
Zucht unterwerfen, wie sie der unaufhörliche Kriegszustand erheischte. Der Fürst musste jede Macht brechen, welche die seinige
hindern, jede Macht an sich reissen, welche die seinige verstärken
konnte. Er erkannte für die zu Unterthanen herabgesunkenen
Stände zwar grössere Rechtsgleichheit einander gegenüber, aber
keine Rechte gegenüber dem Staatsoberhaupte an. Dies war zwar
kein humaner, doch ein aus der Sachlage natürlich hervorgegan-

gener Zustand. Die Nation hatte an materieller Kraft, aber nicht an Humanität, zugenommen. Die Fehde war intensiver und grossartiger geworden; sie war nämlich von den Staatsmitgliedern auf die ganzen Staaten übergegangen. Das Herrenrecht über Grund und Boden bildete die Hauptquelle der Ernährung; dieses vor der noch ungebändigten Raubsucht zu verwahren, machte eine strenge Abgrenzung der Länder gegen einander, mit Rücksicht auf Gebietsvertheidigung, zum Hauptziel. Dies befestigte Hass und Eifersucht zwischen Völkern, die, kein humanes Recht gegen einander achtend, sich häufig verletzt hatten, sich immer bedrohten und nicht durch erwerblichen Verkehr an ein gemeinsames Interesse gekettet waren. Die eigene Nichtachtung fremder Rechte und Freiheit brachte, für jedes Volk selber, Rechtlosigkeit und Unfreiheit mit sich. Die Unfreiheit war nur im Verhältniss zur Inhumanität. Noch aber war die Produktionskraft der Volksmasse zu sehr vereinzelt und folglich zu schwach, als dass sie gegen die absolute polizeiliche Beschränkung sich einen freieren Spielraum hätte erkämpfen müssen; auch hing die Subsistenz von keinem internationalen Verkehre ab, welcher zur Beachtung fremden Rechts nöthigen konnte. Die absolute negirende Macht einer Kriegsregierung konnte nur dadurch ertragen werden, dass im Volke so wenig zu negiren da war. · Bei des Volkes Armuth war des Kaisers grösstes Recht von geringem Werthe; bei der verderblichen Vereinzelung war die polizeiliche Trennung, behufs einer leichteren Beherrschung, überflüssig; und den Verkümmerten, die immer willenlos sind, fiel das unbedingte Gehorchen weniger schwer. Der Sieg der Fürstenmacht über die übrigen Feudalstände war nur eine Folge des allgemeinen Naturgesetzes, wonach jeder fortgesetzte Kampf in der Präponderanz des einen oder des anderen Elements endet, und in diesem Falle entschied das Prinzip der Arbeitstheilung; denn die Funktionen der Polizei und der Landesvertheidigung wurden, bei geringerem Aufwande, in dem Maasse effektiver, als sie einzelnen, ausschliesslich damit Beschäftigten übertragen wurden. Das dringende Bedürfniss der wirksamsten Gebietsbeschützung war es indessen, was die Monarchie unmittelbar emporhob und sie absolut machte; denn zum Hauptstaatsgeschäft wurde die diplomatische Erhaltung des politischen Gleichgewichts, welche die Ausschliessung des Volks von allem Antheil an der Regierung nothwendig mit sich brachte.

Dass wir in einem geschichtlichen Uebergange von diesen Zuständen zu anderen uns befinden, ist unbezweifelbar. Und wenn wir betrachten, welche Bedingungen jener Zustände aufgehoben, und welche Bedürfnisse mit den neu entwickelten sozialen Elementen entstanden sind, so wird es auch leicht sich herausstellen lassen, zu welchem Zustande wir eigentlich übergehen. Erstens hat der schroffe Eroberungskonflikt unter den zivilisirten Nationen aufgehört. Der moderne Krieg hat sich durch die Fülle des Materials und die Vervollkommnung der Vernichtungskünste überstürzt; er verbietet sich durch seine eigenen gesteigerten Schrecknisse. Die Verlockung ist aber auch nicht mehr dieselbe. Denn der blosse Besitz von Grund und Boden ist nicht mehr die Hauptquelle des Reichthums; sondern eine Industrie, welche der Krieg vernichtet, ist Hauptquelle geworden. Die Kosten der Eroberung sind gestiegen und der mögliche Ertrag gefallen, und zwar dermaassen, dass ein Eroberungskrieg aus berechnender Gewinnsucht heutzutage etwas ganz Undenkbares wäre. In Folge der verbreiteten Aufklärung verliert auch das Regieren und Kriegführen den früheren Karakter, nämlich den persönlicher Angelegenheiten des Fürsten; sie nehmen mehr den Karakter nationaler Interessen an. Die zivilisirten Nationen sind auch humaner geworden, und willigen nicht mehr ein, den Nachbar mit Feuer und Schwert zu überfallen, damit er diesem und nicht jenem Fürsten steuere. Das Regieren ist, wegen der erhöhten Ansprüche an die Verwaltung, mit zu grossen Kosten verknüpft, um gerade ein rentirendes Geschäft zu sein; daher hat jetzt eine Gebietsvergrösserung für eine Nation keinen weiteren Vortheil, als den eines ausgedehnteren gewerblichen Verkehrs, welcher durch einen Vertrag für Handelsfreiheit oder einen Zollverband ebenso vollkommen, als durch eine erobernde Einverleibung erreicht wird. Aus diesen und vielen anderen Gründen ist die dringende Noth der Gebietsvertheidigung, welche die Völker unter die absolute Mannszucht der Territorialmonarchieen zwängte, nicht mehr vorhanden; auch ist mit der gestiegenen Sittigung die Nothwendigkeit einer, jede freie Kraft brechenden Polizeigewalt zur Erhaltung innerer Ordnung verschwunden. Und in dem Maasse, als die Bedürfnisse, aus denen die absolute Fürstenmacht hervorging, schwinden, entstehen neue soziale Bedürfnisse, mit welchen das Fortbestehen jener Macht ganz unverträglich ist. Die politische Phase hängt immer von der sozialen ab; und wenn auch die erste auf Ausbildung der letzten mächtig einwirkt, so gehen doch die dauerhaften politischen Umgestaltungen immer erst aus einer veränderten sozialen Basis hervor. Das neue soziale Element, welches unserer eigentlichen Zeitrichtung als Triebkraft zu Grunde liegt, ist das angesammelte Kapital und die darauf beruhende grossartige Industrie. Es giebt zwar viele politische Bewegungen unserer Zeit, welche sich nicht auf dieses Prinzip zurückführen lassen, sondern aus anderen Ursachen, aus lokalen und temporären Missständen hervorgegangen sein mögen; diese aber sind meist zufällig, vorübergehend und unbeträchtlich. Der Impuls des angesammelten beweglichen Kapitals indessen ist es, der mit unwiderstehlicher Macht und unabweisbarer Forderung das ganze soziale Leben in Fluss gebracht hat, um Dasjenige wegzuräumen, was ihm hinderlich, und Dasjenige aufzubauen, was ihm förderlich ist; denn es ist zur Hauptlebenspotenz geworden. Wir denken jetzt nicht an die Baarschaft der Bankierhäuser und die vielbesprochene Geldmacht von Rothschild und Konsorten; — denn solche sind meistentheils nur für die Verschwendung des Kapitals zu unproduktiven politischen Unternehmungen behülflich gewesen, — sondern wir meinen die vermehrten Mittel, welche, seit etwa sechszig Jahren entschieden vortretend, mit so rasch zunehmender Gewalt zur Erhöhung aller Produktion, durch neue Vereinigung und Organisation aller Kräfte, geistiger wie materieller, sich wirksam zeigen. Zwar hat eine gewisse Theilung der Arbeit und ein Vereinsleben zur Erhöhung der Produktion den Anbeginn der geselligen Einrichtungen gemacht; doch blieb diese Vereinigung bis auf die neuere Zeit verhältnissmässig sehr beschränkt. Es fehlten die Vorräthe, Anlagen und Kommunikationswege zum Produktionsbetrieb im Grossen und zum ausgedehnten Verkehr. Jetzt sind schon gewaltige Mittel da; der Betrieb ist grossartig begründet, und der Verkehr umfasst schon die entferntesten Weltenden. Dieses System des allgemeinen Austausches von Erzeugnissen und Leistungen ist es, was zuerst den Begriff der Gesellschaft unter den Menschen verwirklicht; denn das blosse Nebeneinanderleben ist nicht Gesellschaft; auch ist das gelegentliche Sichzusammenschaaren zur Negirung einer gemeinschädlichen Gewalt noch nicht Gesellschaft; sondern diese wird erst durch die Vereinigung und Organisirung aller Kräfte und Mittel zur Vervollkommnung des positiven Schaffens erreicht; denn alsdann erst hat man ein Vereinsleben mit einem positiven Ergebniss. Dies positive Ergebniss ist der ganze, durch das vervollkommnete Industriesystem bewirkte Mehrbetrag an materiellen und geistigen Befriedigungsmitteln. Die Macht, welche jene, allein durch Fortbildung des Industriesystems zu befriedigenden Bedürfnisse auf die Menschen ausüben, giebt uns den Maassstab für die Macht, womit jenes System seine Anforderungen geltend machen muss. Und wenn wir betrachten, welch grosser Theil der zivilisirten Bevölkerung vom neu entstandenen, materiellen und geistigen Kapitale in's Leben gerufen worden ist, und ihm sogar seine ersten Subsistenzmittel verdankt, während alle Uebrigen ihm fast alles verdanken, was sie über die ersten Subsistenzmittel hinaus besitzen, — so werden wir wohl die absolute Unwiderstehlichkeit eines solchen Elements einsehen. Es kommt also darauf an, dessen Anforderungen an die äusserlichen Staatseinrichtungen zu erkennen, damit man sich in seine Bedingungen füge; denn nach der Bequemlichkeit eines so gewaltigen Herrn muss die Welt ihr Haus bestellen; und eben so, wie der absolute Militärstaat sich nicht der Ritterburg bedienen konnte, muss jetzt für den Industriestaat die fürstliche Kaserne umgebaut werden.

Die beiden Hauptrichtungen der absoluten Fürstenherrschaft werden durch die Suprematie der Industrie in ihr Gegentheil gewendet; denn erstens wird an die Stelle der Gebietsabgrenzung ein Niederreissen aller Hemmnisse des freiesten Umschwungs, und an die Stelle des schroffen Völkerantagonismus eine vereinigende Gemeinschaft der Verkehrsinteressen treten; zweitens, im Innern, an Stelle der polizeilichen Vereinzelung und Brechung aller selbstständigen Kräfte, damit der Regierungsimpuls allein Bewegung gebe, fordert die Industrie eine volle Geltung der Individualität, damit das schöpferische Bestreben, vom ganzen Volke aus, sich bethätige. Und da materielles Kapital, Intelligenz und Arbeit nur dann ihre volle Wirksamkeit äussern, wenn sie sich in gebührendem Verhältnisse vertheilen und verbinden, wozu die Statik des Tauschverkehrs sie natürlich führt, so muss auch ungehinderte Bewegung dieser Elemente, — die möglichste Freiheit des Besitzes, des Gedankens und der Person — im Industriestaat vorhanden sein; denn die ihm gestellte Aufgabe des grossartigsten, positiven Schaffens lässt sich nicht mit gebundenen Händen und im Finstern lösen. Die Reformen, von welchen die neue politische Ordnung der Dinge sich datirt, sind nur diesen Forderungen gewährt worden: die Aufhebung des vom Adel besessenen Bodenmonopols, der Hörigkeit und der Bauerngemeinheit, behufs einer höheren Landverwerthung; die Einführung der Gewerbefreiheit und der Städteordnung, die Errichtung des Zollverbands — alle bezweckten nur, durch grössere Unabhängigkeit und Anerkennung, die Selbstentwickelung der industriellen Kräfte zu fördern. Und andere Reformen werden noch verlangt: Pressfreiheit, Oeffentlichkeit aller öffentlichen Angelegenheiten, Vereinfachung der Verwaltung, erweiterte Befugnisse der Gemeinden, repräsentative Verfassung — kurz Alles, was des Volkes freie Bestrebungen, durch Erweckung des Selbstgefühls, des Ehrgeizes und der Geistesthätigkeit, anregen kann. Der Einfluss politischer Selbstständigkeit auf materielles Schaffen wird täglich augenfälliger. Heutzutage müssen Kaufmann und Fabrikant grossartig, schöpferisch auftreten; tief in die Verhältnisse ihrer Mitbürger, sogar ferner Gegenden eingreifen; sich eine, ihren Unternehmungen angemessene Macht, ein, ihrer Verantwortlichkeit angemessenes Ansehen erringen. Und schaut man hin, wo die Helden der Industrie zu finden sind, nach England und Amerika, so erkennt man die Entwickelung grosser Persönlichkeiten als Quelle jedes segensreichen Aufschwungs. Eine Fabrik wie Bolton's, ein Comptoir wie Gerard's ist ein Staat im Staate, — eine Schöpfung, zu deren Höhe nur vollkommene, politische Freiheit den Menschen heranbilden kann.

Diejenigen, welche, in den alten, überlieferten Staatsformen befangen, weder die Triebkraft noch das Ziel der jetzigen Uebergangsbewegung erfasst haben, sehen das allmähliche Sprengen der alten Bande für ein Stürzen in die Anarchie an. Sie reden von der Ungeduld, Maasslosigkeit, Unbändigkeit des Zeitgeistes. Es kann aber kein grösseres Verkennen der Wahrheit geben, als diese Ansicht! *Die Richtung unserer Zeit geht nicht auf Freiheit, sondern auf einen viel unausweichlicheren Zwang, als der frühere war; — sie führt nicht zur Emanzipation, sondern zur strengeren Zucht hin.* Jene Politiker der absoluten Schule erkennen nur nicht die neuentstandene Macht, welche den Stab ihren ohnmächtig gewordenen Händen entreisst, um denselben mit unwiderstehlicher Gewalt zu schwingen. Diese Macht, welche heutzutage die Aufrechterhaltung des äusseren Friedens, der inneren Ruhe, der Subordination, des Rechts und der Sitte übernimmt, besteht in den Gesetzen der industriellen Ordnung, von welcher die Menschen für ihre Erhaltung dermaassen abhängig sind, dass ein Verstoss gegen dieselbe das Elend oder die Vernichtung unausbleiblich mit sich führt. Nach den naturnothwendigen Gesetzen wird ein Friedensbruch, unter industriellen Völkern, durch unterbrochenen Handelsverkehr und abgeschnittene Ernährungsquellen viel nachdrücklicher, als durch feindliche Okkupation heimgesucht; — der Aufruhr wird nicht durch Einsperrung bei Arbeit und trockenem Brode, sondern viel härter durch Obdachlosigkeit ohne Arbeit und folglich ohne Brod bestraft*); — die Gliederung der Gemeinde wird durch das Ver-

*) Wir dürfen nur auf die letzten Arbeiterunruhen in England hinweisen: Hunderttausende, nachdem sie viele Monate hindurch dem entsetzlichsten Elende preisgegeben waren, und sich für den Augenblick in einer Lage befanden, die sich durch Nichts verschlechtern konnte, drohten damit, die Bande der sozialen Ordnung zu sprengen. *Es gab keine äussere Macht, welche, wenn es ihnen mit diesem Vorhaben ernst gewesen wäre, sie hätte zügeln können.* Aber was sollten sie angreifen? Um Brod, um den lange ausgebliebenen Verdienst war es ihnen zu thun. Aber selbst die äusserste Verzweiflung konnte sie nicht gegen die Thatsache blind machen, dass ein zerstörender Angriff auf das Eigenthum kaum die augenblickliche Noth lindern könne, wohl aber die Quelle der Ernährung gänzlich vernichten müsse. Dies allein vermag die Ruhe der Behörden, welche der scheinbar so gewaltigen Gefahr nur einige Konstabler entgegenstellten, und im Uebrigen keinen Augenblick ihre

halten des Kapitalisten zum Arbeiter, des Zahlenden zum Bezahlten, der Leistung und Gegenleistung scharf und sicher bestimmt. Die Heilighaltung des Rechtes über erworbenen Besitz und die persönlichen Fähigkeiten ist Grundbedingung des Ganzen, von dessen Früchten man lebt; — für Sitte sorgt diese Ordnung, indem sie nicht nur der Mässigkeit, der Sparsamkeit, dem Fleisse eine hohe Belohnung aussetzt, sondern auch die Gegensätze derselben mit grässlichen Leiden ahndet. — Und da das Industrie-System Leistungen, Rechte, Belohnungen, Strafen, kurz alle ihre Funktionen nach einem einzigen, allgemeinen Maassstabe ausdrückt, möchten wir, um das Ganze in ein Wort zu fassen, sagen: die neue staatliche und polizeiliche Macht, welche das alte Regiment entsetzt und vertritt, ist *das Geld*; — man muss sich nur nicht darunter bloss die Geltung des materiellen Besitzthums, sondern, allgemein, die nach Geld ausgedrückten Verhältnisse des Tauschverkehrs denken, in welchem Intelligenz und persönliche Eigenschaften

---

Fassung verloren, zu erklären. Beide Parteien fühlten, dass eine höhere Nothwendigkeit — die unbedingte Abhängigkeit der Masse, für ihre Ernährung, von der Erhaltung des Eigenthums — hier zügelnd und schützend waltete. Wenn aber dies Gesetz die industrielle Ordnung nicht schützen möchte, welche obrigkeitliche Gewalt vermöchte es wohl zu thun?! — Wären aber, bei jener Gelegenheit, die besitzenden Klassen Englands von einem grossen Unglück betroffen worden, so wäre dies nur eine verdiente Strafe für ihre eigene Dummheit; denn die Manufakturkrisen, welche in England sich regelmässig periodisch einstellen, und nicht nur von grässlichem Leiden für die Arbeiter, sondern auch von dringender Verlegenheit für die Kapitalisten begleitet sind, gehen nothwendig und erweislich aus dem korrupten Systeme der Zettelbanken hervor. Der Verfasser hat, zur Zeit, hierüber eine Denkschrift an Sir Robert Peel gesandt; jedoch ist jener Minister zu sehr durch seine frühere Theilnahme an den Geldeinrichtungen, wie durch sein Privatinteresse als Geldkapitalist an dem gegenwärtigen Systeme betheiligt, um an eine Reform in dieser Sache, wenn sie noch so dringend für die Wohlfahrt des Landes gefordert wird, zu denken, — auch ist eine gründliche Auffassung der Wurzel eines Uebels, und eine radikale Verbesserung irgend eines Missstandes überhaupt der Halbheit jenes Geistes, welcher höchstens auf einer Skala von Palliativen auf- und abzurutschen vermag, völlig fremd. *Note des Verf.*

Geldwerth, also auch Geltung haben. — Gestattet denn das gesteigerte industrielle Leben Ungeduld, Maasslosigkeit, Unbändigkeit? Giebt es der Anarchie Raum? Ist der Kapitalist in seinem Geschäft, der Handwerker in seiner Werkstätte, der Tagelöhner in seiner Arbeit frei? Ist nicht der Mensch heutzutage mit seinen gesteigerten Bedürfnissen viel abhängiger, besteht nicht für ihn ein dringenderes Gebot der Selbstbeherrschung, der Anstrengung und der unbedingten Fügsamkeit in eine fest bestehende Ordnung, als zu irgend einer früheren Zeit? Und diese volkswirthschaftliche Ordnung ist nicht nur die einzige, welche Macht genug besitzt, um die gesteigerten Gesellschaftspotenzen zu regeln und zu beherrschen, sondern ist auch die einzige, welche durch ihre unverwüstliche Selbsterhaltungskraft eine hinlängliche Bürgschaft des Fortbestehens in sich trägt; denn, wenn auch alle äusseren Regierungsformen (wie z. B. in der ersten französischen Revolution) aufgelöst werden, so behält doch die industrielle Gliederung ihre volle Macht. Ein Adel, eine Hierarchie, eine Bureaukratie kann gestürzt und ausgerottet werden; aber nach allen Umwälzungen steht die ewige Abstufung und Abhängigkeit der Kapitalisten, Gewerbsunternehmer und Lohnarbeiter wieder da.

Fassen wir also aus diesen Andeutungen die Gegensätze in den Bedingungen früherer und jetziger Zustände zusammen. Eine Industrie hat es schon in der früheren Zeit gegeben; aber erst jetzt haben Erfindung und Wissenschaft sie zur Suprematie über alle anderen Gesellschaftsmomente erhoben. Die prädominirende Macht der Industrie hebt die Bedürfnisse auf, aus denen der Absolutismus hervorging, und stellt entgegengesetzte hin; sie wird durch das Genie, das Wissen, die Kraft des Volks gegründet und erhalten, erfordert also völlige Freiheit; ihre Sicherheit ist auch mit der freiesten Bewegung verträglich, weil ihre innere Organisation auf Gegenseitigkeit des Vortheils und nicht, wie die des Absolutismus, auf einen Antagonismus beruht, bei welchem jede Störung des momentanen Gleichgewichts einen Kampf, vielleicht ein gänzliches Umschlagen zur Folge hat. Die neue Zeit räumt die alten Gliederungen des Staatsorganismus weg, weil diese ihre Bedeutung verloren haben, durch kräftigere Stützen ersetzt worden und nur hinderlich geworden sind. Wie soll also ein Adel für

5*

seine von den vorzeitlichen Landeseroberern ererbte Autorität in unserm Industriestaate sich Geltung verschaffen? Und in diesem Staate, dessen Zusammenhang durch eine unumstössliche Naturnothwendigkeit gesichert wird, wozu noch da die absolutistische Sicherheitspolizei, deren Kunst darauf hinausgeht, die eine Hälfte des Volks als Wächter der übrigen zu gebrauchen und durch Lähmung der Kräfte die Ruhe der Regungslosigkeit zu erzielen!

Aber nicht nur ganz unnöthig zur Erhaltung der natürlichen Ordnung, sondern völlig unverträglich mit der Lebensaufgabe der industriellen Gesellschaft ist das alte Regiment geworden; denn diese Aufgabe des materiellen Schaffens erfordert die höchste Entfaltung aller Kräfte der Nation und vorzüglich die des selbstthätigen Unternehmungsgeistes; sie kann nicht unter einer Regierung gedeihlich gelöst werden, welche der Industrie die besten Geister, die höchste Bildung, die meiste Intelligenz entzieht, um ein System fortzuführen, welches die individuelle Selbstständigkeit aufheben, das Selbstgefühl paralysiren und keine Auszeichnung, als durch seine Gnade, gestatten soll. Wenn also der Zeitgeist gegen ein solches System anstrebt, so ist dies nur eine heilvolle Aeusserung des Lebensprozesses, welcher das Nutzlose und Schädliche abzustossen trachtet. Das Volk fühlt, wenn es auch dessen nicht klar bewusst ist, dass es durch seine Wissenschaft, Erwerbung und Thätigkeit eine höhere Staatsorganisation bedingt hat, welche, auf unerschütterlicher Naturnothwendigkeit begründet, der ängstlichen Hemmung zu ihrer Erhaltung nicht bedarf, sondern vielmehr die regste Bewegung zu ihrer Fortbildung erheischt. Eine gesicherte Ordnung ist das erste Bedürfniss eines Volks, und wenn unter den obwaltenden Umständen die Ordnung sich nicht anders als durch Unfreiheit sichern lässt, so bringt das Volk seine Freiheit ihr zum Opfer. Aber nächst der Ordnung ist Freiheit das grösste Lebensbedürfniss, und unsere industrielle Zeit strebt danach, sich von obrigkeitlicher Beschränkung möglichst zu befreien, weil in ihr die Sicherung der Ordnung gar nicht mehr von solcher Negirung des individuellen Bestrebens abhängt, sondern im Gegentheil bürgerliche Freiheit, der Hebel der individuellen Strebsamkeit, nothwendig zur Entwickelung jenes produktiven Systems erfordert wird, dessen Macht die Gesellschaft ordnet, schützt und ernährt. Dass die Regierungsmänner in den heutigen absoluten Staaten diesen geschichtlichen Uebergang nicht begriffen — dass sie mit allen ihren Reden über »Zeitgemässes und Unzeitgemässes« einen wahren staatsmännischen Maassstab für unsere Zeit nicht besitzen, — geht sowohl aus ihrem Thun, als aus ihrem Unterlassen hervor. Sie kennen die Diplomatie und Polizeikunst der Vergangenheit — das Negiren eines allgemeinen zerstörenden Konflikts; aber sie kennen nicht die Organisationsgesetze einer Industriezeit — die Pflege eines allgemeinen gegenseitigen produktiven Beistands. In ihrer Regierungswissenschaft fehlt alle gründliche Kenntniss der Volkswirthschaft. Während sie sich mit Dingen beschäftigen, welche die Zeitbedürfnisse so wenig berühren, dass die Zeit, ohne Berücksichtigung, über dieselben, als über ein bedeutungsloses Nebenspiel, hinweggeht, — während sie für das Bestehende einen Haltpunkt in Einrichtungen suchen, welche für das Bestehen keinen Halt mehr haben: lassen sie Missstände wuchern, welche die Grundfesten der sozialen Ordnung, nämlich des Erwerbslebens, bedrohen. Sie lassen eine aus Mangel an Produktionsfähigkeit von der Erwerbsgemeinschaft ausgeschlossene Menschenklasse im Lande fortbestehen und sich mehren; lassen sogar, in den Armengeldern, grosse Fonds zum Unterhalte und zur Fortpflanzung der prekären Existenzen verwenden; besolden die zur Selbsternährung Untauglichen; ernähren die Früchte des Pauperismus, anstatt dessen Wurzel — die Verwahrlosung und gesunkenen Lebensansprüche — anzugreifen. Sie wenden keine der ihnen zu Gebote stehenden Hebel an, um den Werth der Arbeit zu steigern, und sehen rathlos zu, wie ein Proletariat heranwächst, welches in dem stets greller hervortretenden Abstande zwischen der Lebenslage des Besitzenden und Nichtbesitzenden ernste Besorgniss erregen muss; denn sie wissen nicht, dass der Werth der Arbeit nur mit dem Werth des Menschen selbst, durch Bildung und Freiheit, erhöht wird. Wo sie sich in das Erwerbsleben einmischen, ist es nur, um durch eine Beschränkung des Verkehrs irgend eine heilsame Arbeitstheilung zwischen den Völkern zu vereiteln und allgemeinen Verlust, durch minder ergiebige Verwendung von Produktionsmitteln, zu erzeugen, ohne sogar den Sonderinteressen, welchen sie auf Kosten der Allgemeinheit helfen wollen, einen Nutzen zu erweisen*). (In Preussen z. B. wird mit Versuchen, den Erwerb durch Unfreiheit desselben zu befördern, das Volkseinkommen wenigstens um 50 Millionen Thaler jährlich vermindert.) Sie erheben die Mittel zum nothwendigen Staatshaushalt meistentheils auf die kostspieligste Weise, und noch dazu auf eine Weise, welche die natürliche Richtung der Produktion und Konsumtion ablenkt und mithin zu der Abgabe vom Ertrage noch eine Schwächung der Ertragsfähigkeit hinzufügt. — Unsere Anklage wegen Unwissenheit in der Staatswirthschaft — nämlich der natürlichen Gesetze der Vermehrung und Vertheilung der Befriedigungsmittel der Volksbedürfnisse — können wir keineswegs gegen die Regierungsmänner absoluter Staaten allein erheben; denn die Volksvertreter konstitutioneller Staaten sind durchschnittlich eben so unwissend darin, eben so unbewusst der wahren Bedingungen des Nationalwohls, häufig mit eben so eiteln Bestrebungen beschäftigt. Da aber die absoluten Regierungsmänner ihre Absolutheit unter dem Vorgeben beanspruchen, dass sie, wegen besonderer Kenntnisse und Fachbildung, das Volkswohl am vorzüglichsten zu pflegen berufen sind, so ist ihnen diese Unwissenheit des Allerwesentlichsten in ihrer Aufgabe am schwersten zur Last zu legen. Die Wissenschaft der Staatswirthschaft ist bisher, selbst unter ihren Lehrern, zu wenig durchgebildet; denn seit dem grossen *Adam Smith* hat sie wenige Fortschritte und viele Abschweifungen gemacht; aber auch davon liegt die Schuld an den Regierungsmännern, welche, anstatt an der Ausbildung derselben zu arbeiten, sie eher unterdrücken und verfälschen mochten, weil sie darin missliebige Wahrheiten witterten. Und wenn auch die klare Richtschnur einer untrüglichen Wissenschaft ihnen nicht gegeben war, so durften sie doch nicht das Ziel derselben aufgeben. Es ist ihnen, als den berufenen Pflegern des Volkswohls, nimmermehr zu verzeihen, wenn sie ihre Sorge darauf richten, eher die Aus-

---

*) Die beschützten Gewerbe leiden sogar selbst unter dem Drucke, den die Restriktion erzeugt. Siehe den nachfolgenden Aufsatz „Ueber Handelsfeindseligkeit".   Note des Verf.

gleichung politischer Rechte zu verhindern, als die Vermehrung und gleichmässigere Vertheilung der Lebensbefriedigung zu erstreben, — oder sogar dieses höchste Ziel jenem fraglichen Zwecke opfern.

Aber die Sicherung des Thrones ist Dasjenige, worauf die Diener eines absoluten Fürsten zunächst vereidigt sind, und sie gewöhnen sich daran, das Wohl der Nation als so gänzlich von der Dynastie abhängig zu betrachten, dass sie allerdings das Fürsteninteresse zum primären, das Volksinteresse zum sekundären oder zum nur mittelbar durch jenes erste erreichbaren Zwecke machen. Wenn wir auch diese Ansicht gelten lassen wollten, und sogar das Starksein zur allerersten Pflicht jeder Regierung machen möchten, — so können wir dennoch nicht die Einsicht Derjenigen loben, welche heutzutage durch Unterdrückung der Volksfreiheit einen Thron sichern oder eine Regierung stärken möchten. Auf der frühern Gesellschaftsstufe, auf der des Antagonismus nämlich, waren allerdings Thron und Volk ein durch das gute Schwert des Fürsten oder seiner Ahnen erobertes Eigenthum, mit welchem er so frei schalten durfte, als er es nur konnte. Die Abgaben waren ein Abfindungsgeld gegen seine Macht, ein Tribut zu seinen persönlichen Zwecken, so wie das Regieren, das nur in Eroberungsspekulationen bestand, einen rein persönlichen Karakter annahm. Da nun die Fürstenherrschaft durch das Negiren des überwundenen Volkswillens bestand, so musste die Absolutheit unangetastet erhalten werden, damit der Fürst sein ererbtes Eigenthum ungeschmälert auf seine Nachkommen übertrage, welches die Pflicht gegen seine Agnaten, wie gegen seinen eigenen Ruhm gebot, und so wurde der Thron als ein Familienstift angesehen, dessen Rechte der jedesmalige Nutzniesser gebrauchen, aber nicht entwenden dürfe, wesswegen dem regierenden Haupte einer absoluten Dynastie durch seine erste Pflicht gegen das eigene Fürstenhaus, von dem er Alles empfangen, verboten wurde, in irgend eine Einschränkung seiner Befugnisse zu willigen, indem er dadurch ein ihm nur anvertrautes Eigenthum verletzte.

Unsere höhere Kulturstufe macht sich von der Sache eine ganz andere Ansicht. *Sie betrachtet den Fürsten als die Personifikation jenes Gesammtwillens, welcher die Gesammtheit regeln und deren Zwecke verwirklichen muss; sie erkennt des Fürsten Herrschaft nicht als eine unausweichbare Nothwendigkeit, sondern als ein unentbehrliches Gut an; die Sicherheit des Throns wird dadurch über jede Frage gestellt, dass der Antagonismus zwischen Sieger und Besiegten in eine Gegenseitigkeit der Wohlthaten verwandelt wird.* Aber nicht nur der Thron als Staatsinstitut, sondern auch die Dynastie oder Erbfolge desselben in einer besonderen Familie schlägt hierbei tiefere Wurzel; denn mit dem erwachten Bewusstsein des grossen Segens des Instituts an sich will man dasselbe zum Gegenstande seiner freudigsten Verehrung machen, und dazu kann das blosse Prinzip, der ledige Begriff nicht dienen; sondern man verlangt nach einer bestimmten Persönlichkeit, in welcher das Prinzip sich verkörpere, und dies wird nur dadurch erreicht, dass das Prinzip von der Person untrennbar, also die Fürstenwürde erblich werde. Da also die Fürstenwürde nunmehr in den natürlichen Bedürfnissen des Volks ihr Bestehen hat, so ist Absolutheit oder die Macht, den Volkswillen zu negiren, ihr nicht nur unwesentlich, sondern entgegengesetzt; denn die Identifikation mit dem Volkswillen, durch Konstituirung des Volkes zum Rathe des Fürsten, bietet ihr die höchste Garantie, und die Macht des Herrschers, als Aeusserung der Macht einer Nation, kann nur durch Hebung der Nation zunächst sich selbst heben. Nach der Verwirklichung dieser Identifikation ist es natürlich, dass das Volk alle jene dem Institute des vernunftgemässen Königthums entströmenden Wohlthaten der Person des Königs beimisst, und an dieselbe in heisser Ergebenheit, durch das Andenken eben so geliebter Vorfahren gestärkt, sich schliesst. Es geht auch weiter; denn aus einer eben so natürlichen Richtung des Gefühls liebt es, seinen König mit Glanz und Pracht zu umgeben, um sich beim Anblicke seiner an der Darstellung der höchsten irdischen Fülle und Auszeichnung zu erfreuen. Die gemüthvolle Anhänglichkeit und verschwenderische Liebe des Volks ist sicherlich nicht minder gross gegen konstitutionelle Könige, als gegen unumschränkte Monarchen; — es müsste denn sein, dass die Konstitution nicht ihr Grundprinzip in der gewissenhaften Anerkennung der Rechte Aller durchgeführt und somit den Antagonismus unter den Volksgliedern nicht aufgehoben habe — oder aber, dass der konstitutionelle König selbst diesem Prinzip untreu geworden und, durch Bevorzugung einseitiger Tendenzen, den Widerstreit zur allgemeinen Erbitterung herbeiführe. — Ein unumschränkter Monarch, welcher, heutzutage, den Anforderungen seines Volks entgegen, widerstrebt, das konstitutionelle Prinzip anzunehmen — das Volk zu seinem Rathe zu erheben und zu seinen unmittelbaren Dienern nur Solche, die sich im öffentlichen Leben bewährt haben, zu ernennen — muss wohl glauben, dass die sittliche und industrielle Kultur oder die Macht der Bildung, des Eigenthums und des Rechtsgefühls nicht genug entwickelt seien, um den Antagonismus in eine gegenseitige Abhängigkeit der Interessen zwischen Volk und Thron verwandelt zu haben, wesswegen eine negirende Gewalt des Throns, zur Erhaltung seines Selbstes und der öffentlichen Ordnung, ihm nöthiger scheinen mag, als der positiv kräftigende Einfluss der Freiheit.

Zum Schlusse. — Aus alledem, was wir jetzt im Allgemeinen gesagt, kann sich Jeder die Anwendung auf unsern eigentlichen Gegenstand, auf preussische Zustände, nach seiner Ansicht der in Preussen schon erreichten Kulturstufe, selbst machen. Wir glauben unserntheils, dass die Rechtsanerkennung und das Rechtsgefühl durch Aufhebung missbräuchlicher Vorrechte und Beseitigung der Sonderinteressen den Antagonismus in einem höhern Grade, als in irgend einem andern Lande entfernt haben, während die Abhängigkeit aller Einzelnen für die Befriedigung ihrer gesteigerten Bedürfnisse von der industriellen Ordnung schon hinlänglich befestigt ist, um eine Bürgschaft vor jeder Zügellosigkeit zu bieten; *auch ist sicherlich, dem Wesen nach, in Preussen das Königthum nicht mehr ein Siegesrecht noch ein Familieneigenthum, sondern ein Ausfluss der Volksbedürfnisse, ein Institut zur Wahrung des Volkswohls.* Der Form nach aber steht der Thron, welcher Volksrechte sich gegenüber nicht anerkennt, antagonistisch wie in früheren Kulturperioden da, — und dies betrachten wir als ein Missverhältniss, welches in dem Maasse schroffer hervortreten und um Abstellung rufen wird, als die höhere sittliche und industrielle Bildungsstufe täglich mehr sich vervollkommnet.

Der Uebergang zu einer volksthümlichen Regierungsform für Preussen wird erst dann geschehen, wenn, unter dem fortdauernden Segen des inneren und äusseren Friedens, die Machthaber daselbst zur Einsicht in das Wesen des schon zurückgelegten geschichtlichen Ueberganges gelangen und die neuen Bedingungen des Bestehens der jetzt erreichten Gesellschaftsstufe klar erkennen: — wenn sie nämlich die Ueberzeugung gewinnen, dass die öffentliche Ordnung durch ein tieferes, als das von einer zügelnden Obrigkeit ausgehende Lebensgesetz erhalten wird, und dass sie mithin ihre Wirksamkeit nicht mehr mit einem unerfreulichen Negiren absorbiren, sondern sie zur Leitung und Anregung der positiv schaffenden Elemente, unter freier Bewegung, hinwenden dürfen. Alsdann, unter vollkommener Rechtsanerkennung und nach Beseitigung des Streits um Berechtigungen, werden die wahren Interessen des Menschenwohls reiner hervortreten und ruhiger gewürdigt werden; — *und die Regierung wird sich vom althergebrachten Wuste der Diplomatik und des Polizeigeschäfts befreien und in echt humanem Geiste mit allen Kräften sich der allgemeinen Verbreitung jener Bildung widmen können, welche den herzzerreissenden Pauperismus ausrotten, und dem bedrohlichen Proletariat vorbeugen muss.*

Denn es ist nur Mangel an aller Bildung überhaupt, welcher so Viele erwerbsunfähig macht; und nur zu geringe Bildung, welche den Antheil der nur durch Arbeit Erwerbenden verhältnissmässig so niedrig hält; aber dieser Antheil wird in dem Maasse wachsen, als gesteigerte Ausbildung der Arbeiter das Produkt vergrössert, und der Mensch, als solcher, einen verhältnissmässig höheren Werth erlangt. — Mit der Realisation der Freiheit gewinnt der Wirkungskreis einer Regierung einen immer mehr sozialen als politischen Karakter.

Wann der Schritt in Preussen vorwärts gemacht, womit angefangen, wie rasch, in welcher Ordnung fortgefahren werden wird — dies alles bleibt einem höheren Ermessen anheimgestellt. *Wir* haben nur noch *einen* flehentlichen Wunsch, in dieser Hinsicht, auf dem Herzen: — Absolute Unfreiheit hebt den Kampf, durch Unterdrückung der Gegenkraft, auf; absolute Freiheit macht das Unterdrücken, durch Beseitigung des Kampfgegenstandes, unnöthig;

halbe Freiheit bewirkt eine geschwächte Unterdrückungsmacht neben fortbestehendem Streitpunkte, und führt einen unversöhnlichen Zwiespalt nothwendig mit sich. Reine Freiheit ist nie ohne Segen, so wie halbe Freiheit, als eine innere Inkonsequenz, nie ohne Unheil geblieben. Der wohlthätige Einfluss der Freiheit ist auch grösstentheils ein moralischer, sittlich bildender, und, um diesen auszuüben, muss sie in reiner Gestalt, unverhüllt auftreten. Wenn also Etwas von Freiheit gegeben wird, möge solches rein erscheinen — nur nicht Konzessionen in der Gestalt von Unfreiheit — dies wäre der unseligste aller Gedanken, — denn damit würde äusserer Zwang nachgelassen, ohne den sittlichen Zwang erhöhter Verantwortlichkeit, welchen offenkundige Befreiung mit sich führt, aufzulegen. Soll das Geschenk so Geber als Empfänger erfreuen, muss es in seiner Wahrheit gemacht werden, es kommt sowohl auf das Wie als das Was an; — und vor Allem ist nöthig, hierbei »Anmuth in das Geben zu legen« — oder, wie der Engländer es so trefflich ausdrückt: to give with a good grace!

Insofern die vorhandene Ausbildung der Intelligenz, der Sitte und des Rechtsgefühls unter uns die Verwirklichung einer konsequenten, volksthümlichen Verfassung ermöglicht, erreichen wir Befreiung vom fremden Zwange, die Gelegenheit, unsere Kräfte auszubilden und zu äussern, — Selbstständigkeit als Staatsbürger, aber nicht Freiheit als Menschen. Denn wir bleiben Sklaven unserer Bedürfnisse, und verfallen, durch diese, dem Zwange unausweichlicher Gesetze, welche unser Thun und Lassen auf's Gebieterischeste vorschreiben, und denen nicht anders als durch positive, nie endende Leistungen genügt wird, so dass wir uns nicht mit ihnen, wie mit den meist nur verbietenden Obrigkeitsgesetzen, durch blosses Unterlassen des Verbotenen, abfinden können. Hoffentlich ist unser jetziges industrielles Leben auch nur eine Durchgangsphase der Kulturentwickelung des Menschengeschlechts; vorläufig aber ist es nöthig, damit der Mensch seine Herrschaft über die Aussenwelt noch sehr steigere und die Befriedigung seiner Bedürfnisse in gleichem Maasse erleichtere, dass er zu einem rastlosen, angestrengtesten Bestreben getrieben werde; denn noch ist der Mensch weit von der Stufe entfernt, worauf eine verhältnissmässig menschliche Freiheit seiner harrt. Noch müssen allerlei triviale Begierden ihn antreiben, auf Kosten der eigentlichen Lebensfreiheit, unablässig nach Erweiterung seiner Mittel zu ringen. Noch muss die Befriedigung materieller Bedürfnisse erstaunlich erleichtert werden, ehe man allgemein den geistigen Bedürfnissen wird genügen oder das Geistige um seines Selbst willen pflegen können; denn noch wird nur bei einem sehr kleinen Theil der Gesellschaft der Geist ausgebildet; und das, was es an geistiger Bildung giebt, ist meist nur Mittel zu materiellen Zwecken, Brodstudium. Erst wenn die Bildung sehr verallgemeint und gesteigert sein wird, dürfte der geistige Genuss einen bestimmenden Halt auf unser Leben gewinnen. Sobald aber dies geschehen, und das Geistige um seines Selbst willen kultivirt wird, tritt das Suchen nach dem Schönen, das Leben in der Unmittelbarkeit, in der Anschauung auf. Das Schöne aber fordert nicht das Viele, sondern das Ausgesuchte; es würde Vereinfachung des Lebens gebieten und uns somit vom wüsten, maasslosen und wahllosen Anhäufen des Materiellen befreien; es würde uns lehren Viel geniessen, und zwar durch die Auswahl und Unmittelbarkeit des Geniessens; es würde Kunst in das ganze Leben legen, deren höchsten Effekte stets mit geringem Aufwande der Mittel, mit Einfachheit, bewirkt werden; es würde uns dahin führen, selbst in unserer nothwendigen Arbeit einen unmittelbaren Genuss zu suchen. Erst im Streben nach Verwirklichung des Schönen, welches die reinste Sittlichkeit in sich schliesst und die höchste menschliche Vervollkommnung ausmacht, verwirklicht der Mensch die höchste für ihn erreichbare Freiheit; — er ist Knecht, so lange er mit dem Unschönen behaftet bleibt.

(Zürich. 1844.)

Handelsfeindseligkeit und Zollschutz.

I.
Ueber Handelsfeindseligkeit.
(Königsberg. 1843.)

Einem Andern die fertigen Früchte seiner Arbeit zu entreissen, ist ein schnelleres Verfahren, als die Anfertigung begehrter Dinge durch eigenen Fleiss. Raub ist der kürzeste Weg zum Genusse. Aber dieser Weg ist nur für die wenigen Stärksten und führt auch zu Wenigem. Die Beraubten hüten sich davor, Etwas durch Arbeit herzustellen, das ihnen fortgenommen werden dürfte. Die Raubgierigen finden am Ende so Wenig zu nehmen, dass sie augenscheinlich auf dem Wege der Arbeit viel reichlicher versorgt werden würden. Sie schmälern die Genüsse Anderer viel weniger durch das Wegnehmen des Produzirten, als durch ein Verhindern des Produzirens. Aber wenngleich der Verlust für Alle, der aus dem Rauben entsteht, Allen augenfällig und höchst empfindbar ist, so bleibt doch die Leidenschaft des Einzelnen, seinen Willen durch Ausübung der Gewalt zu bethätigen, zu mächtig, als dass sie sich der Macht einer blossen Vernunfterkenntniss unterwerfen sollte. Es werden sich immer Menschen finden, welche lieber einen dürftigen und ungewissen Unterhalt durch Gewalt fristen, als eine reichere Versorgung durch Arbeit gewinnen möchten. Die Willensmacht ist nur durch einen mächtigeren Willen zu bezwingen.

Im Mittelalter herrschte Gewalt allein. Gesetz war nur der Zwang, welchen entgegengesetzte Gewalten sich für den Augenblick aufzulegen vermochten. Noch galt das ursprüngliche Recht, nämlich das der stärkern Faust. Jeder nahm, was er konnte, und behielt, was man ihm nicht zu entreissen vermochte. Der Besitz bestand, so weit man ihn vertheidigen, die Freiheit, soweit man sie behaupten konnte. Der Fürst, die Saalherren, die Hintersassen, die Hörigen, die Städter standen alle in Widerstreit einander gegenüber, bald vereinzelt, bald verbündet, wie der eigennützige Zweck es mit sich brachte. Aber in der Natur geht aus jedem Widerstreite der Gewalten eine gewisse Ordnung durch Ausgleichung hervor; so auch hier. Die Fürsten nämlich fanden sich mit den Burgherren und Städten gegen Dienste und Abgaben, wofür sie gewisse Rechte und einigen Schutz gewährten, ab. Die Burgherren thaten ein Gleiches mit ihren Hintersassen und Hörigen; auch trafen sie mit den Städten eine Uebereinkunft, gegen gewisse Transitzölle das gänzliche Ausplündern fahrender Handelsleute zu unterlassen. Innerhalb der befestigten Stadtmauern organisirte sich gleichfalls das allgemeine Raubgelüst der Zeit in bestimmten Formen und zwar im Zunftwesen und Prohibitivsystem. — Die Bedingungen dieser gegenseitigen Verträge wurden nach Verhältniss der Macht jeder Partei, zu fordern oder zu verweigern, festgestellt; aber auch jedesmal wieder durch offenen Kampf aufgehoben, sobald ein verändertes Verhalten der gegenseitigen Stärke irgendwo ein Mehrfordern oder Wenigergeben ermöglichte.

Aus dieser Gewaltherrschaft hat sich ein Rechtszustand entwickelt und befestigt; der Erwerb hat über den Raub gesiegt. — Nicht den geschichtlichen Verlauf dieses Entwickelungskampfes, sondern nur dessen Ausgang wollen wir in's Auge fassen. Wir haben es lediglich mit der Gegenwart zu thun und warfen einen flüchtigen Blick auf die Vergangenheit, nur damit das Wesen der jetzigen Zustände durch einen kontrastirenden Hintergrund klarer hervorgehoben würde. Der mittelalterliche Staat nämlich unterscheidet sich darin scharf von dem modernen, dass ehemals die Gliederung der Landesbewohner lediglich auf ein Zusammenschaaren Derjenigen, die um Eins und Dasselbe kämpften, beruhte; und Ordnung nur ein jeweiliges Gleichgewicht unter den sich bekämpfenden Individuen und Ständen war; wogegen jetzt, durch Verschmelzung der Interessen, der Kampf unter Individuen und Ständen aufgehört hat, — wenigstens insofern aufgehört, als der moderne Staat irgendwo verwirklicht ist. Mit diesen entgegengesetzten Gesellschaftsprinzipien, — Bekämpfung und Verschmelzung — klar vor Augen, durchlaufen wir kurz den Prozess des Ueberganges, damit wir sehen, wieviel des Alten sich in's Neue übertragen und was dieses noch abzustreifen hat.

Die Gewalt der Fürsten besiegte in Deutschland die aller
Uebrigen. Die Einziehung der Kirchengüter bei der Reformation,
die Einträglichkeit der Steuern aus den reichgewordenen Städten
die Zunahme der Bevölkerung gaben Mittel zur Errichtung stehender Heere. Die Gewerbetreibenden, an Zahl und Vermögen bedeutender geworden und eines grösseren Schutzes für den erweiterten Verkehr bedürftig, unterwarfen sich, obgleich häufig erst
nach hartnäckigem Kampfe, dem Fürsten. Der Adel, einerseits
durch seine gesteigerten Bedürfnisse, andererseits durch Entwerthung
seiner festen Geldrenten nach dem Fallen des Silberpreises, geschwächt, konnte sich fernerhin nur als Schmarotzerpflanze am
Fürstenstamm aufrecht erhalten. Die absolute Monarchie errichtete
ihren Thron auf den Trümmern der anderen Standesmächte. Sie
hob den Widerstreit unter den Volksgliedern dadurch auf, dass
sie, nachdem sie deren Kräfte gebrochen, das durch ihren Willen
verkündete und behauptete Gesetz als ordnendes Prinzip einsetzte.
Die siegreiche absolute Macht beschützte Person und Eigenthum
des Einzelnen gegen den Eingriff Anderer. Sie sicherte den Erwerb vor Raub, damit möglichst Viel gearbeitet und produzirt
würde. Das, was sie selbst brauchte, nahm sie nach einem
System, welches in der Absicht geregelt war, möglichst Viel zu
empfangen, ohne gerade die Quelle zu vernichten.

Um Geschichtsentwickelung zu begreifen, muss man stets bedenken, dass eine Macht nur aus einem Bedürfniss hervorgehen
und sich nur so lange erhalten kann, als sie ein Bedürfniss befriedigt. Hat sie ihren Zweck erfüllt, ist das Objekt, gegen welches
sie gerichtet war, beseitigt, so muss sie sich ein neues Ziel auffinden oder in sich verschwinden. — Das Bedürfniss, aus welchem
die Fürstenmacht hervorging, war die Nothwendigkeit theils innerer
Rechtssicherheit, theils äusserer Landesbeschützung. Der dauernde
Segen, welcher aus der Erwerbssicherheit floss, gab der Monarchie
nachhaltige Festigkeit; aber das dringende Erforderniss einer Gebietsbefestigung nach aussen war es, was sie unmittelbar emporhob
und absolut machte. Die stehenden Heere und besoldeten Kriegsbanden hatten nämlich, bei der grösseren Beweglichkeit solcher
Streitkräfte, die Länder in eine bisher nicht vorhandene Schärfe
des Eroberungskonflikts gebracht. Der Antagonismus, welcher aus

Prince-Smith, Ges. Schriften. II.

der Sphäre der zu Unterthanen herabgesunkenen Volksglieder verschwunden war, versetzte sich in die höhere Region der Staatsmächte. Europa lernte das sogenannte politische Gleichgewicht kennen. Die äussere Politik wurde zum Hauptstaatsgeschäft und erheischte vor Allem Kraft, Schleunigkeit und Gewandtheit. Die dazu erforderliche Heimlichkeit und Zentralisation gaben den Vorwand für eine Beamtenverwaltung und für die Ausschliessung des Volks von allem Antheil an der Regierung. — Die Monarchie trat als diplomatische Macht hervor.

Kriegführung mit Absicht auf Eroberung ging aus den entstandenen Verhältnissen natürlich hervor. Die Fürsten bezogen aus ihren, durch den Fall der grossen Vasallen sehr bedeutend gewordenen Domainen beträchtliche Mittel; die Einfuhrzölle, Regalien, direkte und indirekte Steuern brachten reichliche Summen ein. Diese Einnahmen waren nicht wie jetzt Beiträge zur Staatsverwaltung, sondern vielmehr Tribute für die persönlichen Zwecke des Herrschers. Die Staatszwecke nahmen auch einen rein persönlichen Karakter an. Der Fürst verfolgte seinen individuellen Vortheil, führte Kriege zur Erhöhung seines Ruhmes oder seines Reichthums, wozu Erbansprüche, rein persönliche Familienangelegenheiten, häufig den Vorwand boten. Um die innere Verwaltung kümmerte er sich nur seiner Einnahme wegen, oder um den einen Stand gegen den anderen zu heben, damit er alle desto sicherer unterwerfen und benutzen könnte. Das Volk hatte sich mit der Fürstenmacht gegen Geld abfinden müssen und war bei deren Händeln wenig betheiligt. Die nicht ausbleibenden ausserordentlichen Forderungen waren zwar bisweilen drückend; der Schauplatz des Streits hatte viel zu leiden. Indessen war die Wirkung eines Krieges nicht dem ähnlich, was sie in unsern Tagen ist. Viel kleinere Truppenmassen durchzogen Striche von geringer Ausbreitung, wo sie einige Felder zerstampften, einiges Vieh verzehrten; aber der nächste Frühling liess die Wahlstätte wieder grünen und wenige Jahre ersetzten den Verlust. Man wusste damals nichts von den modernen Konskriptionen und Aufgeboten, welche ganze Völker in die Schlachten treiben; nichts von den ungeheuren Materiallieferungen, welche die ganze Habe der Nation verschlingen; sondern die Fürsten warben sich Söldlinge und statteten sie, nach Maassgabe der zu ihrer Verfügung stehenden Mittel, aus. Das Volk im eigentlichen Sinne wurde nicht bei diesen persönlichen Kriegsunternehmungen befragt, ausser um ausserordentliche Mittel beizusteuern; es hatte nie einen Antheil am Gewinne, wohl aber für den Verlust einzustehen. Die Vornehmen und Intelligenten wurden indessen innig mit der Fürsten-Politik verflochten, und die allgemeine Neigung des Menschen zur Parteinahme, die Ansteckungskraft der Leidenschaft erregte gewöhnlich eine eingebildete Theilnahme der Nation für die Zwistigkeiten der Grossen. — Da nun das Herrenrecht über Grund und Boden die Hauptquelle des Reichthums und der Macht bildete, indem es noch wenig industrielles zerstörbares Eigenthum gab, wurde eine strenge Abgrenzung der Länder gegen einander, mit Rücksicht auf Gebietsvertheidigung, natürlich zum Hauptaugenmerk der Politik. Dies befestigte Hass und Eifersucht zwischen Völkern, die sich häufig verletzt hatten, sich immer bedrohten und nicht durch erwerblichen Verkehr an ein gemeinsames Interesse gekettet waren. — Es bestand der Antagonismus der Territorialstaaten.

Diese Verhältnisse haben sich alle so sehr geändert, dass im modernen Staate sich fast das Gegentheil von alledem zeigt, was den früheren Zuständen zu Grunde lag.

Um einen geschichtlichen Uebergang uns zu erklären, müssen wir unsere Aufmerksamkeit jedesmal zunächst auf die Eigenthumsverhältnisse richten. Die materielle Basis ist es, was hauptsächlich die Gestaltung der sozialen und staatlichen Einrichtungen bedingt; denn diese gehen aus dem Bedürfnisse eines Schutzes für das Eigenthum hervor, und müssen sich, je nach den Veränderungen jedes Bedürfnisses, modifiziren.

Welche Veränderungen in den Eigenthumsverhältnissen also haben den Uebergang von dem Territorialstaate zu dem industriellen Staate herbeigeführt, und welche Modifikation muss die diplomatische Macht erleiden, um den Bedürfnissen dieses letzten zu entsprechen?

Neue Quellen des Reichthums sind eröffnet worden. Wissenschaftliche Ausbildung der Gewerbe, Erfindungen in der Mechanik, Anhäufung des beweglichen Eigenthums, erleichterte Kommunikation, vermehrte Geschicklichkeit, erweckte Thätigkeit, haben eine

Produktivität zu Wege gebracht, welche alle frühere bei Weitem übersteigt. Das blosse Herrenrecht über eine Bodenfläche ist nicht mehr Hauptquelle des Reichthums. Die frühere Rente von Land, welche nur aus dessen natürlicher Tragfähigkeit herrührte, steht in keinem Verhältniss zum Ertrage, welcher jetzt durch rationelle Bewirthschaftung mit Betriebskapital gewonnen wird. Unter der gesteigerten Kultur besitzt ein Landgut Vieh- und Schaafzucht, eine Brennerei, ein köstbares todtes Inventarium, eine starke Bevölkerung — ist eine Fabrik. In den Städten ist eine grosse Masse von Lohnarbeitern durch das entstandene Gewerbekapital in's Leben gerufen worden. Die Produktionsgeschäfte werden auf solche Weise unter die Mitglieder nicht blos einer Nation sondern auch entfernter Nationen vertheilt, dass jedes unter den günstigsten Umständen betrieben werden kann. Das industrielle System der Arbeitsvertheilung und des Austausches umfasst und vereint die ganze Welt. Mit der vermehrten Produktivität sind Bedürfnisse entstanden, deren Befriedigung von dem ungestörten Fortgang dieser Einrichtung abhängt. Die Völker sind für ihren Unterhalt in die unmittelbarste Abhängigkeit von der gegenseitigen Versorgung mit Befriedigungsmitteln gestellt. Jede örtliche Störung erstreckt ihre Wirkung über die entferntesten Glieder des erwerblichen Weltvereins. Ein Erdbeben auf Haiti z. B. verursachte einem Kaufmanne in Elbing, Verlust an vorräthigen Säcken zu Kaffee. — Handwerke und einige Fabrikation, sowie auch Handel, hat es immer gegeben. Die veränderte Lage der Dinge besteht darin, dass Dasjenige, was früher eine untergeordnete Rolle spielte, zur überwiegenden Hauptsache geworden ist. Der Grundbesitz tritt an Bedeutsamkeit gegen das bewegliche Erwerbseigenthum zurück. Das Interesse des Letzten aber fordert, an Stelle der Abgrenzung, das Niederreissen aller Hemmungen seines freiesten Umschwungs, an Stelle der kriegerischen Absonderung der Völker, ein friedliches Zusammenwirken zu gemeinschaftlichen Erwerbszwecken. Der blosse Territorialstaat hat aufgehört und der industrielle Staat stellt für die Politik eine andere Aufgabe hin.

In dem Maasse wie das Herrenrecht über Grund und Boden als Quelle des Reichthums weniger beträchtlich wird, verlockt es weniger zum Angriff; auch ist der Angriff, in Folge der industriellen

Verhältnisse, ein ganz anderes Unternehmen als früher geworden.
Die grosse Bevölkerung schwellt die Heere mächtig an; die gesteigerten Mittel liefern ein gewaltiges Material; die erleichterte und beschleunigte Kommunikation konzentrirt die Völkermassen sogleich in einen verhängnissvollen Vernichtungskampf. Die Uebrigbleibenden, selbst erschöpft, würden Besitz von einem gänzlich erschöpften und fast alles beweglichen Eigenthums entblössten Lande nehmen — einem verwüsteten Gebiet, welches, weit davon entfernt, eine Rente abzuwerfen, kaum die mittellosen Anbauenden ernähren könnte. Sie fänden Millionen von Lohnarbeitern, durch die Vernichtung des Gewerbekapitals jeder Möglichkeit der Subsistenz beraubt, in der Verzweiflung des Hungertodes wüthend; Industrie verkrüppelt und Handel verschwunden; die Unmöglichkeit, Steuern selbst zur Bestreitung der dürftigsten Verwaltung aufzubringen; wahrlich keine Quelle der Beute, keine Acquisition der Macht. Selbst der Sieger in einem Kriegskampf zwischen gleichen Kräften müsste heutzutage viel mehr verlieren, als er gewinnen könnte. — Dass ein grosses Land ein kleines ohne Widerstand einnehmen; dass der Barbar in den Fluren der Kultur hausen möchte, ist unzweifelhaft. Dass selbst zivilisirte Völker, in der Blindheit erregter feindseliger Leidenschaft, sich ruchlosen Schaden zufügen könnten, ist vielleicht noch möglich. Doch wird solche Leidenschaft meistens nur durch eine materielle Verletzung angeregt; und sie wird weniger leicht vorkommen, wenn ein gleiches Erwerbsinteresse die Nationen verbunden und das Rechtsprinzip im Verkehr die Gewalt ganz überwunden haben wird; eben so wie die blutigen Zwiste und Fehden, der ererbte Hass und die unbezähmbare Rache, durch Anerkennung des Rechtsprinzips, aus dem Schoosse der einzelnen Nationen gewichen sind. — Dass Gewinnsucht oder Ehrgeiz irgend einen industriellen Staat bewegen könnte, sich aus berechnetem Interesse, in einen Krieg gegen einen gleich starken Feind einzulassen, kann nur Demjenigen einfallen, der von der veränderten Sachlage nichts ahnt. Dass Kriege unter den früheren Umständen stattgefunden, ist kein Grund für die Fortsetzung derselben unter den jetzigen; sondern die Umgestaltung der Verhältnisse ist vielmehr ein Grund, weshalb sie aufhören müssten. Sagt man dagegen: »die Menschen haben sich immer bekriegt, es liegt in ihrer Natur«

so lässt sich darauf antworten: »die Menschen haben Manches immer gethan, so lange die Verhältnisse es zuliessen; es liegt aber in ihrer Natur, Dasjenige zu unterlassen, was nicht mehr angeht.« Der hitzköpfige Student ist immer gleich bereit, mit Binden und Polsterhut sich einer Schmarre für die Befriedigung jugendlicher Eitelkeit auszusetzen; dies ist aber kein Grund, dass, wenn er Familienvater mit einer reichen Erwerbseinnahme geworden, er eben so bereit sein sollte, sich auf neueste Manier zu duelliren — nämlich ohne Barriere und mit einer Pistole in jeder Hand. Besitz und Erwerb machen sehr friedfertig und gesteigerte Gefahr macht behutsam. Die ganz veränderte Bedeutung des Krieges kennt und fühlt Niemand besser, als die jetzt regierenden Fürsten. Sie wissen am Besten, wie viel mehr dazu gehört, als blos ihre Lehnsvasallen aufzubieten, einige Kronjuwelen zu versetzen und dann, vielleicht unter dem Vorwande eines Jagdritts, aufzubrechen, um sich ein Herzogthum zu holen. Eroberung hat aufgehört das Fürstenhandwerk zu sein; der Krieg nährt nicht mehr. Sie sehen vollkommen ein, dass ein grosser europäischer Kampf, wobei alle Mittel aufgeboten, die ganze Existenz auf's Spiel gesetzt würde, nicht nur das ganze soziale Gebäude erschüttern und vielleicht zertrümmern, sondern auch einen Strudel erregen würde, in dessen Wogen der Pallast zuerst sinken dürfte. Sie bedenken sehr wohl, was nach beendetem Kampfe, wenn sie sich hindurch erhielten, ihre Lage den Millionen gegenüber sein müsste, welche durch die Vernichtung des industriellen Kapitals sich jeder Möglichkeit der Ernährung entblösst finden würden. Sie werden sich sehr hüten, die Sachen soweit kommen zu lassen. Sie machen sich zwar gegenseitig bisweilen eine sogenannte Demonstration vor, bestellen einiges Tuch und Leder über den Etat, verlegen einige Regimenter in neue Quartiere, machen mobil, wie es heisst, — theils um darzuthun, wie sehr es ihnen an der Erreichung eines verhandelten Punktes gelegen ist, theils um die Freigebigkeit ihrer Unterthanen durch einen Schein von Energie und Wichtigkeit zu beleben. Sie lassen auch wirklich bei Gelegenheit, ein bischen scharf schiessen, — doch nur sehr in der Ferne — bei Expeditionen, deren Zweck abgegrenzt, deren Erfolg genau zu übersehen ist. Die französischen Sendungen nach

Griechenland, Ankona, Spanien und Algier; die englischen Unternehmungen in Portugal, Afghanistan und China; die Schlacht bei Navarin und die Beschiessung von Beirut; das Bombardement von Antwerpen; und vor Allem das Verhalten während der polnischen Revolution muss uns die Ueberzeugung geben, dass kein Fürst mehr daran denken darf, den Krieg zu einem allgemeinen werden zu lassen; denn der Krieg ist kein Spiel mehr; und wenn auch mit einem bestimmten Satze, dessen Einbusse nicht viel zu sagen hat, dann und wann pointirt wird, so gelüstet es doch Keinem, mit seiner ganzen Habe va banque zu sagen. Sie beherzigen gar sehr den theuer erkauften Spruch des Weltweisen: quicquid agis, prudenter agas et respice finem. — Die zivilisirten und industriellen Nationen Europa's bedrohen sich viel weniger durch Eroberungssucht, als sie sich durch gemeinsame Erwerbsinteressen und das Bedürfniss des gegenseitigen Verkehrs verbinden. Auf Eisenbahnen und Dampfschiffen strömen die Völker zu einander hinüber; sie lernen sich im Frieden kennen und achten. Die lächerlichen Vorstellungen, unter denen sie sich einander dachten, werden zerstreut. Man findet nicht in Frankreich lauter Hosenlose mit rothen Mützen, die ewig um eine Leiche am Laternenpfahl tanzen; eben so wenig findet man in Deutschland blos Bärenjäger, die nur dann ihre grosse bemalte Pfeife vom Munde nehmen, um eine Schnapsflasche oder Wurst dorthin zu führen; in England findet man nicht entweder nur dicke Menschen, die mit Händen in den Taschen den Höflichredenden anstarren und mit ihrem God damm unter Zudrehen des Rückens beantworten; oder nur magere Menschen, welche hungernd durch die Strassen um Brod schreien; — man findet allenthalben Menschen, in denen eine gleiche Stufe der Sittigung viel mehr Aehnliches, als äussere Zufälligkeit Abweichendes erzeugt hat; man findet gleiche Freuden und Leiden; man kann allenthalben achten, lieben, bewundern lernen. Die persönliche Bekanntschaft der Völker mit einander lässt sie über alte Feindseligkeit erröthen und sich neuerregter Sympathie erfreuen.

Von diesem ewigen Völkerfrieden stehen wir noch durch ein grosses Hinderniss getrennt. Mit der innigen Verschmelzung der internationalen Interessen und Neigungen, mit dem Aufheben des kriegerischen Antagonismus, mithin des Systems des politischen Gleichgewichts, verlöre der Staat das Feld seiner Wirksamkeit nach aussen als diplomatische Macht. Seine Thätigkeit wäre auf das Innere beschränkt: auf die Erhaltung der Ruhe und Ordnung, die Ertheilung der Gerechtigkeit, die Ausbildung der Hilfsquellen, die Beförderung der Sitte und Kultur, — einen Beruf, in welchem viel Gutes allmählich, aber nichts Grosses sogleich sich bewirken liesse. Dies alles würde eine weise aber keine starke Macht, wie man jetzt Stärke versteht, erfordern; dazu bedürfte es keiner grossen Heere, keiner Zentralisation oder vielmehr Mechanisirung, welche die ganze Volkskraft einem absoluten Willen in die Hand legt, um sie in jedem Augenblick gegen eine Gefahr von aussen richten zu können. Mit dem verschwundenen Bedürfniss der diplomatischen Staatsmacht müsste auch die Erhaltung derselben aufhören. Aber sie besteht fort, weil sie ein neues Ziel gefunden hat. An die Stelle der gewaltsamen Eroberung ist der plündernde Erwerb getreten; der Waffenkrieg hat dem *Handelskrieg* das Feld geräumt. Der industrielle Antagonismus ernährt willig und reichlich die bewaffnete Diplomatie. Industrielle Nationen sehen den Austausch ihrer Produkte zur leichtern Befriedigung gegenseitiger Bedürfnisse als ein Raubsystem an, bei welchem Uebervortheilung und Beeinträchtigung das Ziel des Bestrebens sind. Brodneid, Habsucht, Misstrauen schüren Feindseligkeit der Völker gegen einander an. Man zieht eine Mauthlinie gegen die englischen Fabrikanten, wie die Chinesen sich durch ihre Mauer vor einer Ueberschwemmung von Tartarenhorden schützen. Mit Unwillen prallt man von dem Kosakenphalanx zurück, welcher jeden Eintritt in das grosse russische Reich abwehrt. Man blickt scheel auf Holland als einen überlistigen Kunden hin. Gegen Amerika, als einen muthwilligen Bankerottirer, ist man entrüstet. Mit Frankreich, einem selbstsüchtigen und unbilligen Nachbarn, werden unaufhörlich Prozesse angezettelt. Und wenn auf diese Weise, im Widerstreit der materiellen Interessen, der sicherste Grund der Entzweiung gelegt worden ist, entflammt man noch dazu seine Leidenschaften durch Ruhmrednerei und alte Erinnerungen; man erhitzt sich an der Tafel zum Andenken des Marschall Vorwärts und singt herausfordernde Reime über den freien Rhein;

— man erregt in sich eine nationale Stimmung; — und in dieser Stimmung verlangt man nach einer bewaffneten Diplomatie, was sie auch koste, denn sie hat auch grosse Zwecke; sie soll nicht blos den historischen Glanz der Nation fortleuchten lassen, der nationalen Eitelkeit durch Imponiren fröhnen — man möchte sich nicht eingestehen, dass man davon beherrscht werde, — sie soll durch Erreichung materieller Zwecke, das materielle Opfer aufwiegen; — sie soll zu einem kräftigen Auftreten im Handelskrieg befähigen, wodurch man im Austausche der Produkte besondere Vortheile zu erlangen, im Drange der Konkurrenz Beeinträchtigungen abzuwehren besorgt ist.

Beschützung und Beförderung der industriellen und merkantilen Interessen sind heutzutage die Aufgabe für die diplomatische Staatsmacht. Erweiterung und Befestigung der eigenen Grenze, Besitznahme von Kolonieen in fernen Welttheilen, Gewinnung einer Position in fremden Gebieten, Einmischungen, Suprematie, Bündnisse, Verträge, bezwecken alle, mehr oder weniger direkt, Vortheile für den Handelsverkehr. Betrachten wir auch in der Nähe die internationalen Händel der letzten Jahre, so finden wir, als erklärte oder verdeckte Triebfeder derselben, stets ein materielles Interesse. Die Trennung Belgiens von Holland geschah wegen drückender Accise und ungerechter Schuldbelastung. Die hartnäckige Vertheidigung Antwerpens brachte holländischen Spekulanten unermesslichen Gewinn aus den gesteigerten Preisen der Kolonialwaaren. Die englische Intervention im Orient bezweckte eine Handelsbegünstigung in Syrien und der Türkei; Frankreichs Parteinahme bei derselben Gelegenheit ging auf eine Bevorzugung im Verkehre mit Egypten aus. Die katholischen Wirren sollen ein Staatsstreich gegen den wachsenden Einfluss des Zollvereins gewesen sein. Die Schwefelfrage und der Opiumkrieg bekunden hinlänglich durch ihren Namen ihren Zweck. So allgemein und fest herrscht heutzutage die Ueberzeugung, dass nur ein materieller Zweck jeder Handlung zu Grunde liege, dass bei der Durchsuchungsfrage kein Mensch ein rein humanes Interesse von Seiten Englands begreifen, sondern Jedermann nur Handelszwecke dahinter erblicken wollte.

Die Ausführung von Handelssystemen bildet also den offenbaren Zweck der jetzigen Politik und gewährt den Vorwand zur

Aufrechterhaltung der diplomatischen Macht. Die absolute Monarchie ist Mittel zu diesem Zwecke und hat in der Erfüllung desselben ihre Beschäftigung. Die innere Politik ist auf die Realisation dieses Mittels angelegt. Ohne grosse Heere, grosse Besteuerung, grosse Beamtenmacht, grossen Gehorsam, grosses Schweigen ist keine diplomatische Grösse erreichbar; und grosse Diplomatik führt ein grosses System zur Beförderung und Beschützung des nationalen Wohlstandes aus. — Es kommt also zunächst darauf an, dieses Handelssystem zu prüfen, die Vortheile, die es wirklich erreicht, klar zu ermitteln, — alsdann aber den Betrag der Vortheile, wenn welche wirklich errungen werden, gegen die Kosten derselben abzuschätzen. Es ist hier eine rein kaufmännische Berechnung von Einnahme und Ausgabe nöthig, damit man sich in den wahren Werth des diplomatischen Erwerbsgeschäfts eine klare Einsicht verschaffe.

Nach dieser Darstellung muss es einleuchten, dass, um Politik in unsern Tagen zu verstehen und darüber mit nützlichem Erfolge reden zu können, man schlechterdings Kenntniss von den Prinzipien der Volkswirthschaft oder Handels- und Erwerbs-Wissenschaft besitzen müsse. Wie sehr alle Lebensfragen sich um diese Prinzipien drehen, erkennt man freilich erst dann, wenn man mit ihnen selbst vertraut ist. Die unmittelbare Beziehung der höheren Regierungsinteressen zu einem Theile derselben habe ich hoffentlich klar herausgestellt. — Steigen wir also einstweilen von der Erhabenheit historischer und staatlicher Betrachtungen hinab, verlassen wir die aufregende Sphäre politischer Fragen, und wenden wir uns einer Untersuchung der eigentlichen Gesetze des erwerblichen Verkehrs zu.

Als lebhafteste und populärste Form zu diesem Zwecke erwähle ich ein

Zwiegespräch zwischen einem Nationalisten und einem Kosmopoliten über Handelssysteme.

Nationalist. Gehören Sie auch zu Denen, welche behaupten, der Handel sei nicht produktiv?

Kosmopolit. Ich gehöre zu Denen, welche behaupten, dass Handeln nicht Fabriziren — Vertheilen nicht Zusammensetzen ist.

Nat. Sie geben mir eine ausweichende Antwort.

Kosm. Im Gegentheil. Meine Antwort überspringt alle Verwirrungen der Streitfrage, die Sie anregen wollten, und trifft mit einem Satze auf den Kern des Zwistes; sie ist Ihnen zu direkt. — Lassen Sie mich fragen. — Was veranlasst den Handel?

Nat. Die Arbeitstheilung.

Kosm. Was veranlasst die Arbeitstheilung?

Nat. Das weiss jedes Kind.

Kosm. Wenn auch. Jedes Kind weiss Vieles, was der Mann häufig nicht bedenkt.

Nat. Nun gut; ich werde aus der Fibel Ihrer Schule aufsagen: — Die Menschen theilen das Produktionsgeschäft in einzelne möglichst einfache Verrichtungen ein, und theilen jedem Einzelnen eine solche zu, damit er, durch Uebung, die höchste Fertigkeit erlangen und diese noch durch geeignete Werkzeuge unterstützen könne. Dadurch wird die Produktivität erstaunlich vermehrt.

Kosm. Freilich. Wenn Hans das Zimmern, Fritz das Schmieden und Peter das Schustern ordentlich auslernen und mit gutem Geräthe betreiben, wird mehr zu Stande kommen, als wenn Jeder für sich, ohne die Handgriffe zu können, mit Allerlei umherpfuscht. Aber dies ist nicht Alles; die Geschäfte werden nicht blos unter Personen, sondern auch nach den Gegenden vertheilt.

Nat. Ja. Die Verschiedenheit des Klima's, des Bodens und tausenderlei Umstände in der natürlichen Beschaffenheit machen einen Ort mehr zur Produktion gewisser Dinge geeignet als andere Oerter. Also wird jeder Produktionszweig dorthin verlegt, wo er unter den günstigsten Umständen betrieben wird, wo er die reichlichste Menge des gedachten Produkts hervorbringt.

Kosm. So sollte es sein; aber gewisse Leute wollen dennoch z. B. die Zuckergewinnung in Frankreich und Deutschland betrieben sehen, obgleich man in den Tropenländern mit einem gegebenen Aufwand doppelt so viel erzeugt.

Nat. Ja, aber —

Kosm. Lassen wir das eine Weile; ich that Unrecht vorzugreifen; dahin kommen wir nachher. — Also das System der Arbeitstheilung, welchem wir alle erhöhte Produktivität, unsern

Reichthum verdanken, lässt jedes Ding dort entstehen, wo es in reichlichster Menge erzeugt werden kann; es ist also noch ein System nöthig, um die Dinge dahin zu bringen, wo sie gebraucht werden.

Nat. Dies bewirkt der Handel.

Kosm. Handel ist also eine nothwendige Ergänzung der Arbeitstheilung; denn man dürfte nicht die Dinge, bei ihrem Entstehen, dem Bereiche des Konsumenten entrücken, wenn nicht der Austausch sie wieder dahin versetzte. Handel macht die Arbeitstheilung möglich; mithin ist er *mittelbare* Ursache aller vermehrten Produktion. Vollkommene Handelsfreiheit ist nur die Erlaubniss zur vollkommensten Arbeitstheilung, welche, wenn sie nicht gehindert wird, diejenigen Einrichtungen trifft, welche die grösste Produktenmasse erzielen.

Nat. Also nennen Sie den Handel nur *mittelbar* produktiv. Die Kaufleute machen doch unmittelbaren Gewinn; sie vermehren unmittelbar ihren Reichthum, mithin auch das Nationalvermögen.

Kosm. Ich hatte den Nutzen des Handels im Auge, nicht den Kaufmannsgewinn.

Nat. Ist nicht aller redlicher Gewinn Nutzen? Sie treiben ein Spiel mit Wörtern.

Kosm. Die Wörter treiben ein Spiel mit Demjenigen, der ihre Bedeutung nicht klar auffasst und scharf unterscheidet. — Wenn der Kaufmann einen Zentner Zucker aus Brasilien für 6 Thlr. anschafft und für 7 Thlr. verkauft, so beträgt der Handelsgewinn 1 Thlr. Indem aber der deutsche Konsument für 7 Thlr. eine Waare empfängt, deren einheimische Produktion einen Aufwand von 12 Thlr. kostet, bewirkt der Handel einen Nutzen von 5 Thlr. — Auf der Pflanzung kostet der Zentner vielleicht nur 4 Thlr.; und wenn der Konsument ihn auch zu diesem Preise haben könnte, wäre der Nutzen noch grösser. Die Versendungskosten und der Handelsverdienst kommen in Abzug von dem durch Arbeitstheilung erzielten Gewinne; sie absorbiren zwar nur einen Theil des Mehrbetrages, dessen Hervorbringung die Vermittelung des Handels erst möglich macht; aber dennoch muss es in unserm Zwecke liegen, die Waarenvertheilung mit möglichst geringem Aufwande zu bewirken, um den vollen Nutzen der Arbeitsvertheilung so wenig als möglich zu verkürzen. — Diejenigen, welche die durch Handel bewirkte Vermehrung des Reichthums aus dem Betrage der Kaufmannsspesen herleiten, bringen eine Ausgabe in das Einnahmekonto; auch veranschlagen sie den wahren Werth des Handels viel zu geringe; denn der Nutzen desselben ist bei weitem grösser als die Handelskosten.

Nat. Sie möchten also das Interesse der Schiffsrheder fallen lassen und die Waaren durch die Luft hin- und herblasen!

Kosm. Eben so wie der Gutsbesitzer das Interesse der Fuhrwerke, auf denen er sein Getreide zu Markte schicken muss, fallen lassen möchte, wenn er sie entbehren und deren Kosten ersparen könnte. Da man aber leider noch keine kostenlose Lufttransporte erfunden hat, sinnt man auf Chausseen, Eisenbahnen und Dampfschiffe, ungeachtet der Interessen von kriechenden Frachtfuhren und langsamen Seglern.

Nat. Und dabei richtet der Nutzen Einiger viele Andere zu Grunde. Die Kaufleute in den kleinen Städten werden dadurch ruinirt, dass die Menschen jetzt ihre Waaren an grösseren Orten aus der ersten Hand holen, — und sie sind gewiss betriebsame und nützliche Leute.

Kosm. Betriebsam und nützlich ist nicht einerlei; denn eine Betriebsamkeit ist nur insofern nützlich, als man ihrer Leistungen bedarf. Wenn nun die Konsumenten nicht mehr der Vermittelung der erwähnten Kleinstädter bedürfen, ist deren Betriebsamkeit unnütz. — Die beschleunigte Kommunikation und das vermehrte Kapital fangen schon an, eine grosse Reform des Debitsgeschäfts zu bewirken. Einige grosse Läden, mit starkem Kapitale und einem sehr reichlichen Verlage zur Auswahl, werden auf einen kleinen Prozentsatz und grossen Umsatz sich basiren, die unvollkommeneren Etablissements verdrängen und den Debit mit geringerem Aufwande als früher bewerkstelligen — zum augenscheinlichen Nutzen der Konsumenten.

Nat. Es ist, bei meiner Seele! eine wahre Bemerkung, dass es kein erbarmungsloseres Ungeheuer giebt, als der Schulweise mit seiner Theorie in's Grosse! Die sogenannten kleinen Leute dürfen ohne Weiteres verdrängt werden — gequetscht wie Fliegen, — verspeist wie Würmer, um die grossen Raben zu mästen, welche sich in ihren Systemen grandiöser ausnehmen! Fühlt die Familie, die sich von dem »unvollkommeneren Etablissement« redlich nährte, kein Elend wenn sie mit ihren schreienden Kindern verhungert? »Fühlt nicht die Mücke sterbend einen Schmerz, — so gross als wenn der Riese scheidet?«

Kosm. Sind Ihre Invektiven zu Ende?

Nat. Nein; denn der Unwille über solche Ruchlosigkeit lässt sich nicht in Worten erschöpfen. Aber ich werde innehalten, wenn Sie sich entschuldigen wollen.

Kosm. Ich mich? Ich zeigte nur auf Das hin, was im Werke ist.

Nat. — was bei der zügellosen Gewerbefreiheit herauskommt und das Werk Ihrer Schule ist — was aber aufgehalten werden muss.

Kosm. Der menschliche Fortschritt lässt sich nicht aufhalten.

Nat. Wenn der Theorieenzug, wie der Wagen des Juggernaut, über Menschenopfer nach dem Tempel des grossen Götzen Adam Smith hinrollt, dann übertoben seine fanatischen Priester das Jammergeschrei mit ihrem Lobgesange für den menschlichen Fortschritt!

Kosm. Wenn Sie blos deklamiren wollen, dürfen Sie sich nicht mit der Improvisation anstrengen. Lesen Sie mir lieber, mit passender Gestikulation, ein Kapitel aus dem »Zollvereinsblatt«*) vor. Ich werde ruhig zuhören. Ich bin zu Allem ruhig. — Schade nur um Ihre Lunge und meine Zeit dabei!

Nat. Ich bin auch ruhig.

Kosm. Dann bleiben Sie auch so. — Ich leugne nicht, dass die Einführung eines neuen Verfahrens oder einer verbesserten Einrichtung der Industrie von grossem Ungemach für Einzelne häufig begleitet ist. Durch Anwendung der Buchdruckerkunst wurden viele Abschreiber brodlos; die Handspinner werden durch die Maschinen ersetzt. Aber bedenken Sie, wie viel mehr Menschen durch die Buchdruckerei Brod finden, als durch Abschreiben leben konnten, — zählen Sie nur die Papierverfertiger, Schriftgiesser, Mechaniker, Setzer, Drucker, Binder, Verkäufer — und gehen Sie

---

*) Ein damals erscheinendes schutzzöllnerisches Wochenblatt. H.

auf gleiche Weise die jetzige grossartige Fabrikation von Zeugen durch — den Gewinn an vermehrter Beschäftigung im Ganzen können Sie unmöglich leugnen. Das neuentstandene Gewerbe ist immer im Stande, Diejenigen zu beschäftigen, deren altes Verfahren es verdrängt.

Nat. Aber lassen Sie uns bei den kleinern Kaufleuten bleiben, die Sie verdrängen lassen wollen. Was soll aus ihnen werden?

Kosm. Wenn ihre Kapitalien und Dienste nicht mehr beim Vertheilen der Waaren erforderlich sind, so mögen sie dieselben zur Anfertigung von Waaren benutzen und die Gütermasse im Ganzen vermehren.

Nat. Aber alle Produktionszweige sind schon überfüllt.

Kosm. Das verstehe ich nicht. Meinen Sie, dass von Allem mehr produzirt werde, als man verbrauchen könne?

Nat, Jeder produzirt mehr als er verkaufen kann.

Kosm. Das kann ich nicht zugeben. Jeder verkauft, was er produzirt, und könnte jede noch so grosse produzirte Quantität los werden, — es käme nur auf den Preis an.

Nat. O ja! — wenn es ihm nicht auf den Preis ankäme — aber Verschleudern oder Verschenken heisst nicht Verkaufen. Wenn ich von Verkaufen rede, meine ich den Empfang eines Preises, bei dem man bestehen kann.

Kosm. Wenn Einer bei dem empfangenen Preise nicht bestehen kann, so heisst das: er empfängt nicht genug Verbrauchsgegenstände für Das, was es zum Tausche stellt. Der Schuhmacher z. B. empfängt für ein Paar Stiefel, bei dem Preise, zu dem er es losschlagen muss, nicht genug Leder, Brod, Fleisch, Tuch, Leinwand u. s. w. um seine Lebensbedürfnisse zu befriedigen. Aber jeder Andere ist auch in derselben Lage; denn Gerber, Fleischer, Weber klagen auch, dass sie, bei dem Verkaufspreise ihrer Produkte, zu wenig Stiefel erhalten. Alle diese Leute tauschen ihre Produkte unter einander aus; das ganze Erzeugniss wird zur Konsumtion vertheilt; doch findet Jeder, dass er zu wenig für seinen Verbrauch erhält. Das Erzeugniss im Ganzen ist also zu klein. Jeder stellt zu wenig zum Tausche. Wenn die Produktion stärker, also der durch Austausch zu vertheilende ganze Vorrath grösser wäre, müsste auch der dem Einzelnen zufallende

Antheil grösser sein. Es wird im Einzelnen, wie im Ganzen nicht zu viel, sondern zu wenig produzirt.

Nat. Dies sind die beliebten Folgerungen Ihrer Theorie; aber die Praxis lehrt ein Anderes.

Kosm. Die Praxis lehrt, dass heute an einem gegebenen Orte, für ein Paar Stiefel, der Verfertiger eine gegebene Menge Leder, Brod, Fleisch u. s. w. erhält — und lehrt nichts weiter. Wenn Sie nach dieser Sachlage lehren, dass der Schuhmacher mehr empfangen sollte, dass Jeder *zu wenig* Verbrauchswaaren für seinen Bedarf empfängt, weil von Allem *zu viel* produzirt werde, so ist dies lediglich eine Theorie, und zwar die Ihrige.

Nat. Gut. Nach Ihrer Ansicht könnten die verdrängten kleinen Kaufleute alle Schuhmacher werden, und Sie begreifen nicht, wie ein Gewerbe überfüllt sein, wie man Zuviel produziren könne.

Kosm. Wie *ein* Gewerbe überfüllt sein, und man von *einer* Waare zuviel produziren kann, begreife ich sehr wohl, — nur nicht, wie dies bei allen Gewerben zugleich der Fall sein könne. Wenn eine Anzahl Menschen beim Handel entbehrlich werden und zum Produziren übergehen, müssen sie sich, nach richtigem Verhältniss, unter die verschiedenen Gewerbe vertheilen. Ist es aber nicht augenscheinlich, dass, wenn auch ein neuer Schuhmacher da ist und Stiefel anbietet, auch neue Bäcker und Weber u. s. w. entstanden sind, welche neue Gegenstände zum Bezahlen von Stiefeln hervorbringen. Die neuen Verkäufer sind im Verhältniss ihrer Produktion auch Käufer; sie vermehren die Nachfrage nach jedem Erzeugniss eben so sehr als das Angebot; sie verursachen keine Ueberfüllung, wenn sie sich gehörig in verschiedene Beschäftigungen theilen.

Nat. Was sein *würde* oder nicht sein *würde*, ist schwer vorauszusehen. Verlassen wir also das Feld leerer Hypothesen und halten wir uns an das Vorhandene. — Ich frage Sie: ob Sie mir ein Gewerbe zeigen können, welches nicht an Ueberfüllung leidet?

Kosm. Ueberfüllung ist relativ, und bezieht sich stillschweigend auf einen Zustand, der sich herausstellen dürfte, wenn weniger Konkurrenten in einem gewissen Gewerbe vorhanden wären. Sie führen selbst auf eine Hypothese hin. — Wenn die Hälfte der Schuhmacher Königsbergs aufgehängt würde und die Uebrigen jedem Neuen das Gewerbe verwehren, auch den Einwohnern verbieten könnten, von aussen her Stiefel zu kaufen, dann ist es gewiss, dass diejenigen Schuhmacher, die so glücklich wären, nicht unter den Gehängten, sondern unter den Monopolisten zu sein, gewinnen würden; jedoch nur auf Kosten Anderer. Gesetzt aber, man reduzirte die Konkurrenten in *allen* Gewerben, verminderte die Bevölkerung um die Hälfte — die Konsumenten wären dadurch in gleichem Verhältnisse mit den Produzenten vermindert und das Verhältniss der Preise bliebe dasselbe. — Glauben Sie mir sicherlich: es giebt nur eine Möglichkeit, den Genuss der Verbrauchsgüter für alle Einzelnen zu vermehren: jeder Einzelne nämlich muss mehr Verbrauchsgüter erzeugen; — der Absatz oder die Vertauschung des Einerlei, das Einer verfertigt, gegen das Vielerlei, das er gebraucht, wird sich eben so gut bei der grösseren als bei der kleineren Gesammtmasse bewirken lassen. — Dass Jeder seinen Mangel lieber einer Ueberfüllung von Konkurrenten, als seiner eigenen geringen Produktivität zuschreibt, rührt daher, dass es leichter wäre, einem Gewerbsgenossen die Arbeit zu legen, als den eigenen Fleiss und die eigene Geschicklichkeit auszubilden.

Nat. Es ist weniger die Mitbewerbung der einheimischen Industriellen, als die zügellose Konkurrenz des Auslandes, gegen die man Maassregeln treffen muss.

Kosm. Ich sehe den Unterschied nicht ein. Ausländer sind gerade in demselben Maasse Konsumenten, als sie Produzenten sind. Vollkommen freier Verkehr unter Nationen ist, wie gesagt, nur die Freiheit, die vortheilhafteste Arbeitsvertheilung zur möglichsten Vermehrung der Gesammtprodukte zu treffen, — ein Mittel um die eigenthümlichen Vortheile für gewisse Produktionszweige, welche die Natur einzelnen Gegenden zugetheilt hat, allen Erdbewohnern zu Theil werden zu lassen. Ich sehe nicht, was politische Abgrenzungen mit den rein industriellen Einrichtungen zu schaffen haben.

Nat. Nun, das muss man gestehen — der hohle Kosmopolitanismus der Schule kann sich nicht unumwundener aussprechen!

Kosm. Wie Sie wissen, Freund, liebe ich Freimüthigkeit

im Diskutiren und fordere keineswegs Bescheidenheit der Opposition. Aber insofern unsere Erörterung den ernsten Zweck hat, zu richtigen Ansichten über verwickelte und gewichtige Verhältnisse zu gelangen, thäten wir besser, alle gemeinplätzigen Stichwörter der Parteiung bei Seite zu lassen. Warum mussten Sie freie Konkurrenz »zügellos« nennen? Ist der Handelsverkehr immer nur unter dem Bilde eines durchgehenden Pferdes zu denken? Dies Schreckwort aber ist sehr in der Mode; man hört von »zügelloser Presse, zügelloser Volksmeinung u. s. w.« reden — freilich von Denen, die auf Allem zu reiten sich geboren glauben. Wenn sie nur nicht so auf Wörtern herumreiten möchten! Gezügelte Freiheit! Die Freiheit eines Pferdes, Zaume und Sporne zu gehorchen! — Was den Kosmopolitanismus betrifft, so vergessen Sie nicht, dass es sich lediglich darum handelt, zu ermitteln, wie für eine Nation der grösste materielle Wohlstand erzielt werden kann. Unbeschränkte Freiheit, die zweckmässigste Arbeitsvertheilung mit anderen Nationen einzugehen, zeigt sich als das Mittel. Friede und Ehrlichkeit zwischen den Nationen werden als nothwendige Bedingungen vorausgesetzt. Zeigt es sich indessen, dass die Nationen nicht gegen einander Frieden halten noch Ehrlichkeit ausüben wollen, dann müssen sie natürlich auf die Vortheile eines freien Verkehrs verzichten. Der Kosmopolitanismus dringt darauf, man solle lieber friedlich und ehrlich sein, als sich den gegenseitigen Nutzen entgehen lassen. Was ist hierin hohl?

Nat. Sie setzen die *nationalen* Zwecke aus den Augen.

Kosm. Eine Nation oder vielmehr die Regierung einer Nation kann mancherlei Zwecke verfolgen. Unsere Diskussion beschränkt sich jedoch auf die Beförderung des materiellen Wohlstandes, und wir müssen nur Das vor Augen halten, was sich als Mittel zu diesem Zwecke erweist.

Nat. Hochherziger Krämergeist! Soll nicht die nationale Unabhängigkeit die erste Stelle in den Augen jedes Mannes haben, in dessen Herz ein patriotisches Ehrgefühl schlägt? Soll der Preusse, den der weltgeschichtliche Glanz eines grossen Friedrich zum rühmlichen Stolze berechtigt, zum Ackerknecht für den übermüthigen Engländer hinabsinken und nackt gehen, bis die Gnade eines Manchester-Fabrikanten ihn bekleidet?

Kosm. Wenn dabei der übermüthige Engländer zum Fabriksklaven für den rühmlich-stolzen Preussen herabsinkt und hungert bis die Gnade eines Samländischen Gutsherrn ihn füttert — warum nicht? Die Abhängigkeit oder Unabhängigkeit wäre gegenseitig gleich stark.

Nat. Und im Falle eines Krieges?

Kosm. Ein Krieg hebt natürlich, so lange er dauert, die Arbeitstheilung, die gegenseitige Versorgung mit Befriedigungsmitteln, zwischen den sich bekämpfenden Nationen auf; er raubt uns die Vortheile eines freien Verkehrs. Dies ist freilich für beide Theile ein grosser Verlust. Aber weil dieser Verlust in Kriegszeiten unvermeidlich ist, sehe ich nicht ein, dass er darum in Friedenszeiten wünschenswerth sei. — Es scheint mir überhaupt, als wäre es Maxime der Nationalisten, den Verkehr zwischen Nationen zu erschweren, um die Kriegführung zwischen denselben zu erleichtern, wogegen ich von der Ausdehnung des Verkehrs eine Beschränkung des Krieges mir hoffe; denn ich glaube, dass es eher die Aufgabe zivilisirter Nationen in unserer Zeit sei, sich im Erwerbe zu unterstützen, als sich zu morden.

Nat. Es ist Maxime der Nationalisten, ihr Vaterland während des bewaffneten Friedens (denn die idyllische Ruhe goldener Zeiten ist von der Erde verschwunden) vor Verbindungen zu hüten, welche seinem kräftigen Auftreten gegen Nebenbuhler Fesseln anlegen könnten. — Wenn also im Verkehre zwischen Preussen und England die gegenseitigen Leistungen von gleichem Betrage oder Geldwerthe wären, so wäre dennoch Preussen dabei abhängiger; denn das reichere Land hat mehr Hilfsquellen und kann mehr aushalten, wenn es zum Klappen kommt. England kann Getreide von allen Welttheilen bekommen. Wenn Preussen für England baute und alle seine Fabrikate von ihm bezöge, so würde es, bei aufgehobenem Verkehre, sein Getreide nirgends sonst los werden und keine Waaren von anderwärts her entnehmen können. Liessen wir uns mit England soweit ein, so würde es sich bald eine Diktatur über uns anmaassen und sich ein neues China an der Ostsee schaffen.

Kosm. China ist durch büreaukratische Verwaltung und Absperrung von allem Verkehr mit der Welt — durch seine *nationale* Politik — zu Dem gemacht worden, was es ist. Es hat seine Unabhängigkeit gerade auf die Weise zu bewahren gesucht, die Sie befolgen möchten. Sie hätten sich hüten sollen, China zu erwähnen. — Aber ich will nicht ablenken, sondern zu Ihrer Aufstellung zurückgehen. — Ich leugne nicht, dass England, wegen seiner grossen Mittel und seiner Insellage, Vielem trotzen kann. Ich leugne nicht, dass England sogar eine Uebermacht besitzt, die es häufig gemissbraucht hat. Denn in jener Verblendung, von der fast die ganze Welt noch befangen ist, glaubte es, durch Verfolgung einer beschränkenden Handelspolitik, grössere Vortheile für sich zu ziehen, als welche der freie Austausch gewährt.

Nat. Und es hat sie gezogen. Ist nicht England bei seiner Handelspolitik zur reichsten Nation geworden?

Kosm. Bei seiner Politik, d. h. *während* Verfolgung derselben allerdings; aber Sie müssen beweisen, dass es *vermöge* derselben reich geworden ist.

Nat. Ich überlasse es Ihnen zu beweisen, dass es nicht vermöge seines Systems sich gehoben hat.

Kosm. Auch das, wenn es Ihnen beliebt. — Andere Nationen haben dieselbe beschränkende monopolisirende Politik befolgt und sind nicht reich geworden; also muss man Englands Vorzug aus anderen Umständen herleiten.

Nat. Und die wären? —

Kosm. Sie liegen in seinem Boden, seinen Mineralien, seinen Kommunikationswegen, seiner Lage auf der Weltkarte, seiner politischen Freiheit. Sein beschränkendes Handels-System hat zwar eine so vollkommene Arbeitsvertheilung, als unter der Handelsfreiheit bewirkt worden wäre, verhindert; da aber die Besitzungen des britischen Reichs in allen Erdtheilen liegen, alle Oertlichkeiten und Klimata in sich schliessen, so ist dennoch Englands Markt stets gross und vielfältig genug gewesen, um es reichlich mit Allem versorgen zu können. Der Markt aber wäre noch grösser und vielfältiger gewesen, wenn England ihn gar nicht beschränkt hätte. Es hat unermessliche Kosten darauf verwandt, um einen geringeren Nutzen zu haben, als es, ohne seine Maassregeln, bei dem freien Verlauf der Dinge gefunden hätte. Dennoch ist der

Vortheil, selbst eines verkürzten Austausches zwischen entfernten Ländern, so gross, dass England dabei reich geworden ist.

Nat. Hätte England sich nicht die Kosten gemacht, so hätte es auch nicht seine Besitzungen; Andere hätten zugegriffen.

Kosm. England musste freilich verhindern, dass Andere es nicht vom Handelsverkehr mit fremden Welttheilen ausschlössen; aber dies ist kein Grund, weshalb es Andere ausschliessen sollte.

Nat. Es behielt den Markt für sich.

Kosm. Das *Marktrecht* vielleicht; — aber wieviel man unter diesem Recht absetzt, hängt davon ab, wieviel man produzirt. England als der grösste Produzent, wäre bei ganz freiem Handel auch immer der grösste Verkäufer geblieben.

Nat. Sie haben zugegeben, dass England eine Uebermacht besitzt, die es häufig gemissbraucht hat; — und doch möchten Sie dem Preussen rathen, sich der Tyrannei dieser Uebermacht auszusetzen.

Kosm. Gesunde Ansichten haben sich schon in England eine Bahn gebrochen; selbst das Hauptorgan der Torypartei hat sich für ganz freien Handel erklärt; man ist da allgemein zur Erkenntniss gekommen, dass Ehrlichkeit den grössten Nutzen bringt.

Nat. Traue ein Narr solchem Frieden! Die Engländer mögen für den Augenblick schöne Reden über »*honesty the best policy*« halten, aber sie werden doch nicht das Bedrücken und Aussaugen lassen, wenn sich wieder Gelegenheit darbietet. — Wenn ein Löwe gegen das Menschenfressen predigte, würde ich mich doch nicht in seine Höhle wagen.

Kosm. Ich begreife nur nicht, wie Sie sich den Aussaugungsprozess beim Handel denken. England schickt Ihnen soviel Waaren, dass Sie immer von Ueberschwemmung reden; dies ist eher ein Aufblähen, als ein Aussaugen zu nennen. Dann soll die *zu grosse Billigkeit* englischer Waaren ein Aussaugungsmittel sein. Aber diese zu grosse Billigkeit kann nichts Anderes bedeuten, als entweder, dass der Engländer *zu wenig Geld* für eine gewisse Waarenmenge *nimmt*, oder *zu viel Waaren* für eine gewisse Geldmenge *giebt*. Wie man aber durch *Zuwenignehmen* oder *Zuvielgeben aussaugen* kann, übersteigt meine Begriffe. Auf welche sinnreiche Weise macht Ihre Theorie dies begreiflich?

Nat. Die Waaren werden zu niedrigem Preise gestellt, damit der grosse Absatz einen grossen Erlös bewirke, wodurch der Ausländer in den Stand gesetzt wird, über unsere Geldmittel zu gebieten.

Kosm. »Da haben Sie nun Etwas geredet — aber ob etwas Vernünftiges oder nicht, das mögen die Bäume beurtheilen!« — Sonderbar, was für Hirngespinnste diese aller Theorie so abholden Praktiker sich in den Kopf setzen! Also jetzt soll Jeder, der billig verkauft, ein Feind sein, der über meine Geldmittel gebietet! Sind Sie verheirathet, Freund?

Nat. Was bringt Sie auf diese Frage?

Kosm. Ich dachte vielleicht Ihre Frau hätte Auktionen und den »gänzlichen Ausverkauf« oder Läden, wo es heisst: »um vor der Messe zu räumen« besucht, und Sie hätten auf diese Weise erfahren, wie Wohlfeilheit über Ihre Geldmittel gebieten könne. — Wollen Sie mir wohl mit der alten Geschichte des aus dem Lande gehenden baaren Geldes wieder kommen?

Nat. Nein — das war ein Irrthum Derer, die den Geldverkehr nicht kannten.

Kosm. Sicherlich. Gold und Silber sind Waaren, welche einen beständigeren und allenthalben gleichmässigeren Marktpreis, als irgend eine andere haben, weil sie am leichtesten versandt werden; weshalb die Zufuhr sich in ein allenthalben gleiches Verhältniss zum Bedarfe setzt. Gold und Silber können sich nirgends unverhältnissmässig anhäufen oder entziehen; sie fliegen augenblicklich von dem Orte ihrer Entwerthung zu dem ihrer Vertheuerung hin. Auch lehrt die Erfahrung, dass Metallgeld sich nie in einem Lande angehäuft hat. Englands Gold- und Silbervorrath ist seit zwanzig Jahren durchschnittlich sich beständig gleich geblieben. Aber ich will Ihnen noch mehr sagen. Nicht nur *kann* kein Land Gold und Silber bei sich anhäufen, sondern es *will* dies nicht. Die Vertheilung des Metallgeldes regulirt sich nicht nach dem sich ausgleichenden Bestreben, dasselbe *anzuziehen*, sondern gerade das Gegentheil ist wahr; — jede Nation hat soviel von dem allgemeinen Metallvorrath, als ihr von anderen zugeschoben wird, und sie nicht zurückzuschieben vermag.

Nat. Das wäre etwas Neues.

Kosm. Gold und Silber sind doch diejenigen Waaren, welche eine Nation am geschwindesten ausführt, sobald sie anderwärtig einen besseren Markt dafür findet als bei sich. Wenn in Preussen der Geldvorrath in geringerem Verhältnisse zum Bedarf, als in England steht, so zeigt sich dies in einem Fallen des Wechselkurses in Preussen. Lassen Sie aber den Kurs hier um 5% fallen, und sehen Sie dann nur zu, wie geschwind Herr Rothschild Gold aus London Ihnen auf den Hals schicken würde. Erinnern Sie sich der sogenannten Goldnoth vor ein Paar Jahren? Mit dem gegen Getreide eingeführten englischen Gold nämlich hatte man seine liebe Noth, bis man es wieder los wurde.

Nat. Ihre Schule behauptet, dass ein Land nie mehr einführen kann, als es an Produkten ausführt. England hat aber seine damalige Getreideeinfuhr mit Gold bezahlen müssen.

Kosm. Ist das ausgeführte Gold kein Produkt?

Nat. Doch kein Produkt Englands. Nach Ihrer Lehre soll kein Land mehr einführen können, als es an *eigenen* Produkten ausführt.

Kosm. Das ausgeführte Gold war aber mit eigenen Produkten gekauft worden; also blieb die Gleichheit der Einfuhr fremder und der Ausfuhr eigener Produkte ungestört. England hatte nur das eine fremde Erzeugniss gegen ein anderes umgetauscht; es hatte mit seinen Waaren zuerst Gold gekauft, fand aber für den Augenblick, dass es Getreide nöthiger habe. Der blosse Umtausch änderte nicht sein Konto gegen das Ausland.

Nat. Das klingt sehr gut in der Theorie, aber wer bürgt dafür, dass es sich in der Praxis genau so machen wird? Der eine Kaufmann führt ein, der andere führt aus; sie nehmen keine Rücksicht auf einander. Wenn ich z. B. für eine Million englische Waaren einführen sollte, müsste ich fragen, ob Jemand auch für eine Million preussische Produkte auszuführen habe?

Kosm. Nein! Das hätten Sie nicht nöthig. Aber Sie würden doch fragen, ob Sie diese eingeführten Waaren absetzen und bezahlt erhalten könnten. Nicht wahr?

Nat. Ja. Darauf sieht jeder Einführende zunächst.

Kosm. Mehr bedarf es auch nicht, um Gleichheit im Betrage der eigenen ausgeführten und der fremden eingeführten

Waaren zu sichern. Rechnen Sie ein wenig Das, was ich jetzt angeben werde, nach: Jeder Einzelne im Lande vermag nur bis zum Betrage seines Einkommens zu kaufen. Das Einkommen eines Jeden geht aus der Verwerthung seiner Produkte hervor.*) Wenn nun Jeder einen gewissen Theil seines Einkommens auf ausländische Produkte verwendet, kann er nur Das, was übrig bleibt, auf inländische verwenden. Also werden im Inlande nur soviel inländische Produkte verwerthet, als der Betrag des Einkommens, nach Abzug der Kosten auswärtiger Waaren, ausmacht. Aber der Betrag des Einkommens überhaupt, die Fähigkeit, auswärtige Waaren zu kaufen, konnte nur aus der Verwerthung aller inländischen Produkte hervorgehen. Wenn also ein Theil dieser inländischen Produkte, gleich dem Betrage der konsumirten auswärtigen Waaren, nicht im Inlande verwerthet werden konnte, muss er doch anderwärtig, also im Auslande verwerthet worden sein. Denn neben dem Inlande giebt es kein anderes »Anderwärts« als das Ausland.

Nat. Wenn ich dies Alles zugebe, so ist Ihre Sache um Nichts gebessert. — Es könnten nämlich unsere Gutsbesitzer sich in direkte Kommunikation mit Englands industriellen Arbeitern setzen, alle Fabrikate von denselben beziehen und dieselben ernähren, während die unsrigen hungerten. Unsere Städte lägen eigentlich in England; aber wir wollen sie lieber im eigenen Lande haben; und dazu ist ein Schutzsystem der einheimischen Industrie nöthig; denn wir sind nicht so kosmopolitisch gesinnt, dass es uns gleich sein sollte, wieviel Bevölkerung für die Macht und Grösse Preussens da sei, — ob wir unserem Bruder oder einem Fremden zu verdienen geben.

Kosm. Ich ehre in Ihnen diesen Eifer für das Heimathland und Ihre Staatsgenossen. Dies Gefühl ist sehr natürlich. Es wäre sehr thöricht, Maassregeln vorzuschlagen, welche das Aufopfern des nationalen Egoismus erforderten. Aber »die Schule,«

---

*) Wir machen hier keinen Unterschied zwischen Diensten und materieller Produktion; auch ist Derjenige, der von Zinsen lebt, als Compagnon in dem mit seinem Gelde betriebenen Geschäfte anzusehen.

Note des Verf.

wie Sie die wissenschaftlichen Staatswirthe zu nennen belieben, hütet sich recht sehr, einen solchen Mangel an Menschenkenntniss zu verrathen; im Gegentheil, sie fusst stets auf das Bestreben, sowohl der Personen als der Nationen, den eigenen Vortheil zu erzielen; und wenn sie zur Rechtlichkeit dabei empfiehlt, so giebt sie nur Gründe des dadurch erreichten materiellen Vortheils an. Die Selbstsucht und das in die Menschennatur gelegte Verlangen nach Genüssen bilden das Bewegungsgesetz, aus welchem die Schule ihre Dynamik des Erwerbslebens entwickelt, und ich glaube, dass sie auf einer sehr sicheren Grundlage baut. — Indem ich es also für jeden Staat zur Aufgabe stelle, die möglichst grosse Bevölkerung innerhalb seiner eigenen Grenzen zu ernähren, seinen eigenen Mitgliedern möglichst viel Verdienst zukommen zu lassen, behaupte ich, dass vollkommene Freiheit des Handels das einzige Mittel darbietet, diese Aufgabe zu lösen.

Nat. Sie wollen mir also beweisen, dass, wenn es den preussischen Gutsbesitzern frei stände, englische anstatt preussische Fabrikstädte zu beschäftigen und zu ernähren, dies das einzige Mittel wäre, eine möglichst grosse Bevölkerung innerhalb der preussischen Grenzen zu ernähren und den eigenen Staatsmitgliedern möglichst viel Verdienst zukommen zu lassen? Ich bin neugierig!

Kosm. Wir sind beim eigentlichen Kerne der Frage; halten Sie ihn fest. — Die Sache scheint Ihnen nur deswegen paradox, weil Sie bei einer »möglichst grossen« Bevölkerung durchaus eine fabrizirende im Auge haben. Aber »möglichst grosse« heisst nur: eine so grosse Bevölkerung, als die Mittel des Landes möglicher Weise ernähren können; und wenn der Ackerbau die wirksamste Nutzung vorhandener Mittel darböte, würde man sich, als vorzugsweise ackerbauende Nation, stärker vermehren und besser ernähren können, als bei einer erzwungenen Fabrikation. — Ich sagte nicht, dass freier Handel das Mittel wäre, viele Spinner und Weber, sondern die grösste wohlgenährte Bevölkerung überhaupt zu haben.

Nat. Länder, die fast nichts als Ackerbau treiben, sind immer verhältnissmässig schwächer, als die fabrizirenden bevölkert.

Kosm. »Verhältnissmässig schwächer?« Schwächer im Verhältniss zur Gebietsausdehnung, meinen Sie; aber davon ist nicht die Rede, sondern vom Verhältniss der Bevölkerung zu den Mitteln.

Fabrizirende Länder ernähren mehr Menschen auf einer Quadratmeile als ackerbauende; aber nur weil sie mehr Mittel, nämlich Kapital und Ausbildung, besitzen.

Nat. Die Begünstigung der Industrie ist der Weg, um Kapital zu erlangen.

Kosm. Da haben Sie ganz Recht, denn es kann die Industrie durch nichts mehr *begünstigt* werden, als durch Erhaltung ihrer vollkommenen Freiheit. Ich fürchte nur, Sie meinen unter »Industrie«, Manufaktur; und unter »Begünstigung« erzwungenes Hervorrufen. Zwang zur Manufaktur aber ist ein Weg, um weniger Kapital zu erlangen, als man im freien Verlaufe der Industrie gewinnen würde. — Wir sind aber etwas zu rasch in unserer Diskussion vorwärts geeilt und haben Mehreres übersprungen, das noch klar gemacht werden muss. Ich muss einen Schritt zurückgehen, um den Boden unter uns völlig nach allen Seiten hin zu sichern. — Sie äusserten die Befürchtung, dass bei vollkommener Handelsfreiheit die preussischen Gutsbesitzer lauter englische und keine preussischen Fabrikarbeiter beschäftigen könnten. Ich glaube auch, dass Ihre Phantasie Ihnen ausgestorbene Städte, verschwundene Handwerke und eine Reduktion der Nation auf die Anzahl der jetzt unmittelbar mit Feldarbeit Beschäftigten vorspiegelte — denn, (Sie müssen mir die Bemerkung verzeihen) ich habe die sogenannten praktischen Leute stets sehr stark von der Phantasie beherrscht gefunden; ihre Hoffnungen und Befürchtungen gehen gleich in's Grosse; sie denken sich die Verwirklichung einer blühenden Fabrikthätigkeit durch das schöpferische »es werde« einer Regierung, oder die Entstehung einer kräftigen Marine durch das blosse Entfalten einer Flagge; das Verschwinden alles Geldes aus einem Lande, das Verhungern einer halben Nation, wird eben so leicht durch ihre Einbildungskraft zu Wege gebracht. Betrachten Sie indessen etwas näher die Beschäftigung der meisten Städtebewohner, so werden Sie finden, dass sie an Ort und Stelle verrichtet werden müssen, als da sind: Beamte, Prediger, Lehrer, Militairpersonen, Schauspieler, Musiker, Aerzte; ferner: Detaillisten, Spediteure, Mäkler, Fuhrleute; alsdann: Bäcker, Fleischer, Schneider, Schuhmacher, Maurer, Zimmerleute, Tischler, Glaser. Schmiede und alle zu Reparaturen erforderlichen Handwerker;

diese *können* nicht in ein fremdes Land verlegt werden. Bei völliger Freiheit würde man vom Auslande nur solche Fabrikate beziehen, welche meistentheils durch Maschinenarbeit verfertigt werden. Fabriken zu Gespinnsten und Zeugen dürften hier eingehen. *Nat.* Selbst diese dürfen nicht hohlen Theoricen geopfert, sondern sie müssen durch Schutz erweitert werden.

Kosm. Köstlich bequem ist diese beliebte Redensart von hohlen Theoricen! Die Theoricen Derjenigen, die sie im Munde führen, möchten sich für so voll Weisheit wie ein Ei voll Dotter, ausgeben! Aber mag es hingehen! Wir wollen sehen, von welcher Theorie der Inhalt sich wird behaupten lassen. — Gesetzt nun, um auf die Hypothese zurückzukommen, dass die preussischen Gutsbesitzer vielerlei englische Fabriken beschäftigen und ernähren sollten, so würden sie dies nur dann thun, wenn sie für ihre Produkte dadurch mehr Waaren bekämen als jetzt, sie würden dadurch reicher werden; der Ackerbau würde gewinnbringender und man hätte sowohl Mittel als Antrieb, ihn auf's Höchste auszubilden. Bedenken Sie, wie viele Kapitalien und Menschen erforderlich wären, um alle preussischen Landgüter zu der Kultur zu bringen, deren sie noch fähig sind. Was für Bauten, Geräthe, Anlagen gehörten noch dazu! Was für Chausseen, Eisenbahnen und Kanäle wären zum Transporte der vermehrten Produkte erforderlich. Und in Folge des vermehrten Wohlstandes, welcher Aufschwung für alle Nebengewerbe! Glauben Sie, dass alle Menschen und Mittel, die jetzt in den beschützten Fabriken beschäftigt sind, ausreichen würden, um Alles auszuführen, was noch zum vollkommenen Betrieb des Landbaues nöthig wäre?

Nat. Eine Nation muss, um ihren Wohlstand zu vermehren, sich von der untergeordneten Stufe des ackerbauenden, zu der höheren Ausbildung des fabriziellen Betriebs zu erheben suchen.

Kosm. Eine Nation muss ihren Wohlstand zu erheben suchen. Aber Sie haben nicht bewiesen, dass erzwungene Anlegung von Fabriken ein besserer Weg dazu wäre, als die Freiheit, mit Kapitalien und Arbeitskräften den höchsten Gewinn, auf welchem Wege es auch sei, zu suchen.

Nat. Was ist da zu beweisen? Die Nationen, welche am meisten fabriziren, sind die reichsten.

Kosm. Die Nationen, welche die reichsten sind, fabriziren am meisten. Verwechseln Sie nicht Ursache und Folge.

Nat. England verdankt seinen Reichthum seinen Fabriken.

Kosm. England verdankt die Entstehung seiner Fabriken seinem Reichthume. Neben einem hohen Betriebe des Ackerbaues besass es Kapitalien und Arbeitskräfte, welche keine vortheilhaftere Anwendung als in den Fabriken finden konnten. Man muss Kapitalien sammeln, um ein grosses Fabrikwesen einzurichten; alsdann führt dies allerdings fort, den Reichthum zu vermehren. Aber das Fabriziren ist nur *ein* Mittel, Kapitalien gewinnbringend anzuwenden, und ist nur in sofern wünschenswerth, als sich kein gewinnreicheres darbietet.

Nat. Und was wäre gewinnbringender?

Kosm. Diejenige Anwendung, welche man an Stelle der Fabrikation ergreifen würde, wenn man es dürfte — wenn völlige Freiheit da wäre. Diejenigen Fabriken, welche die beste Kapitalsnutzung darbieten möchten, würden auch bei freiem Verkehr, ohne alle Staatskunst entstehen.

Nat. Wenn einheimische Fabriken beschützt werden, bieten sie auch die beste Kapitalsnutzung dar.

Kosm. Erklären Sie näher, was Sie als Schutz bezeichnen.

Nat. Ein Beschränken der Zufuhr fremder Fabrikate durch Schutzzölle.

Kosm. Dies ist das Mittel, aber was ist die Wirkung, die Sie bezwecken?

Nat. Die Sicherung lohnender Preise für einheimische Erzeugnisse.

Kosm. Zunächst doch nur *erhöhte* Preise gewisser Erzeugnisse. Da aber eine Preiserhöhung nur aus einer im Verhältniss viel grösseren Verringerung der zum Verkaufe gestellten Waarenmenge erfolgt, so ist dieser *Schutz,* wie Professor Hagen so treffend bemerkt, »zunächst *eine Beförderung des Mangels.*«

Nat. Wenn die inländische Industrie nicht Preise erhält, bei denen sie bestehen kann, geht sie unter, und dann träte der allergrösste Mangel ein.

Kosm. Von der »*inländischen Industrie*« ist hier gar nicht die Rede, sondern nur von solchen Fabrikzweigen, welche eines künstlich erhöhten Absatzpreises, um ihre Kosten zu decken, bedürfen. Wenn z. B. der Ausländer eine Million Stück Kattun, die Elle zu 3 Sgr. liefern will; der inländische Produzent aber nicht unter 5 Sgr. die Elle stellen kann, und, um den Preis auf diese Höhe zu bringen, die zum Verkauf gestellte Menge auf 400,000 Stück beschränken muss, — warum soll man die Fülle von sich weisen. *Viele Waaren zu haben* ist doch der Zweck unseres Bestrebens, und wir müssen die Mittel ergreifen, welche zu diesem Zwecke führen.

Nat. Wir dürfen nicht, um Fülle für uns selbst zu erhaschen auf den Ruin thätiger Mitbürger losarbeiten.

Kosm. Wenn Mitbürger, durch ihre Thätigkeit, die Fülle für uns vermindern, anstatt sie zu vermehren, so arbeiten sie auf unsern Ruin hin. Aber anstatt des »Ruins thätiger Mitbürger« würde vielleicht nur eine Einstellung derjenigen Gewerbe, die einer künstlichen Preiserhöhung bedürfen, und eine Verwendung der darin beschäftigten Geld- und Arbeitskräfte zu Gewerben erfolgen, bei denen der natürliche Absatzpreis die Kosten deckt.

Nat. Was berechtigt Sie zu der Annahme, dass solche Anwendung für die Mittel, welche jetzt unter dem Schutze beschäftigt sind, sich finden würde.

Kosm. Beschützte Fabriken könnten nur dann eingehen, wenn wir die Produkte, die wir von ihnen nehmen, vom Auslande beziehen sollten. Die Verfertigung der Erzeugnisse, womit wir den Ausländer bezahlen müssten, würde eine eben so grosse Beschäftigung bieten, als die beschützten Gewerbe es thäten. Vergessen Sie nicht, dass Ihr Schutzsystem nicht die Beschäftigung im Ganzen vermehrt, sondern nur die Art der Beschäftigung bestimmt; es nöthigt uns nämlich, eine Waare für uns selbst zu verfertigen, anstatt etwas Anderes zu machen, womit wir jene Waare vom Auslande eintauschen könnten.

Nat. Der Ausländer kann uns in Allem überlegen sein, Alles billiger stellen, als wir es vermögen, und nichts von uns nehmen wollen.

Kosm. Sonderbar! Sie ist doch komisch diese Besorgniss, dass Andere nicht genug werden nehmen wollen; — als ob Jeder Angst hätte, beschenkt zu werden, und Systeme nöthig wären, um einer aufdringlichen Generosität Schranken anzulegen. Eben so reden die Beschützungskünstler in England. »Die Preussen« sagen sie, »werden uns ihr Getreide schicken und keine Waaren von uns nehmen wollen.« Lassen Sie es doch des Anderen Sorge sein, seine Bezahlung zu nehmen; und hüten Sie sich nur, dass er nicht zu viel nimmt.

Nat. Sie möchten durch Witzelei die Blössen Ihrer Beweisführung bedecken; die Hülle ist aber zu abgenutzt und lappenhaft.

Kosm. Sagen Sie »läppisch« gerade heraus, denn das wollten Sie; ich sehe es Ihnen an. Witz ist meine Sache nicht und Sie dürfen so grob sein, wie Sie nur wollen, wenn ich bei einer so wichtigen Erörterung leichtfertig rede. Indessen redete ich in vollem Ernste.

Nat. Sie beantworten nicht meinen Einwand. Was wären die Folgen eines freien Verkehrs für uns, wenn das Ausland Alles billiger selbst verfertigen könnte, als wir es ihm zu liefern vermöchten?

Kosm. Dass es sich Alles selbst verfertigen würde. Die Folge scheint mir eben so einfach als gewiss.

Nat. Womit denn sollten wir seine Waaren bezahlen?

Kosm. Wir würden keine Waaren zu bezahlen haben, denn der Ausländer würde nur für sich produziren. — Sehen Sie denn gar nicht, dass Sie lauter sich widersprechende Hypothesen aufstellen? — Weswegen wendet England seine Kapitalien auf Fabrikate an, die es in alle Welttheile sendet? — Doch nur, um dadurch mehr von den Produkten aller Welttheile zu erhalten, als es auf direktem Wege erhalten könnte. Wenn Sie aber die Hypothese aufstellen, dass ein Land jedes Produkt auf direktem Wege durch inländische Erzeugung reichlicher, als durch den Eintausch gewinnen kann, so wird es den indirekten Weg aufgeben. Wenn England Zucker, Wein, Kaffee, Thee, Wolle, Baumwolle. Seide u. s. w. alles in reicherem Maasse und billiger als jedes andere Land erzeugen könnte, würde es seine Kapitalien und Arbeit *dazu*, und nicht zu Fabrikaten verwenden, um mit denselben jene Erzeugnisse aus Indien, Frankreich, Deutschland, Italien u. s. w. zu erhandeln. England würde das jetzige Mittel nicht anwenden, wenn, nach Ihrer Hypothese, der gegenwärtige Zweck nicht mehr vorläge. Es würde keinen Verkehr mehr suchen.

Nat. Der Verkehr könnte nicht aufhören, wie Sie folgern; denn wir würden bei Handelsfreiheit Dasjenige in England, was dort billiger als bei uns wäre, kaufen, ohne Rücksicht darauf, ob wir dafür Etwas nach England absetzen könnten.

Kosm. Nehmen Sie in Ihrer Hypothese an, dass England alle Erzeugnisse *in gleichem Verhältnisse* billiger als wir, z. B. jedes für die halben Kosten herstellen sollte; oder in ungleichem Verhältniss billiger, z. B. das Eine für zwei Drittel, das Andere für ein Viertel unserer Kosten?

Nat. Was kommt es darauf an?

Kosm. Es kommt gerade Alles darauf an. Aber die Lösung dieses Problems erfordert ein Zusammenfassen und Verfolgen verschiedener Verhältnisse, welche zu der bei Ihnen so sehr verschrieenen Schulweisheit gehören dürfte. Sie würden meine Auseinandersetzung nicht verstehen, denn dazu gehören Auffassungen von Preis- und Geldverhältnissen, die ich, bei Ihrer Verachtung der Wissenschaftlichkeit, nicht bei Ihnen voraussetzen kann.

Nat. Wenn praktische Kenntnisse von Preis- und Geldwesen jene Auffassungen ersetzen können, werde ich auf Ihre Auseinandersetzung eingehen. Seien Sie weniger um die Schwäche meines Verstandes, als um die Ihrer Gründe besorgt.

Kosm. Bei gehöriger Aufmerksamkeit kann auch der gewöhnlichste Verstand die Schwierigkeit bemeistern. — Wenn England jedes Produkt plötzlich um die Hälfte, (also jedes in gleichem Verhältniss) billiger als Preussen, herzustellen anfinge, so würde jeder Preusse, bei freiem Handel, englische Waaren kaufen wollen. Die Nachfrage nach allen preussischen Produkten würde aufhören, bis der Preis derselben auf das Niveau der englischen Preise fiele und die Veranlassung, nach dem auswärtigen Markte zu gehen, aufhörte. Es würde der Geldpreis von Rohstoffen und Arbeit auf die Hälfte des Preises, den sie in England hätten, hier fallen; so dass eine Waare, welche in Preussen mit doppelt soviel Aufwand, als in England erzeugt würde, denselben Geldpreis als in England hätte. Wenn also England jedes Ding mit halb so viel Arbeit als Preussen erzeugte, so würde der Preusse dennoch nichts in England kaufen, wenn er dabei die englische Arbeit doppelt so theuer, als die einheimische bezahlen müsste. Das erwähnte Verhältniss zwischen den Geldpreisen der Arbeit, Rohstoffe u. s. w. in beiden Ländern würde sich dadurch herausstellen, dass anfänglich die Preussen englische Waaren mit baarem Gelde kaufen würden; durch diese Ausfuhr würde der Werth des Silbers in Preussen steigen, mithin würden die Geldpreise aller Dinge hierselbst fallen, bis mit dem Eintreten der bezeichneten Zustände die Geldausfuhr und alles Kaufen englischer Produkte aufhörte.

Aber dass ein Land jedes Ding mit einem in gleichem Verhältnisse geringerem Aufwande, als ein anderes Land erzeugen könne, ist eine sehr müssige Hypothese; und, wo ein solcher Zustand sich ereignen sollte, da wäre keine künstliche Regelung des Verkehrs nöthig, denn es würde keiner stattfinden. — Es ist ebenfalls unwahrscheinlich, dass ein Land jedes Ding mit einem geringeren, wenn auch in verschiedenem Maasse geringeren Aufwande, als ein anderes Land es vermag, erzeuge. Aber selbst in diesem Falle würde ein Austausch, eine Arbeitstheilung zwischen beiden, mit gegenseitigem Gewinne stattfinden, wie Professor Baumstark neulich sehr sinnreich auseinandersetzte. Gesetzt also, dass mit einem gegebenen Aufwande der Engländer 10 Ellen Kattun oder 6 Dosen, der Preusse 5 Ellen Kattun und 5 Dosen verfertigen könne. Der Engländer soll Kattun für den Preussen, der Preusse Dosen für den Engländer machen. Wenn der Engländer $1^{3/7}$ Elle für eine Dose giebt, so erhält er 7 Dosen anstatt 6, der Preusse $7^{1/7}$ Elle anstatt 5. Beide hätten Vortheil.

In der Wirklichkeit hat jedes Land seine eigenthümlichen Vortheile und vermag es, gewisse Produkte mit geringerem Aufwande oder besser als andere Länder herzustellen. Wie Preussen befürchten kann, im freien Verkehr mit England schlecht zu bestehen, begreife ich nicht. Abgesehen von allen Bodenprodukten, für welche es einen guten Markt fände, giebt es viele preussische Arbeitsprodukte, die in England gut bezahlt werden würden und grosse Erwerbszweige bilden müssten. Wenn auch Englands Maschinenarbeit besser und billiger ist, so ist dagegen jede künstliche Handarbeit daselbst unverhältnissmässig theurer. Preussen könnte im Modelliren und Anfertigen von Formen und Stempeln für englische Buchbinder, Goldschmiede, Gelbgiesser, Gürtler, Knopfmacher, Lampenfabrikanten, Töpfer u. s. w. Tausende beschäftigen; eben so mit Kattundruckformen, Holzschnitten, Goldleisten, Graviren, Lithographiren, Koloriren, Porzellanmalen, Musterzeichnen u. s. w. Ich glaube auch, dass England preussische Wolle weben und Häute gerben, und Tuch und Leder wieder in Berlin zu Röcken und Stiefeln für London verarbeiten lassen würde, wenn der Verkehr frei wäre. Wie wenig ahnen die Regierungen den Schaden, welchen ihre Hemmung des Verkehrs verursacht! Denn wer kann die sinnreichen Wege ermessen, auf welchen der Mensch bei völliger Freiheit seinen Vortheil finden würde.

Nat. Man darf nicht Jeden dem ungezügelten Haschen nach seinem eigenen Vortheil überlassen. Was dem Einzelnen am vortheilhaftesten ist, kann wider den Vortheil der Gesammtheit sein. Aber so sind die Herren Kosmopoliten; Alles wird ihnen leicht, macht sich von selbst, — weil sie nämlich die höheren Pflichten der Regierungssorge nicht kennen.

Kosm. Alle Achtung für die höheren Pflichten der Regierungssorge! Ich weiss nur nicht, wie sie hier, in einer blossen Frage von *plus* und *minus*, von Gewinn und Verlust, Anwendung finden. Wenn Ihre Annahme, dass der Gewinn des Einzelnen dem Interesse der Gesammtheit zuwiderlaufen könne, gegründet wäre, dann hätten Sie Recht. Aber wie kommen Sie zu dieser Voraussetzung? Dem Einzelnen ist jedesmal derjenige Betrieb am vortheilhaftesten, bei welchem er das Meiste produzirt und dessen Produkte am höchsten bezahlt werden; d. h. wobei er die begehrtesten Dinge möglichst reichlich zum Verkauf stellt, welches auch ganz im Interesse der Gesammtheit liegt. Rücksichten der öffentlichen Sicherheit, der Moral u. s. w. können eine Ueberwachung der Gewerbe durch die Behörden erfordern; rücksichtlich der Vermehrung des Wohlstandes allein, kann man die Einsicht des Erwerbsmannes ganz ungezügelt lassen; die Pflichten der höheren Regierungssorge erstrecken sich nicht bis auf die Leitung der Handels- und Gewerbsgeschäfte. — So sind die Herren Nationalisten! Sie werfen mit grossartigen Behauptungen um sich, ohne sie begründet zu haben, und verwirren eine einfache Sache durch Hineinmischen von Dingen, welche der vorliegenden Frage durchaus fremd sind.

Nat. Sie scheinen anzunehmen, dass bei freiem Verkehre sehr viele Bodenprodukte und Lebensmittel von Preussen nach England gehen würden.

Kosm. Ja. Getreide, Saat, Wolle, Flachs, Wein, Obst. Butter, Käse, Fleisch, Eier, Pferde u. s. w. Hätte die höhere Regierungssorge Etwas dagegen?

Nat. Ja; denn es ist vortheilhafter, dass ein Land seine Nahrungsmittel durch eigene Bevölkerung verzehre, und nur deren Arbeitserzeugnisse ausführe.

Kosm. Es ist vortheilhaft, dass ein Land Nahrungsmittel für seine eigene Bevölkerung erzeuge, aber gewiss nicht nachtheilig, wenn es ausserdem noch so viel erzeugt, dass es verkaufen kann. Sind die Produkte des Ackerbaues nicht ebenfalls Arbeitserzeugnisse?

Nat. Sie weichen meinem Einwande aus, anstatt ihn zu beantworten. Ich meinte, es ist vortheilhaft, dass ein Land Bevölkerung genug habe, um alle Nahrungsmittel zu verzehren, die es nur hervorbringen kann; dadurch verwerthet es dieselben am höchsten.

Kosm. Nahrungsmittel werden am höchsten verwerthet, wenn die grösste Menge anderer Waaren dafür gegeben wird. Wenn einheimische Konsumenten die meisten Waaren dafür geben, also billiger produziren als Ausländer, dann wird man die Nahrungsmittel nicht in's Ausland schicken. Aber es ist unvortheilhaft, Nahrungsmittel den Landesgenossen für weniger überlassen zu müssen, als Andere geben möchten. — Würde nicht Ihre Behauptung eben so gut auf ein Landgut, als auf ein Land passen? — Sollte nicht ein Gut seine Produkte selbst verzehren?

Nat. Der Gewinn eines Landguts wäre allerdings grösser, wenn es eine hinreichende Bevölkerung hätte, um seine Bodenprodukte an Ort und Stelle zu verwerthen, und nur Handwerks- oder Fabrikwaaren verkaufte.

Kosm. Doch nur dann, wenn diese Handwerks- und Fabrikwaaren mehr werth wären, als die Nahrungsmittel, die man bei Anwendung des ganzen Kapitals und aller Arbeit auf Bodenkultur produziren könnte; —' wenn man nämlich in Handwerken und Fabriken dieselben Vortheile vor Anderen, als im Ackerbau, besässe. Aber was gehörte nicht Alles dazu, damit ein Gutsherr, ausser seinem Ackerbetrieb, noch solche fabrizielle Industrie unternehmen könnte! Er muss ein gewaltiges Kapital schon besitzen, um Gebäude und Wohnhäuser zu errichten, Werkzeuge und Maschinerie anzuschaffen, und die nöthigen Vorschüsse an Rohstoffen und Lohn zu machen. Hat er es soweit gebracht, besitzt er schon solche Kapitale und finden diese nicht eine vortheilhaftere Anwendung in der Ackerwirthschaft, dann muss und wird er Fabrikant werden. Aber wie soll er zu diesen Kapitalien gelangen? Doch nur durch die hohe Verwerthung seiner Krescenzen, indem er dieselben an Solche verkauft, die das Meiste dafür geben, und diesen möglichst grossen Erlös zur Erhöhung seiner Kultur verwendet. Wenn nun die Produktivität des Bodens grosse Gewinne abwirft, die nicht mehr zu weiteren Verbesserungen am Lande absorbirt werden können, dann entsteht das Fabriziren von selbst, nämlich sobald es die vortheilhafteste Verwendung von Geld und Arbeit bietet. Es ist sehr wünschenswerth, sowohl für ein Landgut als ein ganzes Land, diese Höhe des Reichthums erreicht zu haben — aber eine erzwungene Entziehung der Mittel aus dem Ackerbau, wo sie den meisten Gewinn brächten, um sie anderweitig anzuwenden, wäre nicht der Weg, um dahin zu gelangen.

Nat. Die Verhältnisse eines Landguts sind nicht maassgebend für ein Land; denn erstens hat der Gutsherr nur seinen Gewinn und nicht die Vermehrung der Bevölkerung vor Augen; die Rücksicht auf politische Stärke geht ihn nichts an; zweitens, wenn auf einem Landgut mehr Hände da sind, als man beschäftigen kann, schickt man die Ueberflüssigen fort; aber ein Land kann nicht alle Unbeschäftigten deportiren, sondern muss für deren Beschäftigung besorgt sein.

Kosm. Ach so! Die höheren Pflichten der Regieruugssorge kommen uns wieder in die Quere! Ich werde doch meine unmaassgebliche Ansicht entwickeln, dass dieselben auch hierbei keine Anwendung finden und hoffe, nicht ganz unbewegte Gründe vorzulegen. — Erstens wird die möglichst grosse Bevölkerung nur als Folge des materiellen Wohlstandes erzielt. Ist also Freiheit des Verkehrs der Weg zum grössten Wohlstand, so ist sie es auch zur grössten Bevölkerung; auch beruht politische Stärke mehr auf den Mitteln als der Kopfzahl einer Nation. Zweitens, wie ich schon zum Oefteren erwähnt habe, kann keine Einmischung der Regierung die Beschäftigung im Ganzen vermehren, weil sie nicht die produktiven Mittel vermehren kann. — Wenn eine Regierung durch künstliche Preiserhöhung vermittelst Schutzzölle, Gewerbe hervorruft, damit gewisse Arbeiter Beschäftigung haben, so wird dabei nur eine Armentaxe in versteckter Form gezahlt; denn Dasjenige, was solche Arbeiter über den natürlichen Preis ihrer Produkte empfangen, ist eine Besteuerung der Konsumenten; es ist nicht als Verdienst, sondern als Almosen anzusehen.

Nat. Nennen Sie es auch Almosen, wenn Sie wollen; auf den Namen kommt es nicht an. Sie sollten nicht dabei übersehen, dass man durch Beschützung eines Gewerbes nur einen Zuschuss zum Lohne giebt, wogegen man ohne dieses Gewerbe die Unbeschäftigten ganz ernähren müsste.

Kosm. Da kommen wir auf ein ganz anderes Kapitel, nämlich auf Armenpflege. Wenn die Regierung die Pflicht übernimmt, alle Unbeschäftigten zu ernähren, wird Jedermann sich ohne Beschäftigung ernähren lassen wollen. Die Regierung kann keine solche Verpflichtung ausführen, und muss daher Jedem die Pflicht auflegen, sich Beschäftigung zu suchen. — Durch Hervorrufen von Gewerben unter Schutzzöllen findet die Regierung Keinem Beschäftigung, denn sie vermehrt nicht dadurch die Produktionsmittel — dies muss ich zum vierten Male, glaube ich, wiederholen.

Nat. Aber sie eröffnet ein Feld für unbeschäftigte Kapitalien, welche bei der Ueberfüllung vorhandener Gewerbe keine Anwendung finden konnten. Eine Maassregel, welche unbenutzt liegende Kapitalien in Thätigkeit setzt, vermehrt die Betriebsmittel.

Kosm. Ihre Annahme, dass es unbeschäftigte Kapitalien und eine Ueberfüllung vorhandener Gewerbe gäbe, welche die Anwendung derselben unmöglich mache, ist rein willkürlich. Wo ist ein solcher Zustand auf eine Weise dokumentirt worden, die einen Eingriff in den Gang der Gewerbe motivirte? Wenn sich Keiner einmischt, werden die etwa momentan unbenutzten Kapitalien sich die beste, sich darbietende Anwendung ausfindig machen; aber es ist besser, sie werden gar nicht benutzt, als dass man ein Gewerbe damit betreibt, dessen Produkt weniger als der Aufwand werth ist, und dessen Schadenmachung durch künstliche Preiserhöhung auf Kosten Anderer gedeckt werden muss. Wenn man die drei Millionen, die in Rüben-Zuckerfabriken gesteckt worden sind, in's Meer geworfen hätte, und den Eigenthümern die jährlichen Zinsen zu 10 Prozent aus der Staatskasse bezahlen möchte, so wäre der Verlust nur ein Drittel von Dem, was er jetzt beträgt.

Nat. Ich empfehle nicht den Schutz an sich; er ist ein Uebel, um ein grösseres Uebel abzuwehren.

Kosm. Oder um ein grosses Gut abzuwehren.

Nat. Freier Handel würde, wie Sie zugeben, Nahrungsmittel und Rohstoffe in Preussen theuerer und Fabrikate billiger machen, — die Fabrikationskosten erhöhen und die Absatzpreise erniedrigen; — es würde die Industrie viel weniger aufkommen können als jetzt; unser Kapital und unsere Bevölkerung könnten alsdann gar nicht wachsen.

Kosm. Brr! Man empfindet es ohngefähr so angenehm wie eine Ohrfeige, wenn Einem, nach langem Reden, das Alte wieder von Neuem an den Kopf geworfen wird. »Wenn«, wie das Sprüchwort sagt, »Wände Ohren haben«, so thäte ich besser, die Wand anzureden, als Sie; »denn ich rede wie mit einem Schlafenden; wenn es aus ist, so spricht er: was ist's?« Ich komme mir wahrlich wie das Thier auf dürrer Haide vor, vom bösen Geist im Kreise herumgeführt. Sie kommen immer auf das Abgethane wieder zurück. Sie raisonniren gerade wie ein Weib.

Nat. Das ist also der Herr, der so selbstgefällig sagte, er wäre bei Allem stets ruhig. Den Vergleich mit dem Thier muss ich gelten lassen, auch ist die dürre Haide ein passendes Bild für das spekulative Gebiet der Schule. Wer zuerst seine Fassung verliert, verräth damit den Verlust seines Haltes in der Diskussion.

Kosm. Halten Sie sich nur an den Gang der Erörterung und ich werde immer Geduld haben, sie fortzuführen; aber blosse Wiederholung des Widerlegten ist für den Geduldigsten zu viel.

Nat. Ich wüsste nicht, dass Sie meinen letzten Einwand schon widerlegt hätten.

Kosm. Das ist es eben, dass Sie es nicht wissen; während Alles was ich gesagt habe, ihn widerlegt. — Nach dem Verhältniss zwischen den Preisen der Nahrungsmittel und der Fabrikate bei freiem Handel würde diejenige Vertheilung des Kapitals und der Arbeit auf Ackerbau und Fabrikation getroffen werden, welche sich am vortheilhaftesten zeigen möchte; dadurch allein wäre der möglichst rasche Wachsthum des Wohlstands, mithin der Bevölkerung erreichbar. — Wissen Sie warum die Engländer Maschinenfabrikate billiger liefern als die Preussen?

Nat. Sie sind geübter.

Kosm. Jedes Individuum muss sich doch in England einüben, und das könnte der Preusse eben so rasch thun, und es eben so weit bringen, denn er ist von Natur eben so anstellig. Nein, der wahre Grund liegt darin, dass Gewerbskapital und gewerbliche Intelligenz in viel grösserer Menge vorhanden und folglich viel billiger sind als in Preussen. Man könnte englische Maschinen kaufen und eine Spinnerei in Elberfeld eben so billig einrichten als in Manchester, denn Grundstück und Gebäude würden weniger hier als dort kosten; wenn aber jedes der beiden Etablissements 100,000 Thlr. kostete, so würde der Preusse sein Kapital mit 15 Prozent, der Engländer mit 5 Prozent verzinsen wollen; der Erste müsste auf sein jährliches Erzeugniss 10,000 Thlr. mehr als der Letzte aufschlagen. Für das wenige Kapital, welches die wenigen Gewerbskundigen in Preussen anzuwenden haben, finden sich immer so vortheilhafte Nutzungen, dass sie sich mit keinem geringeren Prozentsatz begnügen dürfen.

Nat. Unser Schutzsystem ist es, welches diese vortheilhaften Nutzungen verschafft; es ermöglicht durch hohen Profit die rasche Zunahme des Kapitals und bildet die gewerbliche Intelligenz aus.

Kosm. Mit solchen allgemeinen Behauptungen in's Blaue hinein werden wir niemals zu einem Resultat kommen. Nehmen wir lieber das besondere Beispiel eines durch einen Schutzzoll hervorgerufenen Gewerbes, und verfolgen wir darin die Wirkung Ihres gepriesenen Systems auf den Nationalwohlstand. Die Runkelrübenzuckerfabrikation liegt uns zur Hand, und ist deswegen am geeignetsten, weil die Angaben am genauesten bekannt sind. — Ein Zentner Kolonialzucker kostet etwa 7 Thlr.; der Eingangszoll beträgt 5 Thlr.; die Zufuhr muss also auf diejenige Quantität beschränkt werden, die man zu einem Preise von 12 Thlr. für den Zentner absetzen kann. Wie sehr der Genuss des Zuckers durch den vertheuernden Zoll beschränkt wird, geht daraus hervor, dass man in Preussen nur 4 Pfund jährlich auf die Person, in Neu-Südwales dagegen 100 Pfund rechnet.

Nat. Auf eine oder die andere Weise muss Geld zur Bestreitung der Staatsausgaben den öffentlichen Kassen zugewiesen werden. Diese Nothwendigkeit hat auch unvermeidlich eine Verkürzung der Genüsse zur Folge.

Kosm. Das nöthige Geld muss den öffentlichen Kassen zugewiesen werden, aber nicht auf eine *oder die andere* Weise, sondern nur auf solche Weise, dass die möglichst geringe Verkürzung der Genüsse erfolge; also muss vor allen Dingen Alles, was den Konsumenten auferlegt wird, auch wirklich in die öffentlichen Kassen fliessen. Dies ist aber nicht der Fall bei einem Schutzzoll; denn ein Eingangszoll ist nur insofern ein Schutzzoll, als er Konsumtionsgegenstände vertheuert, ohne dass die einheimischen Produzenten derselben den Aufschlag an den Staat abgeben. Es sind z. B. innerhalb der Zollvereinsstaaten Zuckerfabriken entstanden, welche jährlich 200,000 Zentner liefern; sie beziehen den Preis des mit 5 Thlr. besteuerten Zuckers, nämlich 12 Thlr.; davon geben sie aber nur 15 Sgr. an den Staat ab, und behalten 4 Thlr. 15 Sgr. für sich. Die 900,000 Thlr., welche von den Zuckerfabrikanten eingesteckt werden, verursachen einen Ausfall, den die Konsumenten auf eine andere Weise ersetzen müssen; sie werden also doppelt besteuert, einmal in der Preiserhöhung des Rübenzuckers zum Besten der einheimischen Zuckerindustrie, alsdann wieder um den Ausfall in der Staatseinnahme zu decken; demnach kostet jeder Zentner Rübenzucker der Nation 16 Thlr. 15 Sgr.

Nat. Der Preis von 12 Thlr. für den Zentner Rübenzucker deckt nur die Fabrikationskosten mit üblichem Kapitalsgewinne. Der einheimische Fabrikant steckt nicht die 4 Thlr. 15 Sgr. in die Tasche, wie Sie meinen, sondern muss sie an Arbeitslohn und Brennmaterialien u. s. w. ausgeben.

Kosm. Desto schlimmer! Wenn er sie für sich als Gewinn behielte, hätte doch irgend Jemand Nutzen bei der Sache, was jetzt nicht der Fall ist. Die an der Rübenzuckerfabrikation Betheiligten, trotz des um 4½ Thlr. zu ihren Gunsten erhöhten Konsumtionspreises, empfangen nicht mehr Arbeitslohn, Grundrente, Gewerbeprofit, als sie aus einer anderweitigen Verwendung ihrer Mittel, wobei keine Zubusse von den Konsumenten stattfände, ziehen könnten, und anderweitig Beschäftigte wirklich beziehen. Wäre dies dennoch der Fall, so würden neue Zuckerfabriken rasch entstehen und den Absatzpreis niederdrücken, bis der Vortheil dieses Gewerbes mit dem anderer Gewerbe ausgeglichen wäre. Im Gegentheil aber machen die Rübenzuckerfabriken im Ganzen schlechte Geschäfte und bereuen, selbst bei einem um 4½ Thlr. künstlich gesteigerten Absatzpreise, das Eingehen auf die Unternehmung. *Der Nachtheil, welcher dem Konsumenten entsteht, schafft den einheimischen Produzenten keinen besonderen Vortheil, sondern bestimmt sie nur, Zuckerfabrikation anstatt eines anderen Industriezweiges, bei dem sie eben so gut fahren würden, zu betreiben.*

Nat. Sie nehmen als ausgemacht an, dass die in Zuckerfabrikation beschäftigten Kapitalisten und Arbeiter ein anderes lohnendes Gewerbe finden könnten. Was berechtigt Sie dazu?

Kosm. Eine leichte Folgerung. Warum müssen die einheimischen Zuckerfabrikanten 12 Thlr. für den Zentner erhalten?

Nat. Weil Rüben, Arbeitslohn, Brennmaterial, Zinsen soviel kosten.

Kosm. Warum können nicht Materialien und Arbeitsleistungen billiger geliefert werden?

Nat. Weil Landwirthe und Arbeiter bei Wenigerem nicht bestehen können.

Kosm. Sagen Sie lieber: sie *wollen* sich nicht mit Wenigerem begnügen, weil sie es nicht nöthig haben, sich eine Herabsetzung gefallen zu lassen. Wenn der Landwirth nicht 7 Sgr. für den Zentner Rüben erhält, wird er etwas Anderes bauen, wobei er eben so gut steht; sonst müsste und würde er sich mit Wenigerem begnügen. Wenn der Arbeiter nicht 10 Sgr. für den Tag vom Zuckerfabrikanten erhält, wird er diesen Lohn von einem Anderen erhalten, sonst müsste und würde er sich eine Herabsetzung gefallen lassen. Wenn der Kapitalist nicht 15 Prozent Gewerbsgewinn macht, will er nicht Zucker fabriziren, denn er kann soviel bei anderen Zweigen verdienen, sonst müsste und würde er bei niedrigerem Satze bestehen. — Dass die Zuckerfabriken Rüben, Brennmaterial, Arbeiter und Kapitalien nicht unter gewissen Sätzen erhalten können, beweist, dass alle diese Mittel für andere Gewerbe so sehr begehrt sind, dass sie diesen Preis behaupten. Es ist ja nur die Konkurrenz anderer Gewerbe, welche alle diese Dinge auf die bezeichnete Höhe treibt; die Zuckerfabrikanten müssen Alles so hoch bezahlen, um Das, was sie brauchen, den anderen Gewerbsanwendungen zu entlocken. Wenn der Absatzpreis fällt, so können sie nicht bestehen, wie es heisst; in Wahrheit sollte es aber heissen: sie können nicht mehr, durch hohes Mitbieten, den Boden, die Arbeit und das Kapital von einer anderweitigen Anwendung abhalten.

Nat. Aber das hohe Mitbieten der Zuckerfabrikanten erhöht doch Bodenwerth, Arbeitslohn und Kapitalsprofit.

Kosm. Und die Besteuerung, welche den Ausfall in der Staatseinnahme decken muss, erniedrigt alle diese in viel grösserem Maasse; alle Landwirthe, Arbeiter und Kapitalisten im ganzen Reiche müssen, in Folge dessen, viele Dinge theuerer bezahlen.

Nat. Sie stellen etwas Paradoxes auf, wenn Sie behaupten, dass auf der einen Seite mehr verloren, als auf der anderen gewonnen werde.

Kosm. Wenn ich Arbeiter beschäftige, um einen Morgen Flugsand mit Getreide zu bestellen, worauf ich Nichts ernte, während fruchtbarer Boden nebenbei zu meinem Gebrauche liegt, entsteht nicht für mich ein Verlust, den die Arbeiter nicht gewinnen? Es ist kein Paradoxon, dass eine unvortheilhafte Anwendung der Produktionsmittel reinen Verlust bringt. — Dies ist bei der einheimischen Zuckerfabrikation der Fall. Derselbe Aufwand von Mitteln, welcher Getreide oder Wolle zum Werthe von 1 Zentner Rohrzucker erzeugt, bringt nur $7/12$ Zentner Rübenzucker hervor. Die Rübenzuckerfabrikation bewirkt also eine um $5/12$ geringere Wertherzeugung als andere Industriezweige, und nöthigt den Konsumenten, für 1 Zentner Rübenzucker den Preis von $1\,5/12$ Zentner Rohrzucker zu zahlen, damit die angewandten Produktionsmittel nicht in ein anderes Gewerbe fliessen, wo sie einen

Produktenwerth gleich 1⁵/₁₂ Zentner Zucker erzeugen würden. Die Produktionskosten bei jedem Zentner Rübenzucker sind um 4½ Thlr. grösser als der Werth des Produkts. Bei dieser Beschäftigung werden 40 Prozent vom Kapitale vernichtet; die Schadenmachung wird nur dadurch gedeckt, dass die Unternehmer den Theil des erhöhten Absatzpreises, welcher der Staatseinnahme angehört, einbehalten; — und diese wunderbare Operation soll ein Kunstmittel zur Beförderung des allgemeinen Wohlstandes sein? — Unbegreiflich bleibt es mir immer, wie eine Regierung diesen Eingriff in ihre finanziellen Vortheile dulden, sogar begünstigen könne. Die Regierung aber lässt das Volk von den Zuckerfabrikanten, den Kattunwebern, den Tuchmachern und den Eisenhütten um mehr als 30 Millionen*) besteuern — und wundert sich alsdann vielleicht, dass sie die Erhebung ihres eigenen Bedarfs schwierig findet! Fürwahr es würden die Staatsausgaben Keinen drücken, wenn nicht die Industrie des Landes durch die Künste zu ihrer Beförderung so erschrecklich belastet wäre. — Die Vertheuerung aller Verbrauchsgegenstände durch das Schutzsystem drückt schwer auf alle unbeschützten Gewerbe; die beschützten können aber nicht besser stehen; denn da es Jedem freisteht, sie zu betreiben, wird der Gewinn in denselben, durch die inländische Konkurrenz, auf den Satz anderer Gewerbe herabgedrückt. Die beschützten

---

*) Der Betrag der Belastung der Konsumenten durch Erhöhung des Preises der hauptsächlichsten Verbrauchsgüter vermittelst Schutzzölle wird, wie folgt, angegeben:

Eisengusswaaren	735,000 Ztr.	um 1 Thlr.	. .	735,000
Stabeisen	1,465,000	- - 1 -	. .	1.465,000
Eisenbleche u. Drath . .	225,000	- - 4 -	. .	900,000
Wollene Waaren	430,000	- - 20 -	. .	8,600,000
Baumw. Zeuge	500,000	- - 40 -	. .	20,000,000
Zucker	220,000	- - 4½ -	. .	990,000
			Thlr.	32,690,000

Wollene Waaren bezahlen einen Eingangszoll von 30 Thlrn., baumwollene von 50 Thlrn.; da indessen die gröberen Sorten dadurch ausgeschlossen werden, haben wir den Preisunterschied zwischen den inländischen und ausländischen Waaren, mithin die Vertheuerung der ersten, etwas niedriger als den Zollsatz gesetzt.   Note des Verf.

Gewerbe kämpfen mit derselben Noth, die das Schutzsystem selbst verursacht. Der verheissene Segen des Schutzes bleibt aus, der Wohlstand hebt sich nicht, die Beschützten begreifen nicht, wie dies kommt und glauben, es werde nicht stark genug geschützt und schreien nach mehr Schutz!

Nat. Sie erkennen weder Zweck noch Mittel, noch Folgen des Systems der Schutzzölle, wie sie von erfahrenen Staatsmännern aufgefasst und angewandt werden. Die preussische Staatszeitung No. 48 dieses Jahres, hat bei Gelegenheit einer Rezension des Werkes vom Major v. *Prittwitz* »über Steuern und Zölle«, *das System des grossen deutschen Zollvereins, wie solches von Anfang gedacht wurde und wie solches in seiner Fortbildung immer mehr sich befestige und läutere,* sehr klar auseinandergesetzt.

Kosm. Ich kenne jene Auseinandersetzung und freue mich, die Widersprüche der beschränkenden Handelspolitik so unverhüllt an den Tag treten zu sehen; ihre Schwäche ist niemals klarer gemacht worden, als durch jenes Manifest. — Wollen Sie die darin vorgebrachten Gründe hier wiederholen? — Was sind denn, nach der Ansicht erfahrener Staatsmänner, Zweck, Mittel und Folgen des Systems der Schutzzölle?

Nat. Ich werde aus dem genannten Aufsatze lesen.

Kosm. Und ich werde mein parenthesisches Kommentar dazu geben.

Nat. »*Zweck des Systems der Schutzzölle ist: einer bereits vorhandenen Industrie die Ausdehnung und Ausbildung zu erleichtern;«*

Kosm. (Doch nur eine solche Industrie auszudehnen, deren Produkte weniger als die Produktionskosten werth sind, deren Schadenmachung also durch künstliche Vertheuerung gedeckt werden muss.)

Nat. »*gegen den nachtheiligen Einfluss der Industrie des Auslandes zu bewahren;«*

Kosm. (d. h. uns davor zu bewahren, dass die Industrie des Auslandes nicht Verbrauchsgegenstände *zu wohlfeil* stelle, oder *zuviel Genussmittel für unser Geld gebe.*)

Nat. »*welche Industrie des Auslandes unter dem Schutze ähnlicher Zölle arbeitet;«*

Kosm. (*Diejenigen* Zweige der Industrie des Auslandes, welche unsere Märkte aufsuchen, können doch nicht unter Schutzzöllen arbeiten!«)

Nat. »mithin das Gleichgewicht wieder herzustellen.«

Kosm. (Zwischen der Pflanzung, welche mit effektiver Werthsvermehrung arbeitet, und einer Rübenzuckerfabrik, welche bei jedem Zentner $4^1/_2$ Thlr. Schaden macht, ist kein Gleichgewicht. Oder wird damit gemeint, dass, wenn ein anderes Land, durch Schutzzölle, schadenmachende Gewerbe hervorruft, man dasselbe thun müsse, um *nicht ein Uebergewicht* in dem Fortschreiten des Wohlstandes zu haben?)

Nat. »*Mittel dazu sind Grenzabgaben, welche zur Erreichung dieses Zwecks genügen, aber nicht darüber hinausgehen;*«

Kosm. (Dass Schutzzölle, als Mittel, niemals über ihren Zweck hinausgehen, ist darum klar, weil sie ihren Zweck gerade so weit erfüllen, als sie wirken. Aber es liegt kein bestimmt abgegrenzter Zweck vor, welcher einen Maassstab für die angewandten Mittel abgäbe. War es denn Zweck, gerade 159 Rübenzuckerfabriken in den Vereinsstaaten zu haben? — denn um diese Anzahl hervorzurufen, ist der Schutzzoll von $4^1/_2$ Thlr. genügend und geht nicht darüber hinaus. — Der Zweck hat keine in der Vernunft liegende Begrenzung, denn er ist an sich unvernünftig; aber die *Anwendung* von Schutzzöllen hat eine *natürliche Beschränkung,* nämlich diejenige, *welche jedem Missbrauch darin gesetzt ist, dass, sobald er über ein gewisses Maass getrieben wird, der entstehende Schaden eine Reaktion zu seiner Abstellung hervorruft.* — Man hat es zwar gewagt, mit einem jährlichen Schaden von einer Million etwa für drei Millionen Kapital in die Fabriken zu stecken, welche $^1/_6$ des Zuckerbedarfs versorgen; aber zwanzig Millionen den gewinnbringenden Gewerben zu entziehen, um mit einer Schadenmachung von 8 bis 10 Millionen jährlich den ganzen Zuckerbedarf liefern zu können, dürfte bald alle Augen über die wahre Wirkung des Schutzzoll-Systems öffnen! Deshalb beträgt auch der Schutz $4^1/_2$ Thlr. und nicht mehr.)

Nat. »*welche Grenzabgaben weder der freien Entwickelung eines Gewerbszweiges, noch des Verkehrs nach Aussen hinderlich sind.*«

Kosm. (Von *freier* Entwickelung und Schutzzöllen kann nie zugleich die Rede sein; denn die beschützten Gewerbe bestehen künstlich und die unbeschützten leiden unter Vertheuerung. Aber den Verkehr nach Aussen zu verhindern, indem man die Selbstfabrikation Dessen veranlasst, was man sonst vom Auslande eintauschen würde, ist direkte Aufgabe der Schutzzölle.)

Nat. »*welche den Konsumenten nicht mehr belasten als nach den Verhältnissen zu anderen Staaten unvermeidlich ist;*«

Kosm. (Wenn damit gemeint ist: »Schutzzölle belasten den Konsumenten nicht mehr, als nach dem Verhältnisse, in welchem andere Staaten eine Waare billiger liefern, als man sie selbst produziren kann,« so ist dies ganz wahr; — aber das Uebel ist, dass sie den Konsumenten gerade in diesem Verhältnisse belasten, und es keinen vernünftigen Grund geben kann, ihn überhaupt zu belasten — ausser für die nothwendige Staatseinnahme.)

Nat. »*und indirekt ihn (den Konsumenten) durch einen Antheil des Gewinnes der Industriellen entschädigen.*«

Kosm. (Die Entschädigung ist doch nicht so gross als der Schaden, also kein Ersatz. — Wenn der Vortheil der Schutzzölle für jeden Einzelnen eben so gross als der Nachtheil wäre, dann liesse es sich wenigstens vertheidigen, *als ein unendlich künstliches System, um die Lage eines Jeden weder zu verbessern noch zu verschlechtern!*)

Nat. »*Folgen dieses Systems sind angemessene Einnahmen;*«

Kosm. (Für wen und wie angemessen? — Die Staatseinnahme ist nicht Dem angemessen, was der Konsument an Preiserhöhung zahlt.*)

Nat. »*eine nicht unnöthige Belästigung des Handels mit dem Auslande;*«

Kosm. (Es ist die Nothwendigkeit nicht erwiesen, den Handel mit dem Auslande überhaupt zu belästigen.)

---

*) Durch den Schutzzoll wird der Preis des geschmiedeten Eisens um 1 Thlr. pro Zentner erhöht; die Mehrausgabe für die Konsumenten betrug im Jahre 1839 in den Zollvereinsstaaten 1,695,753 Thlr. Davon gingen nur 340,287 Thlr. in die öffentlichen Kassen. Ist das angemessen?
Note des Verf.

Nat. »*vielmehr Zunahme desselben* (Handels mit dem Auslande) *durch die raschen naturgemässen Fortschritte der Industrie;*«

Kosm. (Es geht nichts über eine gehörige Unverschämtheit! Jetzt also soll unter Schutzzöllen ein *naturgemässer* Fortschritt der Industrie stattfinden; wogegen sie gerade eine *künstliche* Entwickelung versuchen, auf deren Erfindung auch die Staatskünstler sich Vieles zu Gute thun.)

Nat. »*eine Entwickelung des Binnenverkehrs, welche die wohlthätigsten Wirkungen auf alle Volksklassen ausübt;*«

Kosm. (Doch nur eine Vertauschung von Binnenverkehr für Verkehr mit dem Auslande, worin an sich kein Vortheil läge; denn es ist ganz einerlei: ob Berlin und Magdeburg, jedes eine gewisse Waarenmenge mit Hamburg austauschen, oder ob sie dieselbe Waarenmenge mit einander umsetzen.)

Nat. »*Hebung und Kräftigung des National-Gefühls;*«

Kosm. (O schmeichelhaftes Nationalgefühl, welches Schutzzölle kräftigen! — Durch das Leiten der Industrie zu ungeeigneter Beschäftigung machen sie die Nation glauben, sie stehe gegen andere in der Fähigkeit zu produziren zurück, und könne nicht ohne künstlichen Schutz bestehen.)

Nat. »*wachsender Einfluss auf alle Staaten, mit welchen kommerzielle Verbindungen bestehen;*«

Kosm. (Schutzzölle beschränken den Produktenaustausch mit anderen Staaten, zielen auf Isolirung hin, mithin schwächen sie den Einfluss auf andere Staaten.)

Nat. Zwang für diese Staaten, Annäherung zu suchen, und die eigenen Einrichtungen so zu modifiziren, dass Annäherung und gegenseitige Verständigung möglich ist.«

Kosm. (Annäherung und gegenseitige Verständigung bedeuten: gegenseitige Uebereinkunft zur Herabsetzung und Abschaffung der beiderseitigen Schutzzölle. Also wird es hier als ein Vortheil des Schutzzollsystems gerühmt, dass es als Mittel zu seiner eigenen Aufhebung dienen kann; — obgleich, wenn jeder Staat seine Schutzzölle in die Höhe schraubt, um andere zu bewegen, sie herunter zu setzen, die Abschaffung mir noch in weitem Felde scheint. Aber wenn Restriktion, Selbstversorgung, Isolirung ganz den Nutzen bringen, von dem man uns vorredet, warum überhaupt darin nachlassen wollen? Warum die neuen Handelstraktate zur Verminderung jenes Schutes, der so segensreich sein soll? — An solcher Folgewidrigkeit lässt sich der Irrthum stets erkennen.)

Nat. Ich vertheidige nicht ein restriktives System an sich, sondern als nothwendige Gegenwehr gegen die Maassregeln des Auslandes. Wenn Restriktionen gegenseitig aufgehoben werden, wenn man gleiche Konzessionen für Das, was man gewährt, erhält, dann ist es vielleicht rathsam, auf einen freieren Verkehr einzugehen. Aber es ist zu viel, zu verlangen, dass der Eine sein Interesse zum Opfer bringen solle. Nur dadurch, dass man Englands Manufakte von preussischen Märkten ausschliesst, kann man hoffen, England endlich zu zwingen, Preussens Getreide und Holz freier einzulassen.

Kosm. Gerade hierin spricht sich die Borniertheit der restriktiven Politik am auffallendsten aus. Erstens, hinsichtlich der Gegenwehr: wenn England den Verkehr mit Preussen beschränkt, ist es um so weniger nöthig, dass Preussen dies thue. Wenn das eine Ende des Zuflusskanals gesperrt ist, wozu das andere Ende stopfen? Sehen Sie denn nicht ein, dass, wenn England nicht preussische Produkte nimmt, es seine Waaren nicht bezahlt erhalten kann; dass es nur für soviel absetzen kann, als es an preussischen Erzeugnissen bei sich hineinlässt. Eine einseitige Beschränkung des Verkehrs ist gerade eben so wirksam, als wenn beiderseits Schutzzölle auferlegt werden; darum würde auch eine einseitige Freistellung den Betrag des Verkehrs nicht vermehren; sie hätte aber den Vortheil, dass der frei Einführende für seine abgesetzten Produkte den möglichst grossen Werth erhielte. Wenn Preussen seine Schutzzölle aufhöbe, während England die seinigen beibehielte, würde doch der Preusse wenigstens für soviel preussische Produkte als dabei Eingang fänden, die möglichst grosse Menge Waaren in Zahlung erhalten. — Zweitens, hinsichtlich der Gegenseitigkeit: wem wird eine Konzession bei Freigebung des Verkehrs gemacht? Doch zunächst Denjenigen, welche frei einführen dürfen. Warum will nicht Preussen seinen Unterthanen die Konzession des billigen Kattuns machen, ohne dabei ausdrücklich eine Konzession des billigen Brods für den englischen Arbeiter auszubedingen? Es wäre freilich für den deutschen Ackerbau wünschenswerth, wenn auch dieser Vortheil zu erreichen wäre; aber er hängt nicht nothwendig mit dem anderen zusammen. Ueber den ersten Vortheil kann Preussen ganz allein bestimmen, über den zweiten nicht; warum denn ergreift es nicht wenigstens den Vortheil, der sich ihm frei darbietet? — Drittens, hinsichtlich des Zwangs zur gegenseitigen Konzession, die man durch eigene Schutzzölle ausüben will: dieser Zwang hat noch wenig ausgerichtet. Man sollte einmal ein umgekehrtes Verfahren versuchen. Man hebe dreist und einseitig alle Restriktionen der Einfuhr in den Zollverein auf; man gewähre Englands Fabrikaten freien Zutritt zu den deutschen Märkten. Wenn England ferner deutsche Produkte ausschliesst, wird sein Absatz auf den Werth Dessen beschränkt bleiben, was es bei sich zulässt; es wird alsdann klar fühlen müssen, dass die Schuld dieses geringen Absatzes lediglich an ihm liege. Die Manchester und Birminghamer Vereine würden die Kornbill und den Differenztarif in Fetzen zerreissen und deren Vertheidiger mit überraschender Geschwindigkeit in alle vier Winde jagen! Der Zwang läge alsdann in Händen, welche mehr in einer einzigen Versammlung ausrichten würden, als alle Diplomaten in Jahren vermöchten! Man öffne das Thor — das englische Fabrikinteresse wird sich nicht lange durch eigene Fesseln vom Hineintreten abhalten lassen.

Nat. Man kann sich doch nicht der Rechte der Repressalien begeben.

Kosm. Repressalien! Wie meinen Sie das? — Eine Repressalie ist eine Ersatznehmung; wenn also England seinen Unterthanen das Brod vertheuert, soll Preussen den seinigen *als Ersatz* den Kattun vertheuern? Sehen Sie denn gar nicht ein, dass diese Repressalien immer zunächst zum Schaden des Anwenders sind? — Die Handelsrepressalien erinnern mich immer an Japanesische Duelle, wobei ein Bösewicht, um seinen Nachbarn zu chikaniren, sich selbst den Bauch aufschlitzt; und der Nachbar, um ihm nicht an Schadensucht nachzustehen, sich gleichfalls entleibt! Oder sie gleichen der Geschichte der beiden Droschkenführer, die jeder mit einem jüdischen Passagier sich vorbeifahren wollten. Der eine Führer, der im Wettrennen zu verlieren anfing, schlug mit der Peitsche auf den Passagier des Nebenbuhlers. »Was Kerl!«

rief der Andere, »Hauest du meinen Juden, haue ich deinen Juden« — und so fing ein thätiges Repressaliensystem zwischen den Droschkenregierungen an.

Bei den Handelsrepressalien spielen die Völker die Rolle der beiden Juden!

Nat. Mit solchen läppischen Geschichten wollen Sie nur die Verhältnisse der Dinge entstellen. England befördert durch sein System das Interesse seines Ackerbaues auf Kosten des unsrigen; also begünstigen wir unser Fabrikinteresse auf Kosten des seinigen.

Kosm. England begünstigt seine Landbesitzer auf Kosten seiner Fabrikanten — was geht Preussen das an?

Nat. Allerdings geht das Preussen an; seine Landbesitzer leiden darunter.

Kosm. Also muss Preussen seinen leidenden Landbesitzern einen Ersatz verschaffen. Sehen Sie aber zu, wie herrlich ausgedacht dieses Vergeltungssystem ist! Wegen Englands Kornbill muss der preussische Landwirth einen Scheffel Weizen 10 Sgr. *billiger verkaufen*; deswegen soll er genöthigt werden, ein Kattunkleid für seine Frau 10 Sgr. *theuerer* zu kaufen! Oder der preussische Fabrikant erhält sein Getreide, wegen der Kornbill, für 10 Sgr. *weniger* als sonst; deswegen setzt man ihn in den Stand, für ein Kattunkleid 10 Sgr. *mehr* als sonst zu erhalten! — Sie Nationalisten und Handelssystemmacher wollen die einzigen praktischen Männer sein, und doch reden Sie von den Landesinteressen im Ganzen und Grossen, als von Allgemeinheiten, ohne zu sehen, dass in der Wirklichkeit keine solchen allgemeinen Interessen vorhanden sind, sondern dass es nur Einzelwirthschaften giebt, deren jede ihr besonderes Interesse hat; und dass der Verlust des *A.* keineswegs durch den Gewinn des *B.* ersetzt wird, wenn auch Beide das Glück haben, ihre Steuer an eine und dieselbe Regierung zu entrichten. Was bedeuten denn die grossartigen Reden, »*wir* bauen so viel Getreide, *wir* führen so viel Wolle aus, *wir* verarbeiten so viel Seide u. s. w.«? Das Interesse des Getreidebaues ist nicht mit dem des Seidenfabrikanten so identisch, dass der Ausfall für Jenen durch den Ueberschuss für Diesen gehoben wird. Diese blos theoretische Verallgemeinerung ist die wahre Quelle aller Irrthümer des Prohibitivsystems. Dem Professor Hagen zu

Königsberg gebührt das Verdienst, diesen Punkt zuerst klar hervorgehoben zu haben. Wenn Sie seinen Aufsatz in Bülow's Jahrbüchern für September 1842 nachlesen wollen, werden Sie soviel gesunde Staatswirthschaft zusammen gedrängt finden, als sich nicht wieder sobald auf einem Raume von 60 Seiten antreffen lässt. Die wissenschaftlichen Staatswirthe, welche Sie die Schule nennen, basiren die Beförderung des allgemeinen Wohlstandes lediglich auf die Einzelwirthschaften, auf die Beförderung des Interesses jedes Individuums in der Gemeinde durch individuelles Bestreben; und sie fussen auf der Wirklichkeit.

Nat. Und dennoch würde die Theorie der Schule die Interessen der einheimischen Industrie Preis geben und gerade ohne auf das Interesse der Individuen Rücksicht zu nehmen. Die Schule ist es, welche die Individuen einer abstrakten Allgemeinheit opfern will.

Kosm. Noch einmal muss ich Sie bitten, sich zu erinnern, dass hier nicht von »einheimischer Industrie« sondern nur von exotischer Industrie, die man künstlicher Weise einbürgern möchte, die Rede ist. Und dann will man auch keineswegs solche Treibhausgewerbe einer Allgemeinheit opfern, wie Sie sagen, sondern die Schule will nicht, dass jedes konsumirende Individuum zur Deckung der Schadenmachung eines solchen Betriebes besteuert werde. — Um aber ein für alle Male diesem Gerede von Theorie und Nicht-Theorie ein Ende zu machen, bemerken Sie, dass jede Folgerung eine Theorie ist. Wenn Sie einen Schluss machen und ihn aussprechen, so stellen Sie eine Theorie so gut als ein Anderer auf. Also Theorie gegen Theorie — die nationalistische gegen die kosmopolitische — als Theorie an sich steht jede in gleichem Recht vor dem Richterstuhl der Logik und behauptet sich oder fällt, je nachdem sie sich von Widersprüchen zu reinigen vermag, oder nicht.

Nach Ihrer Theorie kann die Regierung, durch ein Zwingen der industriellen Mittel in besondere Zweige, den Wohlstand befördern; — nach der meinigen kann eine Regierung durch Schutzzölle nur eins von zwei Dingen bewirken: entweder verhindert sie ein Gewerbe, welches, wegen des Vortheils, sonst betrieben worden wäre; oder sie veranlasst die Betreibung eines Produktionszweiges, welches sonst, wegen zu geringen Vortheils, unterlassen worden wäre. Weder durch diese noch durch jene Einwirkung aber kann eine Beförderung des Wohlstandes erfolgen.

Nach Ihrer Theorie kann man Wohlstand vermehren, wenn man mit Verlust arbeitet, den Schaden aber durch Besteuerung der Konsumenten, in Form eines künstlich erhöhten Absatzpreises, decken lässt; — nach meiner Theorie ist dies ein Berauben des Peter, nicht etwa um Paul zu bereichern, sondern um Paul nur Dasjenige auf dem Wege eines Unrechts zu verschaffen, was er sich redlich verdienen würde, wenn man ihn nicht zu einer unfruchtbaren Beschäftigung veranlasste.

Nach Ihrer Theorie ist es vortheilhafter, für die Einwohner eines Landes, theuer von einander, als billig von Ausländern zu kaufen; vortheilhafter, Wenig von einander, als Viel von Ausländern für ihr Arbeitserzeugniss zu erhalten; — nach meiner Theorie muss es deswegen am vortheilhaftesten sein, Jedermann seinen Bedarf auf dem billigsten Markte kaufen zu lassen, weil dies zugleich heisst: auf dem theuersten Markte verkaufen lassen. Wenn ein preussischer Landwirth z. B. 1⁵/₇ Zentner Rohrzucker für 8 Scheffel Weizen eintauscht, so hat er doch dabei den Weizen theurer verkauft, als wenn er dafür nur 1 Zentner inländischen Rübenzucker erhält, wenn auch der Geldpreis des Weizens in beiden Fällen derselbe ist.

Nat. Und doch weiss Jeder, dass man in der Praxis eine Sache am allerbilligsten erhält, wenn man sie sich selber machen kann.

Kosm. Wenn *Das* wahr ist, dann habe ich weiter nichts zu sagen, denn demnach muss alle Arbeitseintheilung überhaupt eingestellt werden und aller Verkehr, nicht nur unter Nationen, sondern auch unter Individuen aufhören! Nach Ihrer Behauptung werden Sie Ihre Stiefel und Ihr Tuch billiger erhalten, wenn Sie diese selbst machen, als wenn Sie sie kaufen; Sie müssten alle Ihre eigenen Bedürfnisse selbst versorgen; und Jesus Sirach hätte Unrecht, indem er zur Empfehlung der Arbeitstheilung sagte: »Stecke Dich nicht in mancherlei Händel, denn wo Du Dir mancherlei vornimmst, wirst Du nicht viel daran gewinnen. Wenn Du gleich fest darnach ringst, so erlangst Du es doch

nicht, und wenn Du gleich hier und da flickst, so kommst Du doch nicht heraus.«

Nat. Die Vortheile der Arbeitstheilung unter Individuen eines Staates habe ich nie leugnen wollen; ich meinte, dass eine Nation am billigsten erhält, was sie sich selber macht, denn dies kostet ihr eigentlich nichts; sie zahlt den Preis an sich; wogegen sie beim Kaufen vom Ausländer, den Preis, wenn sie auch in Waaren zahlt, fortgiebt.

Kosm. Da haben wir es wieder! Wozu hilft mein Reden? Ist denn die Nation *eine* Person, dass Sie sagen: *sie* kauft, *sie* zahlt *an sich, sie* behält den Preis?

Nat. Ich brauche nicht von Ihnen belehrt zu werden, dass eine Nation aus Individuen, mit zum Theil entgegengesetzten Interessen, besteht. Eine Regierung aber muss die Einzelnen zu einer organischen Einheit zusammenfassen, den Antagonismus der Einzelinteressen durch ihre Staatsmacht aufheben, und so durch ihre Vermittelung das atomistische Streben zum Auseinandergehen der Theilchen negiren; denn nur dadurch kann eine Nation als Staatskörper sich realisiren, konsolidiren und dauernd erhalten.

Kosm. Nun rücken Sie mir gar mit Philosophie auf den Leib! Alles was menschlich recht und billig ist; aber das muss ich mir verbitten!

Nat. Ich spreche nur eine Vernunftansicht aus. Ich wusste nicht, dass Sie solche sich verbeten hätten. Das hätten Sie mir am Anfange sagen sollen, um mir die Diskussion zu ersparen.

Kosm. Ihre schöne Theorie von der höheren Pflicht der Regierungssorge basirt also auf einem Zusammenfassen der Einzelnen durch Annullirung des atomistischen Bestrebens, um so die antagonistischen Theilchen zu einem organischen Körper zu verbinden! Gut! — Da ich aber ein verstockter Empiriker bin, kann ich mir dergleichen höhere Anschauungen nicht eher begreiflich machen, als bis ich sie mir in einem konkreten Beispiele vergegenwärtigt habe. Also ein Landwirth und ein Seidenfabrikant sind antagonistische Theile; der Eine hat ein Interesse an theuerem Getreide und billigem Seidenzeuge, der Andere ein umgekehrtes. Der Staat verordnet, dass der Landwirth sein Getreide billiger, der Seidenfabrikant sein Zeug theuerer, als sonst der Fall gewesen wäre, verkaufe. Dies mag für den Regierungskünstler, in der Einheit seines Staatsbewusstseins, ein vortreffliches Ausgleichen sein; aber ich sehe nicht ein, wie der Antagonismus atomistischer Theile des Staatskörpers dabei aufgehoben wird; im Gegentheil wird dieser, durch Hinzutreten eines Unrechts, ganz unversöhnlich gemacht. Das Zusammenfassen von Seiten der Staatsmacht besteht darin, dass dieso sagt: »ein Jeder sei mit Dem, was er einbüsst, zufrieden und mucke nicht, sonst —!« Also, unbeschadet Ihrer Vernunftansicht, muss ich noch einmal fragen, ob denn die preussischen Landwirthe ihr Eisen und Tuch deswegen billiger erhalten, weil der Preis in Schlesien oder Aachen verzehrt wird?

— Ob der Zwang, mehr, als man sonst nöthig hätte, für Verbrauchsgegenstände zu zahlen, weil sie von Landesgenossen herrühren, nicht den allergefährlichsten Antagonismus unter den Theilen des Staatskörpers*) erregt? — Ob nicht die ganze Nation gewinnen müsste, wenn kein Gewerbe unternommen würde, welches auf dem direkten Wege inländischer Versorgung, Weniger verschaffte, als auf dem indirekten Wege des Eintausches vom Auslande erreicht werden könnte?

Nat. Und was sollen Diejenigen thun, welchen die direkte Versorgung ihrer Landesgenossen genommen würde?

Kosm. Sich selbst direkt oder das Ausland versorgen und zwar mit Dem, was sie selbst oder das Ausland begehren. Aber diesen Punkt haben wir schon genug durchgesprochen; wir werden nicht durch weiteres Streiten weiter kommen.

Nat. So lange Sie Ihre individualistische Ansicht behalten, können wir allerdings nicht weiter kommen. Wenn Sie sich nicht zum nationalen Gemeininteresse erheben können, werden wir nie, bei unseren ganz verschiedenen Standpunkten, uns vereinigen können.

Kosm. Das ist es gerade. Ich kann dieses Gemeininteresse nirgends erkennen. Ich kann z. B. schlechterdings nicht begreifen,

---

*) Qui autem parti civium consulunt, partem negligunt, rem perniclosissimam in civitatem inducunt, seditionem atque discordiam. (Wenn Jemand für einen Theil der Bürger auf Kosten der Anderen sorgt, dann ruft er für den Staat die verderblichsten Zustände herbei, nämlich Zwietracht und Aufstand). Cicero. Note des Verf.

was der zufällige. Umstand, dass Dieser dem einen Fürsten, Jener einem anderen zollt, mit dem Vortheil oder Nachtheil einer Arbeitstheilung und eines Produktenaustausches zwischen ihnen, zu schaffen hat; denn, insofern jeder von Beiden dabei gewinnt, vermehrt er den Wohlstand in seinem eigenen Staate. — Und wenn unbeschränkte Freiheit, die vortheilhafteste Einrichtung der Arbeitstheilung zu treffen, unter den Bewohnern eines und desselben Landes, als Hauptbeförderungsmittel des Wohlstandes erkannt wird, so begreife ich nicht, wie ein Nachtheil durch die Ausdehnung dieses Systems über die Landesgrenzen hinaus, entstehen könne; denn je weiter, um so grösser ist der Erfolg. Wenn Koblenz mit Bonn zum gegenseitigen Vortheil frei verkehren kann, warum nicht Bonn auch eben so frei mit Strassburg; denn ob beide Parteien auf derselben Seite eines Flusses, oder die eine diesseits, die andere jenseits wohnt, beide deutsch, oder eine deutsch, die andere französisch spricht, kann auf das Geschäft keinen Einfluss haben.

Nat. Wenn alle Nationen in erwerblicher Ausbildung gleich weit vorgeschritten wären, möchten Sie Recht haben. Aber da dies nicht der Fall ist, muss die weniger weit vorgeschrittene sich vor einer Konkurrenz hüten, in der sie bei geringerer Kraft nicht bestehen kann.

Kosm. Von einer Nation, als *einer* Person, und einer Konkurrenz derselben mit einer Nation als Einheit, ist hier gar nicht die Rede, sondern es handelt sich darum, ob die grössere Geschicklichkeit von Individuen in einer Nation ein Grund für Individuen in einer anderen Nation sei, eine Arbeitstheilung mit jenen zu scheuen. Mir scheint es dagegen, dass gerade die Geschicktheit einer fremden Nation ein Grund sei, mit ihr zu verkehren; und zwar derselbe Grund, der uns zu Hause bewegt, uns an den geschicktesten Arbeiter zu wenden, der uns eine Waare am besten und billigsten liefert. Dass Englands Kapital und Geschick den englischen Konsumenten zum grossen Vortheil gereichen, werden Sie nicht bezweifeln; warum sollen nicht preussische Konsumenten diesen Vortheil wahrnehmen, wenn auch Engländer keinen so auffallenden Nutzen bei uns finden? Die weniger vorgeschrittene Nation hat gerade den meisten Nutzen von einem freien Verkehr. Dies habe ich auch in dem früheren Beispiele des Kattuns und der Dosen, wobei der geschicktere Engländer nur $1/6$, der Preusse dagegen fast $1/3$ gewann, dargethan.

Nat. Sie berücksichtigen immer nur die Konsumenten.

Kosm. Freilich, weil Produziren nur ein Mittel zur Konsumtion und nur insofern von Werth ist, als es viel Verbrauchsgegenstände uns verschafft. Diejenigen Produzenten, durch die wir weniger zur Konsumtion, als ohne sie, erhalten, sind Beförderer des Mangels. Ich will jeden Produzenten nöthigen, solche Rücksicht auf die Konsumenten zu nehmen, dass er dasjenige Gewerbe treibe, wodurch er den Bedürfnissen Anderer die möglichst grosse Befriedigung darbietet; denn es ist die Fülle der Befriedigungsmittel, welche allein Zweck der Staatswirthschaft sein darf.

Nat. Sie weichen immer durch eine gemeinplätzige Wahrheit, die Keiner bezweifelt, dem wirklichen Fragepunkt aus. — Wenn auch die Ueberlegenheit der englischen Fabrikanten einigen preussischen Konsumenten einen um so grösseren Vortheil brächte, so würde sie fast allen preussischen Fabrikanten es unmöglich machen, ihren Betrieb fortzusetzen; sie müssten dadurch ruinirt und Tausende von Arbeiterfamilien in's Elend gestürzt werden.

Kosm. Sie reden wieder von »fast allen preussischen Fabrikanten« während nur von solchen die Rede ist, welche den Mangel befördern. Diese sind doch Gottlob nicht »fast alle preussische Fabrikanten.« Freier Verkehr würde diese nöthigen, Gewerbe ausfindig zu machen und mit einer Energie zu betreiben bei welcher sie die Fülle befördern würden. Dann erst würden sie Produzenten heissen dürfen, während sie jetzt Vernichter sind. Die Zucker-, Baumwollenwaaren-, Eisen- und Tuchfabrikanten in den Vereinsstaaten vernichten, nach der mässigsten Berechnung, 30,000,000 Thlr. jährlich, oder $1/3$ des angewandten Kapitals. Die augenblickliche Abschaffung eines solchen Uebels dürfte allerdings von starkem Leiden für Einzelne begleitet sein; aber dies beweist nicht, dass das Uebel an sich minder gross sei. Das Brodloswerden der in beschützten Gewerben beschäftigten Arbeiter wäre schlimm; aber man bedenke dagegen die Brodlosigkeit aller Derjenigen, welche unter der allgemeinen Theuerung bei dem Prohibitivsystem leiden; man erwäge den Pauperismus, welcher in Folge des unterdrückten Wohlstandes bei dieser grässlichen Kapitalsvernichtung sich immer mehr verbreitet. — Ich möchte aber keineswegs die Unternehmer, welche durch die Zollgesetze zu einem Gewerbe verlockt worden sind, den begangenen Fehler der Regierungen ausbaden lassen. Das ganze Land hat Schuld an dem Uebel und muss den Schaden tragen. Man müsste die Fabrikanten bei Aufhebung der Schutzzölle zum Vollen entschädigen. Je eher man dies thut, um so besser; das Verschieben dieser Maassregel kostet nicht weniger als 40 Prozent Verzugszinsen. Eine Anleihe von Hundert Millionen zu Entschädigungen würde 4 Millionen jährliche Zinsen kosten; jetzt müssen die Konsumenten wenigstens acht Mal soviel einbüssen.

Nat. Die Zurückerstattung des angelegten Kapitals durch solche Entschädigungsgelder würde den Unternehmern wenig helfen, wenn sie keine andere Anwendungsweise dafür fänden. Was sollten sie mit dem Gelde anfangen, um es gewinnbringend anzulegen?

Kosm. Was weiss ich? Sie müssten sich umsehen, sinnen, sich mühen, erfinden. Darin liegt das Uebel. Das Prohibitivsystem beschützt nur die Ideenlosigkeit; es befähigt nur die Leute, einen im Auslande entstandenen Gewerbebetrieb nachzumachen, anstatt eigenthümliche, den Landesverhältnissen entsprechende Produktionszweige auszubilden; — eine französische Zuckerfabrik oder eine englische Baumwollspinnerei zu kopiren, anstatt, durch eigene Erfindung, neue Bahnen zu brechen, oder auf den alten mit beständiger Intelligenz vorzuschreiten; es ist ein Schutz nur für Geistesträgheit und Schlendrian! — Unter diesem System drängt man Kapitalien und Arbeit in Zweige, welche nur einen erzwungenen Markt im Inlande haben können; wogegen bei freier Anwendung sie die eigenthümlichen Erwerbsquellen des Landes hätten eröffnen und ausbilden, eine Industrie hervorrufen können, welche sich auf dem Weltmarkte behaupten dürfte. Blicken Sie nach der Schweiz. Sie hat kein Schutzsystem. Ein einheimischer Markt ist nicht für schweizerische Fabrikanten künstlich erschaffen worden. Sie besitzt nur solche Industrie, die sich in völliger Freiheit entwickeln konnte. Was ist die Folge? Nur solche Gewerbe haben entstehen können, die sich den Verhältnissen und Lokalitäten naturgemäss erwiesen; die ihre Wurzeln in einen für ihr Wachsthum geeigneten Boden schlugen; die, unter dem Kampfe der Konkurrenz erzogen und gekräftigt, gesund und unerschütterlich dastehen; die alle entgegenstehenden Hindernisse überwinden und ihre Erzeugnisse über die ganze Welt verbreiten. Wenn man die Lage der Schweiz, von Bergen und Douanenlinien der Nachbarn eingeschlossen, betrachtet, und bedenkt, dass dort eine kräftige blühende Fabrikindustrie besteht, so erkennt man, welche Wunder die Freiheit zu bewirken vermag. Zeigen Sie mir einen ähnlichen Erfolg der beschützenden Kunst. Wo gedieh die Fabrikation in Deutschland am weitesten? Gerade in Sachsen, welches vor dem Zollvereine keine Schutzzölle hatte.

Nat. Wenn ein Gewerbe sich schon eingebürgert hat, dann bedarf es keines Schutzes; aber im ersten Anfange darf es nicht der vollen Konkurrenz mit schon geübten und gekräftigten Anstalten ausgesetzt sein, sonst kann es niemals Fuss fassen.

Kosm. Ich wundere mich, dass Sie so lange mit diesem Argumente zurückgehalten haben; denn es pflegt sonst voranzustehen, und die Hauptstütze der nationalistischen Position auszumachen. Es ist aber ein leerer Vorwand. Bei der ersten Einrichtung eines Betriebs entstehen allerdings erhöhte Kosten, bis die Handgriffe eingeübt, Absatzwege eröffnet, Vorurtheile überwunden werden; der Erste muss auch manche kostspielige Erfahrung machen. Aber dies Alles lässt sich berechnen. Kann aber der Rübenzuckerfabrikant darthun, dass er binnen einer zu ermessenden Frist, durch Verbesserung des Rübenbaues, des Siedens, Klarirens u. s. w. den Zentner auch zu 7 Thlr. wird stellen können? Und wenn er dies zur Genüge darthun sollte, wird nicht die jetzige Kapitalsvernichtung den endlichen Gewinn gänzlich aufwiegen? Wird es nicht eine lächerliche Dummheit sein, während zwanzig Jahre vielleicht, mit Schaden zu arbeiten und zwanzig Millionen Thaler zu vernichten, um am Ende, wenn es überhaupt gelingen sollte, für ein Kapital von Drei Millionen ein gewöhnlich lohnendes Gewerbe zu verschaffen? — Wenn man beweisen kann, in Manchester wird ein Arbeiter in so vielen Jahren ausgebildet und leistet soviel, die Stühle und Spinnmaschinen liefern da soviel, und innerhalb der und der Zeit werden wir auch eben soviel liefern; unsere Mehrausgabe beträgt in der ersten Zeit soviel; aber binnen eines absehbaren Termins werden wir eben so billig als der Ausländer liefern können; dann könnte die Regierung den Betrag des vorläufigen Opfers mit dem künftigen Werthe des Betriebs vergleichen und, wenn sie das Opfer in billigem Verhältnisse zum Zwecke fände, durch Zuschüsse zur Einrichtung oder durch gewisse Entschädigungen, behilflich sein. Aber so in's Blaue hinein ohne alle Berechnung, der Nation Kosten aufzulegen, deren Betrag nicht geahnt wird, um einen Zweck zu erreichen, dessen Werth Keiner ermisst, scheint mir ein so grenzenloses Verkennen der höheren Pflichten der Regierungssorge, dass es nur in der allgemeinen Unwissenheit über volkswirthschaftliche Prinzipien seine Entschuldigung finden kann. — Die Arbeitskräfte einer Nation machen zwar das vorzüglichste Kapital derselben aus; und ein gewisses Opfer an materiellem Kapitale kann öfters mit Vortheil gebracht werden, um die Geschicklichkeit von Arbeitern auszubilden, wenn nämlich dadurch die vermehrte Produktivität derselben grösser als die des geopferten Kapitals würde. Aber dies darf man nicht ohne genaue Berechnung unternehmen. Für jedes Opfer muss man auch den grössten erreichbaren Vortheil sichern. Nun aber ist es fraglich, ob die Produktivität der Arbeiter, die man durch das Schutzsystem zu gewissen Fabrikationszweigen herangebildet hat, grösser als diejenige sei, welche sie in anderen bei freiem Verkehr entstehenden Gewerben erlangt hätten. Es ist aber ausser aller Frage, dass, wenn die dreissig Millionen, welche das Schutzsystem jährlich wenigstens kostet, auf Volkserziehung verwendet worden wären, eine viel grössere Werthserhöhung des Arbeitskapitals erreicht worden wäre. Wenn eine Regierung sich für berufen hält, den Volkserwerb zu leiten, so fordere ich, dass sie zu rechnen verstehe und auch wirklich rechne.

Nat. Sie sind wohl ein Gegner des Zollvereins?

Kosm. Wenn er das wäre, wofür Viele ihn ausgeben, würde ich es entschieden sein.

Nat. Er ist eine Vereinigung der deutschen Erwerbsinteressen gegen die Beeinträchtigungen des Auslandes.

Kosm. Wenn er blos Das wäre, wäre er eine blosse Narrheit. Worin besteht der Verein? Die äussere Umfangs-Zolllinie gegen das Ausland hat der Verein nicht geschaffen; die bestand schon vorher. Wenn er auch Gleichmässigkeit der Zölle auf der ganzen Ausdehnung derselben eingeführt hat, so hat er dadurch im Wesen der Sache nichts geändert. Insofern die früher verschiedenen und jetzt gleichgesetzten Eingangszölle eine Einwirkung auf den Gewerbebetrieb oder eine Repressalie bezweckten, waren sie damals schädlich und unnütz, und sind es auch noch. Was mit dem Verein Neues geschaffen worden ist, ist eben die Vereinigung der ihm angehörenden Staaten zum freien Verkehr, die Aufhebung der Douanen innerhalb der gemeinschaftlichen Umfangslinie. Das Wesen des Vereins ist also Freiheit und nicht Restriktion. Ausser ersparten Mauthkosten und Vermeidung verderblichen Schleichhandels trägt diese Erweiterung des Feldes für ungehinderte Arbeitstheilung herrliche Früchte, — sowie die Freiheit niemals verfehlt, den Menschen zu erheben und zu beglücken. Major v. Prittwitz sagt in seinem neuen schätzenswerthen Buche über Steuern: »Unzweifelhaft sind die aus Erweiterung des Marktes entspringenden wesentlichen Vortheile die Hauptursache, dass der deutsche Zollverein so günstige Resultate ergiebt; dass nirgends sich die in den einzelnen Ländern davon befürchteten Nachtheile realisirt haben; dass unter den Vereinsstaaten keiner ist, der nur im entferntesten daran dächte, wieder auszutreten; dass gegentheils immer mehrere der benachbarten kleineren Staaten, trotz dem Sträuben einzelner Parteimänner, Böswilliger oder Ignoranten, dem Vereine sich anschliessen, und die Nothwendigkeit für sie, dies zu thun, anerkennen; dass die Vereinsstaaten diesen Anschluss anderer Staaten, anstatt darin eine nachtheilige Konkurrenz zu finden, vielmehr wegen der dadurch bedingten wechselseitigen Erweiterung des Marktes, keineswegs entgegen sind; dass die grösseren Nachbarsstaaten unverkennbar immer aufmerksamer auf die Vortheile des freien Handels in den Vereinsstaaten und auf Nachtheile des von ihnen befolgten Isolir- und Prohibitivsystems werden, und dass die Zeit nicht mehr fern ist, wo auch sie, in Folge der in dem Zollverein gemachten Erfahrungen, zu einem Systeme freien Handels, wenn auch nur allmählich und nach Beseitigung grosser Hindernisse, überzugehen im Stande sein werden.«

Nat. Ja die Hindernisse sind es eben — sonst wäre es freilich leicht, das erträumte Paradies der Handelsfreiheit zu verwirklichen.

Kosm. Die Hindernisse sind vorzüglich nur »in dem Sträuben einzelner Parteimänner, Böswilliger oder Ignoranten« vorhanden. Alles Uebrige liesse sich leicht überwinden. Ich will weiter nichts als eine Aufnahme von Frankreich, Belgien, England, Amerika, Russland u. s. w. in den Zollverein. Wenn die bisherige Ausdehnung Segen brachte, wird nicht weitere Ausdehnung noch mehr Segen bringen, indem mit jeder Erweiterung des Markts auch grössere Verschiedenheit des Klima's und der lokalen Vortheile für gewisse Produktion den Austausch erwünschter macht. Wo liegt die Linie auf der Weltkarte, innerhalb deren Grenzen eine Vereinigung zur Aufhebung der Zölle Segen, deren Ueberschreitung dagegen Verderben brächte? — Ich hege nur eine Besorgniss, nämlich die: dass der Zollverband, wie der deutsche Bund, ein Mittel werde, die Forderungen einzelner Völker um Befolgung freierer und zeitgemässerer Politik, unter dem Vorhalten diplomatischer unübersteiglicher Hindernisse abzuweisen. Wenn der freie Verkehr mit einem Theil von Deutschland die Erlangung der Handelsfreiheit mit der Welt erschweren oder verzögern sollte, dann wäre er sehr theuer erkauft. Ob der deutsche Zollverein wirklich als ein Verein zur Befreiung des Handels, oder zur Aufrechthaltung der Handelsbeschränkungen sich gebildet habe — ob die Befreiung innerhalb des Vereins jetzt nur als eine dem Wallfisch der Zeit zugeworfene Tonne angesehen werde — dies muss die Zukunft lehren. Der Zollverein ging gewiss aus einem grossen Gedanken und einem schönen liberalen Geiste der preussischen Regierung hervor. Aber wird nicht eine unvernünftige und unwahre Zeit aus jenem Gedanken und jenem Geiste Unvernünftiges und Unwahres schaffen?

Nat. Ich habe alle Ihre Raisonnements angehört und erwogen. Auf Ihrem Standpunkte wissen Sie auch eine gewisse Scheinwahrheit ihren Aufstellungen zu geben. Ihr ganzer Standpunkt indessen ist zu niedrig, um eine höhere Erkenntniss der wahren Interessen, wovon es sich handelt, zu gewähren. Ich kann mir nicht einreden lassen, dass —

Kosm. Entschuldigen Sie, wenn ich Sie unterbreche. Glauben Sie ja nicht, dass ich Ihnen habe Etwas einreden wollen; nein; ich wollte mich nur ausreden. Ich würde es Ihnen sehr verdenken, wenn Sie sich irgend Etwas einreden liessen, was gegen Ihr Interesse ist, zu glauben. Keiner muss sich etwas einreden lassen. Was Einem einzusehen frommt, davon kommt die Einsicht von selbst; und Sie dürfen vor Allem nichts einsehen, wovon die allgemein verbreitete Einsicht Sie kränken würde. Sie z. B. haben sich ihr Lebenlang mit der herrlichen Aufgabe beschäftigt, durch ihre Kunst und Weisheit das erwerbliche Wohl Anderer zu befördern; also dürfen Sie sich niemals zur Einsicht bringen lassen, dass jenes Wohl am besten sich selbst befördert, und zwar durch *die* Kunst, welche die Vorsehung in die menschlichen Verhältnisse von Anbeginn hineinlegte, und mit *der* Weisheit, welche jedem freien Manne zur Wahrnehmung des eigenen Vortheils mitgegeben worden ist. Ich fordere nichts Unbilliges von Ihnen, also muthen Sie mir auch nichts Unvernünftiges zu. — Jetzt aber brechen wir ab. Jeder behält, wenn nicht Recht, doch seine Meinung und den Glauben an sich. Gott befohlen; lassen Sie uns so wenig als möglich zusammentreffen; dann bleiben wir künftig einander bessere Freunde.

* * *

In dem vorangeschickten Dialog habe ich, durch eine Beleuchtung der gewöhnlichen Gründe für das Schutzsystem, die gänzliche Unhaltbarkeit desselben aus materiellen Rücksichten allein, darzuthun versucht. Nach einfacher Berechnung von Kosten und Gewinn habe ich zeigen wollen, dass jede Beschränkung des freien Verkehrs eine Verminderung statt einer Vermehrung des Nationalwohlstandes zur Folge haben muss. Ich glaube folgende Sätze als unumstösslich aufstellen zu dürfen, nämlich:

dass die Einmischung einer Regierung in den Gang des Erwerbes durch Zolleinrichtungen nur *den Gewinn verbieten* oder *den Verlust gebieten könne;*

dass ein Hervorrufen gewisser Gewerbszweige durch Schutzzölle nicht die Beschäftigung für Arbeit und Kapital vermehren, sondern nur zur schadenmachenden Beschäftigungsweise bestimmen könne;

dass, ohne solche künstliche Bestimmung, die zu beschützten Gewerben verwendeten Kapitalien und Arbeiter Anwendung in freien gewinnbringenden Gewerben finden würden; — (denn der Preis, den die beschützten Gewerbe für Kapital und Arbeit zahlen müssen, ist der Preis, den die unbeschützten Gewerbe für dieselben bieten.)

dass das Schutzsystem, durch Kapitalsvernichtung, den Fonds zur Beschäftigung der Arbeiter im Ganzen vermindert;

dass die Unternehmer beschützter Gewerbe unter dem allgemeinen Drucke leiden müssen, den das Schutzsystem, durch Vertheuerung der Verbrauchsgegenstände, über alle Mitglieder der Nation verbreitet;

dass das Schutzsystem exotische, auf einen beschränkten Absatz an's Inland angewiesene Gewerbe, an die Stelle solcher natürlich einheimischer Produktionszweige setzt, welche sich einen Weltmarkt erringen dürften;

dass der Versuch einer Repressalie durch einen Schutzzoll nur eine Vermehrung des Schadens für die eigenen Unterthanen ist;

dass der Versuch, den aus einer fremden Restriktion erwachsenden Nachtheil durch eine selbst aufgelegte Restriktion aufzuwiegen, gerade den Verlust des zuerst benachtheiligten Unterthanen vermehrt;

dass das ganze Prohibitivsystem, aus Unwissenheit hervorgegangen, eingebildeten Vortheilen, ohne alle Berechnung der Kosten, nachstrebt.

Aber es giebt auch einen anderen Gesichtspunkt, aus dem die Verwerflichkeit des Schutzsystems hervorleuchtet. Wenn, durch jenes System, auf Kosten der Konsumenten, gewissen Produzenten ein Gewinn wirklich erwüchse, so hätte keine Regierung ein Recht, Solches zu bewirken. — Die Regierung ist da, um Jeden in dem Genusse der Früchte seiner Betriebsamkeit zu schützen. Nicht nur überschreitet es die Befugnisse der Staatsverwaltung, sondern es läuft ihrer ersten Pflicht geradezu entgegen, dem Einen seine erworbene Habe wegzunehmen, um sie einem Andern zu geben. Die Regierung ist zwar darauf angewiesen, die Genüsse der Unterthanen zu verkürzen, insofern sie sich die Mittel zur Erhaltung der Ordnung und Sicherheit nehmen muss; auch steht es ihr zu, ein ferneres Opfer, zur Beförderung allgemein wohlthätiger Veranstaltungen, abzufordern, insofern daraus, für *die dabei Belasteten*, ein das Opfer überwiegender Vortheil erwächst. Aber weiter geht ihre Befugniss nicht. Wenn auch gewisse Kapitalisten einen Vortheil daran haben, drei Millionen Thaler und 5000 Arbeiter zur Rübenzuckerfabrikation zu verwenden, so hat die Regierung nicht das Recht, um dieses möglich zu machen, alle übrigen Unterthanen um eine Million Thaler jährlich zur Deckung des erfolgenden Steuerausfalls zu belasten. Wenn nicht die dürftigste Klugheit davon abriethe, müsste das gewöhnlichste Gefühl für Gerechtigkeit es verbieten. Dass solche Operationen vor sich gehen, liegt nur in jener Verkehrtheit der Ansichten, in welcher nicht nur die Finanzmänner, sondern fast alle Völker befangen sind. — Die Schädlichkeit des Schutzsystems wird von den ausgezeichnetsten preussischen Staatsmännern wohl eingesehen. Dr. Bowring sagt sogar unumwunden in seinem Bericht über den deutschen Zollverband, dass die allgemeine Ueberzeugung der Departements-Chefs in Preussen *wider* eine schützende Gesetzgebung sei. Ein noch zuverlässigeres Zeugniss für die aufgeklärten Handels-Grundsätze der preussischen Regierung giebt indessen eine Ministerial-Instruktion vom 26. Dezember 1808, worin gesagt wird:

»Es ist dem Staate und seinen einzelnen Gliedern immer am zuträglichsten, die Gewerbe jedesmal ihrem natürlichen Gange zu überlassen, das heisst: keine derselben vorzugsweise durch besondere Unterstützungen zu begünstigen und zu heben, aber auch keine in ihrem Entstehen, ihrem Betriebe und Ausbreiten zu beschränken.«

»Neben der Unbeschränktheit bei Erzeugung und Verfeinerung der Produkte ist Leichtigkeit des Verkehrs und Freiheit des Handels, sowohl im Innern als mit dem Auslande, ein nothwendiges Erforderniss, wenn Industrie, Gewerbsfleiss und Wohlstand gedeihen sollen, zugleich aber auch das natürlichste, wirksamste und bleibendste Mittel, sie zu befördern.

»Es werden sich alsdann Gewerbe von selbst erzeugen, die mit Vortheil betrieben werden können, und dieses sind wieder diejenigen, welche dem jedesmaligen Produktionszustande des Landes und dem Kulturzustande der Nation am angemessensten sind. Es ist unrichtig, wenn man glaubt, es sei dem Staate vortheilhaft, Sachen dann noch selbst zu verfertigen, wenn man sie im Auslande wohlfeiler kaufen kann. Die Mehrkosten, welche ihm die eigene Verfertigung verursacht, sind rein verloren und hätten, wären sie auf ein anderes Gewerbe angelegt, reichhaltigen Gewinn bringen können. Es ist eine schiefe Ansicht, man müsse in einem solchen Falle das Geld im Lande zu behalten suchen und lieber nicht kaufen. Hat der Staat Produkte, die er ablassen kann, so kann er sich auch Gold und Silber kaufen und es münzen lassen.«

»Es ist nicht nothwendig, den Handel zu begünstigen, er muss nur nicht erschwert werden.«

»Der Regierungen Augenmerk muss dahin gehen, die Gewerbe- und Handelsfreiheit soviel als möglich zu befördern und darauf Bedacht zu nehmen, dass die verschiedenen Beschränkungen, denen sie noch unterworfen ist, abgeschafft werden.« —

Dr. Bowring sagt: »Ich bin im Stande, im Allgemeinen zu erklären, dass ich wiederholt amtliche Versicherungen erhalten habe, die preussische Regierung willige nicht nur ein, sondern wünsche, in förmliche Unterhandlungen einzutreten, deren Gegenstand die *gegenseitige* und *allmähliche* Herabsetzung der Zolltarife beider Länder sei, um einen ausgedehnteren und wohlthätigeren Handelsverkehr zu bezwecken. Bei den einmal bestehenden Verhältnissen möchte eine stufenweise Verringerung der Zollsätze auf Erzeugnisse beider Länder wahrscheinlich der erwünschteste Weg sein, um plötzliche Stösse gegen Interessen zu vermeiden, die durch das bestehende Schutzsystem einmal in's Leben gerufen sind. Ich habe allen möglichen Grund, die freundliche Geneigtheit der preussischen Behörden für höchst wahrhaft und aufrichtig zu halten und anzunehmen, dass, wenn wir ernstlich dazu schreiten, so freundlichen Vorschlägen entgegenzukommen, die gescheidtesten Beamten und die grosse Masse des deutschen Volks uns von Herzen Beifall schenken werden.« Da aber, trotz dieser aufrichtigen gegenseitigen Geneigtheit, kein entscheidender Schritt zur Abschaffung eines als verwerflich erkannten Systems bis jetzt erfolgt ist, lässt sich schliessen, dass soviel guter Wille an den gestellten Bedingungen der Gegenseitigkeit und Allmählichkeit gescheitert sei. — Indessen beweist das Stellen solcher Bedingungen überhaupt ein Verkennen der wahren Verhältnisse, um die es sich handelt.

Erstens: welche Gegenseitigkeit findet z. B. bei einer gleichzeitigen Aufhebung der Schutzzölle für englisches Getreide und preussischen Kattun statt? — Die preussische wie die englische Regierung hat nur die eigenen Unterthanen zu berücksichtigen. Ob aber der Schutzzoll auf preussischem Kattun abgeschafft werden soll oder nicht, ist eine Frage, welche sich lediglich auf die Produzenten und die Konsumenten von Kattun beschränkt; es sind die Interessen dieser, die man gegenseitig auszugleichen hat; nicht aber die Interessen der Kattunfabrikanten gegen die der Getreideproduzenten. Wenn auch gleichzeitige Schritte von beiden Nationen stattfinden sollten, so würde doch der Verlust für die Kattunfabrikanten nicht durch jene Gegenseitigkeit gehoben werden, welche den Landwirthen allein einen Gewinn brächte. Die Quelle, wie die weitere Auseinandersetzung dieses Irrthums ist schon im vorangeschickten Dialog beleuchtet worden. — Zweitens hinsichtlich der Allmählichkeit: wenn damit das Vorhaben verbunden ist, die beschützten Gewerbe des Schutzes *ohne Entschädigung* zu berauben, so gleicht die schonende Absicht dieser Allmählichkeit der des Mannes, welcher den Schwanz seines Hundes stutzen wollte, aber um dem armen Thiere den Schmerz eines plötzlichen Verlustes zu ersparen, demselben täglich nur ein Stückchen abschnitt. — Die beschützten Gewerbe geben bei dem bestehenden Schutze nur den gewöhnlichen Erwerbsgewinn; selbst eine geringe Verminderung der Eingangszölle wird sie ruiniren. Sollen die Unternehmer, welche sich auf die Politik des Staates stützten, nur einer nach dem anderen zu Grunde gerichtet, je nachdem ihre grösseren oder kleineren Betriebskapitalien langsamer oder schneller erschöpft werden, damit nicht zu viele vereinte Reklamationen das stille Werk der Vernichtung störe? Die Unternehmer haben nur dem Willen des Staats gehorcht und müssen entschädigt werden. *Eine Unklugheit darf nicht durch eine Ungerechtigkeit verbessert werden.* — Giebt es Gewerbe, die nur einen geringen Schutz geniessen und, bei grösserer Energie des Betriebs unter dem Sporne der freien Konkurrenz, sich ohne allen Schutz behaupten dürften, so setze man sie der freien Konkurrenz aus; je eher um so besser; mögen sie ringen, sich wehren und im Kampfe ihre Tüchtigkeit, ihren Werth beweisen. Wo dies nicht sicher anzunehmen ist, so hebe man den Schutz gänzlich auf, indem man durch Staatsanleihen zur Entschädigung schreitet und für die Beschäftigung der Arbeiter Maassregeln ergreift. Der Zeitpunkt ist günstig. Das Geld ist billig, der Staatskredit hoch, und grosse öffentliche Chausseen- und Eisenbahn-Anlagen, wobei Menschen gebraucht werden, sollen unternommen werden. Es möchte nöthig sein, um die Ausführung möglich zu machen, das eine beschützte Gewerbe nach dem anderen aufzuheben; aber für allmähliches Aufheben des Schutzes eines jeden Gewerbes ist kein vernünftiger Grund vorhanden. Je rascher man sich zu diesem durchgreifenden Schritte entschliesst, je schneller man ihn beendet, wenn damit einmal begonnen wird, um so weniger wird die Nation verlieren. Jedes Zögern mit dem Aufkaufen der Rübenzuckerfabriken z. B. kostet eine Million Thaler jährlich, oder 40 Prozent der erforderlichen Entschädigungssumme.

Die eine oder die andere Regierung muss den Anfang machen, wenn diesem erschrecklichen, Mangel befördernden Systeme der Verkehrsbeschränkung ein Ende gemacht werden soll. So lange man auf die Erreichung eines *zwiefachen* Vortheils, nämlich der Kattunkonsumenten und der Weizenbauer *zu gleicher Zeit* besteht, wird man keines von Beiden erlangen. Um vernünftig zu werden, bedarf es keiner Verhandlungen mit fremden Diplomaten; man kann es auf eigene Hand, einseitig, anfangen.

An die Regierung Preussens habe ich meine Vorstellungen vorzugsweise gerichtet, theils weil die Wohlfahrt dieses Landes, in welchem ich seit mehreren Jahren eine theuer gewordene Heimath gefunden habe, meinem Herzen nahe liegt, — hauptsächlich aber weil Preussen, durch die Gründung des Zollvereins, eine Verpflichtung übernommen hat, im Werke der staatswirthschaftlichen Reform den europäischen Nationen voranzuleuchten. Macht und Intelligenz besitzen viele Regierungen; — aber das muthige Vertrauen auf seine Intelligenz und das unerbittliche Opfern der Sonderinteressen dem allgemeinen Wohle waren es, welche Preussen zu seiner weltgeschichtlichen Stellung erhoben und ihm einen unabweisbaren Beruf zur Förderung der Kulturentwickelung beigelegt haben.

Schluss.

Dieser Schrift ist die Aufgabe gestellt zu beweisen:
1) *Dass die bewaffnete Diplomatie aus dem Antagonismus unter den Nationen hervorging;*
2) *Dass der Antagonismus der Nationen nunmehr nur durch Missverständniss der Interessen des Verkehrs genährt wird;*
3) *Dass eine absolute Regierung unentbehrlich zur Unterstützung einer bewaffneten Diplomatie ist;*
4) *Dass folglich, von einer Regierung gleichzeitig Unbeschränktheit für den Bürger im Innern und Beschränkung des Erwerbs der Ausländer zu fordern heisst: den Zweck ohne die Mittel wollen;*
5) *Dass aber die Nationen, in Wahrheit, keine antagonistischen Interessen im erwerblichen Verkehre haben;*
6) *Dass vollkommene Handelsfreiheit den letzten Rest des internationalen Antagonismus, das Feld der bewaffneten Diplomatie, mithin auch das Bedürfniss einer absoluten zentralisirenden Regierung aufheben wird;*
7) *Dass durch den Völkerfrieden, welchen der freie Handel auf ewig befestigen muss, die Freiheit des Bürgers am sichersten zu erreichen ist.*

Die Ermöglichung bürgerlicher Freiheit durch Handelsfreiheit ist also die unzweideutige Tendenz dieser Schrift. — Das gegenwärtige politische System der kontinentalen Regierungen wird denselben, durch die Anforderungen an ihre diplomatische Wirksamkeit, von Seiten der um Handelsschutz und Repressalien rufenden Unterthanen, zum Theile aufgedrungen. Die Mittel dieses Systems kann man nur dann aufgeben, wenn man den Zweck aufgiebt. So wenig auch die Beschränkung der bürgerlichen Freiheit im Innern an sich wünschenswerth ist, so ist sie doch nöthig um den Erwerb des Auslandes beschränken zu können; — es zeigt sich indessen weder als wünschenswerth noch nothwendig, den Erwerb des Auslandes überhaupt beschränken zu wollen. — *Die politischen Systeme der europäischen Kontinentalmächte wählen gute Mittel zu ihrem Zwecke; aber ihr Zweck ist an sich schlecht gewählt.*

Eben so wie die erwerbliche auf die politische Freiheit fördernd wirken muss, wird auch die politische Freiheit den Erwerb kräftigen und heben. — Grössere Mittel sind in neuerer Zeit der Industrie verliehen worden: in der Dampfmaschine, dem Dampfschiff, den Eisenbahnen, nebst unzähligen anderen Erfindungen der Mechanik, sowie auch in der Ausbildung und Verbreitung der physikalischen und technischen Wissenschaften. Diese Mittel äussern schon ihre Macht als Hebel zur Umgestaltung des Lebens; ein Uebergang ist im Werke, mit dem Jeder vorschreiten muss, der nicht bei Seite geschoben und unterdrückt werden will. Die Aufgabe für unsere Zeit ist ein kühnes Schaffen, ein mächtiges Streben; diese Aufgabe erfordert die höchste Entwickelung des Muths, der Kraft und der Intelligenz im Volke. Das erste und wirksamste Mittel dazu ist politische Unabhängigkeit. Eine volksthümliche Verfassung, welche die Unterthanen zu Staatsbürgern macht, indem sie ihnen einen Antheil an der Staatsregierung giebt, hebt den Blick aus dem engeren Kreise des individuellen Wirkens zu den grösseren Bewegungen des allgemeinen Interesses, — kräftigt den Geist und beseitigt jene Aengstlichkeit im Handeln, welche von der Beschränktheit unzertrennlich ist — gewährt jeder Tüchtigkeit einen Spielraum, bildet bedeutende Persönlichkeiten aus und erkennt das Individuum an. Wo Neues zu schaffen, Grosses zu thun, Bewegungen zu bewältigen und zu lenken sind, da braucht man selbstständige Persönlichkeiten; da sind Systeme unbrauchbar oder durch ihre Starrheit gefahrbringend. Der Wahlspruch: »Alles *für* das Volk, *nichts durch* das Volk« ist nur dann anwendbar, wenn *das Eine*, was immer doch *nur durch* das Volk geschehen kann, nämlich *das positive Schaffen*, weniger grosse Anforderungen macht, mit gebundenen Händen und im Finsteren sich leisten lässt. Aber heutzutage müssen Kaufmann und Fabrikant grossartig schöpferisch auftreten, tief in die Verhältnisse ihrer Mitbürger und sogar ferner Gegenden eingreifen, sich eine ihren Unternehmungen angemessene Macht, ein ihrer Verantwortlichkeit angemessenes Ansehen erringen. Man schaue nur hin und sehe wie jeder industrielle Aufschwung von bedeutenden Persönlichkeiten unter den Betriebsmännern ausgeht. Unter dem Segen der bürgerlichen Freiheit werden sich auf dem Festlande Helden der Industrie erheben und sich mit denen Englands und Amerika's messen. Man ahnt nicht wie viel Grosses im Menschen steckt, so lange man ihn nicht zum Gefühl seiner Kraft durch völlige Selbstständigkeit kommen lässt. — Und dies ist die schlimmste Seite einer Bevormundung der Industrie. — Die Regierung übernimmt es, durch ihre Schutzzölle, den Erwerbskräften eine Bahn anzuweisen, stellt ihnen ein Ziel hin, verleiht ihnen ihre Einsicht. Die Bahn mag gut, das Ziel wünschenswerth, die Einsicht eine hohe sein. Aber wer wagt es zu ermessen, welche Bahn gebrochen, welches Ziel erreicht worden wäre, wenn jene Kräfte, in völliger Freiheit, jener natürlichen Bestimmung gefolgt wären, welche in den Anordnungen der Vorsehung für den menschlichen Fortschritt, — in jenen Weltgesetzen, die wir erst aus ihren Ergebnissen erkennen können, — begründet ist? Aus einer Berechnung der durch Schutzzölle vernichteten Kapitalien können wir kein Maass für deren Schädlichkeit gewinnen; denn es lässt sich gar nicht berechnen, welche wunderbare Erfolge einer freien Entwickelung der menschlichen Einrichtungen sie gehindert haben mögen. Die schaffende Thätigkeit in ihrer Freiheit beschränken heisst: das Walten des göttlichen Schöpfungswerks hemmen; — sie der Freiheit berauben, um sie zu bevormunden und zu leiten, heisst: durch menschliche Einsicht die Vorsehung vertreten wollen.

Wie die Handelsfreiheit zur Ermöglichung der politischen Freiheit nothwendig ist, ist auch die politische Freiheit zur Entwickelung des Erwerbs, und diese wiederum zur Beförderung des sozialen Fortschritts nothwendig.

Den sozialen Fortschritt zu bewirken ist die grosse Bestimmung der ewig waltenden Lebensgesetze der Natur. Was hierzu nothwendig ist, muss auch in Erfüllung gehen.

II.
Ueber die Nachtheile der Industrie durch Erhöhung der Einfuhrzölle.

(Elbing 1845.)

Einem Hochverordneten Zollvereins-Kongress zu Karlsruhe zur geneigten Würdigung hochachtungs- und vertrauensvoll vorgelegt von dem Verfasser.

Elbing den 1. Juni 1845.

Die Industrie ist für jede zivilisirte Nation die Quelle leiblicher Wohlfahrt, die Bedingung höherer geistiger Ausbildung, der Hebel grösserer gemeinsamer Werke, die Stütze der politischen Stellung. Die Industrie zu heben und zu beschützen ist also erste Pflicht einer Staatsregierung. Aber in demselben Maasse ist die Verantwortlichkeit Derer gross, welche in den Gang der Industrie einzugreifen wagen. Machen sie Missgriffe dabei, so vernichten sie die Nahrungsquellen von Millionen von Arbeitern, verdammen Tausende von Begüterten zum Verlust ihrer Habe unter fruchtlosen ängstlichen Bemühungen, und untergraben das Gedeihen der Gesammtheit.

Im Juli dieses Jahres werden sich Abgeordnete der Zollvereins-Regierungen zum Kongress in Karlsruhe versammeln, um über Tarifbestimmungen, mit Rücksicht auf Hebung und Beschützung der vereinsländischen Industrie, zu berathen.

Die Partei, welche in hohen Eingangszöllen auf fremde Fabrikate ein Schutz- und Hebungsmittel für einheimische Industrie finden will — die Partei der *Merkantilisten* nämlich — hat mit mehr als gewöhnlicher Thätigkeit und Energie diesmal auf die Entscheidung jenes Kongresses einzuwirken versucht. Die aufgeklärte Handelspolitik der preussischen Regierung war bisher den Anschlägen jener Partei ein unübersteigliches Hinderniss. Auf diese also mussten die Ueberredungsversuche hauptsächlich gerichtet werden. Die Merkantilisten scheinen auch zu glauben, dass Preussen jetzt bereit wäre, seinen früheren Widerstand gegen Handelsbeschränkung für unzweckmässig, seine bisherige Richtung in der Handelspolitik für eine nachtheilige zu erklären, und fortan für ein System mitzuwirken, auf dessen Bekämpfung es zum Theil seinen Anspruch auf höhere Intelligenz stützte. Ich befürchte nicht eine so verhängnissvolle Katastrophe für das ganze soziale Wohl Deutschlands. Denn die preussische Regierung hat vor Augen, *in dem höchst erfreulichen Aufschwung aller Produktivität, und in dem raschen Wachsthum aller Hilfsquellen*, den unzweideutigsten Beweis für die Zuträglichkeit ihrer bisher befolgten Prinzipien. Die Vorstellungen aber, wodurch sie bewogen werden soll, ihre Prinzipien in dieser grossen Lebenssache zu ändern, bestehen aus Entstellung der Thatsachen, Verrückung der Gesichtspunkte und Vermischung der Fragen. Diese Vorstellungen gehen von Personen aus, welche durch die empfohlenen Maassregeln für sich selbst einen unmittelbaren grossen Vortheil, wie ich nachweisen werde, ziehen würden. Die heftige Begierde, diesen Vortheil für sich zu erhaschen, macht sie blind gegen den, dem allgemeinen Interesse daraus erwachsenden unermesslichen Nachtheil, den ich gleichfalls nachweisen werde. Obgleich nun jene Sonderinteressenten eine sehr energische Thätigkeit zur Unterstützung ihrer Ansprüche entwickeln, und die Nation im Allgemienen, deren höchstes Interesse dabei auf dem Spiele steht, eine fast eben so grosse Sorglosigkeit beweist, so darf man nicht befürchten, dass die Einsicht der preussischen Regierung in das für das Allgemeinwohl Förderliche hier getrübt, noch ihre Standhaftigkeit in der Wahrung desselben bei dieser wichtigen Gelegenheit vermisst werden wird. Der englische Handelsminister, Herr Gladstone erklärt, dass die europäischen Regierungen, indem sie einer beschränkenden Handelspolitik nachgeben, dem populären Willen, öfters im Widerspruch mit ihren eigenen Ueberzeugungen, gehorchen. Die Ueberzeugungen der ausgezeichnetsten Mitglieder der preussischen Regierung haben sich bisher entschieden gegen eine beschränkende Handelspolitik geäussert. Durch die nur mit vermehrter Heftigkeit aber auch eben nicht minderer Grundlosigkeit erneueten Vorstellungen der Sonderinteressenten, können jene Ueberzeugungen unmöglich erschüttert worden sein. Ich will daher nicht fürchten, dass die preussische Regierung, ihrer wohlbegründeten vernünftigen Ueberzeugung zuwider, und ihrem bekannten Karakter ganz untreu, gerade dieser Bewegung gehorchen wird, welche sich gänzlich faktiös und partikulär erweist.

Die legislative Regelung der Industrie darf nicht zur Parteisache gemacht, mit keinen Parteiwaffen geführt werden; sie ist eine Sache, bei der Alles auf dem Spiele steht; — eine Sache, bei der der Vortheil aller Parteien gleich gefördert wird, wenn richtige Prinzipien für das Allgemeinwohl gelten, und gleiches Verderben am Ende alle Parteien trifft, wenn das Sonderinteresse seinem einseitigen Rathe Eingang verschafft. Aber die Merkantilisten machen sie zur Sache ihres eigenen selbstsüchtigen Vortheils, dem sie das Allgemeininteresse rücksichtslos opfern wollen; und sie führen ihre Sache mit allen verwerflichsten Waffen der Parteiung. Ich glaube nicht, dass sie sich Dessen bewusst sind, was sie thun; sie erfassen nicht den Umfang der Verhältnisse, um die es sich handelt; der Hinblick auf den eigenen Gewinn beschränkt ihren Gesichtskreis und blendet ihre Sinne; sie sind theils Verführer theils Verführte. Da aber jene Partei so eifrig in ihren Umtrieben, und so unbewusst der Folgen derselben ist, muss man mit um so nachdrücklicherem Ernste ihr entgegen treten, die Erkenntniss ihres verderblichen Irrthums ihr aufdrängen, ihre Darstellungen entwirren, ihre Argumente zergliedern, ihre Beweggründe bloslegen, die Verführten aufrütteln, und die Verführer vor sich selbst entlarven.

Ich habe den Merkantilisten schwere Vorwürfe, sowohl hinsichtlich des Ziels als der Mittel, gemacht. Ich will meine Beschuldigungen näher motiviren und mit den unzweideutigsten Belägen erhärten.

Die Merkantilisten entstellen die Thatsachen; *denn sie erheben stürmische Klagen über den Verfall gerade derjenigen Industriezweige, in denen rascher Aufschwung und staunenerregende stetige Ausdehnung vor sich geht.*

Im Jahre 1843 klagten sie laut über gänzliches Darniederliegen und nahen Untergang der preussischen *Eisenindustrie*, und bewirkten, durch ungestüme Verwendung bei dem letzten Zollkongress, die Auflegung eines Einfuhrzolles auf Roheisen und eine Erhöhung desselben auf anderes Eisen. Sie erhoben auch, zu derselben Zeit, Klagen über das Erliegen der vereinsländischen Industrie in Baumwolle, Wolle und Seide, unter dem Drucke fremder Konkurrenz. Die Elberfeld-Barmer Bittschrift und die desfallsigen Anträge des Rheinischen Landtags sind in frischem Andenken. Und jetzt treten sie, auf den bevorstehenden Zollkongress hinblickend, noch dreister und ungestümer, mit ähnlichen Klagen und Darstellungen hervor, deren Grundlosigkeit aus folgendem statistischen Nachweis hervoleuchtet.

Eisenindustrie.

A. Roheisen produzirt in Preussen:

1837 . . . . 1,446,372 Ztr.
1838 . . . . 1,339,702 „
1839 . . . . 1,474,853 „
1840 . . . . 1,547,250 „
1841 . . . . 1,577,574 „
1842 . . . . 1,503,345 „

Mithin Zunahme binnen 6 Jahren um 3⅘ Prozent.

B. Fremdes Roheisen, verarbeitet im Zollvereine:

1837 . . . . 110,167 Ztr.
1838 . . . . 244,940 „
1839 . . . . 248,589 „
1840 . . . . 702,771 „
1841 . . . . 920,311 „
1842 . . . . 1,117,302 „
1843 . . . . 2,657,470 „

Mithin Zunahme binnen 7 Jahren um mehr als 2300 Prozent.

Nicht die Produktion, sondern die Verarbeitung des Roheisens macht hauptsächlich die Eisenindustrie aus. Jene beschäftigte im Jahre 1843 nur 2,628, diese 17,645 Menschen, abgesehen von allen Grobschmieden, Nagelschmieden, Ketten- und Ankerschmieden und Schlossern, deren Zahl noch viel grösser sein mag. Ein Zentner Eisenwaaren hat einen oft zehnmal grösseren Werth als ein Zentner Roheisen; zur Verfertigung jenes werden zehnmal mehr Arbeit und Kapital beschäftigt als zur Herstellung dieses. Für

154 Ueber die Nachtheile d. Industrie durch Erhöhung d. Einfuhrzölle.

die einheimische Industrie ist also die Verarbeitung von einem Zentner fremden Roheisens eben so wichtig, als die Produktion von zehn Zentnern in rohem Zustande aus den einheimischen Bergwerken. Der Zustand der Eisenindustrie muss also hauptsächlich nach der Menge des verarbeiteten Roheisens beurtheilt werden. Wenn also im Jahre 1842 in Preussen etwa 74,000 Zentner Roheisen weniger als in 1841 produzirt wurden, so wurde dies für die Industrie durch die Verarbeitung von 197,000 Ztr. mehr fremden Roheisens im Zollvereine, wovon wenigstens $^2/_5$ auf Preussen gekommen sein mögen, reichlich ersetzt. Gegen den Ausfall von 74,000 Ztr. Roheisen, im Werthe von 135,000 Thlr. haben wir also bei der preussischen Eisenindustrie, im Jahre 1842 gegen 1841, einen Mehrbetrag an Eisenwaaren um etwa 80,000 Ztr. mit einer Wertherzeugung von wenigstens einer halben Million Thalern entgegenzustellen. Eine Abnahme der Eisenindustrie, nämlich der Beschäftigung von Arbeit und Kapital, durfte, weder in Preussen noch im Zollvereine, in 1842 behauptet werden; es fand im Gegentheil eine Vermehrung derselben statt. Die damaligen momentan erniedrigten Preise des Roheisens trugen sehr zu jenem erwünschten Resultate bei, rührten von den grossen in England eingeführten Verbesserungen des Bergwerks- und Hüttenbetriebs her, und bildeten nur eine Handelskonjunktur, wie sie in jedem Gewerbe häufig vorkommen. Nach den letzten Berichten beträgt, wegen des vermehrten Verbrauchs, der Preis des Roheisens jetzt in England das Doppelte von dem, wofür es in 1843 bis nach Schlesien hin geliefert wurde, — ein Umstand, welcher seitens der Konsumenten laute Klagen hervorruft.

Die Produktion des Roheisens lässt sich, wegen natürlicher Hindernisse, nur schwer und langsam ausdehnen. Eine sehr grosse Preiserhöhung hat zu diesem Ende nur verhältnissmässig geringe Wirkung, wo man, wie in Schlesien, mit unverhältnissmässigen Mehrkosten, zu den unzugänglicheren Erzen und den weitergelegenen Brennstoffen greifen muss. Wäre die vereinsländische Eisenindustrie auf das Rohmaterial beschränkt gewesen, welches der eigene Bergbau liefern könnte, so hätte sie sich nicht in dem erfreulichen Maasse ausdehnen können, wie sie es gethan hat; denn sie hat sich im Ganzen, binnen 7 Jahren, bis 1843, um mehr als

160 Prozent vermehrt, — der Eisenbergbau aber in derselben Zeit nur um 5$^1/_3$ Prozent. Die fehlende, zum Bedarf in 1843 eingeführte Quantität von 2,657,470 Ztr. Roheisen, hätte das Inland vielleicht gar nicht, oder wenigstens nur mit so unverhältnissmässigen Mehrkosten zu Tage fördern können, dass der erhöhte Konsumtionspreis den Verbrauch, mithin die Industrie sehr beträchtlich hätte einschränken müssen.*)

Es gehörte eine sehr dreiste Entstellung der Thatsachen dazu, um glauben zu machen, dass die preussische Eisenindustrie in 1843 im Rückschreiten sich befände.

Baumwollindustrie.

A. Baumwollene Gespinnste verfertigt im Zollvereine:

1836 . . . . . . 105,000 Ztr.
1837/39 Durchschnitt. 121,000 „
1843 . . . . . . 210,000 „

Die Baumwollspinnereien im Zollvereine haben binnen 8 Jahren ihre Produktion um 100 Prozent vermehrt.

B. Baumwollene Gespinnste verarbeitet im Zollvereine:

1836 . . . . . . 385,000 Ztr.
1837/39 Durchschnitt. 426,137 „
1843 . . . . . . 612,062 „

Die Weberei, worin die Baumwollindustrie zu zwei Dritteln besteht, hat sich binnen 8 Jahren um 59 Prozent vermehrt.

Die Ausdehnung der Weberei ist zwar nicht *so reissend* als die der Spinnerei, über deren *Bedrückung* durch die Einfuhr englischen Twistes die heftigsten Klagen erhoben werden; dennoch ist sie überraschend und erfreulich genug, um die Augen Derer zu öffnen, die sich über die wahre Lage der Dinge, durch die

---

*) Der Eisenverbrauch ist bei dem Ackerbau sowohl Hebel als Kennzeichen der Kulturhöhe. Wie sehr aber derselbe durch hohen Eisenpreis beschränkt wird, geht daraus hervor, dass in den gewöhnlichen grösseren Wirthschaften der Provinz Preussen kaum ein Sechstel von der Quantität verbraucht wird, die ein vervollkommneter Betrieb erfordert, — wovon ich mich dadurch überzeugte, dass ich die Eisenhändler-Rechnungen verschiedener grosser Güter, mit der des Herrn Alsen, für seine bekannte Musterwirthschaft in Drewshof, verglich.

Note des Verf.

Wollenindustrie.

A. Rohe Wolle versponnen im Zollvereine:
  1838 . . . . 384,594 Ztr.
  1839 . . . . 413,631 „
  1841 . . . . 488,982 „
  1842 . . . . 512,143 „
  1843 . . . . 536,457 „

Vermehrung der Wollspinnerei im Zollvereine binnen 6 Jahren um etwa 40 Prozent.

B. Wollengarn verbraucht im Zollvereine:
  1841 . . . . 508,676 Ztr.*)
  1842 . . . . 534,378 „

Vermehrung der Wollweberei binnen einem Jahre 5 Prozent.

Vor 1841 wurden die Einfuhren des Wollengarns nicht genau aufgezeichnet; spätere Angaben liegen mir nicht vor.

Seidenindustrie.

A. Rohseide versponnen im Zollvereine:
  1841 . . . . 11,638 Ztr.
  1842 . . . . 12,595 „

Vermehrung der Seidenspinnerei binnen einem Jahre über $7^{2}/_{3}$ Prozent.

B. Seidengespinnst verbraucht im Zollvereine:
  1841 . . . . 12,933 Ztr.
  1842 . . . . 14,418 „

Vermehrung der Seidenweberei binnen einem Jahre über $10^{3}/_{4}$ Prozent.

Vor 1841 wurde die Einfuhr der Rohseide nicht genau aufgezeichnet; deshalb kann ich die Schätzung nur *für die Epoche der Elberfeld-Barmer Bittschrift* angeben.

---

*) Der Wollabgang bei der Wäsche u. s. w. ist nicht berechnet worden, welches aber, da es sich nur um Verhältnisszahlen handelt, nichts an der Sache ändert.

Rekapitulation.
Jährliche Ausdehnung.
Preussen.

Roheisenproduktion 1837—43 etwa $^9/_{10}$ Prozent.

Roheisenverarbeitung „ . . . 14 „

Zollverein.

Baumwollspinnerei 1836—43 . . $12^1/_3$ „

Baumwollweberei „ . . $7^3/_8$ „

Wollspinnerei 1838—43 . . . . $6^1/_4$ „

Wollweberei „ . . . . 5 „

Seidenspinnerei 1841—42 . . . $7^2/_3$ „

Seidenweberei „ . . . $10^3/_4$ „

Und im Angesichte dieser Thatsachen entblöden sich die Merkantilisten nicht, bei den Regierungen des Zollvereins vorwurfsvolles Geschrei über den Untergang aller dieser Industriezweige durch fremde Konkurrenz zu erheben!

Die Leinenindustrie

zeigt keinen so erfreulichen Fortgang. — Im Jahre 1838 war eine Mehreinfuhr an Flachs von 37,462 Ztr. in den Zollverein; im Jahre 1843 dagegen eine Mehrausfuhr von 44,102 Ztr. aus demselben. Wenn nicht eine grosse Ausdehnung des Flachsbaues im Zollvereine unterdessen stattgefunden hat, so muss man aus den angeführten Umständen auf eine Verminderung der Flachsspinnerei daselbst schliessen. Die Mehrausfuhr an Leinenwaaren betrug 1837—39 nicht weniger als 95,578 Ztr.; im Jahre 1843 aber war sie auf 30,018 Ztr., also auf weniger als ein Drittel gesunken. Die Noth unter den schlesischen Leinwebern ist offenkundig. Aber auch der Grund der Bedrängniss in dieser Industrie liegt eben so sehr am Tage. Die deutsche Leinenfabrikation hat in ihrem Verfahren nicht mit den Verbesserungen der Ausländer Schritt gehalten, und ist also durch dieselben von dem auswärtigen Markte verdrängt worden. Die Engländer haben ihre Ausfuhr an Leinenwaaren seit 1837 um 56 Prozent vermehrt, und exportiren davon jetzt gerade zweimal so viel an Werth als der Zollverein. Dies haben sie bewirkt durch sorgfältigen Flachsbau, verbesserte Flachsröste, vervollkommnete Maschinenspinnerei, chemische Bleiche und saubere Appretur. In allen diesen Dingen ist Deutschland vergleichsweise stehen geblieben; — in dem langgewohnten Betriebsgeleise verharrend, hat es, obwohl mit Besorgniss die gefahrdrohende Konkurrenz gewahrend, den günstigen Zeitpunkt zur Entfaltung seiner Kräfte in dem von der Zeit geforderten Fortschritt ungenutzt verstreichen lassen.

Die Einfuhr von Leinenwaaren in den Zollverein war in 1843 um 125 Ztr. geringer als in 1838; also kann nicht eine durch niedrige Tarifsätze erleichterte Konkurrenz des Auslandes in dem einheimischen Markte, die Schuld der Noth in Schlesien tragen. Auch kann nicht die vermehrte Verwendung des englischen Garns die Ursache sein, denn diese ist für die Weber eine Erleichterung, und die Weberei, nicht die Maschinenspinnerei ist im Sinken. Die Bereitung des Leinengarns mittlerer Feinheit durch Handarbeit ernährt freilich nicht mehr den Arbeiter, ist aber nicht mehr als eine Beschäftigung für Menschenhände zu betrachten. Die Noth in der deutschen Leinenindustrie geht allein aus dem Verluste des auswärtigen Absatzes für gewobte Leinenzeuge hervor; und dieser ist verloren worden, *trotz der Benutzung billiger Maschinengarne*, weil Deutschland, »in dem altgewohnten Betriebsgeleise verharrend,« die nöthigen Verbesserungen nicht gemacht hat. — Dass nicht die Tarife fremder Länder, sondern nur das Zurückbleiben in der Fabrikationsweise den auswärtigen Absatz deutscher Leinenwaaren vermindert habe, beweist der Umstand, dass England, zu gleicher Zeit, trotz jener Tarife, seinen Absatz durch Verbesserung der Fabrikationsweise, so reissend vermehrt hat.

Die Leinenfabrikation ist die älteste Industrie Deutschlands; sie ist seinen natürlichen Verhältnissen angepasst; sie bot ihm bisher eine Sphäre dar, in der es ein Uebergewicht auf dem Weltmarkte behauptete. Woher kommt es, dass Deutschland jetzt darin hinter der Zeit zurückgeblieben ist? — Die Ursache liegt klar am Tage. Deutschland hat seine Kapitalien und Kräfte mit anderen Dingen zersplittert. So lange der Tarif eine künstliche Preiserhöhung von 30 Thlr. bis 50 Thlr. pro Zentner für gewisse wollene und baumwollene Waaren darbot, zog es der Deutsche natürlich vor, diese zu benutzen, und sich, ohne Anstrengung auf die sogenannten beschützten Produktionszweige zu legen, anstatt eine Industrie zu verfolgen, in der er, durch angestrengtes

Verbessern des Verfahrens, mit den Engländern in Preis und Güte Schritt halten musste. *Deutschlands Leinenfabrikation, sein ältestes natürlichstes Gewerbe, sein Stützpunkt im Weltmarkte, ist das Opfer einer seinsollenden Beschützung der Industrie geworden!* Die Merkantilisten verrücken die Gesichtspunkte und vermischen die Fragen.

Die Merkantilisten weisen zum Beleg für die behauptete Wirkung fremder Konkurrenz, immer nur auf die Ein- und Ausfuhrlisten hin. Wenn mehr Fabrikate hereinkommen, oder weniger hinausgehen, wollen sie sogleich glauben machen, dass die einheimische Fabrikation um gerade eben so viel abgenommen habe.

Die Ein- und Ausfuhrlisten, einzeln oder für sich allein betrachtet, berechtigen zu keinem Schlusse über die einheimische Industrie. Diese kann nur nach der Mehreinfuhr nebst einheimischer Produktion von Rohstoffen und Halbfabrikaten geschätzt werden. Vereinzelte Angaben dienen nur zur Entstellung der Thatsachen. Neben der seit 1837 um ein Drittel vermehrten Twisteinfuhr, dehnte sich zu gleicher Zeit die Baumwollspinnerei um das Doppelte aus. Jene vermehrte Einfuhr beweist also keine Verdrängung der einheimischen konkurrirenden Industrie, wenngleich die Merkantilisten sie als direkten Beweis dafür hervorheben; — wohl aber hat sie das Mittel dargeboten, einen anderen einheimischen Industriezweig, nämlich die Weberei, um mehr als · 50 Prozent auszudehnen.

Augenfällig verrücken die Merkantilisten den wahren Gesichtspunkt durch den von ihnen beliebten und gebräuchlich gewordenen Namen »*Schutzzoll*«. Sie bezeichnen damit bekanntlich einen Eingangszoll auf solche fremden Produkte, welche gleichfalls im Inlande erzeugt werden. Ein solcher Zoll bewirkt zunächst ein Einschränken der Zufuhren seitens der Ausländer, bis der dadurch entstehende Mangel im einheimischen Markte die betreffenden Produkte daselbst um den Betrag des Zolles über den ausländischen Produktionspreis hinaus vertheuert. Jene Zölle wirken direkt nur auf Erzeugung eines Mangels und sind zunächst *Theuerungszölle*. Eine weitere Folge davon ist, dass solche Theuerung seitens der einheimischen Produzenten benutzt wird, um Gewerbe zu betreiben, bei denen die Kosten, wegen ungünstiger lokaler Umstände, sonst nicht herauskommen würden. Ob nun diese Operation — nämlich eine Vertheuerung der Konsumtionsgegenstände, damit eine mit unverhältnissmässig grossen Kosten verbundene Produktion betrieben werden könne, eine Beschützung der Industrie sei, ist eine grosse Streitfrage. Es wird im Gegentheil geradezu behauptet, dass eine künstliche Entziehung des Geldes aus den Taschen der Konsumenten um die Mehrkosten bei einer von den Landesverhältnissen nicht begünstigten Produktion zu decken, eine Kapitalsvernichtung, eine Beeinträchtigung der Industrie sei. Damit also der Gesichtspunkt nicht von der *unmittelbaren unbestreitbaren*, *zu der angeblichen bestrittenen* Wirkung jener Einfuhrzölle verrückt werde, nenne ich sie nur »*Theuerungszölle*« und werde keine andere Benennung anerkennen. — Fast alle indirekten Steuern bewirken zunächst eine Theuerung; wenn aber des Konsumenten Mehrausgabe dabei in die Staatskasse fliesst, kommt sie ihm, durch Verwendung zu öffentlichen Zwecken, wieder zu Gute, und ist, in solchem Falle, nur ein Vorschuss zu seinem eigenen Nutzen. Aber bei jenen Einfuhrzöllen, die ich vorzugsweise »Theuerungszölle« genannt wissen will, entsteht eine Theuerung gewisser einheimischer Produkte, welche nichts zur Staatskasse liefern, mithin dem Konsumenten eine blosse Mehrausgabe ohne Ersatz verursachen.

Die Merkantilisten sagen: »der Zollverein führt über 400,000 Ztr. englischen Twist ein; mithin bezahlt er den Engländern an 5,000,000 Thlr. jährlich für Spinnerlohn. Man erhöhe nur den Eingangszoll auf Twist um 3 Thlr. pro Ztr. und dann wird der Zollverein diesen ganzen Arbeitslohn selbst verdienen.« — Um den verrückten Gesichtspunkt dieses Vorschlages hervorzuheben, muss man ihn etwas anders ausdrücken. Wenn die Merkantilisten ehrlich wären, so würden sie sagen: »Der Zollverein verbraucht jährlich über 600,000 Ztr. Twist und bezieht davon zwei Drittel aus England. Man vertheuere den ganzen Verbrauch noch um 3 Thlr. pro Ztr., also um 1,800,000 Thlr. jährlich, und dann wird der Zollverein, zur Errichtung von Baumwollspinnereien für seinen ganzen Bedarf, Kapital und Arbeit anderen Gewerben entziehen, und für Spinnerarbeit, anstatt anderer Arbeit, Lohn verdienen.«

Dies ist in wenigen klaren Worten das grosse merkantilistische Projekt zur Hebung der Industrie! Das Falsum, wodurch die Merkantilisten uns ihr Projekt aufbinden möchten, liegt in dem Vorgeben, dass man den Spinnlohn für den ganzen Twistbedarf nebenher, neben alledem, was man jetzt erwirbt, verdienen könne; wogegen es augenfällig und erweislich ist, dass man nicht jenen Lohn beziehen kann, ohne Kapital und Arbeitskräfte anderen Geschäften zu entziehen, und dadurch eben so guten Verdienst aufzugeben. Durch einen einzigen Beschluss des Kongresses, durch ein Tarifmanöver, soll die Baumwollspinnerei verdreifacht, die Flachsspinnerei verzwanzigfacht werden. Man braucht dazu nur 3,000,000 Spindeln mit 70,000.000 Thlr. Anlage- und Betriebskapital, und etwa 100,000 Arbeiter. Sind solche industriellen Mittel im Zollverein *unbenutzt* vorhanden? Die Merkantilisten möchten uns einreden, dass dies der Fall sei; aber dann wieder betheuern sie bei jeder Gelegenheit, dass sie mit dem Auslande deshalb nicht konkurriren können, *weil sie nicht genug Kapital und geschickte Arbeiter für ihre jetzigen Geschäfte haben!*

Der Aktienverkehr auf der Börse in letzter Zeit dürfte den Glauben begünstigen, dass es an Kapitalien, zu welchem Betrage es auch sei, nie fehlen könne. Die Anerbietungen scheinen, wo Aussicht auf Gewinn ist, keine Grenze zu haben. Man begreift nicht, wo die unermesslichen Summen herkommen. Dieser Börsenverkehr aber zeigt uns die Bewegungen in der Unterbringung des Kapitals, nicht durch die Gewerbetreibenden, sondern durch die Rentiers. Diese entziehen ihre Darlehne dem Einen und übertragen sie dem Anderen, sobald dadurch ein Gewinn zu erzielen ist. Der häufig gemachte sehr grosse Gewinn bei Eisenbahnaktien durch Agiotage hat auf die Rentiers einen mächtigen Reiz ausgeübt. Viele von ihnen kündigen und entziehen der ackerbauenden und sonstigen Industrie die früher auf Hypotheken und Wechsel verliehenen Summen, um dieselben zu Eisenbahnunternehmungen zu verwenden. Und wie gross auch diese neuuntergebrachten Beträge scheinen, sind sie doch nur ein verhältnissmässig geringer Theil des sämmtlichen auf Zinsen verliehenen Vermögens. Dass diese durch Aktienagiotage jüngst in Bewegung gesetzten Kapitalien bis dahin unbenutzt in überfüllten Kassen gelegen hätten, wäre eine sonderbare Annahme. Die Gewerbetreibenden aller Orte können mit Schmerzen das Gegentheil bezeugen; denn überall klagen sie über die Verlegenheit, in welche sie, durch Kündigung und Entziehung der Darlehne, in Folge der für die Rentiers so lockenden Aktienunternehmungen, versetzt werden. Die Hauseigenthümer Berlins zum Beispiel sind dadurch in eine Noth gerathen, welche zu den abenteuerlichsten Abhilfsvorschlägen antreibt. Und diese Verlegenheit wird sich noch viel höher steigern, und einen viel heftigeren Nothschrei auspressen, wenn der ganze nominelle Betrag der neuen Aktienverpflichtungen eingezahlt sein wird. — Und gerade in diesem Augenblicke, wo allen' bestehenden Gewerben das bekanntlich sehr unzulängliche Kapital so sehr durch den Eisenbahnbau gekürzt wird, dringt man auf einen Tarifstreich, wodurch die Einrichtung ungeheurer neuer Fabrikanlagen gewaltsam veranlasst werden soll!

Aber es giebt, wird man vielleicht sagen, mehr als hunderttausend unbeschäftigte Arbeiter im Zollverein, und die Verwendung dieser Kräfte, wovon die Hälfte Kinder sein dürften, würde eine Vermehrung der ganzen Produktion bewirken. Es giebt freilich an jedem Orte, wenn nicht viele Unbeschäftigte, doch Viele, welche von unregelmässiger, wenig produktiver Beschäftigung leben. Es ist schwer, diese zum geregelten Geschäfte heranzuziehen und noch schwerer sie dabei zu gebrauchen. Die Maschinenspinnerei aber kann nur nüchterne, zum anhaltenden Fleisse und pünktlicher Verrichtung ausgebildete Arbeiter gebrauchen. Die vorhandenen von unregelmässiger Beschäftigung Lebenden befinden sich auch nicht an den Orten, wo Spinnereien anzulegen wären. Es liegt überhaupt eine grosse Schwierigkeit darin, Menschen von ihrem einmal erlernten Geschäfte und von ihrem Domizil abzubringen. Wenn diese Schwierigkeit nicht wäre, so könnte der Noth unter den schlesischen Webern bald abgeholfen werden. Aber trotz aller Bedrängniss unter jenen armen Menschen, fühlt Jedermann die praktische Unausführbarkeit eines Versuchs, sie mit anderer Arbeit anderwärts zu ernähren, — nicht weil sie anderwärts nicht untergebracht, sondern weil sie nicht von ihren Hütten und Webstühlen fortgebracht werden können.*) — Die Beschäftigung von Kindern in den Fabriken aber ist ein höchst bedrohliches Uebel für den ganzen sozialen Zustand. Sie werden daselbst körperlich verkrüppelt und sittlich verwahrlost, und haben nicht zur geistigen Erziehung Musse. Wenn sie gross geworden sind, sind sie erwerbsunfähig, schwellen die Pauperlisten an, und suchen durch Kindererzeugung sich in dem Lohne ihrer Sprösslinge eine Nahrungsquelle zu verschaffen. Die Maschinenspinnerei ist, wegen der Verwendung von Kindern, eine für die Nationalwohlfahrt höchst bedenkliche Sache. Vielleicht wird die gesunde Volkskraft Englands, begünstigt durch freie Institutionen, das Uebele der Sache beseitigen; aber Wahnsinn wäre es für eine andere Nation, mit Gewalt dies unheilschwangere Gewerbe, so lange sie andere ausbilden kann, an sich zu reissen. Denn, wenn England nicht Abhilfsmittel gegen die jetzt damit verknüpften Uebel für den Volkszustand bald findet, wird es darin einen Krebsschaden, noch fürchterlicher als die alten Armengesetze es waren, in sich tragen und einem grenzenlosen Elende durch Entsittlichung des Volkes entgegengehen.

Abgesehen von alledem aber ist es klar, dass die regelmässige und produktivste Beschäftigung der Arbeiter von dem vorhandenen Kapitalfonds abhängt. Eine neue Tarifbestimmung kann diesen Fonds nicht vergrössern, mithin auch nicht jene Beschäftigung vermehren; *sie kann nur ein Umsatteln, nicht eine*

---

*) Eine kühne Vermischung der Fragen liegt darin, dass die Merkantilisten die Noth der armen Weber als Vorwand benutzen, um eine Bereicherung der Maschinenspinner vorzuschlagen; als ob dem Weber durch Vertheuerung seines Materials geholfen würde. Vielleicht aber giebt man vor, dem Weber in den neuen Spinnfabriken Unterhalt zu verschaffen; — aber wenn er sein jetziges Gewerbe aufgeben soll, so steht ihm die Wahl unter hundert anderen vorhandenen Gewerben offen; und wo ist die Aussicht, dass gerade in den Weberdistrikten die Spinnereien angelegt, und dass die Weber darin aufgenommen werden? — Dass eine Vertheuerung des Garns den Nothleidenden nicht helfen könnte, ist eben so augenscheinlich, als dass jene Maassregel nur den Nichtleidenden Gewinn bringen würde. Note des Verf.

Ausdehnung der Industrie bewirken. Und wozu solches Umsatteln? Denn abgesehen von der damit verknüpften grossen Kapitalsvernichtung, wird, bei der vorgeschlagenen Spinnerei, ein grosser Zuschuss aus den Taschen der Konsumenten nöthig sein, um den landesüblichen Arbeitslohn und Profit zu decken, wogegen, bei der jetzigen Verwendung der Mittel, landesüblicher Profit und Lohn ohne Zuschuss herauskommen.*) Das Projekt also geht darauf hinaus, Kapital und Arbeitskräfte zu weniger lohnenden Beschäftigungen hinzuleiten. Man soll im Grossen umsatteln, damit Produzenten nicht besser, aber Konsumenten schlechter als vorhin dabei fahren!

»Aber«, sagen die Merkantilisten, »den Lohn, den ein Land seinen eigenen Arbeitern giebt, zahlt es an sich selbst. Wenn es also sieben Millionen Thaler jährlich an eigene Baumwollspinner, anstatt fünf Millionen an ausländische zahlt, so vermeidet es damit eine Verkürzung des Nationaleinkommens zum Betrage von fünf Millionen.« Dies ist der eigentliche Kern der Merkantiltheorie. Demnach sollen die im Lande gemachten, oder sich selbst gezahlten Kosten gar nicht in Rechnung gebracht, sondern nur die im Auslande gezahlten Kosten in Betracht genommen werden. Wenn dem so ist, kann es nicht darauf ankommen, wie Jene sich zu Diesen verhalten; und wenn man in einem inländischen Treibhause, mit einem Aufwande von hundert Thaler, ein Pfund Thee zieht, das man vom Auslande für einen Thaler erhalten kann, so müsste dadurch ein Gewinn von einem

---

*) Dass die Produktionsmittel, für die man durch einen Theuerungszoll lohnende Beschäftigung schaffen will, jetzt ohne Theuerung lohnende Beschäftigung finden, ist leicht erweislich; — denn der Betrag der Produktionskosten, die man durch künstliche Theuerung decken will, richtet sich nach dem Werthe derjenigen Produkte, welche solche Mittel bei anderer Verwendung erzeugen; — man kann nämlich mit keinen geringeren Kosten anderen Gewerben die nöthigen Produktionsmittel entziehen, weil sie in jenen Gewerben Erzeugnisse von solchem Werthe bringen. Ein Theuerungszoll von 50 Prozent bewirkt also, dass man Mittel, womit man Produkte zum Werthe von 150 Thlr. sonst erzeugt, auf eine Sache verwendet, die man mit einem Produktenwerth von 100 Thlr. eintauschen könnte, also seinen Ertrag um ein Drittel vermindert. Note des Verf.

Thaler für das Nationaleinkommen erzielt werden. Wenn die Merkantiltheorie richtig ist, so muss aller und jeder Handelsverkehr zwischen Nationen abgeschnitten werden. — Die Trüglichkeit des erwähnten Haupttheorems liegt darin, dass der Gesichtspunkt, in einem und demselben Satze, von der abstraktesten Allgemeinheit zur konkretesten Einzelheit verrückt wird. Man redet nämlich rein abstrakt von einem Lande als Ganzes, abgesehen von allen einzelnen Interessen, und zu gleicher Zeit rein konkret vom Lohnzahlen, welches die getrennten Interessen besonderer Klassen, das besondere Geschäft des vorschiessenden Kapitalisten, die Vermittelung des Geldes u. s. w. bedingt. Entweder muss man den speziellen Gesichtspunkt festhalten und sagen: »es ist Jedem einerlei, wie hoch der Lohn sei, den er an einen Landsmann zahlt;« — oder man muss bei dem allgemeinen Gesichtspunkte konsequent bleiben und sagen: »es ist einerlei, zu welcher Produktion ein Land seine Kapitals- und Arbeitskräfte verwendet«. Auf diese Weise gesondert und zurechtgerückt tritt die Ungereimtheit sowohl des allgemeinen als des speziellen Gesichtspunktes der Merkantiltheorie klar an's Licht. Die Wissenschaft der Staatswirthschaft sagt dagegen, aus dem speziellen Gesichtspunkte: »es liegt im Interesse jedes Einzelnen im Lande, von einem Ausländer zu kaufen, wenn dieser die Waare billiger als ein Inländer liefert;« — und aus dem allgemeinen Gesichtspunkte: »eine Nation hat das Interesse, möglichst viel zu erzeugen und das Erzeugte möglichst theuer zu verkaufen. Aber jemehr von des Anderen Waare man für die eigene Waare eintauscht, um so theuerer verkauft man. Billiges Kaufen ist also mit theuerem Verkaufen eins und dasselbe. Also kann ein Land nur dadurch möglichst viel produziren und möglichst theuer verkaufen, dass es die von den Landesverhältnissen am meisten begünstigten Produktionen betreibt, bei denen es mehr als Andere erzeugt, und alles Dasjenige eintauscht, was von Anderen verhältnissmässig leichter hervorgebracht wird.«

»Aber«, sagen die Merkantilisten wieder, »das Ausland, welches Alles selbst billiger macht, nimmt nicht unsere Produkte, sondern unser baares Geld; bei freiem Handel geht alles Geld aus dem Lande in die Taschen der Fremden«. Diese Drohung mit dem Entziehen des baaren Geldes aus dem Lande ist der grosse

Popanz, womit die Merkantilisten alle Welt in ihre Falle hineinjagen möchten. Wenn zwei Millionen Zentner Roheisen aus England bezogen werden, dann behaupten sie, dass zwei Millionen schöne blanke Thalerstücke dafür nach England hinwandern; und eben so möchten sie glauben machen, dass fünf Millionen baar aus dem Lande zur Löhnung englischer Spinner jährlich gehen. Wenn ein gleicher Werthbetrag ein- und ausgeführt wird, so muss, da der Werth sich nach dem Aufwande von Kapital und Arbeit bestimmt, die einheimische Industrie eben so viel Beschäftigung bei Verfertigung der nach dem Auslande ausgeführten Produkte haben, als sie bei direkter Fabrikation der eingeführten Waaren haben könnte. Der Merkantilismus hat für sich nicht den Schatten eines Vorwands, wenn er nicht darauf fusst, dass, durch unbeschränkte Einfuhr fremder Waaren, Geld aus dem Lande geht.

Dringen nun die Merkantilisten des Zollvereins auf ein so gewaltiges Eingreifen in die industriellen Verhältnisse, um das angebliche Uebel einer zu wenig beschränkten Einfuhr von fremden Waaren abzustellen, so müssten sie doch vor Allem beweisen, dass dies Uebel, welches nur in einer angeblichen Geldentziehung bestehen kann, auch wirklich und faktisch vorhanden sei. Der Beweis ist für einen Geschäftsmann leicht. Jedem solchen ist es nämlich bekannt, dass baares Geld nur dann von einem Handelsplatze zum anderen verschickt wird, wenn der Wechselkurs daselbst um mehrere Prozente über Pari steht. Diejenigen, welche Theuerungszölle fordern, müssten also zunächst statistisch nachweisen, dass der Wechselkurs durchschnittlich seit einer Reihe von Jahren so stark zum Nachtheile Deutschlands sich herausgestellt habe, dass daraus auf eine regelmässige Versendung von baarem Gelde nach dem Auslande zu schliessen sei. Dieser nothwendige Nachweis ist niemals geführt worden. *Aber kein Staatsdiener darf eine Verfügung behufs der Beschränkung fremder Waareneinfuhr unterzeichnen, ohne diesen direkten Nachweis von dem Vorhandensein des Uebels zu fordern, welchem jene Maassregel angeblich abhelfen soll.*

Man braucht nur wenig nachzurechnen, um die Unmöglichkeit der angeblichen Geldentziehung einzusehen. Das kursirende Umsatzmittel im Zollvereine hat nie mehr als etwa hundert Millionen

Thaler in Metall und vielleicht eben so viel in Papiergeld betragen. Die baumwollenen und leinenen Gespinnste und gewebten Zeuge, deren Einfuhr man durch Theuerungszölle beschränken will, kosten jährlich weit mehr als zwanzig Millionen Thaler. Wenn nun der Zollverein seit zehn Jahren die Hälfte der Waaren mit baarem Gelde und nicht mit Produkten bezahlt hätte, so wäre jetzt nicht ein gebogener Groschen mehr innerhalb seiner ganzen Grenzen.

Jede Verminderung des baaren Geldes verräth sich, nicht nur in den Wechselkursen, sondern auch durch ein anderes untrügliches Zeichen, nämlich durch die Erhöhung des Geldwerths, — nicht etwa eine Erhöhung des Zinsfusses, (denn der zeigt nur den Preis der Kapitalsdarlehne an), sondern durch einen erhöhten Tauschwerth des Geldes im Verhältniss zu den Waaren; — in diesem Sinne ist *eine Erhöhung des Geldwerths* gleichbedeutend mit einer *gleichmässigen Erniedrigung sämmtlicher Waarenpreise*. Dass diese letzte nothwendig auf eine Verminderung des Umsatzmittels erfolgen muss, ist klar; denn, wenn ein Land dieselbe Produktenmasse, die es mit zweihundert Millionen Thalerstücken umsetzte, nunmehr mit einhundert Millionen umsetzt, so muss es ein Stück brauchen, wo es vorhin zwei Stücke brauchte. Wenn also, seit dem Bestehen des Zollvereins, dessen Baarschaft nur um fünf Millionen Thaler jährlich vermindert worden wäre, so musste schon der Werthbetrag seiner ganzen Produktion, nach dem Geldpreise gerechnet, um fünfundzwanzig Prozent gesunken sein. Es hat sich zwar das Tauschwerthsverhältniss eines Produkts gegen das andere Produkt, je nach den veränderten Produktionsbedingungen verändert; aber, abgesehen davon, kann man keine Verminderung der Produktenwerthe im Allgemeinen gegen Geld, keine Erniedrigung aller Preise nachweisen.

Wenn der Werth der eingeführten Waaren den Werth der ausgeführten übersteigt, und der Ueberschuss durch eine Geldausfuhr entrichtet wird, so bewirkt das erfolgende Sinken der Preise sogleich eine Vermehrung der Waarenausfuhr und eine Verminderung der Waareneinfuhr; denn der Fremde wird natürlich da mehr kaufen und weniger verkaufen wollen, wo Alles billiger geworden ist. Das Umgekehrte findet im umgekehrten Falle statt. *Eine anhaltende Geldentziehung aus einem Lande, d. h. eine fortdauernde Mehreinfuhr an Produkten bei fortdauerndem Sinken der inländischen im Verhältniss zu den ausländischen Preisen ist daher unmöglich.* — Das Gold vertheilt sich unter die Länder nach einem allgemeinen statischen Gesetze, welches die Preise in ein solches Verhältniss stellt, dass die Einfuhren und Ausfuhren der Produkte sich durchschnittlich gerade aufwiegen müssen. *Die Einfuhr von Produkten in den Zollverein bedingt eine Produktenausfuhr von gleichem Betrage; und eine Erhöhung der Eingangszölle würde nur eine Beschränkung der Produktenausfuhren zur Folge haben.* Mögen die Merkantilisten den Vereinsregierungen beweisen, dass solche Beschränkung eine Hebung der Industrie sei.

Aber der Merkantilismus will, durch Beschränkung der Einfuhr und Vermehrung der Ausfuhr, baares Geld in's Land hineinziehen. Die Merkantilisten sind indessen einer umfassenderen Ansicht zu wenig fähig, um einzusehen, dass dies nur auf eine Entwerthung des Umsatzmittels, durch unverhältnissmässige Vermehrung desselben, hinausläuft. Gesetzt nun, das merkantilistische Projekt würde im Zollverein glücklich durchgeführt. England erniedrigt seine Eingangszölle; es hat neulich vierhundert Gegenstände aus dem Tarife ganz ausgestrichen. Lassen wir den Zollverein durch Zollerhöhung seine Einfuhren von englichen Fabrikaten fast auf nichts reduziren. Lassen wir auf diese Weise England eine Bilanz von zwanzig Millionen Thalern jährlich baar an den Zollverein auszahlen; England dürfte nur jährlich drei Millionen Banknoten zu einem Pfund Sterling, welche ihm ganz fehlen, ausgeben, um ohne Ungemach so viel von seiner kostspieligen Goldzirkulation entbehren zu können. In zehn Jahren wäre das ganze Umsatzmittel im Zollverein verdoppelt, mithin wären alle Preise auch auf das Doppelte daselbst gesteigert. Wenn aber Rohstoffe und Arbeitslohn doppelt so viel als jetzt kosteten, so würde der Zollverein alsdann keine Fabrikate ausführen können; *denn eine Vermehrung des Umsatzmittels im Lande bewirkt nur ein ungünstigeres Verhältniss der inländischen zu den auswärtigen Preisen.* Nicht nur wäre dies ein harter Schlag für die Industrie, sondern es würde auch, durch die Entwerthung des angehäuften Umsatzmittels, eine grosse Störung aller Geldverhältnisse entstehen; die

Regierungen, Besoldete. Rentiers, und Alle, deren Einnahme auf eine bestimmte Geldsumme lautet, würden, durch die gesteigerten Preise aller Verbrauchsgegenstände, in grosse Verlegenheit gerathen; auch würden alle Gläubiger einen guten Theil ihrer Forderungen verlieren. Aber jene Hemmung des Verkehrs könnte nicht auf die Dauer wirksam bleiben; denn bei verdoppelten Absatzpreisen würden die fremden Fabrikate doch hineingebracht werden. — Glücklicherweise giebt es überall Naturgesetze, welche der Verkehrtheit menschlicher Satzungen entgegenwirken. So auch hier. Wenn der Tarifmacher die Einfuhrzölle auf eine doppelte nominelle Geldsumme erhöht, so setzt sie der unabwendbare Verlauf der Dinge, durch Entwerthung des Geldes, wieder herunter. Die Merkantilisten können grosse momentane Störungen, viel augenblicklichen Verlust für den Nationalwohlstand verursachen; aber des Menschen Drang, seine Bedürfnisse auf die billigste, mithin reichlichste Weise, durch den Handelsverkehr zu befriedigen, vermögen sie nicht dauernd zu hemmen; dieser Drang bricht durch alle Schleusen hindurch, und überfluthet alle entgegengestellten Dämme. Hiervon liefert Englands Handel in letzter Zeit den sprechendsten Beweis. Während fast alle Kontinentalregierungen ihre Tarife vielfach verschärft, und keine dieselben gemildert haben, ist Englands Ausfuhr nach dem europäischen Festlande binnen 12 Jahren um 75 Prozent gestiegen. Sie betrug im Jahre 1831 nur 13,640,440 Pfd. St. und in 1843 nicht weniger als 23,983,959 Pfd. St.

Die Elberfeld-Barmer Bittschrift von 1843 schreibt: »Die englische Produktion ist hauptsächlich auf den Welthandel berechnet. Die vereinsländische Industrie dagegen, hauptsächlich auf den inneren Verkehr angewiesen, nimmt am Welthandel einen verhältnissmässig nur geringen Antheil.« Es liegt den Merkantilisten viel daran, glauben zu machen, dass der Zollverein durchaus nicht mit dem Auslande konkurrire, und nur um die Erhaltung des inländischen Marktes bemüht sein müsse; und sie behaupten dreist und kurzweg, ob wahr oder nicht, Alles was in ihr Interesse passt. Die eben angeführte Behauptung der Bittsteller ist der Wahrheit geradezu entgegen; denn in den Fabrikationszweigen, wovon in jener Bittschrift die Rede ist, nämlich in wollenen, baumwollenen und seidenen Waaren, alle zusammengenommen, ist das Verhältniss der Ausfuhr zum einheimischen Verbrauch im Zollverein sogar etwas grösser als in England. Dies beweist Herr Carl Junghans in seiner vortrefflichen »Beleuchtung der Bittschrift der Handelskammer von Elberfeld und Barmen«. Aus zuverlässigen statistischen Angaben zeigt er, dass die Ausfuhr sich zum inländischen Verbrauche im Jahre 1841 verhielt:

	Zollverein.	England.
Wollenwaaren	$18^2/_3$ Prozent	17 Prozent
Baumwollenwaaren	$14^2/_3$,,	55 ,,
Seidenwaaren	$66^2/_3$,,	23 ,,

Addirt man diese Zahlen zusammen, so ergiebt es sich, dass bei diesen Industriezweigen, der Zollverein für ein ganzes Drittel, und England für etwas weniger als ein Drittel des Absatzes, auf den auswärtigen sogenannten Weltmarkt angewiesen ist. Deutschlands Antheil am Welthandel ist nicht *positiv* so gross, wie der Englands, weil seine Produktion überhaupt nicht so gross ist: auch hat Deutschland den verhältnissmässig grössten auswärtigen Absatz in Seidenwaaren, deren Produktionsbetrag der positiv kleinste ist. Aber die eben angeführte Berechnung beweist, dass Deutschland verhältnissmässig eben so stark als England in den genannten Zweigen auf dem Weltmarkte konkurrirt, *seine Preise eben so sehr nach den Weltmarktssätzen richtet*, und eben so grosses Interesse an der Erhaltung seiner Ausfuhren hat, — *mithin eben so wenig als England durch Einfuhrbeschränkungen, welche nothwendig eine verminderte Ausfuhr bedingen, gewinnen kann.*

Die Merkantilisten erdreisten sich, dem Deutschen einzureden, dass seine Intelligenz und sein Fleiss nicht auf freiem Felde gegen Andere aufkommen könne, bloss weil gewisse Sonderinteressenten sich hinter einem Tarifzaun verkriechen möchten, wo sie weder Intelligenz noch Betriebsamkeit anzuwenden brauchen. Siegt der merkantilistische Trug, gelingt es ihm, dem Deutschen den letzten Rest von Glauben an sich zu rauben, entzieht man den Fonds und die Energie den Zweigen, wo man jetzt frei und erfolgreich konkurrirt, dann wird man bald wirklich nicht mehr konkurriren können. Wenn zum Beispiel der Zollverein Kapital und Energie, durch neueinzuführende Theuerungszölle, der Fabrikation gröberer Tuchwaaren entzieht, um sie mit Anfertigung von Mohair und Lasting zu zersplittern, alsdann wird England die Fonds, womit es jetzt für den Zollverein Mohair und Lasting fabrizirt, den gröberen Tuchsorten zuwenden. Der Zollverein kann dabei den englischen Absatz von 31,295 Ztr. Mohair, Lasting u. dgl. auf seinem Markte, England dagegen des Zollvereins Absatz von 66,848 Ztr. Tuchwaaren im Weltmarkte gewinnen. Ein Gleiches kann in Baumwolle und Seide geschehen. Ich mache bloss darauf aufmerksam, dass, wenn der Zollverein, durch merkantilistische Operationen zur Vertheuerung der inländischen Preise, sich der freien Konkurrenz entzieht, und sich wirklich derselben unfähig macht, er einen Absatz im Weltmarkte an baumwollenen, leinenen und seidenen Waaren, von 257,561 Zentner gegen einen Absatz von 84,706 Ztr. bei sich, auf's Spiel setzt. — *Siegt das Theuerungsprojekt, so werden die Industrieen in Baumwolle, Wolle und Seide eben so durch vorgebliche Beschützung zu Grunde gerichtet werden, wie die Leinenindustrie dadurch zu Grunde gerichtet worden ist.*

Es dürfte im ersten Augenblicke unerklärlich scheinen, warum die Merkantilisten so begierig sind, erzwungene Gewerbe mit einem prekären und beschränkten Absatze im inländischen Markte, kränkelnde exotische Tarifpflänzchen anzubauen, und natürliche Gewerbe zu opfern, deren Absatz im Weltmarkte sich durch Thätigkeit fast unendlich erweitern und befestigen liesse. Des Räthsels Lösung ergiebt sich aus dem ganzen Karakter jener Menschen. — Bei einem reellen im Weltmarkte konkurrirenden Gewerbe ist man nämlich genöthigt, um Gewinn zu haben, stets die Kosten, durch Intelligenz und Fleiss, geringer zu machen, als der Preis ist. Aber bei einem Gewerbe, welches nur für einen Tarifbezirk arbeitet, kann man durch Theuerungszölle stets den Preis grösser machen als die Kosten sind, wie viel auch diese, bei Mangel an Intelligenz und Fleiss, betragen mögen.

Den allgemeinen Nachtheil für die Industrie, der aus dem Merkantilismus erwächst, dürfte ich, wie ich es versprach, klar genug bewiesen haben. Ich versprach auch den partikulären Vortheil nachzuweisen, den die Wortführer der merkantilistischen

Partei für sich. durch die Verwirklichung ihrer Projekte, erhaschen wollen. Die Besitzer bestehender Baumwollspinnereien würden, zum Beispiel, durch eine Erhöhung des Twistzolles um 3 Thlr. pro Zentner, ihren Gewinn von der Spindel um etwa 1½ Thlr. so lange steigern, bis eine verstärkte Konkurrenz unter den sehr vermehrten einheimischen Spinnereien den geschraubten Twistpreis wieder ermässigte, was eine ziemlich lange Zeit dauern könnte. Sie würden auf diese Weise eine jährliche rein geschenkte Summe von 1,200,000 Thlr. auf eine Zeitlang aus den Taschen der Konsumenten in die eigenen hineinleiten. — Die preussischen Flachsspinnereien fordern eine Theuerung des Garns um 4 Thlr. pro Zentner, oder das Recht, die Konsumenten um 45,600 Thlr. zu besteuern, welche Summe, unter 15 Besitzer vertheilt, einen Gewinn von 3,040 Thlr. durchschnittlich auf den Mann ausmachen würde. Andere Fabrikbesitzer, deren Waaren sich auch durch Tariferhöhung vertheuern liessen, streben nach gleichem Ziele. Sie werden um so mehr dazu ermuntert durch das Beispiel des in 1843 erlangten Einfuhrzolles von 10 Sgr. auf den Zentner Roheisen, welcher zwar nicht die Eisenindustrie, wohl aber die reine Rente der Bergwerkbesitzer sehr wirksam hob; die preussischen allein gewannen dadurch im ersten Jahre, bei 1,524,463 Ztr. eine Mehreinnahme von 508,154 Thlr., wodurch sie in den Stand gesetzt wurden, »im langgewohnten Betriebsgeleise verharrend«, auf Kosten der Konsumenten, gegen die Verbesserungen der englischen Produktionsweise ihren Schlendrian zu behaupten. — Für solchen Zweck, für so grossen und leichten Gewinn lohnt es zu eifern, dem eigenen Gewissen Gewalt anzuthun, und Andere durch Entstellung und Sophistik zu beschwatzen; — und wenn Andere sich, durch solche Mittel, für solchen offenkundigen Zweck, beschwatzen lassen, so verdienen sie ausgebeutelt zu werden. „*Diejenigen*" sagt Adam Smith „*welche Schutzzölle fordern, sind nicht so dumm, als Diejenigen, welche sie bewilligen.*" — Wenn es den Besitzern bestehender Fabrikanstalten gelingt, sich so lange einen Monopolgewinn zu erkämpfen, bis sie ihre Beutel gefüllt haben, dann mögen Andere zusehen, wie sie mit einer verkrüppelten Industrie und einem vernichteten Handel fertig werden. Es ist nicht Sorge des reichgewordenen Merkantilisten, wie eine auf künstlichen beschränkten Boden versetzte Arbeiterbevölkerung sich nähre, wenn die trügerische Kunst zu Ende läuft, und der Naturgang das Werk der Verblendung niedertritt. Die Besitzer von vereinsländischen Schiffen möchten gleichfalls einen Tarifstreich zu ihrem besonderen Nutzen ausgeführt sehen. Sie möchten durch Einführung von Differenzialzöllen fremde Schiffe vom Besuche vereinsländischer Häfen fern halten. Dies kann keinen anderen Zweck als die Erhöhung der Frachten, und diese wieder keine andere Folge haben, als eine Entziehung von Kapitalien aus anderen Gewerben um sie der Rhederei zuzuwenden. Und die Merkantilisten möchten uns einreden, dass auch dies eine Beförderung der Industrie sei. Erhöhung der Versendungskosten und neue Aufhäufung der Geschäfte für ein schon unzureichendes Kapital, ein Beförderungsmittel für die Industrie! — Aber die Merkantilisten hüten sich, die Sache so nakt prosaisch vorzutragen. Sie schmücken ihre Ueberredungsversuche mit kräftigen Phantasiebildern aus. »Im Meere, sagen sie, wohnt Kraft; und die Nation, welche nicht die Brust den Wogen bietet und sich von der erquickenden Brise bräunen lässt, bleibt Philister und wird im Wettkampf der Zeit geknechtet. Man stifte eine gewaltige Marine und lasse die deutsche Flagge (sie geben auch die prächtigsten Farben für dieselben an) stolz über die Meere dahin wehen, und Deutschlands Handel und Deutschlands Kunstfleiss werden bis in die fernsten Hemisphären ihr Recht behaupten, im Inneren blühen und nach Aussen siegen! England zeigt den Weg zum Reichthum und zur Macht. Man darf nur den Weg einschlagen, um des Zieles gewiss zu sein!« — Diese Tirade soll nur eine kleine Verwechslung von Ursache und Folge verdecken. Weil nämlich eine blühende Industrie und ein grosses Kapital zu einer ausgedehnten Rhederei bei guter Küstenlage führen, will man umgekehrt glauben machen, dass eine Ausdehnung der Rhederei zur Blüthe der Industrie und Vergrösserung des Kapitals, selbst ohne Küstenlage, führe. — Ein geistreicher Merkantilist hatte bemerkt, welche grosse Staatseinnahme Frankreich aus seinen Seehäfen bezog; um also den finanziellen Verlegenheiten Ludwigs des Vierzehnten abzuhelfen, schlug er dem grossen Monarchen vor, grosse Handelsplätze längs der ganzen Küste anzulegen! An phantasiereichen Tiraden zur

Ausschmückung des Entwurfs fehlte es auch wahrscheinlich nicht.
— England hat Kapital genug, um alle Fabrikationszweige mit den grossartigsten und vervollkommnetsten Einrichtungen zu betreiben und ausserdem den Handelstransport zu besorgen. Es treibt auch, wegen seiner Insellage, mit besonderem Vortheil die Rhederei. Aber der Zollverein hat nicht Kapital genug um seine Gewerbe mit den von der Zeit geforderten Anstalten zu betreiben, viel weniger noch um den überseeischen Transport zu bewirken. Und hätte der Zollverein noch so viel Kapital, so wäre die Rhederei das letzte Gewerbe in welchem er konkuriren könnte, und zwar aus dem Grunde, den Shakespeare angeführt, um zu erklären weshalb Böhmen nicht eine Seemacht sei. — »Aber die direkte Verbindung mit fernen Ländern eröffnet einen Absatz für deutsche Fabrikate,« sagt der Merkantilist. Wieder eine Umkehrung des Satzes. Wenn nämlich durch Güte und Billigkeit der Fabrikate ein so grosser Absatz eröffnet wird, dass ganze Schiffsladungen nach einem Orte gehen, dann entsteht direkte Verbindung. Man lässt die Waaren direkt kommen, wenn man sie in grossen Massen kauft; aber man kauft nicht in grossen Massen, weil sie direkt kommen. Deutschlands auswärtiger Leinenhandel blühte ohne deutsche Handelsmarine; und er ist nicht aus Mangel einer solchen jetzt untergegangen. Möge der Deutsche nur seine ganze Kraft und sein ganzes Kapital, welches nicht zu viel sein wird, auf Vervollkommnung seiner Fabrikate verwenden, so werden diese dadurch, und durch kein anderes Mittel, Absatz finden; aber er mag jeden anderen Vorschlag lieber als den hören, der ihn zur eigenen Anstrengung anmahnt, und glaubt Alles lieber, als dass der Grund des Uebels in ihm liege. Der englische Spekulant wird deutsche Waaren, anstatt englischer, ankaufen und konsigniren, sobald jene besser und billiger sind, denn er sieht nur auf seinen Gewinn; und der deutsche Fabrikant wird leichter auf fremden Märkten konkurriren, wenn seine Produkte durch Thompson and Jones für billige Fracht auf der »British Queen,« als wenn sie zu höheren Sätzen von *Schulz* und *Müller* mit dem »Friedrich Wilhelm« spedirt werden. —*) Die Redensarten von kräftiger Marine, nationaler

*) Es herrscht der Glaube, dass England hauptsächlich nach seinen Kolonieen und den fernen Welttheilen, durch seine Seemacht eine Ausfuhr

Flagge, direktem Verkehr, sollen nur die Aufmerksamkeit von dem wahren Gesichtspunkte entfernen. Es handelt sich darum, ob die Rhederei die beste Kapitalsverwendung für ein binnenländisches Gebiet darbiete; und ob eine Erhöhung der Frachten, im Interesse der Industrie sei? Denn nur auf Erhöhung der Frachten gehen alle Differenzialzölle hinaus; wenn die inländischen eben so billige Fracht als fremde Schiffe stellen, so erhalten sie allemal ohne Differenzialzölle Ladung.

Dass der Fabrikant durch Frachterhöhung, der Weber durch Twistvertheuerung, der Eisenwaarenfabrikant durch Bergwerksmonopol leidet, ist jedem derselben bekannt. Jeder dem einen Produzenten ausgewirkter Gewinn kostet dem anderen, als Konsumenten, ein Opfer. Dies ist aber nicht zu vermeiden; und da die bei den Merkantilprojekten zunächst Interessirten den ganzen Gewinn ziehen, während der grosse Konsumentenhaufe den Haupttheil des Verlustes trägt, so halten sie zur Durchführung des Prinzips fest zusammen; der Spinner stimmt für Weber, Rheder und Bergwerksbesitzer; und als Gegendienst stimmen Weber, Rheder und Bergwerksbesitzer für den Spinner; Einer für Alle, Alle für Einen. Das grosse Volk der Konsumenten erhebt seine Stimme gar nicht; es schläft im Glauben, dass seine Regierung für das Allgemeinwohl wache; — möge es nicht durch einen Sieg der Sonderinteressen aus seiner Sicherheit zu spät aufgeschreckt werden!

Die Merkantilisten benutzten nicht nur die Furcht, durch den Popanz der Geldberaubung, und die Feigheit, durch Klagen über Unterliegen im Wettstreit, sondern auch Neid und Hass schüren sie an, um die Verblendung der Leidenschaft für ihre trüglichen Anschläge zu benutzen. Den freien Handelsverkehr, wodurch jedes erzwinge; wogegen es in dem naheliegenden Europa nur einen verhältnissmässig unbedeutenden Absatz habe. Wie falsch diese Ansicht sei, zeigt folgende amtliche Angabe:

Britische Ausfuhr in 1843.
Nach den aussereuropäischen Ländern 28,295,750 Pf. Sterling
Nach Europa . . . . 23,983,959 „ „

Mithin beträgt der europäische Absatz für England 45 Prozent des Ganzen; im Jahre 1831 betrug er nur 36 Prozent. Note des Verf.

Land der Segnungen theilhaftig wird, welche die Natur vereinzelt über verschiedene Himmelsstriche zerstreut hat —

„Nonne vides, croceos ut Tmolus odores,
„India mittit ebur, molles sua thura Sabaei?"

— Diesen Austausch der beiderseitigen Fülle zur reichlicheren Befriedigung gegenseitiger Bedürfnisse, stellen sie als ein Raubsystem dar, gegen welches nur eine bewaffnete Mauthwehr retten kann. Sie erheben einen Nothschrei darüber, dass der Engländer ganz Deutschland aussaugen wolle, und zwar durch seine zu wohlfeilen Waaren. Aber zu grosse Wohlfeilheit bedeutet, dass Einer zu wenig Geld für eine gewisse Waare nimmt, oder zu viel Waare für ein gewisses Geld giebt. Dass im Zuwenignehmen oder Zuvielgeben ein Aussaugungsmittel liege, gehört zu den echt merkantilistischen Behauptungen!

Aber die Wohlfeilheit, sagen die Merkantilisten, ist nur ein einstweiliges Verschleudern, um die deutsche Industrie zu Grunde zu richten, und sich dann Ersatz für das Opfer, durch willkürliche Stellung von Monopolpreisen, zehnfach zu nehmen. Und zu diesem Projekte soll eine grosse Verschwörung in England organisirt sein. Nur zu diesem Zwecke sollen in 1843 die Roheisenpreise um 50 Prozent herabgesetzt worden sein; und mit gleicher Absicht sollen Twistballen und Lastingpäcke maliziöserweise auf die deutschen Märkte fortwährend geschleudert werden. Eine artige Fabel! Als ob die sämmtlichen englischen Produzenten zu bewegen wären, die Hälfte des Preises, mithin der Einnahme von 30,000,000 Ztr. Roheisen einstimmig zu opfern, um eine Produktion von 1,500,000 Ztr. in Deutschland zu untergraben! Nach vier Jahren eines solchen Streichs wäre ihr Kapital vermerkantilisirt! Als ob auch überhaupt Preise sich willkürlich heruntersetzen liessen! Wenn die Produzenten für einen niedrigeren Preis losschlagen, als welchen das Verhältniss der erzeugten Menge zur Konsumtion bestimmt, so werden Zwischenhändler dieselben aufkaufen, und durch Fordern des höchsten Preises, zu welchem der Vorrath sich absetzen lässt, den Gewinn in die eigene Tasche stecken. — Märchen, wie die erwähnten, erzählt man wohl Kindern für die Langeweile, aber die Merkantilisten erzählen sie deutschen Regierungen und Landtagen für die Regelung der Industrie!

So weit geht der merkantilistische Wahn, dass ein westfälischer Fabrikant in der Aachener Zeitung wünschte, man möge in Deutschland die Eisenbahnen verbieten, die Chausseen zerstören, und die Flüsse verdämmen, — alle Kommunikation abschneiden, weil diese nur von dem Fremden zu Deutschlands Untergang benutzt werde! Und nach dem Rathe solcher Männer soll unsere Zeit, die so rastlos an Kommunikationswegen arbeitet, ihre Verkehrsgesetze richten! Eine solche Ansicht passt für die düsteren Zeiten, wo Volk nur auf Mord des Nachbarvolkes sann, — wo das Verbrechen sich nur durch Naturhindernisse abwehren liess, und der Dichter sagen musste:

> Deus abscidit
> Prudens, Oceano dissociabili,
> Terras!

— Aber unserer Zeit ist das Meer nicht eine Barriere, sondern ein Band; — vor den Wohlthaten des Handels weicht die ererbte Feindschaft; — und in der allgemeinen Gegenseitigkeit der Dienstleistungen wird aus den einzelnen Menschen eine einige Menschheit verwirklicht. — Aber der Habsucht des Sonderinteresses gilt das Allgemeinmenschliche nichts. Sie wendet sogar die Wohlthat zur Quelle des Hasses. Sie mischt die Frage der politischen Absonderung in den Handelserwerb, der mit jener nichts gemein hat. Denn, wenn das Kapital und die Fertigkeit Englands ein Segen für die Engländer sind, warum soll der Deutsche solchen Segen, an dem er durch Handelsfreiheit eben so grossen Theil haben kann, von sich weisen? Wenn der Deutsche, wie man behauptet, weniger Kapital und Fertigkeit besitzt, so wird England weniger Segen am Austausche haben; aber darin, dass Deutschlands Vortheil überwiegend wäre, läge kein Grund, warum Deutschland den Verkehr beschränken sollte.

Mit grösster Anstrengung und erstaunlichen Opfern baut jetzt Deutschland Chausseen, Eisenbahnen und Dampfschiffe. Es richtet sein Hauptbestreben auf Erweiterung und Erleichterung der Verkehrsmittel im Interesse der Industrie. Verkehr und Industrie sind, nach der Ansicht unserer Zeit, zwei unzertrennliche gegenseitig sich bedingende Momente. Die erweiterte Industrie erfordert erleichterten Verkehr, und von diesem erwarten wir wiederum einen ferneren Aufschwung jener.

Die Frage über Hemmung des Verkehrs hat in unseren Tagen eine ganz neue Wichtigkeit erlangt. In früherer Zeit, als der Verkehr durch unbesiegte natürliche Hindernisse so sehr beschränkt ward, da konnte einige künstliche Hemmung desselben zwar die Entwickelung der Industrie erschweren, aber doch nicht eingreifend auf das ganze Wesen derselben wirken; denn die Industrie war damals nicht auf einen weitreichenden Verkehr basirt; es fehlten noch die Mittel, um sie auf einen solchen zu gründen. Jetzt aber, da die menschliche Energie, mit Hilfe des Eisens und des Dampfes, die gewaltigsten Lastenmassen durch Thal und Berg und Meer mit einer Schnelligkeit forttreibt, welche die Entfernungen fast verschwinden macht, — jetzt, da ein von den natürlichen Fesseln so wunderbar befreiter Verkehr eine allgemeine Umgestaltung der Industrie in's Werk setzt, müssen Einmischungen in den natürlichen Entwickelungsgang die weitverbreitetsten und tiefgreifendsten Folgen haben. Jeder erleichterte oder neueröffnete Verkehrsweg führt eine neue Arbeitstheilung, eine grössere Zentralisation und Lokalisation der Gewerbe, eine vortheilhaftere Verwendung der Produktionsmittel herbei.*) Das Verstecken grosser Kapitalien in Chausseen. Eisenbahnen und Dampfschiffe geschieht nur in der Aussicht, dass man aus den übrigbleibenden Betriebsmitteln, durch eine vortheilhaftere Verwendung, ein grösseres Einkommen ziehen werde, als man vorher aus dem ganzen Betriebskapitale bezog. Aus der Grossartigkeit der jetzt für die Kommunikation gemachten Verwendungen kann man die Grösse der im Werke begriffenen oder bevorstehenden Veränderungen aller Kapitalsanlagen ermessen. Hier werden Gewerbe eingeschränkt, dort ausgedehnt. Hier schwinden alte Betriebszweige, dort entstehen neue; die ganze Industrie empfängt eine neue Basis in einer neuen Arbeitstheilung, jeder Zweig einen neuen Wirkungskreis; und demgemäss muss die ganze Industrie ihre

---

*) *Major von Prittwitz* zeigt, dass der Absatz, von einem gewissen Punkte aus, *im Quadrate* desjenigen Verhältnisses wächst, in welchem die Versendungskosten vermindert werden; weil die Entfernung bis zu welcher mit Gewinn versandt werden kann, oder der Radius des Versendungskreises, in umgekehrtem Verhältnisse zu den Transportkosten steht.
Note des Verf.

Einrichtungen im weitesten Umfange umgestalten. Man bedenke also, was für Folgen es haben muss, wenn man in einem solchen Augenblicke täppisch eingreift und Missgriffe macht, — wenn man, aus Unkenntniss des Wesens der Industrie, oder durch die trüglichen Ränke der Sonderinteressenten verleitet, einem solchen regen Entwickelungsgang eine Gestalt giebt, welche, insofern sie naturwidrig ist, auch unhaltbar sein muss. Grosse Verluste am Eigenthume, welches man zu unvortheilhafter Verwendung zwingt, werden die geringsten Uebel sein. *Das Unheil dabei wird darin liegen, dass man eine grosse arbeitende Bevölkerung in Industriezweige verwickelt, welche, den Landesverhältnissen nicht angemessen, und nicht auf natürlichem Boden wurzelnd, sich nicht mit dem Wachsthum des Volkes und seiner Bedürfnisse ausdehnen können, sondern vielmehr die Nahrungsquellen überhaupt, durch unergiebige Verwendung, kürzen, anstatt sie zu vermehren.* Die unausbleibliche Strafe solcher Missgriffe liegt in sozialen Krisen, deren Ausbruch zuerst und am härtesten die schuldigen Urheber des Uebels trifft. Es ist nicht mehr die Zeit, in der man seinen Gewinn, ohne Rücksicht auf die Folgen für die Volksmasse, verfolgen darf. Die Zeit kommunistischer Aufregung ist nicht eine Zeit, in der die Konsumenten durch einzelne Kapitalisten besteuert werden dürfen, — nicht eine Zeit, in welcher das Allgemeininteresse dem Sonderinteresse geopfert werden darf. *Das Jahrhundert des Eisenbahnbaues ist nicht eine Zeit zur Beschränkung des erwerblichen Verkehrs.*

Beschränkung des Verkehrs ist die anfängliche Politik aller unkultivirten Staaten; — der Unwissende kann überall nur beschränken, weil das Entwickeln tiefere Einsicht erfordert. Egypten und China führen noch den Merkantilismus mit rücksichtsloser Strenge aus. Aber je mehr eine Nation in der Intelligenz vorschreitet, um so mehr wird sie des Segens der Handelsfreiheit bewusst. In England, wo das Partikularinteresse der Grundbesitzer und grossen Kapitalisten die Regierung in Händen hat, herrschte noch bisher ein handelsbeschränkender Geist. Aber der Fortschritt der Aufklärung hat dort schon die Mehrzahl der Nation zur Einsicht in die Nachtheile des Theuerungssystems geführt. Handelsfreiheit ist zum politischen Feldruf des Volkes geworden; und die

Kornleague, ein allgemeiner Volksbund zu Gunsten des freien Getreidehandels, ist jetzt in England der Mittelpunkt des politischen Strebens. Wie sehr auch das Prinzip der Handelsfreiheit zur Anerkennung in England gekommen ist, beweist die jüngst erschienene Schrift des Handelsministers, Herrn Gladstone, welcher, obgleich Mitglied eines konservativen Ministeriums, und allen gewaltsamen Neuerungen abhold, auch mit dem Interesse der Getreidemonopolisten eng verwickelt, dennoch in dem entfesseltsten Verkehre das Heil der Industrie erblickt. Die englische Regierung hat die direkte Einkommensteuer beibehalten, um die indirekten Steuern erleichtern zu können. Zuerst hat sie natürlich die Materialien der Industrie von Zöllen befreien wollen, aber dabei sich auf einen Pfad begeben, auf welchem kein Rückschreiten mehr möglich ist, und welcher zur unbedingten Handelsfreiheit unaufhaltsam führt. »Viele sowohl europäische als transatlantische Nationen« schreibt Herr Gladstone, »scheinen vom Wahne befallen zu sein, dass sie in einem Prohibitivsystem den Stein des Weisen gefunden hätten. England, glauben sie, ist durch Handelsbeschränkungen reich geworden, und will jetzt, durch Verwerfen derselben, nur noch reicher werden. Wir mögen nachlassen oder nicht, sie bleiben in beiden Fällen gleich unzugänglich. Wenn wir vorhandene Beschränkungen bei uns beibehalten, so berufen sie sich auf unser Beispiel als Vorwand für die Einführung neuer Hemmungen bei sich. Wenn wir unsere Beschränkungen aufheben, so erblicken sie darin nur einen tief angelegten Plan, um ihren Untergang durch unsere wohlfeile Produktion zu bewirken, welches ihrerseits noch gebieterischer eine Vervielfältigung ihrer niederdrückenden und ausschliessenden Erlasse fordert. Ich glaube indessen, dass die europäischen Regierungen hierin nur der Richtung der populären Bewegung, öfters im Widerspruche mit der persönlichen Ueberzeugung ihrer Mitglieder, folgen. Ich glaube nicht, dass Feindseligkeit gegen England diesen Maassregeln zu Grunde liegt. Ich betrachte solche vielmehr als eine unglückliche, ich möchte auch sagen ungeschickte Huldigung, indem andere Nationen eine so heftige Begierde zeigen, unserem früher gegebenen Beispiele zu folgen, dass sie sich eher auf Englands Traditionen, als auf ihren eigenen Verstand verlassen. Unsere Gesetzgeber früherer Zeiten sahen im Schutzsystem einen einst-

weiligen Sporn für eine in der Kindheit befindliche Industrie viel
mehr, als eine dauernde und wesentliche Wohlthat. Ich fürchte,
dass der jetzt in anderen Ländern herrschende Geist sich zu der
Ansicht neigt, dass Handelsbeschränkung ein Mittel sei, wirkliche,
natürliche, inwohnende Fähigkeiten, nicht bloss zu entwickeln,
sondern zu ersetzen. Sie scheinen eine der betrügerischen Fabeln
Joseph Smiths, des Mormonenpropheten, verwirklichen zu wollen,
welcher vorgab, im fernen Norden ein Volk gefunden zu haben,
welches dadurch unermesslich reich geworden war, dass sein Gebiet seit unvordenklicher Zeit durch Mauern von Erz von allem
Verkehr mit der übrigen Welt abgeschlossen gewesen wäre.»

»Die Macht des Kapitals, der Geschicklichkeit, des Fleisses,
des anerkannten Rufes und der Verbindungen, halten den britischen
Handel gegen Alles, was wider denselben unternommen wird, aufrecht. Bisweilen leistet uns der Schleichhändler eine kommerzielle
Hilfe, über die wir uns, wegen des moralischen Uebels, nicht
freuen können. Was *wir aber durch neue Beschränkungen in
dem einen Lande verlieren, das gewinnen wir dadurch wieder,
dass jenes Land, wegen vertheuerter Produktion, weniger im
Stande ist, mit uns in dritten Märkten zu konkurriren.* Bisweilen steigt der Preis zum vollen Betrage der Steuererhöhung;
der britische Kaufmann setzt seine Geschäfte unvermindert fort,
und die ganze Last wird durch das geduldige Publikum des beschränkenwollenden Staates getragen. Bisweilen stutzt unser Handel
für den Augenblick unter dem plötzlichen Schlage, und erholt sich
dann schnell wieder. Im Ganzen, und ungeachtet der scharfen
und reissenden Aufeinanderfolge beschränkender Maassregeln in
fremden Staaten während der letzten Jahre, ist der britische Handel
gewachsen und wächst noch von Jahr zu Jahr mit trotziger
Schnelligkeit, als ob Verfolgung sich gegen den Erwerbsverkehr
eben so ohnmächtig, als gegen den religiösen Glauben, erweisen
sollte.«

Wenn dem so ist, so dürfte man fragen, woher alle meine
Besorgniss um diesen Punkt? Ich glaube zwar nicht, dass wir,
jenen Ländern gegenüber, verhältnissmässig der verlierende Theil
gewesen seien; ich glaube im Gegentheil, dass ihre Schläge sie
selbst am härtesten getroffen haben, doch kann ich nicht be-

zweifeln, dass die gedachten Staaten sowohl uns, als ihren eigenen Unterthanen viel entzogen, dass sie tausend gegenseitig erreichbare Vortheile gehindert haben, und dass ihrer Handelspolitik kräftig und konsequent von unserer Seite entgegenwirkt werden muss«.

»Sollen wir sie durch Ermahnungen zur Rücknahme ihrer Verordnungen ermüden? — Wie sie jetzt gestimmt sind, ist es nur zu wahrscheinlich, dass dies das Gegentheil von dem bewirken würde, was wir beabsichtigten; die Eindringlichkeit unserer Vorstellung würde als trifftigster Grund für die Nichterhörung derselben gelten«.

»Sollen wir ihnen durch Repressalien entgegen wirken? — Nirgends, glaube ich, neigt sich bei uns die öffentliche Meinung zu einem solchen Verfahren. Für Staaten mit beschränkteren Interessen, ist ein solches Mittel meist eben so unklug, als es, beim ersten Anblick, verführerisch ist; für uns wäre der Schritt ein Selbstmord«.

»Es bleibt uns, glaube ich, nur ein Weg übrig, nämlich, unsererseits so viel als möglich die Materialien für die Industrie von allen Belastungen zu befreien, und auf diese Weise die Bedingungen für unseren Arbeiter in dem Maasse zu Hause zu erleichtern, in welchem dieselben ihm im Auslande erschwert werden. Ich glaube nicht, dass wir bei solchem Spiele verlieren werden: sondern im Gegentheil, wenn wir es konsequent fortsetzen, können die erzwungenen Konzessionen, welche fremde Regierungen dem merkantilistischen Geiste einzelner Unterthanenklassen machen, den gesammten Welthandel, aber nicht Englands Antheil daran vermindern. Sie mögen von Zeit zu Zeit auf irgend einen Zweig unseres Handels den Streich richten, und dieser kann fallen, wie der hochragende Baum im Forste stürzt. Wir hören das Gekrach und bedauern die entstandene Lücke; aber tausend andere erheben ihre Häupter und verbreiten ihre Aeste mit unmerklichem aber beständigem Wachsthum. Eben so ist es bei unserem Handelsverkehre mit anderen Nationen. *Wenn Deutschland einen neuen Eingangszoll auf das Eisen legt, welches unsere freigiebige Erde in solcher Fülle liefert, so verkrüppelt Deutschland dadurch seine Macht, mit uns in allen hundert Industriezweigen zu konkurriren, bei denen das Eisen mitwirkt.* Wenn Frankreich den Zoll auf unser Leinengarn verdoppelt, so reizt es uns zu neuen Ersparungen bei der Fabrikation, ermuntert den Schleichhändler, besteuert den französischen Konsumenten, und fesselt jenen erfindungsreichen Geschmack der Weber, welcher die Hauptstütze der Handelsmacht Frankreichs ausmacht«.

»Ich will nicht so verstanden werden, als ob ich mich über einen uns zugefügten Nachtheil freute, wenn er Anderen noch grösseren Nachtheil bringt. Aber mögen andere Nationen sich überzeugen, dass Solches der Erfolg der eigenen beschränkenden Handelspolitik sei, und dann werden sie, ohne unsere Ermahnungen, sich beeilen, dieselbe abzuändern, und zwar aus dem einzigen für sie maassgebenden Beweggrunde, — in eigenem, nicht in unserem Interesse. Wie sollen sie zu dieser Ansicht kommen? Durch die Erfahrung, dass, obgleich wir bald durch diese, bald durch jene Handlung im Einzelnen angegriffen werden, der Gesammtbetrag unseres Handels seine Grösse behauptet und sogar weitere Ausdehnung gewinnt; dass, während sie das eine Ende des Kanals verstopfen und wir das andere aufräumen, die Gewässer doch ihren Weg zum Hinüber- und Herüberfliessen finden; dass unser Absatz bei ihnen, trotz widerstrebender Gesetzgebung, mit unseren Einfuhren von ihnen zunimmt, und zwar mit einer Schnelligkeit, welche nur die kühnste Hoffnung erwarten könnte. Noch ein paar Jahre mehr der versuchsweisen Belehrung, wie die statistische Angabe von der verhältnissmässigen Zunahme unseres Verkehrs mit Europa und der übrigen Welt darbietet, — und solche Resultate können nicht verfehlen, einen mächtigen Einfluss auf die Intelligenz und den Willen sowohl der Regierungen als der Nationen auszuüben«.

Eine solche Sprache im Munde eines konservativen Ministers, und die in der Kornleague bethätigte Richtung des Volkswillens beweisen, über jeden Zweifel hinaus, dass England, welches die meiste Erfahrung und Aufklärung in Handelssachen besitzt, alle handelsbeschränkende Politik abgeschworen hat und ernstlich auf die Befreiung des Verkehrs von allen fiskalischen Fesseln hinarbeitet. Deutschlands Intelligenz wird auch hoffentlich zu mächtig sein, um jetzt eine Rückkehr zu den Irrthümern zu gestatten, von denen sich die vorschreitende Zeit so entschieden abgewendet hat.

Schluss.

Die Entstellungen und Trugschlüsse, deren sich die Merkantilisten bedienen, sind, in kürzesten Worten, hauptsächlich folgende:

1. Sie heben die Ein- und Ausfuhr von Waaren, anstatt des Verbrauchs von Rohstoffen und Halbfabrikaten, hervor, um den Zustand der Industrie darzuthun. Durch solchen Missbrauch der Statistik unterstützen sie ihre Klagen über ein Sinken unter fremder Konkurrenz bei Industriezweigen, welche in erstaunlich raschem Aufschwunge begriffen sind.

2. Sie geben vor, dass sie mit dem Auslande nicht konkurriren können, weil sie zu wenig Kapital für ihre jetzigen Geschäfte haben; — und dabei fordern sie eine Vermehrung der Geschäfte für das jetzige Kapital.

3. Sie geben ein blosses Umsatteln für eine Vermehrung der Industrie aus.

4. Den Verdienst bei einer neuen Beschäftigung, für welchen eben so grosser anderweitiger Verdienst aufgegeben wird, stellen sie als eine Vermehrung des Verdienstes überhaupt dar.

5. Sie wollen die Produktionsmittel Gewerben entziehen, welche bei natürlichen Preisen rentiren, um dieselben in Gewerbe zu stecken, deren Produktionskosten nur durch gewaltsame Erhöhung des Konsumtionspreises gedeckt werden können, und nennen Solches eine Beförderung des Nationalwohlstandes.

6. Sie wollen die Produkte theuerer machen, damit die Industrie sich entwickele; — wogegen die Industrie nur darin sich entwickelt, dass sie die Produkte billiger macht. Sie wollen den Absatzpreis künstlich steigern, um die Kosten eines mangelhaften oder ungeeigneten Betriebs zu decken; wogegen es Aufgabe der Industrie ist, durch Verbesserung des dem Lande geeigneten Betriebs, die Kosten unter den natürlichen Absatzpreis zu bringen.

7. Sie wollen, durch erzwungene Anlage grosser Fabriken, die Industriemittel steigern, weil gesteigerte Industriemittel grosse Fabriken erzeugen; als ob man durch Anschaffung einer glänzenden Equipage reich würde, weil reiche Leute glänzende Equipagen halten. — Eben so wollen sie durch erzwungenes Hervorrufen einer eigenen Marine und des direkten überseeischen Verkehrs einen blühenden auswärtigen Handel erzeugen, weil ein blühender auswärtiger Handel eine Marine und direkten Verkehr nöthig macht.

8. Sie behaupten, dass baares Geld, durch die zu geringe Beschränkung der Waareneinfuhr, dem Lande entzogen wird, — eine Behauptung, welcher den Zustand sowohl der Wechselkurse als des Geldwerths widerspricht.

9. Sie behaupten, dass eine beständige Mehreinfuhr an Industrieprodukten stattfinde, obwohl jede solche Mehreinfuhr ihre schnelle Gegenwirkung in einem veränderten Verhältniss der inländischen zu den auswärtigen Preisen findet, — mithin der Werth der eingeführten durch den Werth der ausgeführten Produkte bedingt ist.

10. Sie wollen die Einfuhren beschränken, um das Umsatzmittel im Lande anzuhäufen und die Industrie zu heben, obwohl Entwerthung des Zahlmittels, zur Störung aller Geldverhältnisse, und Verminderung der Ausfuhren, zum Schaden der Industrie, die augenscheinlichen Folgen des Versuchs wären.

11. Die Verführer unter der Merkantilpartei, Diejenigen, welche wissen, was sie wollen, wollen sich selbst, auf Kosten und zum unberechenbaren Schaden ihrer Mitbürger bereichern.

12. Die Verführten stimmen nur deshalb bei, weil sie die vielseitige Natur der Produktions- und Erwerbsgesetze nicht erfassen, und nur zu Beschränkungen greifen können, wo ihnen die Einsicht für ein positives Entwickeln fehlt.

Aus den angegebenen Gründen und in Betracht,
dass jede legislative Einwirkung auf die Preisverhältnisse,
eine schädliche und ungerechte Störung des Erwerbs sei,
dass die mit dem Auslande konkurrirenden Industrieen des Zollvereins in ungewöhnlich raschem Aufschwunge begriffen seien,

dass eine Beschränkung des Handelsverkehrs mit dem Auslande jenen Aufschwung nur hemmen könne,

dass mithin eine gewaltsame Einmischung in den Gang der vereinsländischen Industrie, für die Hebung derselben, durch die Umstände nicht gerechtfertigt werde,

dass eine Erhöhung der Einfuhrzölle nicht als Mittel zur ferneren Hebung einheimischer Industrie sich ausweise;

so lege ich hiermit, im Namen der unparteiischen Wissenschaft, zur Wahrung des Allgemeininteresses, und wider die Forderungen unwissenschaftlicher Sonderinteressenten, einen feierlichen Protest gegen jede Vermehrung der Theuerungszölle ein.

Ueber die

englische Tarifreform.

Ueber die englische Tarifreform und ihre materiellen, sozialen und politischen Folgen für Europa.

(Berlin 1846).

Dem Hochgeachteten Finanzmann, Herrn A. Bloch zu Berlin, dessen reiche Erfahrung und durchdringende Einsicht seine Bekanntschaft eben so lehrreich als anregend machen, wird diese Schrift, zum freundlichen Andenken, gewidmet vom Verfasser.
Elbing, den 3. Juni 1846.

Inhalt.

Umfang der britischen Tarifreform. — Veranlassung des Vorschlags. — Freie Presse und Redefreiheit. — Die Kornleague. — Sir Robert Peel. — Durchführung der Maassregel wird verbürgt durch den Volkswillen. — Einfluss der Eisenbahnen. — Konkurrenzmuth. — Nächste und entferntere Folgen.

Gleitende Getreidezoll-Skala. — Deren Wirkung auf Getreidepreise. — Einfluss der freien Einfuhr auf Getreidepreise. — Auf das Spekulationsgeschäft. — Auf Schifffahrt. — Vertheilung der Kostenersparniss. Einfluss der freien britischen Getreideeinfuhr auf fremden Ackerbau. — Auf Preisschwankung. — Auf Geldkrisen. — Auf Arbeitsfähigkeit des Volkes. — Gewinn für Produzenten und Konsumenten von Getreide.

Aufhebung aller britischen Monopole, bedingt durch den Fall des Getreidemonopols. — Bedeutung des Wortes „Handelsfreiheit." — Einfluss der britischen Tarifreform auf die Tarife Anderer. — Gegenseitigkeit bei Herabsetzungen gefordert, und Zuvorkommen englischerseits erwiesen. — Verschärfung seitens des Zollvereins dagegen verlangt. — Sir Robert Peel's Ansicht vom Zusammenhange zwischen Brodpreis und Lohnsatz. — Die richtige Ansicht darüber. — Einfluss des veränderten Brodpreises auf die Konkurrenzfähigkeit deutscher Fabrikanten. — Das Kapital für deutsche Fabrikindustrie gekürzt durch Aufschwung des Ackerbaues. — Verlangen nach gesteigerten Theuerungszöllen als Gegenmittel. — Vermehrte Ausfuhr bei unverminderter Einfuhr. — Baare Geldeinfuhr. — Entwerthung des Geldes, mithin Steigerung der Produktionspreise in Deutschland. — Dadurch erschwerte Konkurrenz mit England. — Aufhören der Ausfuhr deutscher Fabrikate. — Allgemeine industrielle Krisis in Deutschland, durch gestörtes Gleichgewicht der Ein- und Ausfuhr. — Verlegenheit der Regierungen bei gesunkenem Geldwerth. — Aufhebung des deutschen Eisenzolles zur Abwendung der Gefahr. — Unausbleibliche Begier bei allen Nationen, der freien Handelspolitik Englands bald zu'_'folgen, — einen freien Welthandel zu proklamiren.

Folgen des freien Welthandels für das Menschengeschlecht, — für den Einzelnen. — Das Räthsel der Brodlosigkeit bei Arbeitsfähigen, — noch grössere Räthsel der „Uebervölkerung" und „Ueberproduktion." — Geringe bisherige Ausbeutung der Produktionsquellen durch Arbeit. — Künstliches Verhindern naturgemässer Vertheilung der Produktionsmittel. — Natürliches Gesetz solcher Vertheilung. — Unterproduktion an Nahrungsmitteln, wegen erzwungener Hinleitung der Mittel zum Fabriziren. — Gewaltmaassregeln gegen Brodlosigkeit, nach Vorschlägen der Merkantilisten, Kommunisten, Sozialisten. — Die unbefangene Ansicht der Sache. — Unterproduktion an Nahrungsmitteln, zum Theil Folge zurückstehender geistiger und staatlicher Kultur bei ländlichen Bewohnerschaften.

Einfluss der britischen Tarifreform auf politische Entwickelung Englands und Europa's — ist an sich Folge des Ueberganges vom ständischen zum nationalen Regierungsprinzipe. — Die Verfassung in England bisher rein ständisch-monopolistisch. — Das Recht und die Rechte, — Klassen der vergesellschafteten Nation, und Stände des historischen Staats. — Prinzip des Rechts: gleiches Ungehindertsein im Schaffen, oder negative Bedingung der Befriedigung. — Rechte haben Wirklichkeit nur als Gewalten. — Entstehen des Staats, als der durch die Gewalten eingesetzten Regel. — Das Reich und seine zwei Phasen: Staat und Gesellschaft. — Unterscheidung der gesellschaftlichen und staatlichen Funktionen der Reichsverwaltung. — Das Rechtsprinzip ist Basis des philosophischen Begriffes vom Staate, aber nicht Anfangsgrund des wirklich entstehenden Staats. — Naturrecht und gesellschaftlicher Vertrag. — Durch Willensbestimmung wird der Mensch zur Person. — Jede Staatserrichtung ist die Feststellung einer Regel und entwickelt Kultur. — Prozess der Ausgleichung der Gewalten durch Kultur. — Nothwendigwerden der politischen Selbstständigkeit eines kultivirten Volkes. — Phase des Kulturlebens in Preussen. — Ansprüche an die Verwaltung. — Karakter der politischen Bildung. — Politischer Wille deutscher Unterthanen im Allgemeinen. — Die Franzosen vor 1789 und die Ansichten der Kavaliere. — Vorgefasste Meinungen vom Volkskarakter. — Politische Physiologie. — Gemeinsamer Karakter der heutigen Bewegungen des Volkslebens in Preussen. — Bedeutsamkeit derselben, nicht als Ereignisse sondern als Symptome. — Das Vorrecht durch den Kulturprozess zum Rechte verwandelt. — Rechtmässigwerden der Fürstengewalt und des Grundeigenthums. — Rechte als Ergebnisse des Rechts und des Schaffens. — Deshalb die Wissenschaft der Volkswirthschaft unerlässlich für die Rechtswissenschaft. — Irrthümer der Humangesinnten aus Mangel solcher vereinten Wissenschaft. — Unbestochene Verstandesanschauung der Volkslage. — Zur Befriedigung ist Kultur erste Bedingung. — Die unterste darbende Klasse hat keinen Schritt zur Kultur gemacht. — Nicht soziales Recht, sondern Kulturkraft geht ihr ab. — Die Zurückgebliebenen müssen denselben Weg der Kultur, wie die jetzt Vorgeschrittenen durchmachen, um soziale Gleichheit zu verwirklichen. — Aufhebung des Erbrechts eine schlechte Spekulation für die Gemeinde. — Die Missstände liegen in der unvollkommenen Durchführung unseres sozialen Systems. — Produktivität des Kapitals im Verhältniss zur Menschenarbeit. — Antheil des Kapitalisten am Produkt im Verhältniss zu dem der Arbeiter. — Die Kapitalisten sind wohlfeilste Verwalter eines öffentlichen Eigenthums. Konzentriren des Kapitals behufs billigerer Verwaltung desselben. — Die Ersparniss kommt dem Kapitallosen zu Gute. — Erfinden der allgemeinen Wohlfahrt durch neues Beschränken. — Alle erdenklichen Beschränkungen längst ausprobirt. — Bildung der Kulturlosen. — Einmal entwickelte Kultur leicht quantitativ vermehrt. — Dynastenstamm, Adelskaste, Gewerbesinnung, Kirchenzunft und ihr Vorrecht als Gegensatz des Rechts. — Zusammenhang zwischen der Entwickelung materieller Produktivität und des Rechts. — Verlauf in England und Deutschland.

Abschaffung des Kornmonopols in England identifizirt das Interesse der Grundbesitzer und der Volksmasse. — In der natürlichen Verwerthung gegenseitiger Produkte liegt allein das organische Verbindungsprinzip für Gesellschaftsleben.

Die britische Tarifreform verwirklicht für England eine wahrhaft volksthümliche Regierung an Stelle des bisherigen Monopolisten-Regiments; das System der Volksvertretung wird endlich einmal zur Wahrheit und die Anforderungen eines hochzivilisirten Volkes an sein Regierungswesen erfüllen. — Einfluss dieser Erscheinung auf die politischen Begriffe anderer zivilisirten Nationen. — Einfluss des freien Welthandels auf Sicherung des Weltfriedens, Abschaffung der Militärherrschaft, Ermöglichung allgemeiner bürgerlicher Freiheit.

Anhang.

Forderung mässigen provisorischen Schutzes für junge Gewerbe. — Getreidezufuhr nach England aus entfernteren Ländern unter freiem Handel.

Ueber die englische Tarifreform und ihre materiellen, sozialen und politischen Folgen für Europa.

Meine Schrift »*über die Nachtheile für die Industrie durch Erhöhung der Einfuhrzölle*« schloss, nach Anführung der beredten Worte des Herrn *Gladstone* für freien Handel, mit der Bemerkung: »Eine solche Sprache im Munde eines konservativen Ministers, und die in der Kornleague bethätigte Richtung des Volkswillens beweisen, über jeden Zweifel hinaus, dass England, welches die meiste Erfahrung und Aufklärung in Handelssachen besitzt, alle handelsbeschränkende Politik abgeschworen hat und ernstlich auf die Befreiung des Verkehrs von allen fiskalischen Fesseln hinarbeitet.« Das Ergebniss hat meine Behauptung, selbst über meine kühnsten Hoffnungen hinaus, gerechtfertigt. Jetzt, nach einigen Monaten, hat sich das britische Parlament unter einer Aufregung der Gemüther, wie sie fast nie früher erlebt wurde, versammelt, und zwar in der klaren Erkenntniss, dass es seine unabweisbare Aufgabe sei, das Prinzip der Handelsfreiheit zur That zu erheben. Alles Andere tritt vor der Frage der Tarifreform, welche sich als die Lebensfrage der Zeit erweist, in den Hintergrund zurück. Und so heftig war der Drang, bei Männern jeder Partei, sich dieser grossen Aufgabe gegenüberzustellen, dass selbst die erste Stunde der Zusammenkunft, welche den reinen Formalitäten einer Adresse gewidmet sein sollte, die Anführer schon inmitten der Erörterung des allentscheidenden Prinzipes fand. Und acht Tage danach trat *Sir Robert Peel* mit einer Maassregel hervor, welche ein förmliches Auto da fé aller Sonderinteressen enthält; — mit einem Hinopfern der dem Volkswohl zuwiderlaufenden Monopole, wie es die frühere Geschichte nur einmal aufzuweisen hat, nämlich in der denkwürdigen Nachtsitzung des Nationalkonvents von 1789, da alle bevorrechteten Stände Frankreichs mit einander wetteiferten, ihre Sonderrechte auf den Altar des Vaterlandes zu legen. — Die Einfuhrzölle auf Rohstoffe sind in England schon sämmtlich abgeschafft; die Theuerungszölle (missbräuchlich genannt: Schutzzölle) auf Vieh und Fleisch sollen sogleich schwinden; der Theuerungszoll auf Getreide soll unverzüglich bis auf ein Geringes ermässigt und nach drei Jahren völlig abgeschafft werden; die Theuerungszölle auf gröbere Fabrikate und Halbfabrikate sollen sogleich gestrichen, und die auf feinere Sorten bis auf 15 und 10 Prozent und darunter herabgesetzt werden. Danach kann man fernerhin kaum mehr von einem handelsbeschränkenden oder sogenannten industriebeschützenden System in England reden. Der kleine Rest, der blosse Schatten, den man noch bestehen lässt, um überhaupt den Schein eines Systems zu bewahren, und nicht ganz und gar destruktiv zu erscheinen, hat fast keine Bedeutung mehr; und selbst dieser Rest wird, des Prinzips willen, auch verschwinden müssen, sobald man sich vom ersten heftigen Anlauf in dieser Richtung gesammelt hat, und das gewonnene Terrain mit Ruhe überschauen kann, um es vollkommen zu säubern.

Dass die jetzt vorgeschlagene Reform der Handelsgesetzgebung Englands auch durchgeführt werden muss, scheint uns unzweifelhaft; denn man ist genöthigt worden, sie vorzuschlagen. Das arbeitende Volk, der Theuerung in Folge einer Missernte preisgegeben, will nicht mehr dulden, dass die Staatsgewalt ihm verbiete, die vom Auslande dargebotenen Nahrungsmittel gegen seine Arbeitsprodukte einzutauschen. Es ist zur Klarheit darüber gelangt, dass die bestehenden Zollgesetze gegen die Getreideeinfuhr den Erwerbsverkehr beschränken und den Preis des Brodes erhöhen, — also einerseits die Gelegenheit zur Arbeit, andererseits die durch verrichtete Arbeit zu erlangende Brodmenge vermindern — und zwar, damit die Bodenbesitzer, für die von ihnen gelieferte beschränkte Brodmenge, möglichst viele Produkte der angestrengtesten Volksarbeit geniessen. Und da die englische Verfassung den Bodenbesitzern fast ausschliesslich das Recht giebt, die Gesetze zu machen, ist es nicht zu verwundern, dass sie dieselben zu ihrem ausschliesslichen Vortheil zu machen suchten. Aber das englische Volk besitzt, glücklicherweise, eine Macht, welche, wenn es sie zu gebrauchen weiss, sich über die Verfassung erhebt: *die freie Presse und die Redefreiheit*. Und wenn der Tag einer neugewonnenen Einsicht, seine Strahlen bis in die niedere Hütte sendend, diese geistige Macht zu einer grossen volksbeglückenden That aufweckt, tritt sie gebietend im Staatsleben auf. Ein solcher Tag ist in England angebrochen; und das Volk reiht sich um seine Redeführer, thätig und wohlorganisirt, den Organen der mit der Staatsmacht bekleideten Stände gegenüber. Mehr war zur Entscheidung nicht nöthig. Die Phanlanx des Parlaments muss weichen ohne Schlag vor den Freischaaren der Kornleague, welche jede politische Existenz in Frage stellt und die ganze Verfassungsmaschine hemmt, bis ihre Forderungen erfüllt werden. »Die Regierungsgeschäfte Ihrer Majestät können nicht mit fortgesetzter Vertheidigung des Getreidemonopols fernerhin geführt werden« bekennt offen der Herzog von *Wellington*; — und er versteht sich gewiss auf Beurtheilung der Streitkräfte, und hat den Muth und die natürliche Neigung, wenn er nur die geringste Möglichkeit des Erfolges sieht, das Aristokrateninteresse, worauf er bis in sein Greisenalter Stand gemacht hat, auf's hartnäckigste zu behaupten. Er muss aber, wider Willen, sich ergeben, und gesteht es ein. *Sir Robert Peel* fühlt dieselbe Nothwendigkeit, aber redet anders. Er kann das jetzige Getreidegesetz nicht länger halten, und giebt vor, die Gründe für dasselbe nicht mehr haltbar zu finden. »Es wurde mir in meiner öffentlichen Stellung zur gebieterischen Pflicht« sagt er »reiflich zu überlegen, ob denn die Gründe für Beschränkung der Getreideeinfuhr haltbar seien.« Wann wurde dies zur Pflicht? Doch sicherlich zunächst damals, als er, in seiner öffentlichen Stellung, die Zollskala erfand und einführte. Aber nein; erst dann, als die Missernte und Kartoffelseuche Besorgniss erregten und die Kornleague eine halbe Million Pfund Sterling zusammenschoss, und dadurch nicht blos die Grösse ihrer Macht, sondern vielmehr den Ernst ihres Willens zeigte. Dann erst wurde diese Pflicht gebieterisch genug um auf *Sir Robert* einzuwirken. Die Argumente, die man ihm dreissig Jahre lang vergeblich vortrug, sollen erst während der letzten drei Monate für ihn eine überzeugende Beweiskraft gewonnen haben. Mag dem sein, wie ihm wolle. Glücklicherweise hängt der Erfolg der jetzt gestellten Forderung einer gänzlichen Befreiung des britischen Handels von selbstaufgelegten Fesseln nicht von den Ueberzeugungen eines Ministers ab. Er hat eine kräftigere Stütze. Der Erfolg ist uns verbürgt durch den Willen eines Volkes, das, seiner offenkundigen Bedürfnisse sich bewusst geworden, jede denselben entgegenstehende Schranke durchbrechen wird. Und wenn ein sich bewusstes Volk einen bestimmten Willen hat, was soll demselben entgegenstehen? Gegen die jetzt von *Peel*, erzwungener Weise, vorgebrachte Maassregel, werden also die Monopolisten wohl viel Diskussion, aber schwerlich einen ernsten Kampf erheben. Sollten sie es aber wagen, — sollten sie die Hebel anwenden, welche ihr verfassungsmässiges Vorrecht an der Staatsmacht ihnen giebt, so retten sie dadurch nicht ihre Monopole, sondern verwickeln nur um so schneller ihr ausschliessliches Gesetzgebungsrecht in das Todesurtheil, welches die erwachte Zeit über alle gemeinschädliche Sonderrechte verhängt hat. Möge in den nächsten Tagen das Spiel der parlamentarischen Parteien sich äussern wie es wolle, — und das Geberden derselben ist zum blossen Spiel geworden, über welches, im Grunde, das jedesmalige Volksbedürfniss gebietet, — die Forderung eines gänzlich befreiten Handels ist einmal gestellt und muss erfüllt werden. Ein grosses theilweises Nachgeben wird zwar, als ein augenblicklicher Gewinn, aber nicht als eine Abfindung, hingenommen. Die Forderung lässt sich nicht beschwichtigen. Dass kein Anderer das Staatsruder führen kann, als *Peel*, der, als geübtester Verwaltungsbeamter, die von der Nothwendigkeit gebotenen Maassregeln fast willenlos formulirt, dies beweist, dass ein anderes Haupt, als das seinige, die Dinge lenkt; dass dem ostensiblen Minister ein Höherer vorgesetzt ist: die Macht der Zeitrichtung, d. h. der sozialen Bedürfnisse der Nation. Die Zeitherrschaft ist in England mächtiger geworden, als die Menschenherrschaft, und wird sich nicht mehr von der beschränkten Einsicht ihrer eigentlichen Diener, die sie mit der ausführenden Macht bekleidet, ihre Schranken anweisen lassen. Denn in einem Lande, wo Schrift und Rede frei sind, da dringt das wahre nationale Bedürfniss bald durch; und wo die Eisenbahnen schon jeden Winkel des Landes durchkreuzen, da wälzt sich auch der Staatskörper reissend vorwärts. »Das Jahrhundert des Eisenbahnbaues ist nicht eine Zeit zur Beschränkung des erwerblichen Verkehrs,« sagte ich in der schon erwähnten Schrift. Diese Worte haben sich, durch die neuesten Vorgänge in England, auffallend bewahrheitet. Denn, fragen wir: was hat die allgemeine Einsicht des Volkes und dessen unwiderstehliche Willensäusserung gegen das Theuerungssystem erweckt? — so sagen uns die Kundigen: »die Eisenbahnen haben es bewirkt,« — Eisenbahnbau und Handelssperre! Die Verwendung ungeheurer Kapitalien für die Erleichterung des Austausches — und Zollgesetze zur Erschwerung des Austausches! Wenn erst in Deutschland die Eisenbahnen die Zollgrenzen an mehreren Punkten überschreiten, wie schon an der belgischen Grenze, dann wird der schneidende Widerspruch sich selbst den Stumpfsinnigsten fühlbar machen. — Zweck der Eisenbahnen ist es, die Erwerbenden einander zu nähern und in die verschärfteste Konkurrenz zu versetzen; die alte Konkurrenzscheu kann sich dabei nicht mehr halten; die Verschanzungen, welche der feige Egoismus um sich ziehen möchte, schützen nicht vor der Gewalt der neuen Angriffswaffen und dienen denselben nur zum Zielpunkte; Rettung findet sich nur mitten im Gewühle, durch die in freier Anstrengung gestählte Kraft; die Bedrängniss lehrt muthig sein; und ist man muthig geworden, so fühlt man sich dabei wohler, und will auch jeden Anderen aus der lähmenden Kleinmüthigkeit herausreissen und zum Vertrauen auf seine Kräfte treiben. Und dass eine Nation, welche, wie England, unter sich den Erwerbskampf so verschärft hat, die Mitbewerbung des Fremden nicht mehr scheut, sondern sucht, ist um so begreiflicher, weil sie, durch Erweiterung des Feldes, das Gedränge am ehesten zu lüften hoffen muss. Und wenn die Eisenbahnen nicht blos ein paar abgebrochene Striche ziehen, wie bisher in Deutschland, sondern wirklich das ganze Land überziehen, wie schon in England, so können sie nicht verfehlen, das Bild des Gesammtlebens in den Gesichtskreis jedes denkenden Individuums zu bringen, und somit Irrthümer schwinden zu machen, welche, wie die des Theuerungssystems, nur auf der schiefsten Auffassung einseitiger Interessen beruhen können. Wer nur einigermaassen die Erwerbsbestrebungen aller Volksklassen in ihrem Zusammenhange, und als ganzes System, zu begreifen vermag, erkennt, dass Theuerungszölle dem einen Landesgenossen Geld abpressen, nur um den anderen in ein künstlich forcirtes, folglich immer kränkelndes Gewebe zu verwickeln, mithin ganz unstatthafte Mittel anwenden, dabei den Zweck verfehlen, und für beide Theile reinen Schaden anstiften. Dies begreift das englische Volk schon vollkommen; und mehr bedarf es nicht, um das Abschütteln des ganzen Theuerungssystems zu sichern. — Aus allem Gesagten sind wir berechtigt, eine gänzliche Handelsfreiheit, als unausbleibliche Basis des nächstbevorstehenden Zustandes der Dinge in England, anzunehmen. Die nothwendigen Folgen, nicht blos für England, sondern auch für ganz Europa, in materieller, politischer und sozialer Hinsicht, werden diese wenigen Seiten kurz anzudeuten versuchen. Die augenblicklichen materiellen Folgen dürften viel geringer sein, als die zunächst Betheiligten voraussetzen; die späteren politischen und sozialen Wirkungen dagegen sich viel wichtiger erweisen als der gewöhnliche Politiker des Tages ahnen kann.

Der in England geführte Kampf gegen den dort bestehenden Getreidezoll bezweckt eigentlich, dem Ausländer den zollfreien Absatz seines Getreides in England zu erwirken. Die Kaufleute und Landwirthe in den Ostsee-Provinzen berechnen schon den Gewinn, der ihnen durch Abschaffung jenes englischen Zolles erwachsen wird. Die materiellen Interessen der Ausländer sind also, eben so wohl als die der Engländer dabei betheiligt.

Wollen wir aber ersehen, wie die Aufhebung des englischen Getreidezolls wirken wird, so müssen wir klar einsehen, wie das Bestehen desselben gewirkt hat. Die letzte Normirung desselben rührt bekanntlich vom Jahre 1842 her und bestimmt für Weizen, wenn der Preis; nach sechswöchentlichen Durchschnitt, 73 Shilling und darüber pr. Quarter beträgt, einen Eingangszoll von 1 Shilling (10 Silbergroschen) für den Quarter (5^1/$_3$ Berliner Scheffel); dieser Zoll steigt aber in demselben Maasse, wie der englische Konsumtionspreis des Weizens sinkt, bis er die Höhe von 20 sh bei einem Preise von 51 sh pr. Quarter erreicht. Diese Einrichtung nennt man die gleitende Skala.

Die Absicht derselben ist, wenn reichliche einheimische Ernten den Konsumtionspreis ermässigen, fremde Zufuhren abzuhalten, damit diese nicht noch mehr den Markt drücken und dem englischen Grundbesitzer es unmöglich machen, das, was er »einen rentirenden Preis« nennt, zu erlangen. Es ist die Frage, inwiefern die Absicht erreicht worden sei. Die Grundherren glauben zwar, dass, ohne diese schützende Zollskala, sie längst völlig verarmt sein, ihre Felder unbebaut liegen würden, indem, wie sie fürchten, die Preise, in Jahren der Fülle, bei zollfreier Einfuhr, unabsehbar sinken müssten. Zur Beruhigung dieser Furcht führt Sir *Robert Peel* aus seiner letztdreijährigen erweiterten Erfahrung die Thatsache an, dass nach der Zollaufhebung die Preise von Fleisch, Schmalz und Flachs gestiegen seien, nämlich im Jahre 1845, als Futtermangel durch ganz Europa herrschte und die Flachsernte allenthalben missrathen war! Wenn also damit nichts zur Sache bewiesen ist, so dürfte doch der Hinblick auf ein paar andere zuverlässige statistische Angaben mit einiger leichten Berechnung darthun, dass die Furcht vor einer sogenannten Ueberschwemmung des englischen Markts mit fremdem Getreide, und einer beträchtlichen Erniedrigung der Konsumtionspreise, selbst bei gänzlich zollfreier Einfuhr, durchaus grundlos sei. Zur Einsicht in das wahre Verhalten der Dinge dabei müssen wir nicht vergessen, dass, bei unverändertem Bedarf, Preise unmittelbar nur durch Beschränken des Angebots erhöht, und durch Ausdehnen des Angebots ermässigt werden; dass also ein aufgelegter Zoll nicht unmittelbar, sondern nur mittelbar den Preis steigern kann, und zwar in dem Maasse, als er die Ausgaben vermehrt und dadurch die Kaufleute nöthigt, ihre Zufuhr einzuschränken und einen verhältnissmäsigen Mangel eintreten zu lassen. Eben so wenig kann der Preis unmittelbar durch Aufheben eines Zolles erniedrigt werden; er sinkt erst dann, wenn der durch Wegfallen der Zollzahlung erhöhte Gewinn die Produzenten reizt, das Angebot zu vermehren. — Fragen wir also, inwiefern durch die bisherige Zollskala, das Angebot fremden Getreides in England überhaupt beschränkt, mithin der durchschnittliche Konsumtionspreis daselbst gesteigert worden sei? Wir dürfen nicht auf ein einzelnes Jahr dabei sehen, sondern müssen einen Zeitraum von mehreren Jahren betrachten.

Die vorletzte Zollskala, die noch höher als die jetzt bestehende war, blieb in Kraft vom Januar 1828 bis Juli 1842 oder 13$^{1}/_{2}$ Jahr.

Während jener Periode ergab sich nach den sorgfältig gesammelten Angaben des Herrn *Vincent Nolte* in Triest Folgendes:

a) eine Totaleinfuhr fremden Getreides von . . . . 13,626,315 Qrs.
b) eine jährliche Einfuhr von durchschnittlich . . . . 1,048,178 Qrs.
c) eine totale Zolleinnahme von . . . 3,779,417 Pfd. St.
d) mithin ein durchschnittlich erlegter Zoll pr. Qr. 5½sh
e) ein durchschnittlicher Konsumtionspreis für Weizen in England . . . . 58 sh
f) ein durchschnittlicher Preis für den Einführenden, nach Abrechnung des Zolles 52½sh

Was wäre also die Folge gewesen, wenn gar kein Eingangszoll auf Getreide während jener Zeit in England bestanden hätte? Der Durchschnittspreis von 58 sh hätte nur durch grösseres Angebot, vermittelst grösserer Einfuhr, ermässigt werden können. Um aber die Einfuhr zu vergrössern, hätte der Preis für den Einführenden ohne Zoll, mehr als 52½ sh betragen müssen. Die Grösse der Einfuhr nämlich richtet sich natürlich nach dem sich darbietenden Erlös; soll jene sich vermehren so muss ein vermehrter Preis verbleiben, welcher die Kaufleute in den Stand setzt, Getreide aus grösseren Entfernungen herbeizuziehen, und der auswärtigen Konsumtion einen grösseren Antheil des Vorraths abwendig zu machen, also höher mitzubieten. Dies versteht sich von selbst und die Erfahrung bestätigt es. Während der Jahre 1839, 1840, 1841 und 1842 wurden im Ganzen 11,658,942 Qrs. oder jährlich im Durchschnitt 2,914,735 Qrs. in England eingeführt. Nach der staatswirthschaftlichen Berechnung eines englischen Kornmonopolisten hätte eine solche Ueberschwemmung die Preise zu seinem gänzlichen Ruin unabsehbar herabdrücken müssen. In der That aber wurde eine so sehr vergrösserte Einfuhr nur dadurch ermöglicht, dass der durchschnittliche Erlös für den Einführenden, exklusive Zoll, um etwa 5 sh erhöht, sich auf 57 bis 58 sh erhielt. Die Widersinnigkeit der oft im Parlamente und in agricultural meetings ausgesprochenen Befürchtung, dass ohne sogenannten Zollschutz die Getreidepreise unabsehbar sinken müssen, liegt in der Annahme, *dass die Einfuhren bei unabsehbar gesunkenem*

Erlös sich ohne Maass vermehren würden. — Nehmen wir den in Grossbritannien und Irland gebauten Kornertrag, nach der Schätzung der besten Statistiker, auf höchstens 18,000,000 Qrs. an, so sehen wir, dass ohne allen Zoll der Komsumtionspreis nicht unter 52½ sh fallen darf, wenn nur 1,000,000 Qrs. fremden Getreides jährlich, oder ¹/₁₈ des Bedarfs im britischen Markte mitkonkurriren soll. Und wenn Grossbritannien und Irland, wie bei schlechten Ernten der Fall, nur 13 Millionen Qrs. bauen, dann muss der Preis, exklusive Zoll, wie wir gesehen haben, auf 57 sh steigen, um einen Zuschuss von etwa 3,000,000 Qrs. vom Auslande, zur theilweisen Deckung des Ausfalles zu erlangen. — Der Durchschnittspreis von 57 sh, nach Abzug des Zolles, gilt freilich nur für schlechte Jahre, wie die von 1839—42; aber der Preis von 52½ sh nach Abzug des Zolles, oder 58 sh inklusive desselben, galt für eine lange Periode von 13½ Jahren, während welcher so viele reiche Ernten, als man überhaupt in England erwarten darf, fielen; er kann also füglich als Norm dienen. Demnach ist es klar, dass bei völliger Zollfreiheit der durchschnittliche Konsumtionspreis von 58 sh nur dann sinken kann, wenn die Zufuhr sich über 1,000,000 Qrs. hinaus mehrt; damit aber die Zufuhr sich darüber hinaus mehre, muss der durchschnittliche Konsumtionspreis sich über 52½ sh erhalten; der Preis würde also, nach diesen Voraussetzungen, zwischen beiden Grenzen sein Niveau finden. Es giebt indessen noch ein paar Umstände, die wir, zur genaueren Berechnung des resultirenden Preisstandes, in Betracht ziehen müssen.

Um zu sehen, inwiefern die Zollskala ihren Zweck, Erhöhung des Konsumtionspreises, indirekt, durch Beschränkung der Getreidezufuhr, erfüllt, betrachten wir näher ihre direkte Wirkung. Direkt wirkt sie nämlich darin, dass sie die Wahl der Zeitpunkte zur Einfuhr beschränkt. Sie lässt das fremde Getreide nicht in gewöhnlichen Zeiten allmählich zur täglichen Konsumtion hinein, sondern nöthigt den Besitzer, dasselbe bis auf eine Zeit des Mangels aufzuspeichern, und dann mit einem Male einzubringen. Sie drängt also dem Fremden das Geschäft der Getreidespekulation auf. Von Jemandem aber muss dieses Geschäft immer unternommen werden. Wegen des grossen Unterschiedes im Ertrage der Ernten in verschiedenen Jahren, muss in Jahren der Fülle gesammelt, und ein Vorrath zur Aushilfe in Jahren des Mangels übertragen werden. Dies fürsorgliche Amt verwaltet die hart gescholtene Spekulation, welche bei niedrigen Preisen aufkauft, um bei erhöhten Preisen wieder zu verkaufen, und bald, zum Wohle der Produzenten, durch ihre Nachfrage, ein maassloses Verschleudern verhindert, bald, zum Segen der Konsumenten, durch ihr Angebot einer maasslosen Theuerung vorbeugt. Gelänge es den Thoren, welche, an Aufklärung etwa den Hexenverfolgern des Mittelalters gleichstehend, von Kornwucher reden, das Geschäft der Getreidespekulation — die Uebertragung von Vorräthen, aus Hoffnung eines Gewinnes bei eingetretener Theuerung — zu hintertreiben, dann müsste die Bevölkerung zivilisirter Nationen auf diejenige Anzahl reduzirt werden, welche sich mit dem Ertrage der allerdürftigsten Ernte ernähren könnte; und Alles, was ein Jahr, auf dem nicht der schwerste Fluch ruhte, mehr bringen möchte, wäre ein nutzloser Ueberschuss, der keine Verzehrer fände. — Also darf man nicht glauben, dass, bei aufgehobener Zollsperre, das fremde Getreide, in Jahren der Fülle, der englischen Konsumtion zu jedem Preise hingeworfen, und der Markt maasslos gedrückt werden müsste. Dagegen schützt, wie gesagt, die Spekulation, welche, indem sie die extremen Preisschwankungen benutzen will, nicht umhin kann, dieselben zu mässigen. Die englische Zollskala aber wirkt zunächst nur hemmend und störend auf das Spekulationsgeschäft; sie beschränkt die Wahl der zur Aufspeicherung geeignetsten Getreidesorten und Lagerungsstätten; sie schliesst die Engländer vom Geschäfte aus und bestimmt, dass nur fremdes Getreide aufgespeichert werden solle; sie verschafft dadurch zwar dem einheimischen britischen Gewächse die Ehre, zuerst verzehrt zu werden; aber indem die Ausbildung eines einheimischen britischen Speicherungs-Geschäfts unterdrückt wird, hat England einerseits in Jahren ungewöhnlicher Fülle, weniger Ankäufer, um die Preise einigermaassen zu stützen, — was für den englischen Landwirth ein grosser Verlust ist; andererseits hat es, in Jahren der Noth, weniger Vorrath, um mit den fremden Vorräthen zu konkurriren und den Preis zu ermässigen, — was zunächst dem Fremden umsomehr Gewinn verschafft.

Wäre die Einfuhr zu allen Zeiten ganz frei, dann würde das Speicherungs-Geschäft sich nach England hinziehen, weil es dort, wegen niederer Zinsen, welche die Hauptkosten dabei ausmachen, am billigsten betrieben, und, wegen der unmittelbaren Nähe des Konsumtionsmarktes, am einsichtsvollsten geleitet werden könnte. Dies wäre für alle Parteien ein grosser Gewinn. Denn die Ostsee-Provinzen z. B. würden einen Fonds von wenigstens 15 Millionen Thalern aus einem Geschäft herausziehen können, welches unter allen erdenklichen Geschäften im Verhältnisse zu dem auf dasselbe verwendete Kapital die wenigsten Arbeiter ernährt. Würde dieser Fonds der fabrizirenden und ackerbauenden Industrie als Betriebs-Kapital zugewendet, so könnten vielleicht eine halbe Million Arbeiter-Familien guten Lebensunterhalt dadurch finden, und die erwerbliche Kultur Preussens einen mächtigen Aufschwung zeigen.

— Eine weitere Folge wäre die, dass das Getreide alljährlich, so wie es nach den Kontinentalhäfen gelangte, verschifft werden würde. Was die preussischen Rheder betrifft, so würden sie eine regelmässigere, zuverlässigere Beschäftigung dadurch finden, und nicht genöthigt sein, wie jetzt, lange Zeit in der Ferne Fracht zu suchen, bis sie, plötzlich zu Hause gebraucht, wegen der dringenden Eile und der Grösse der Vorräthe, eine Menge fremder Schiffe zu Hilfe rufen müssen. Die Frachten würden auch nicht, bei regelmässigem Verschiffen, so enorm, bis auf das Doppelte steigen, wie sie jetzt, bei der Plötzlichkeit der Konjunkturen, es müssen. — Es möchte also wohl, nach Aufhebung des englischen Getreidezolles, theils an Zinsen, theils an Frachten, ein Totalersparniss von 5 sh pro Quarter gemacht werden. Ein Ersparniss an den Kosten aber macht eine gegebene Grösse der Einfuhr bei einem geringeren Absatzpreise möglich. Bei einer Minderung der Kosten um 5 sh könnte also eben so viel fremdes Getreide dem englischen Verbrauche zu $47\frac{1}{2}$ oder 48 sh, als jetzt zu $52\frac{1}{2}$ sh, geliefert werden. Die vorhin genannten Grenzen, zwischen welchen der Getreidepreis sein Niveau finden würde, müssen korrigirt werden. Es würde zwischen 58 sh und 48 sh ein Mittelpreis herauszustellen sein. Damit der erste erniedrigt werde, müssen, wie gesagt, die Zufuhren vermehrt, und zu diesem Ende wiederum der letztgenannte Preis erhöht werden. Die Spekulanten, um ihre Zufuhren zu vermehren und dem fremden

Verbrauche mehr Getreide abwendig zu machen, müssen höhere Einkaufspreise bieten. Der englische Konsument und der fremde Produzent werden sich also in das Totalersparniss an Zoll und Kosten, wohl gleichmässig, theilen, mithin der Eine 5 sh weniger zahlen, der Andere 5 sh mehr empfangen, indem der englische Preisstand sich, als nächste Folge der Zollfreiheit, auf etwa 53 sh setzt. — Ein Durchschnittspreis von etwas mehr als 50 sh reicht nun, eingestandenermaassen, hin, um den fortgesetzten Betrieb des englischen Ackerbaues in seiner jetzigen Ausdehnung zu ermöglichen. Die Drohung, dass, nach Aufhebung der Getreidesperre, 4,000,000 Acres Pflugland, oder fast ein Drittel des Ganzen, brach liegen, und die englischen Arbeiter somit ihrer Nahrungsmittel beraubt werden müssten, ist eine leere Redensart, gleich allen übrigen, womit die Monopolisten um sich werfen, wenn sie beweisen wollen, dass wir ihnen, durch Vertheuerung unserer Befriedigungsmittel, eine grosse Einnahme sichern müssen, um nicht selber Mangel zu leiden! —

Unsere Berechnung, dass der durchschnittliche Getreidepreis in England, sich nach Aufhebung des Einfuhrzolles auf etwa 53 sh stellen werde, basirt auf den jetzigen Verhältnissen der Produktion zur Konsumtion, gilt also nur so lange, als diese unverändert bleiben. Es ist aber klar, dass die um etwa 10 Sgr. pro Scheffel erhöhte Einnahme des fremden Landwirths, und die um eben so viel verminderte Konsumtionsausgabe für das englische Volk, auf die Vermehrung sowohl der Produktion, als der Konsumtion einen Einfluss haben müsse. Um also den späteren, dauernden Preisstand zu erkennen, müssen wir fragen, in welchem Verhältniss zu einander die Veränderungen der genannten beiden Faktoren der Preisbestimmung stattfinden dürften.

Der um 10 Sgr. pro Scheffel verbesserte Preis wird dem fremden Landwirthe nicht nur einen verstärkten Reiz, sondern auch grössere Mittel gewähren, seine Bodenkultur zu erhöhen und auszudehnen, den Ertrag seiner Felder zu vermehren. Es wird mehr Kapital und Arbeit dem Boden zugewandt werden. Dies wird nicht nur auf dem europäischen Festlande geschehen; sondern nach allen, durch natürliche oder künstliche Kommunikationswege erreichbaren

Flecken der Erde, wo nur deren Schoss am meisten gesegnet ist, werden Kapital und Arbeit zur Hervorbringung von Nahrungsmitteln hinstreben, sobald völlige Handelsfreiheit auf sicheren Absatz, wo nur Konsumenten sind, rechnen lässt, und man blos auf die Vegetationskraft der Erde und die Bedürfnisse der Menschen zu sehen hat, und nicht mehr fürchten darf, dass die dazwischentretende Willkür der Zollsysteme die üppige Scholle zur Sterilität, den lechzenden Sterblichen zum Hunger verdamme. Das Angebot von Nahrungsmitteln wird auf diese Weise sehr vergrössert; aber nicht sogleich und plötzlich; denn es gehören Jahre dazu, um von altkultivirtem Boden die Ausfuhr beträchtlich zu vermehren, oder von neuem Boden einen ausführbaren Ueberschuss zu gewinnen. Was die ausführenden Distrikte Preussens betrifft, so können wir hier am besten beurtheilen, was alles dazu erforderlich wäre, um ihre Ernten auf den höchsten Ertrag zu bringen; — es gehörte dazu nichts weniger, als dass sie sich überhaupt von einer niedrigen zu der höchsten Stufe der Kultur erhöben; und dazu gehört, selbst wenn man über noch so grosse Mittel gebietet, Zeit. Wenn man Geld genug hat, kann man eine alte Fabrik niederreissen und neu konstruiren, oder eine neue sehr rasch hinbauen, und, möglicher Weise, sogleich mit höchster Produktivität betreiben. Aber Landgüter lassen sich nicht so umbilden und umschaffen. Wer von der Entwickelung der Landwirthschaft nichts weiss, frage einen erfahrenen Agronomen, was für Mittel, hauptsächlich, was für Zeit dazu nöthig wäre, um die Aussaat einer ganzen Provinz um ein Zehntel zu vergrössern, und den Ertrag dauernd nur um das zehnte Korn zu erhöhen! Seit wie vielen Menschenaltern bemühen sich nicht die Landbewohner der Ostsee-Provinzen, ihre Kultur zu erhöhen, ohne weiter als bis zu dem Punkte gekommen zu sein, auf dem wir sie sehen; — und da sollte ein Federstrich des englischen Parlaments sie mit einem Sprung an das Ende des Ziels versetzen können! Wenn englische Landbesitzer, die mit den mühsamen Fortschritten des Ackerbaues bekannt sein müssen, davon reden, dass, bei freier Einfuhr nach England, die halb kultivirten Flächen Preussens eine unerschöpfliche Fluth von Cerealien, genug um das Erzeugniss von ganz England zu ersetzen und zu verdrängen, hineingiessen könnten, so zeigen sie damit nur, welchen Spuk die unbestimmte Furcht mit der Einbildungskraft des Egoismus treiben kann!

Allmählich werden die Bodenfrüchte, gewiss zum grossen Segen der Menschen, sich vermehren lassen; aber doch wohl nicht rascher, als die Menschen selber zunehmen dürften; so wie denn die Geschichte überhaupt lehrt, dass niemals die Nahrungsmittel rascher als die Verzehrer gewachsen sind. In der That entstehen die Verzehrer immer rascher als die Nahrungsmittel; und nur durch rasches Absterben wird die Zahl jener der Menge dieser angepasst. Für die Vermehrung der Volkszahl haben wir also nur auf Verminderung der Sterblichkeit, oder auf Beseitigung der lebensverkürzenden Einflüsse zu sehen.

Eine der ersten und nothwendigsten Folgen freien Getreidehandels wird sein, einen gleichmässigeren Preisstand, durch eine gleichmässigere Versorgung, zu bewirken. Bei Ausdehnung des Zufuhrgebiets, besonders über entfernte Himmelsstriche, übt eine lokale Missernte einen geringeren Einfluss auf das Ganze aus. Wenn ungünstige Witterung an einem Orte die Früchte vernichtet, bringt günstige Witterung an einer andern fernliegenden Stelle einen um so reicheren Ertrag ein. Und wenn auch alle Gegenden ungünstigen Erfolg haben, so wird dies nicht allenthalben in gleichem Grade der Fall sein; also wird die Durchschnittsernte des Ganzen immer grösser, als die einzelner Theile ausfallen. Auch zeigt die Erfahrung, durch das ganze Reich der Natur hindurch, ein ziemlich stetiges Ergebniss selbst der schwankendsten Wechselfälle, z. B. der Windesrichtungen, wenn nur die Sphäre derselben weit genug für die Operation der Ausgleichungsgesetze sich erstreckt. Das Prinzip der Assekuranz gegen Feuer- und Seegefahr, welches für Individuen eine segensreiche Linderung der Besorgniss vor den sie partiell treffenden Unglücksfällen gewährt, ist ja nur die Repartition des Risikos über möglichst viele Unternehmer. Die Vermehrung der Zufuhrquellen für Nahrung gewährt gerade dieselbe Art von Sicherheit. Wer auf eine einzige Quelle angewiesen ist, kann, bei dem Versiegen dieser, die äusserste Noth leiden. Wer alle Quellen, deren Ergiebigkeit im Ganzen, selbst bei partiellem Missglücken, ziemlich gleich bleibt, benutzt, der allein geniesst hinsichtlich seiner Versorgung, der höchsten Sicherheit, welche der Himmel dem Erdenbewohner überhaupt gönnt. Eine Nation also, welche Getreidezufuhr vom Auslande verbietet, angeblich um sich von der Gunst der Fremden unabhängig, und somit allezeit für ihre Versorgung mit Nahrungsmitteln sicher zu stellen, macht sich dadurch nur von der Missgunst der Witterung abhängig, mit deren Laune es noch schwieriger ist, Verträge zu schliessen, und deren Unbeständigkeit allemal zur Beschränktheit des Gebiets im Verhältniss steht.

Ferner wird, wie gesagt, der freie Handel, mehr Mittel zur Erhöhung der Bodenkultur verwenden lassen. Und je höher die Bodenkultur ist, je tiefer der Acker gepflügt und gedüngt, je besser er entwässert und zubereitet, und zu den geeigneten Früchten in passender Aufeinanderfolge benutzt wird, um so geringeren Einfluss haben die Witterungszufälle auf den Ertrag der Ernte. Dies, und die Verwendung grösserer und billigerer Kapitalien zum Spekulationshandel mit Getreide, wozu die grössere Zuverlässigkeit der Operationen bei freiem Handel bewegen, und woraus eine möglichst gleichmässige Vertheilung des Ertrages verschiedener Jahre an die Konsumenten hervorgehen wird, muss die grösstmöglichste Gleichmässigkeit in der Versorgung mit Nahrungsmitteln und in den Preisen bewirken.

Die bisherigen Zollgesetze in England hatten aber ausserdem noch den Nachtheil, dass sie das Getreide, welches doch von dem Auslande geholt werden musste, nicht allmählich in kleinen Quantitäten anschaffen liessen, sondern plötzlich in grosser Masse zu kaufen, mithin grosse Summen baar zu zahlen nöthigten, welche sonst mit Waaren an das Ausland entrichtet worden wären. Die damit verbundene temporäre Verringerung des Umsatzmittels drückte die Preise der Fabrikate, und brachte die so oft erlebten allgemeinen Stockungen der Industrie, das grässliche Brodloswerden mehrerer hunderttausend Arbeiter zu Wege. Das frühere englische Banksystem, welches eine beliebige Vermehrung des Papiergeldes zuliess, versuchte natürlich, in solchen Fällen, dem Uebel abzuhelfen; aber, wie alle Palliative, schob die papierne Hilfe das Uebel nur auf kurze Frist hinaus, um es bald wieder verschlimmert sich äussern zu lassen. Die Vermehrbarkeit des Papiergeldes und die

Getreidesperre waren, wie jeder wirkliche Volkswirth weiss, die Ursachen jener Krisen, welche, periodisch alle fünf bis sieben Jahre sich wiederholend, ihre Wehen von England aus über die ganze Erwerbswelt erstreckten. Die Bankreform konnte, ohne Reform der Getreidegesetze, nur dem Verschlimmern, nicht aber dem Vorkommen des verhängnissvollen Missstandes vorbeugen. Die beiden grossen Maassregeln sind von einander für ihren Erfolg abhängig, — einen Erfolg der, bei der engen Verkettung aller Völker des kommerziellen Verbandes, das soziale Wohl des ganzen Europa betrifft.

Die Theuerungen dezimirten und plünderten das Volk rein aus; die Arbeitsstockungen demoralisirten es und machten es unproduktiv. Beide zusammen verminderten sowohl die Anzahl als die Zahlfähigkeit der Konsumenten, drückten also den Preis der Nahrungsmittel unter denjenigen Durchschnitt, den er, bei gleichmässigem Marktstande und regelmässiger Beschäftigung des Volks, behauptet hätte. Ein Aufhören dieser Missstände, welches aus Handelsfreiheit erfolgen muss, wird also die Wirkung haben, den Durchschnittspreis der Nahrungsmittel zu heben. Wir wollen diesen wichtigen Gesichtspunkt der Frage etwas umständlicher erörtern. —

Momentane Steigerungen des Getreidepreises um das Doppelte und Dreifache, wie wir sie häufig erlebten, erzeugen unter dem Volke eine Noth, welche sich im plötzlichen Zunehmen der Sterblichkeit bekundet. (Anstatt also den Zoll nach einer Skala der Getreidepreise zu normiren, hätte man denselben eben so gut nach sechswöchentlichem Durchschnitte der Todesfälle berechnen können. Ein auf diese Weise angefertigter Tarif, eine Skala nach dem Gleiten der Verhungerten in's Grab, hätte, beiläufig gesagt, die soziale Moralität der englischen Getreidegesetze in dem wahren Lichte gezeigt.) Solche Preissteigerungen reduziren also die Bevölkerung auf diejenige Zahl, welche mit der kleinsten vorkommenden Zufuhr von Lebensmitteln auf die dürfstigste Weise durchgefüttert werden kann. Und diejenigen, welche die Noth überleben, sind nachher zu verarmt und zu schwach, um spätere Zufuhren gut zu bezahlen. Nach der schlechtesten Ernte sind so wenig Konsumenten, und diese so mittellos, dass die Preise bei reichlicherer

Ernte unverhältnissmässig sinken. Möglichst gleichmässige Zufuhren, mithin möglichst stetige Preise der Nahrungsmittel, sichern den Produzenten die grösstmögliche Anzahl produktionskräftiger Konsumenten, mithin den höchsten Durchschnittspreis. — Ebenso nachtheilig für die Getreideproduzenten ist auch, wie gesagt, der zeitweise Arbeitsmangel bei den Manufakturarbeitern. Wenn ihr Einkommen aufhört und Entbehrung sie verzweifeln macht, entzweien sie sich mit den Arbeitsgebern, werden aufrührerisch, entwöhnen sich der Lebensbequemlichkeit und suchen in schädlichen Reizmitteln eine Betäubung des augenblicklichen Leidens; sie werden mit einer unsicheren Existenz und mit der Leidenschaftlichkeit vertraut; werden köperlich geschwächt und moralisch verderbt. Nichts demoralisirt so sehr als temporäre gänzliche Entblössung; und nichts macht unproduktiver als die Demoralisation. Wer wiederholentlich, wider Willen, müssig gehen und seinen Hunger mit Branntwein (oder Curry powder) beschwichtigen musste, wird schwerlich den Willen haben, fleissig und nüchtern zu sein, wenn er es dürfte. Von der Produktivität der Manufakturarbeiter aber hängt die Menge der Verbrauchsgüter, welche gegen Nahrungsmittel auszutauschen sind, folglich der reale Preis der Nahrungsmittel, ab. — Nehmen wir also alle diese Umstände noch in Betracht, nämlich: die Langsamkeit einer Vermehrung des Bodenertrags selbst bei vermehrten Mitteln, die Schnelligkeit einer Ausdehnung der Menschenzahl, wo sich die Möglichkeit bietet, die höhere Produktivität eines gleichmässig ernährten und vor entsittlichenden Krisen geschützten Volkes, so dürften wir voraussagen, dass der Durchschnittspreis, den wir, für den ersten Augenblick nach Aufhebung des Zolles, zu 53 sh. annahmen, durch die weitere Wirkung der Handelsfreiheit, nach wenigen Jahren stetiger Versorgung der Manufakturarbeiter mit Lohn und Brod, selbst über den jetzigen Durchschnittspreis von 58 sh. hinaus sich erhöhen müsse; — denn unsere Auseinandersetzung ging darauf hinaus, zu beweisen, dass, selbst bei jeder möglichen Vermehrung der Zufuhr, die Konsumenten sich vermehren werden bis das Brod den höchsten Preis erreicht, den sie wohl erschwingen können; dass sie aber auch, wegen vermehrter Produktivität einen höheren Durchschnittspreis, als bisher, dafür zu geben im Stande sein werden.

Der Gewinn, den wir, für die englischen Arbeiter, von einer freien Getreideeinfuhr erwarten, ist also nicht ein erniedrigter Brodpreis, zum Nachtheil der englischen Grundbesitzer. Die Getreidesperre brachte beiden Theilen Schaden; die Aufhebung derselben wird beiderseitigen Segen mit sich führen. Wenn auch das Volk am Ende für eine gegebene Brodmenge mehr als jetzt giebt, weil es, bei erhöhter Kraft mehr zu geben hat, so wird dies sowohl für das Volk als für das Grundeigenthum ein Gewinn sein. Wir fordern freie Einfuhr, damit das Volk, gegen sein Arbeitsprodukt, das zum Unterhalte seiner Kräfte nöthige Brod immer in genügender Menge, wenn auch nicht durchschnittlich billiger, finde; — wir fordern sie, damit die vermehrte Fähigkeit des Volkes, Brod mit seinem vermehrten Arbeitsprodukt zu bezahlen, auch eine Vermehrung des Brodes zur Folge haben könne; — wir fordern sie, damit die Zahl der Arbeitenden und die Summe der Arbeitskraft nicht mehr auf die begrenzte Ernährungsfähigkeit eines abgeschlossenen Gebiets beschränkt seien, sondern sich frei entfalten mögen, so lange nur die Thätigkeit und Intelligenz des Menschen die unabsehbaren Quellen des ganzen Erdenschoosses erweitern können. — Von der Produktivität der Arbeitskraft hängt auch der Gewinn der Kapitalsverwendung, mithin die Leichtigkeit der Kapitalsvermehrung ab. Und vermehrtes Kapital erfordert wiederum, zu seiner produktiven Anlegung, eine vermehrte Arbeiterzahl. Die freie Getreideeinfuhr, indem sie beide Bedingungen erfüllen lässt, gestattet die möglichst rasche Zunahme des erwerblichen Nationalreichthums, mithin die Beförderung des Wohles jeder Klasse, und den Wachsthum der Gesammtmacht. Und alle diese Zwecke, welche das eigentliche Ziel staatlicher Vergesellschafterung bilden, und von der heiligsten Pflicht gegen die Nationalwohlfahrt geboten sind, vereitelte bisher zur angeblichen Beschützung eines Sonderinteresses, in ihrer fluchbeladenen Blindheit, eine herrschende Kaste, welche somit der Befriedigung menschlicher Bedürfnisse jetzt schon künstlich jene Schranke setzte, die das Naturgesetz hinausgerückt hat bis dahin, wo das Menschengeschlecht, nach Ausbeutung des ganzen Erdreichs, am Ziele seiner Bestimmung gelangt, dem vom zyklischen Lebensprinzipe alles Endlichen bedingten Wiederauflösungsprozess verfällt. Sie griff dem Weltverlaufe vor, um über die Jugend sozialer Entwickelung das Hinsterben aus Erschöpfung zu verhängen! — Und was für grausenerregendes unbeschreibliches Leiden hat dazu gehört, die Nation über diese Verhältnisse aufzuklären! Fürwahr, wenn wir bedenken, welche zerfleischende Zuchtruthe die Zeit gebraucht hat, um dem englichen Volke nur die ersten Grundlehren *Adam Smiths* einzubläuen, so müssen wir gestehen, dass, in der Masse, die germanische Race sehr schwer lernt; — dass aber dafür die erziehende Zeit den drastischsten pädagogischen Zuspruch, wo er Noth thut, keinesweges schont! Deutschland ist in seiner staatswirthschaftlichen Lektion nicht weit gediehen.

Sobald die englischen Landbesitzer ihr eigenes Monopol haben aufgeben müssen, werden sie gewiss keinem Anderen das seinige lassen. Alle Schutz- und Differenzialzölle zur Beschränkung der Zufuhr von Produkten, welche das Zahlmittel für die ihrigen bilden, sind ihnen nachtheilig; sie haben dieselben nur deshalb begünstigt um Verbündete zur Vertheidigung ihres eigenen Theuerungszolles zu haben; sie vindizirten das System des Plünderns, weil sie den Hauptantheil an der Beute zu ziehen dachten. Wenn sie aber nicht mehr plündern dürfen, werden sie sicherlich sich selbst nicht plündern lassen. Und sobald ein vermeintes Sonderinteresse sie nicht mehr blendet, werden sie einsehen, dass Theuerungszölle Allen zum Schaden sind, selbst Denen, die sie zu beschützen vorgeben. Der gute Erfolg der Abschaffung im eigenen Falle wird ihnen dies am direktesten lehren. Wenn sie nämlich finden, dass sie bei freiem Getreidehandel ebenso gute Preise als vorhin erhalten, sicherer auf ihre Einnahmen rechnen können, weniger Armensteuer zahlen, keine Krisen zu befürchten haben, nicht mehr vom Behaupten eines angefeindeten Monopols abhängen, nicht mehr als privilegirte Kaste dem Volksunwillen zum Ziele dienen, sondern, als ehrliche Produzenten, ihr Produkt nach den natürlichen Bestimmungen der Geltung verwerthen, dann werden sie sich materiell und moralisch so viel wohler befinden, dass sie über nichts sich so sehr wundern werden, als über die Verkehrtheit, womit sie so lange, in qualvoller Angst, sich an ihr eigenes Unheil festklammerten; und wenn Andere dann die Sophistereien vorbringen, womit sie früher den eigenen Verstand verhöhnten, werden solche bei ihnen keine Sympathie mehr finden. Aber mag dem sein wie ihm wolle, die Macht der Aufklärung, welche in England das Getreidemonopol zu Boden schlägt, bricht das Prinzip des Monopolisirens überhaupt. Nach dem Falle der von der ganzen Verfassungsmacht gestützten Hauptveste, wird sich keine schwächere Schanze mehr halten können. Die Aufhebung des Theuerungszolles auf Getreide konnte nicht anders, als in Begleitung theils einer Aufhebung, theils einer grossen Herabsetzung anderer Theuerungszölle vorgebracht werden; der noch beibehaltene Rest ist zu unbedeutend, um einen heftigen Vertheidigungskampf zu erregen; die gemachten Reduktionen bekunden die Anerkennung der Schädlichkeit des Monopolsystems im Prinzipe; die Erfolge der Reduktionen geben den handgreiflichen Beweis für dessen Schädlichkeit in der Praxis. Die rasche Aufeinanderfolge antimonopolistischer Maassregeln, welche, selbst unter einem Toryministerium in drei Jahren den Kern aller Monopole erreicht haben, beweist, wie reissend ein Schritt in dieser Richtung nothwendig zu anderen zwingt; der Weg bis zum Ende ist jetzt nur sehr kurz, und die forttreibende Kraft wächst, wie beim freien Falle, mit der Grösse der durchlaufenen Bahn. Die Befreiung der englischen Getreideeinfuhr bedingt, binnen kürzester Frist, die totale Freiheit des englischen Einfuhrhandels überhaupt.

Bisweilen hört man die Handelsfreiheit als Etwas unausführbares bezeichnen, indem darunter, irriger Weise, das Abschaffen aller Einfuhrzölle verstanden wird, welches sich mit den finanziellen Staatsbedürfnissen nicht füglich vertrüge. Aber unter dem Namen »Handelsfreiheit« wird nur die Abschaffung solcher Einfuhrzölle gemeint, welche der Wirkung internationaler Konkurrenz entgegenstehen. Der auf ein im eigenen Lande nicht vorkommendes Produkt gelegte Zoll erhöht den Preis nur um einen Betrag, der, in die Staatskasse fliessend, dem Konsumenten durch die Staatsleistungen wieder zu Gute kommt. Wird aber, durch einen Eingangszoll, der Preis eines im Inlande produzirbaren Erzeugnisses erhöht, so veranlasst dies die Produzenten, zum Erzielen desselben unter ungünstigen Produktionsbedingungen, einen dem künstlich erhöhten Preise entsprechenden Kostenbetrag zu verwenden; mithin veranlasst ein solcher Zoll, dass ein Produkt dort **erzeugt** wird, wo es mehr Aufwand erheischt, als anderwärtig. Die internationale Konkurrenz dagegen bewirkt, dass die respektiven Produktionsmittel überall nur auf dasjenige Befriedigungsmittel verwandt werden, welches jedes Land am billigsten, d. h. in verhältnissmässig reichlichster Menge, mit den gegebenen Mitteln erzeugen kann. Sie bedingt also die grösstmöglichste Produktion und Befriedigung menschlicher Bedürfnisse überhaupt. Bedenken wir nun, dass das Steigen des Wohlstandes von der Zunahme des Kapitals abhängt, und dass ein Kapital, welches mit einem Profite von drei bis vier Prozent, drei bis viermal jährlich angewandt wird, sich innerhalb zehn Jahren verdoppelt, so können wir uns eine Vorstellung von dem gewaltigen Erfolge für den Weltreichthum machen, welcher erreicht werden würde, wenn die jetzt durch Tarifzwang auf unergiebige Zweige geleiteten Kapitalien, durch freie internationale Arbeitstheilung einen nur um zehn Prozent vermehrten Ertrag brächten; — und in den seltensten Fällen ist der Theuerungszoll, mithin dessen Nachtheil für den Produktenertrag, so niedrig als ein Zehntel; nur zu häufig beträgt er bis hundert Prozent; bewirkt also, dass Produktionszweige dort betrieben werden, wo die angewandten Mittel nur halb so viel, als in anderen, durch Naturverhältnisse begünstigten Gegenden hervorbringen! Um dieser sinnwidrigen Verkümmerung des Ertrages für die Bedürfnisse der so kümmerlich befriedigten Menschen Einhalt zu thun, hat man Grund genug, gegen das die Industrie dergestalt beschützen wollende Tarifsystem zu eifern.

Es fragt sich nun, welchen Einfluss die Abschaffung der Theuerungszölle in England auf die Tarife anderer Nationen haben müsse. Bisher wurden die Schutzzöllner genöthigt, einzugestehen, dass Handelsfreiheit der Allen erspriesslichste Zustand der Dinge, und ein Theuerungssystem an sich ein Uebel sei, welches aber der einen Nation, durch die Handelsbeschränkungen anderer Nationen, aufgedrängt werde; so dass die respektiven Hemmungen des Verkehrs nur durch gegenseitige Konzessionen aufgehoben werden können. Die Wissenschaft bewies zwar, dass die Aufhebung eines

Theuerungszolles, seitens der einen Nation, nur eine sich selbst gemachte Konzession sei, welche man ganz einseitig ausführen dürfe, ohne auszubedingen, dass Andere sich gleiche Wohlthaten erwiesen. Und wie ich, in meiner Schrift »*über Handelsfeindseligkeit*,« nachdrücklich aussprach, giebt es keinen anderen Weg, Nachbarländer zur Aufhebung ihrer Restriktionen zu zwingen, als, die eigenen geradezu aufzuheben; der Nachbar findet dann seine Ausfuhr auf den Werth dessen beschränkt, was er bei sich hineinlässt; — wenn er das Thor vor sich offen stehen, aber sein Hineintreten durch selbstaufgelegte Fesseln beschränkt sieht, wird er nicht säumen, die Fesseln abzustreifen. Nun gut. England ist endlich zu derselben Einsicht gelangt. Es hat beschlossen, verständig zu handeln, ohne erst mit fremden Diplomaten sich zu verständigen. Es will seinen eigenen Bürgern möglichst billiges Brod, möglichst billige Rohstoffe und Fabrikate zukommen lassen, ohne auszubedingen, dass andere Regierungen ihren Unterthanen gleiche Wohlthaten erweisen. Es fragt nicht nach Gegenseitigkeit, sondern ergreift das Vernünftige auf eigene Hand, und rechnet auf den Einfluss, den der Anblick des ihm erwachsenden Vortheils unfehlbar auf die Politik Anderer ausüben muss. Die Schutzzöllner des Festlandes forderten, zur Aufhebung ihrer Restriktionen, *Gegenseitigkeit*; man erweist ihnen jetzt mehr: *Zuvorkommen*. Was sagen sie nun? Sie sagen natürlich jetzt, dass die Aufhebung der englischen Theuerungszölle es nöthig macht, die eigenen zu verschärfen! Wer die Leute kennt, und weiss, mit welchen Sophistereien sie ihr Sonderinteresse zu beschönigen sich nicht entblöden, wie leer aller logischen Konsequenz ihre Raisonnements sind, wird diese Inkonsequenz von ihnen erwartet haben. Denn das Theuerungssystem, wie jeder Missbrauch, besteht nur durch den Mangel an Einsicht bei der grossen Mehrzahl der Nation; es stützt sich auf blinde Leidenschaft und kurzsichtiges Vorurtheil; es muss die Begriffe verwirren und den Verstand verhöhnen; es misst seine Stärke nach der Grösse des Unsinns, womit es seine Anhänger unterhalten kann. Sollte es genöthigt sein, dem Volke gegenüber, wahrhaft und logisch zu werden, zu rechnen und zu unterscheiden, so müsste es sich selber dadurch stürzen; denn ein Volk bedarf nur einer geringen Fähigkeit des logischen Folgerns, um sich über den Nachtheil aufzuklären, den es durch das Theuerungssystem erleidet. — »England,« sagen die Schutzzöllner »verfährt im eigenen Interesse; also sind seine Maassregeln nur feindliche gegen das Ausland gerichtete Streiche.« Dies ist der erbärmliche Kunstgriff, womit sie nur zu leicht die bornirte Nationalleidenschaft der Menge bestechen. Sie reden so, als wäre, im gewerblichen Verkehre, der Vortheil des Einen immer auf den Nachtheil des Anderen begründet. Der Verkehr mit Schutzzöllnern bringt zwar solches mit sich, indem er Einen nöthigt, mehr als man sonst dürfte, für das künstlich vertheuerte Produkt zu geben; aber bei freiem Verkehre nimmt Jeder seinen Bedarf von Dem, der das Wenigste fordert; und giebt sein Produkt an Denjenigen, der das Meiste bietet. Handelsfreiheit gestattet nur überhaupt den billigsten Verkäufern den Zutritt zu unseren Märkten; oder vielmehr sie gestattet uns den Zutritt zu den Verkäufern, die uns das Meiste für unser Geld geben. Und wenn solche Verkäufer, durch ihre günstige Produktionsverhältnisse, einen Vortheil selbst beim reichlichen Geben finden, liegt nicht auch für uns ein Vortheil im reichlichen Empfangen? England öffnet seinen Markt den billigsten Produzenten des Auslandes. Das ist ihm ein Vortheil; obgleich die Schutzzöllner Solches, nach ihrer Theorie, einen Nachtheil nennen müssten. Ist es denn ein Nachtheil für das Ausland, in England verkaufen zu dürfen? Was will das Ausland sonst, oder mehr? Wonach hat es so lange geschrieen; worüber so lange geklagt? — Aber, sagen die Schutzzöllner, England macht, durch Abschaffung des Getreidezolles, das Brod und die Arbeit billiger bei sich, und theurer auf dem Festlande; wir werden weniger als vorhin, mit ihm konkurriren können. Dies hat wenigstens die Form eines bestimmten Arguments und den Schein einer inneren Konsequenz. Unterwerfen wir es also einer näheren Prüfung.

Erstens bedingt nicht ein veränderter Preis des Brodes — unter »Brod« bezeichnen wir, der Kürze wegen, Nahrungsmittel überhaupt — eine sofortige entsprechende Veränderung des Arbeitspreises. *Sir Robert Peel* glaubte, bis vor drei Jahren, dass der Arbeitslohn jedesmal mit der Preissteigerung der Nahrungsmittel sogleich entsprechend steige; und er beschwichtigte, durch diese

Annahme, sein Gewissen über die mit seinen Getreidegesetzen bezweckte künstliche Theuerung des Brodes, gegenüber dem Interesse der arbeitenden Volksmasse. Jene Annahme hat er jedoch keinesweges aus praktisch vorgenommener Vergleichung der statistischen Listen der Brodpreise und Lohnsätze in verschiedenen Epochen geschöpft; sie war eine pure theoretische Voraussetzung, die sein Verstand so nothgedrungen machen musste, dass es ihm nie einfiel, sie bezweifeln oder bestätigen zu wollen. Er machte nämlich den Schluss, dass der Arbeitslohn mit den Preisen der Nahrungsmittel steigen müsse, sonst könne der Arbeiter nicht bestehen. Sir Robert bewies sich auf diese Weise theoretisch, dass die arbeitenden Klassen ebenso satt bei wenigen, als bei vielen zugeführten Nahrungsmitteln werden können; und zu erfüllt war er von dieser Theorie, um einsehen zu können, dass die Arbeiter in der Praxis nicht beständen, sondern faktisch verhungerten. Aber seit der praktischen Organisation einer drohenden Volksmacht hat er sich in den letzten drei Jahren einfallen lassen, die Marktlisten und Lohntabellen zu vergleichen, wozu er sich, während früherer dreissig Jahre, nicht bemüssigt fand; und daraus hat er die Entdeckung gemacht, dass man niedrigen Lohn bei hohen Brodpreisen, und hohen Lohn bei niedrigen Brodpreisen gehabt habe. Nach dieser seiner »erweiterten Erfahrung aus den letzten drei Jahren,« worauf er sich jetzt bei jedem dritten Worte beruft, kann er, wie er sagt, der Schlussfolgerung nicht widerstehen, »dass zwischen den Preisen der Nahrungsmittel und den Lohnsätzen, keine direkte Beziehung bestehe; oder, wenn eine besteht, dass sie eine solche sei, welche bedingt, dass beide sich gleichzeitig, bei einer Veränderung, in entgegengesetzter Richtung bewegen; — dass nämlich vertheuerte Nahrungsmittel allemal erniedrigten Arbeitslohn bedingen, und umgekehrt.« Eigentlich also führt seine unwiderstehliche Schlussfolgerung ihn zu keinem bestimmten Folgeschlusse. Doch dies bei Seite. — Der Arbeitslohn bestimmt sich unmittelbar nach dem Verhältniss des vorhandenen Betriebskapitals zur Zahl der vorhandenen Arbeiter. Nichts kann den Lohnsatz anders, als durch Aenderung dieses Verhältnisses, ändern. Ein Steigen oder Fallen des Brodpreises ändert dies Verhältniss nicht unmittelbar und sogleich; aber es verschlechtert oder verbessert sogleich die

Lebenslage der Arbeiter, und dies führt zu einer langsameren oder rascheren Zunahme in der Anzahl derselben, mithin eventuell zu einem veränderten Verhältniss zwischen Nachfrage nach Arbeit, und Arbeitsangebot. Ein Steigen des Brodpreises, welches die Lage der Arbeiter sehr verschlechtert, kann durch Sterblichkeit unter den Erwachsenen die Reihen derselben sehr rasch lichten; aber das Arbeitsangebot stellt sich nicht dadurch sogleich in ein besseres Verhältniss zum Arbeitsbedarf; denn erstens werden, durch die Theuerung, die schon regelmässig Arbeitenden bewogen, mehr Stunden täglich als früher arbeiten zu wollen, und sehr viele vorhin Arbeitsscheue müssen sich zur Arbeit bequemen, wodurch das augenblickliche Angebot stark vermehrt werden kann. Zweitens aber schrumpft bald das Kapital ein. Das Kapital wird nämlich bei jeder Anwendung verzehrt, und erhält sich nur durch die Fähigkeit der Arbeiter, es zu reproduziren. Aber die Reproduktivkraft der geschwächten Arbeiter, mithin der Betrag des mit ihnen verwendeten Betriebskapitals, nimmt, durch Brodmangel, in grösserem Verhältnisse, als die Anzahl der Arbeiter selbst, ab; denn die erfolgten Todesfälle geben nur den Maassstab für die Fälle des höchsten Grades von Schwächung. Unter den Kindern eines nothleidenden Volkes indessen wird die Sterblichkeit sogleich sehr gross; und, nach zwölf bis zwanzig Jahren, fehlt der Nachwuchs zur Zeit, da er zur Ergänzung der Arbeiterreihen eintreten sollte; es fängt also alsdann ein verhältnissmässiger Mangel an Händen, ein gesteigerter Arbeitslohn an. Während der langen Periode des Leidens indessen, verschlechtert sich der Zustand sittlicher Bildung im Volke; es sinken dessen Lebensansprüche, welche, auf die Dauer, den Gleichgewichtspunkt zwischen Volkszunahme und Befriedigung der Bedürfnisse bestimmen; mithin erreicht der Lohnsatz eventuell nicht ganz eine, der Steigerung des Brodpreises entsprechende Höhe. Bei einem Sinken des Brodpreises tritt der umgekehrte Prozess ein. Also bedingt eine Theuerung augenblicklich kein Steigen, eher ein Sinken, und nach mehreren Jahren erst ein gewisses, aber nicht ganz adäquates Steigen des Lohnes. Eine Verwohlfeilerung der Nahrungsmittel führt kein augenblickliches, aber eventuell ein nicht ganz adäquates Sinken des Lohnes herbei. — Die Erfahrung muss sich also über einen grösseren Zeitraum, als den von drei Jahren, erweitern, um die Gesetze des wahren Zusammenhangs zwischen Brodpreis und Lohnsatz aus ihren Wirkungen erkennen zu lassen. Für umfassende Perioden gilt es, dass der Brodpreis, in Verbindung mit den Lebensgewohnheiten des Volkes, den Lohnsatz allerdings bestimme; und dass eine Veränderung des Brodpreises, durch ihren Einfluss auf die Volkszunahme, nach mehreren Jahren, eine Veränderung des Lohnsatzes in gleicher Richtung vermittele, — auch in gleichem Verhältnisse, insofern nicht der Vermittelungsprozess die Lebensgewohnheiten des Volkes verändert habe. Dagegen kann, im ersten Augenblicke, ehe der Vermittelungsprozess sich vollzogen hat, eine starke Veränderung des Brodpreises allerdings temporär eine Veränderung des Lohnes in umgekehrter Richtung bewirken.

Wenn es also wahr wäre, dass die Aufhebung des englischen Getreidezolles das Brod sehr viel billiger in England und ebenso viel theuerer auf dem Festlande machen würde, so ist es nicht wahr, dass dadurch Lohnsätze und Produktionskosten dort sogleich in demselben Maasse sinken und hier steigen, und das fernere Konkurriren den festländischen Industriellen unmöglich werden müsste. Aber wir haben bewiesen, dass der durchschnittliche Getreidepreis in England, bei freiem Handel, im ersten Augenblicke höchstens 10 Sgr. pro Scheffel Weizen sinken, und sich sehr bald vielleicht etwas über den bisherigen Durchschnitt auf längere Zeit stellen, während auf dem Festlande, der Preis für den Landwirth, sich um etwa 10 Sgr. pro Scheffel erhöhen dürfte, — eine Veränderung, welche, wie gezeigt, zunächst in ihrer Wirkung auf das Auskommen der respektiven arbeitenden Klassen zu erwägen ist. Aber diese Preissteigerung auf dem Festlande betrifft zunächst nur die kornausführenden Distrikte. Sie könnte zwar das Ausfuhrgebiet um etwa zehn Meilen weiter als jetzt in's Land hinein ausdehnen; aber ihr Einfluss bleibt immer nur örtlich, und kann sich keinesweges bis in die binnenländischen Sitze der kontinentalen Industrie erstrecken. Eine Steigerung des Getreidepreises in Danzig, Hamburg und Antwerpen, um 10 Sgr. pro Scheffel, wird, in den Getreidemärkten von Schlesien, Sachsen, der Mark und Westfalen, nicht gefühlt werden; und zwar, weil selbst der also erhöhte Preis in den Hafenplätzen den Konsumtionspreis im entlegenen Inlande noch immer nicht um den Betrag der grossen Transportkosten übersteigen würde. Aber wenn nicht eine Vertheuerung des Brodes, dürfte der Industrielle wohl eine Verbesserung des Lohnes erleben, und zwar durch die grössere Konsumtion von Fabrikaten bei erhöhter Einnahme der Landestheile, welche Getreide zur Ausfuhr bauen. In kornausführenden und hauptsächlich ackerbautreibenden Distrikten dagegen, ist eine Preissteigerung, wenn sie nicht durch eigene Missernte, sondern durch fremde Begehr erfolgt, für die arbeitenden Klassen höchst vortheilhaft. Diese bestehen nämlich: aus Hofleuten und Knechten, welche die Theuerung nicht empfinden, weil sie vom Brodherrn gespeist werden, aus Instleuten, deren Einkommen, durch höheren Werth ihres Drescherantheils, verhältnissmässig steigt, aus ländlichen Tagelöhnern, für deren Arbeit, bei vermehrter Einnahme der Grundbesitzer, eine sehr gesteigerte Nachfrage sogleich entsteht, aus Handwerkern und Kaufleuten, deren Verdienst von den Ausgaben der Getreideproduzenten abhängt und mit dem Einkommen dieser verhältnissmässig wächst; — kurz, Jedermann in einer Gegend gewinnt durch höhere Verwerthung des Hauptprodukts, möge er unmittelbar an dieser Produktion, oder an einer subsidiarischen Industrie Theil haben. Sowohl die Voraussetzung, als die Folgerung der Schutzzöllner ist in diesem Falle, wie gewöhnlich, unhaltbar. — Näher liegt die Frage: welchen Einfluss wird die, aus höheren Getreidepreisen erfolgende grössere Verwendung von Kapital und Arbeit für Ackerbau, auf die Fabrikindustrie haben? »Sie wird,« antworten die Schutzzöllner, »uns das Kapital schmälern und die Arbeit vertheuern, und die Konkurrenz unmöglich machen, — also erhöhe man schnell die Theuerungszölle, damit die nationale Industrie bestehe.« Hierauf läuft bei ihnen Alles hinaus! Aber für ein Land, welches guten, nur dürftig kultivirten Boden, und verhältnissmässig wenig Kapital hat, welche Industrie dürfte die nationale, nämlich die der Nation einträglichste sein, — Ackerbau oder Maschinenspinnerei? Wie wird es seine Bedürfnisse am reichlichsten befriedigen? Ob dadurch, dass es gewisse Mittel anwendet, seinen Bodenertrag um eine Million Scheffel zu mehren, und diese gegen 10,000 Ztr. fremde Weberwaaren austauscht; oder dadurch, dass es dieselben Mittel anwendet, um 6,000 Ztr. eigener Weberwaaren unmittelbar für sich im Inlande zu fabriziren? Ein schönes Beispiel merkantilistischer

Staatswirthschaft wäre es, wenn man die Schutzzölle erhöhen sollte, um die künstlich erzeugten Gewerbe zu halten gegen die verstärkte Bewerbung um Betriebsmittel seitens des produktiver werdenden Ackerbaues! Man könnte den Zweck allerdings dadurch erreichen. Aber welcher wäre der Zweck? Kein anderer als dieser; die Bedürfnisse des Ackerbauenden dermaassen zu vertheuern, dass er keinen Vortheil von dem verbesserten Getreidepreise hätte, — den Ackerbauenden auf die im Inlande erzielbaren Industrieprodukte zu beschränken und dadurch seine Versorgung mit denselben so zu schmälern, dass ihm nicht die Mittel blieben, seine Produktion zu erweitern, — den Tarifzwang in dem Maasse zu steigern, in welchem der erhöhte Gewinn bei natürlicher Verwendung der Mittel eine grössere Gewaltsamkeit nöthig machte, um eine verlustbringende Verwendung derselben durchzusetzen!

Wenn nun das Festland, oder der Zollverein, der uns näher interessirt, seine Theuerungszölle nur unvermindert erhält, während England die seinigen abschafft, was wird die Folge sein? England wird, bei zollfreier Einfuhr, viel mehr als jetzt aus dem Zollverein holen. Aber, bei unveränderten Einfuhrbedingungen, wird der Zollverein nicht in gleichem Maasse mehr aus England beziehen. Die vermehrte Einnahme einzelner Produzenten, hauptsächlich der ackerbauenden, mag eine einigermaassen grössere Konsumtion von Kolonialwaaren und anderer fremdländischen Dinge bewirken; aber sie werden doch ihre Mehreinnahme nur zum Theil auf die aus England zu beziehenden Dinge verwenden wollen. Es wird also ein Ueberschuss der Ausfuhr über die Einfuhr an Produkten, mithin eine Einfuhr von baarem Gelde in den Zollverein entstehen. Es wird sich der goldene Traum des Merkantilismus verwirklichen; der Stein des Weisen wird von den Adepten des Bilanzsystems gefunden sein! Wenn nur nicht die Erfahrung von dem Schicksale eines Midas ein solches Verwandeln brauchbarer Dinge in Gold bedenklich machte! Damit ein Hineinströmen des Geldes Etwas zu bedeuten habe, muss dasselbe im Lande bleiben; denn um wieder fortgeschickt zu werden, macht sein Kommen nur Kosten, die durch ein paar trassirte Wechsel besser erspart würden. Bleibt also das hineingeströmte Geld im Lande, so wird dadurch die Baarschaft hier vermehrt und in England vermindert. Diese neue Baarschaft aber vermehrt nicht die Arbeitskräfte, noch die technische Intelligenz, noch die Fruchtbarkeit des Bodens, noch die Werkzeuge, noch die zu industriellen Unternehmungen nöthigen Vorräthe an Rohstoffen und Nahrungsmitteln; im Gegentheil, man hat solche Vorräthe für den Zuschuss an baarem Gelde weggegeben; also vermehrt die neue Baarschaft nicht, sondern vermindert den Produktenertrag des Landes. Und die vermehrte Baarschaft wird nichts mehr thun, als was der frühere Betrag that, nämlich: die Produkte umsetzen. Da aber mehr Geld im Verhältniss zu den Produkten da ist, wird man für jedes Produkt mehr Geld geben, die Preise werden sämmtlich, im Verhältniss zur Geldmehrung, steigen; man wird für die vermehrte Gesammtbaarschaft nicht mehr Produkte erhalten als für die frühere Summe, weil nicht mehr hervorgebracht werden; also sinkt der Werth des Geldes in dem Maasse, wie man es, bei gleichbleibender Produktenmenge, vermehrt. Denn der Werth des Geldes misst sich eben nach der gegen dasselbe auszutauschenden Produktenmenge; wenn also im Verhältniss zu den Produkten mehr baares Geld da ist, kommt auf jedes Produkt mehr Geld, — die Geldpreise der Produkte steigen, oder, was dasselbe heisst, die Waarenpreise des Geldes sinken. Aber bei gleichmässiger Steigerung aller Preise werden die Ausgaben eines Jeden im Lande in eben demselben Verhältnisse gesteigert, wie seine Einnahmen; also haben die Landesbewohner, im Verkehre mit einander, davon keinen Vortheil; wohl aber haben sie davon, im Verkehre mit dem Auslande, sehr merklichen Nachtheil. Wenn z. B. die Baarschaft hier vermehrt und in England vermindert, der Preisstand hier erhöht, dort erniedrigt wird, werden auch die Produktionskosten hier zunehmen und dort abnehmen; das Konkurriren mit England in dritten Märkten wird also erschwert; aber auch in England abzusetzen wird dem Zollverein dadurch schwieriger, während England bei der vermehrten Preisdifferenz, trotz der jetzigen Zölle, im Zollverein zu verkaufen im Stande sein wird. »Also erhöhe man die Theuerungszölle,« wird der Schutzzöllner wieder rufen. Gut, immerhin! Wir fragen nur, wo man damit hinaus will? Denn der erwähnte Missstand rührte eben von den Theuerungszöllen her, und wird, durch die Steigerung dieser, eben nur gesteigert. Eine neue Beschränkung der Einfuhr von Waaren wird nur eine neue Einfuhr von Geld bewirken, und diese von einer grösseren Entwerthung des Geldes, einer ferneren Steigerung der Preise begleitet sein, bis man Alles bei sich so theuer gemacht hat, dass das Ausland nicht mehr bezieht, als den Werthbetrag dessen, was man bei sich hineinlässt, was eben Null sein würde. — Der Werth der ausgeführten muss sich überhaupt auf den Werth der eingeführten Produkte reduziren, und das Geld vermittelt, auf die beschriebene Weise, die Ausgleichung. Wird man also künftighin, nach Aufhebung der englischen Zölle, seine Ausfuhren auf den jetzigen Betrag beschränken dürfen? Denn das muss man, wenn man die Einfuhren nicht über den jetzigen Betrag vermehren will. Betrachten wir nun etwas näher, wie Solches bewirkt werden müsste. Wir sagten vorhin, dass, bei einer Vermehrung der Baarschaft im Lande, die Preise aller Dinge in gleichem Verhältnisse steigen würden. Dies gilt indessen nur von solchen Dingen, bei deren Abnehmern die Baarschaft vermehrt worden ist. Aber die Abnehmer des Getreides der ausführenden Gegenden sind die Ausländer, deren Baarschaft, in dem vorhin gestellten Falle, nicht vermehrt, sondern vermindert worden wäre. Der vom ausländischen Markte abhängige Preis würde nicht hier steigen. Wie sollte die Ausfuhr denn beschränkt werden? Vielleicht dadurch, dass die gesteigerten Preise aller zum Ackerbau gehörigen Dinge, d. h. die vermehrten Ausgaben für Wirthschaftsbetrieb und Lebensunterhalt, viele Grundbesitzer bankerott machten, und den Getreidebau abnehmen liessen. Aber obwohl die ausführenden Landwirthe empfindlich, durch die beschriebene Steigerung aller Preise, ausser dem Preise ihres Getreides, leiden würden, dürfte Vieles dazu gehören, um eine Abnahme ihrer Produktion in hinlänglichem Maasse zu bewirken. Die erforderliche Beschränkung der Ausfuhren wird wohl viel rascher durch Bankeruttwerden der ausführenden Fabrikanten stattfinden; denn diese werden, bei einer nachtheiligen Aenderung des einheimischen und ausländischen Preisstandes, in Folge einer Aenderung des respektiven Geldwerthes, sehr bald ihre Arbeiten einstellen müssen. — Von allen diesen, den Weltverkehr regelnden Gleichgewichtsgesetzen, ahnen die Schutzzöllner nichts. Eine wissenschaftliche Untersuchung derselben gilt ihnen für nutzlose Schultheorie. Und aus einer oberflächlichen Betrachtung der Praxis konnten sie mit derselben nicht bekannt werden; denn da die Vertheilung des Geldvorraths unter die Nationen, mithin das Gleichgewicht der Ein- und Ausfuhren von Produkten zwischen denselben, sich allmählich hergestellt hat, und nur zwischen beschränkten Grenzen schwankte, konnte das regulirende Gesetz an keiner augenfälligen Aeusserung wahrgenommen werden; ebenso wie man vom Drucke des Wassers nichts sieht, so lange dasselbe im Niveau fliesst. Aber von einem in künstlich erhöhtem Bette geführten Strome, lasse man auf einer Seite den Damm durchstechen, man wird bald merken, was Hydrostatik heisst! Und eben ein solcher zwischen künstlichen Dämmen geführter Strom ist bisher der europäische Handel gewesen. England macht einen Durchstich, und überlässt es den Gewässern ein neues Niveau zu finden. Zweifelt man daran, dass ein so gewaltsames Ereigniss Erscheinungen zu Wege bringen werde, von denen man, nach seiner bisherigen Erfahrung, sich nichts träumen liess? England wird anfangen, mehr bei sich aus dem Zollverein einzuführen als vorhin; das ist gewiss. Wenn also der Zollverein nicht auch, durch Zollermässigung, die Einfuhren bei sich vermehrt, so wird das bisherige Gleichgewicht gestört. Dies muss auf die eine oder die andere Weise wieder hergestellt werden; und die grosse plötzliche Störung des Gleichgewichts, wird einen ebenso heftigen und plötzlichen Ausgleichungsprozess zur Folge haben. Wen wird er treffen? Wer wird das Bett des Prokustes besteigen müssen, welches das System der Theuerungszölle aufstellt? Opfer müssen fallen. Wir glauben den wahren kommenden Verlauf vorgezeichnet zu haben. Man sehe sich vor. Wir geben zeitige und wohlmeinende Warnung; und mögen Die für die Folgen stehen, die besser zu wissen glauben. Eine rechte allgemeine industrielle Krisis, wie man sie in England häufig erlebte, hat man noch nicht in Deutschland gekannt. Wenn aber eine solche käme? Glaubt man, dass sie so vorübergehen würde, wie in dem konstitutionellen Inselreiche, wo das Volk selbst Staat ist, also keinen sich gegenüberstehenden Staat hat, der, die ganze Sorge für das Wohlbefinden des Volkes übernehmend, auch die ganze Verantwortlichkeit dafür trägt? Es wäre nicht geheuer, gerade jetzt noch ein neues Element der Aufregung in Deutschland einbrechen zu lassen, insofern man nicht an eigener Haut die geschichtliche Erfahrung machen will, dass ein Volk, welches sich nicht regiert, sich auch nicht unter Prüfungen beherrscht. Wir erwähnen beiläufig, dass die Krisis, die wir als unausbleiblich erachten, wenn die vereinsländischen Zölle, den neuesten Maassregeln Englands gegenüber, beibehalten werden, auch grosse finanzielle Verlegenheiten für die deutschen Regierungen bereiten müsse, deren Einnahmen dieselbe nominelle Höhe haben, während ihre Ausgaben, bei der Entwerthung des Geldes, eine viel grössere Höhe erreichen werden.

Will man Einsicht üben, und dem Unglücke vorbeugen, so ist die Wahl der zu ergreifenden Schritte nicht schwer. Man schaffe z. B. den Zoll auf Eisen ab. Bei der jetzigen Theuerung des Eisens überhaupt, ist es sehr nachtheilig für alle Industrie, es noch durch Zölle zu vertheuern; denn das Eisen ist das eigentliche Werkzeug aller Industrie, die Waffe im Kampfe der erwerblichen Konkurrenz. Eisen ist für die emporstrebende Industrie Deutschlands ein so dringendes Lebensmittel, wie für die entwickelte Industrie Englands das Getreide. Und bei freier Einfuhr wären die Preise jetzt hoch genug, um die inländische Eisenproduktion bestehen zu lassen; während die Verarbeitung des mehreingeführten Eisens eine grosse Zunahme der Industrie ausmachen würde. Sollten die Regierungen die jetzige Einnahme vom Eisenzolle nicht missen können, so mögen sie einen Ersatz durch eine direkte Auflage suchen; keine andere Weise, sich Einnahme zu verschaffen, kann mit so verderblicher Wirkung für die Einnahme des Volkes verknüpft sein. Zeit ist nicht zu verlieren, und es ist nicht Zeit, auf kleine Bedenklichkeiten zu achten, denn die Gefahr ist gross und steht vor der Thür. Das britische Parlament wird seine Schritte in wenigen Wochen gethan haben. Glaubt man, fragen wir noch einmal, dass eine grosse radikale Reform der kommerziellen Politik der grössten Handelsmacht keine Folgen für den Handelsgang der übrigen Länder haben werde? Und will man abwarten, bis diese Folgen sich, durch gestörte Erwerbsverhältnisse, praktisch erkennbar machen; oder will man es nicht verschmähen, aus bekannten Thatsachen Gesetze zu entwickeln, dieselben zur Berechnung des Bevorstehenden anzuwenden, und selbst auf die Gefahr hin, für Theoretiker zu gelten, einem voraussichtlichen Unglück vorzubeugen?

Ebenso wie die in letzter Zeit gemachten und jetzt bevorstehenden Schritte des Parlaments nothwendig zur schleunigen unbedingten Befreiung des englischen Handels führen müssen; ebenso nothwendig wird die Proklamirung der Handelsfreiheit von englischer Seite, Andere nöthigen, sehr bald demselben Gange zu folgen, und allgemeine Handelsfreiheit herzustellen. Wir haben schon einige der Konflikte unter den Interessen der Produzenten im Zollvereine angegeben, welche aus einer Beibehaltung seiner Einfuhrbeschränkungen, nach Aufhebung der englischen Beschränkungen, sich herausstellen müssen. Es wäre eine weitläufige, aber nicht sehr schwierige Arbeit, die erfolgenden Missstände für alle europäischen Staaten ziemlich genau zu ermitteln; ungefähr so wie ein Astronom, unter Voraussetzung, dass die Anziehungskraft der Sonne sich plötzlich in einem gewissen Verhältnisse vermehrte, die damit verbundenen Störungen des Laufes jedes Planeten berechnen, auch angeben könnte, in welchem Verhältniss jeder seine eigene Geschwindigkeit vermehren müsse, um in seiner bisherigen Bahn bleiben zu können. Eine solche Darstellung würde beweisen, dass andere Staaten ihre Handelspolitik unmöglich in einer der englischen entgegengesetzten Richtung durchführen können; denn England ist einmal der Hauptkörper des erwerblichen Umlaufsystems. Wir wollen indessen unsere Behauptung durch Gründe zu unterstützen suchen, die weniger umfassende Kenntniss der staatswirthschaftlichen Gesetze, seitens unserer Leser, voraussetzen.
— England wird nämlich, durch Befreiung des Handels, von den Wechselfällen befreit werden, welche sein Gedeihen verkümmerten, und sein Loos, trotz seiner grossen Mittel, wenig beneidenswerth machten. Es wird nicht mehr fürchten müssen, dass jeder momentane Aufschwung des Erwerbs nur der Vorbote eines eben so grossen Rückschwungs sei. Es wird nichts von allgemeinen Krisen wissen; und die partiellen Schwankungen werden, je freier die Bewegung, um so früher ihre Ausgleichung finden. Die Brodlosigkeit der Arbeitsfähigen wird aufhören; und die Kapitalien werden sich rasch vermehren, weil sie, bei freier Bestimmung, die möglichst produktive Anlage suchen. Wenn nun England einen gleichmässigen, gesicherten Gang des Erwerbs geniesst, wird sein Loos in dem Verhältniss das anderer Länder übertreffen, wie seine

angehäuften Mittel grösser sind; und diese sind in ganz ungeheuerem Verhältniss grösser. Man vergleiche nur die Betriebsmittel seiner Landwirthschaft, seine Eisenbahnen, Häfen, Schiffe, Gebäude, Maschinerieen, Waarenvorräthe, industrielle Geschicklichkeit, technischen und kommerziellen Kenntnisse, Fähigkeit der Anstrengung u. dgl. mit denen Deutschlands! Man wird sogleich erkennen, dass England im Stande sei, in sehr starkem Verhältniss mehr als Deutschland zu produziren, folglich auch zu geniessen. Aber eine Nation, welche auf derselben Stufe intellektueller Kultur als die andere steht, macht nicht leicht geringere Ansprüche an das Leben. Deutschland will ebenso vollkommene öffentliche Anstalten und Einrichtungen haben als England; Wohnung, Kleidung, Ameublement, Equipage, Tafel, Gesellschaften, will der gebildete Deutsche ebenso haben, wie er solche bei seinem keinesweges gebildeteren Standesgenossen in England gesehen hat. Deutschland legt also für seine Befriedigung eine Norm an, welche nicht nach den eigenen, sondern nach den englischen Mitteln genommen ist. Hieraus entsteht ein Missverhältniss, welches von grossem Missbehagen begleitet sein muss; und dies nimmt in dem Maasse täglich zu, als der persönliche Verkehr zwischen den Nationen intimer wird. Geniesst also England, nach der Befreiung seines Handels, seine grösseren Einkünfte in ungetrübter Sicherheit, befreit von den periodischen Schrecknissen, womit es seine Fülle so theuer zu erkaufen schien, so wird es einen Anblick darbieten, der das Missbehagen Deutschlands auf's Aeusserste steigern muss. Dies Missbehagen wird der populäre Geist natürlich dem bei sich herrschenden Systeme zuschreiben, und heftig die Annahme des Systems verlangen, welches von der Nation befolgt wird, deren beneidenswerthe Zustände er bei sich verwirklichen möchte. Ebenso, wie Deutschland nach Theuerungszöllen, Spinnereien, Flotten, Kolonieen rief, weil England sie hatte, wird es nach Handelsfreiheit rufen, wenn England sie hat. Das Argument: *post hoc, propter hoc*, ist gewöhnlich das einzige, dessen der populäre Verstand fähig ist. Und wenn erst die Stimmung für Handelsfreiheit da ist, wird man auch auf die Gründe dafür hören wollen; und dann müssen sie auch einleuchtend werden. Abgesehen aber von alledem, ist der Merkantilismus ein Irrthum, der seine Periode durchlaufen hat; die Aufklärung unserer Zeit hat über ihn gerichtet; und nur bei den in der Aufklärung zurückgebliebenen Nationen kann er sich erhalten. Es ist nicht denkbar, dass die Intelligenz Englands die Ungereimtheit künstlicher Theuerungen klar und allgemein einsehen, und doch die nicht mindere Intelligenz Deutschlands noch darin stecken bleiben sollte. Deutschland kann und wird seinem logischen Verstande nicht soviel Gewalt anthun können, als dass es sich durch die handgreiflichsten Sophistereien ferner einreden lassen sollte, es werde seinen Reichthum durch Betreibung von Gewerben heben, welche, zu ihrer Erhaltung, eine erzwungene Zubusse von den Landesgenossen erheischen. Kapitalien nützen einem Lande nur darin, dass ihre Anwendung die Produkte billiger macht. Aber was nützen sie, wenn, um sie auf eine gewisse Weise anwenden zu können, man die Produkte theuerer macht? Doch wollen wir nicht hier wieder die theoretische Sinnwidrigkeit des Merkantilprinzips aufdecken. Wir glauben seine fernere praktische Unhaltbarkeit, dem Aufgeben desselben von englischer Seite gegenüber, dargethan zu haben. Die erfolgenden Konflikte unter bestehenden Erwerbsinteressen; das gesteigerte Missbehagen einer weniger reichen Nation bei dem Anblicke eines anderweitigen glücklicheren Zustandes; die damit verbundene Neigung sein System zu ändern; die Unmöglichkeit das Theuerungssystem durch Steigerung desselben zu ändern; die natürliche Begierde, die Schritte des Beneideten nachzumachen; die Verbreitung einer von der Zeit errungenen Einsicht, — alle diese Momente berechtigen unseren Schluss, dass die populäre Stimme aller intelligenten Nationen sehr bald ganz allgemein nach freiem Handel rufen wird; — *dass die Befreiung des englischen Handels einen freien Welthandel schleunig zur Folge haben muss.*

Welche Folgen wird der freie Welthandel haben?

Für die Weltbewohner im Allgemeinen nur die grossartigsten und segensreichsten. Denn unter Handelsfreiheit werden alle Produktionsmittel verwendet, nicht nach Staatsgesetzen, sondern nach dem Gesetze freier Konkurrenz, welches bestimmt, dass jedes Ding nur von Denjenigen erzeugt werde, welche dasselbe am billigsten,

d. h. in reichlichster Menge mit einem gegebenen Aufwande von Mitteln, erzeugen können. Handelsfreiheit bedingt also die grösstmögliche Produktion von Befriedigungsmitteln überhaupt, und befähigt die Menschen, bei Fleiss und Sparsamkeit, möglichst rasch ihre Produktionsmittel, ihre Befriedigungsquellen, zu erweitern, ihre Lebenslage dauernd zu heben. — Aber nicht nur für das Menschengeschlecht, kosmopolitisch betrachtet, sondern auch für den Einzelnen, vom Standpunkte des individuellen Interesses angesehen, hat Handelsfreiheit diesen glücklichen Erfolg. Der Antheil des Einzelnen an jenem vermehrten Gesammtprodukt ist natürlich, bei freier Konkurrzenz, seiner Produktivität proportional. Wer durch Boden, Klima, angesammeltes Kapital und Geschicklichkeit am wenigsten begünstigt ist, wird auch verhältnissmässig am wenigsten vom Gesammtprodukte geniessen; aber bei beschränkter geniesst er doch immer weniger als bei freier Konkurrenz. Eine Beschränkung der Konkurrenz ist nämlich: eine Verengung des Produktionskreises, und zwar zur Ausschliessung der für einzelne Dinge besonders produktiven Distrikte; also liefert der verengte Kreis ein verhältnissmässig um so kleineres Gesammtprodukt, je mehr man ihn, in solcher Absicht, verengt hat. Für die Mitglieder des verengten Produktionskreises bleibt das Verhältniss, nach welchem sie sich in das Produkt theilen, dasselbe; aber das zu theilende Produkt ist verhältnissmässig kleiner; mithin hat der Antheil eines Jeden eine geringere positive Grösse. Das sich abschliessende Gebiet mag ein Staatenverein, oder ein Staat, oder eine Stadt sein, es kann als Ganzes nur verlieren; und wenn durch solches Abschliessen des Gebietes Einzelne gewönnen, so könnte dies nur auf Kosten der übrigen Landesgenossen sein, deren Befriedigungsmittel also nicht nur um den Betrag der Produktionsverminderung überhaupt, sondern noch um den Gewinn solcher Sonderinteressenten gekürzt sein müssten!

Der Hauptsegen allgemeiner Handelsfreiheit liegt indessen darin, dass sie der Brodlosigkeit der Arbeitsfähigen ein Ende macht. Sie bietet die Möglichkeit dar, das grosse soziale Problem unserer Tage zu lösen, nämlich: jedem Arbeitenden einen solchen Lebensunterhalt zu sichern, wie die allgemein erreichte Stufe der Produktivität, die erzielte Menge der Befriedigungsmittel überhaupt, zulässt.

Die Brodlosigkeit der Arbeitsfähigen ist an sich ein Räthsel. Nach dem freien Verlaufe der Dinge ist es kaum zu begreifen, wie es zugehen solle, dass grosse Haufen von Menschen, welche fähig sind, allerlei Befriedigungsmittel zu verfertigen, verdammt sein sollen, ihre Kräfte in Unthätigkeit zu lassen. Man will dies Räthsel durch das Vorgeben einer Uebervölkerung und einer Ueberproduktion lösen. Aber jedes dieser Wörter enthält ein neues, noch grösseres Räthsel; und beide stehen in direktestem Widerspruche mit einander. Denn »Uebervölkerung« bedeutet: dass zu viele Menschen für die vorhandenen Befriedigungsmittel, »Ueberproduktion:« dass zu viele Befriedigungsmittel für die vorhandenen Menschen da sind! Die Arbeitslosigkeit durch »Uebervölkerung« erklären, heisst so viel als: »ein Theil der Arbeiter wird überflüssig, weil die angewandte Arbeitskraft nicht ausreicht, um für alle Menschen Befriedigungsmittel zu schaffen.« Die Noth des Volkes durch »Ueberproduktion« erklären, heisst so viel als: »die Arbeitenden entbehren der Befriedigungsmittel, weil ihre Arbeit zu viele Befriedigungsmittel hervorbringt.« — So sind die Theorieen gewisser praktischer Männer beschaffen!

Man werfe nur einen Blick auf die Weltkarte und frage sich, wie weit denn die Erzeugungsquellen der Natur schon durch Arbeit und Intelligenz ausgebeutet werden. Man hat berechnet, dass das Mississippi-Thal allein vermöchte, auf der höchsten Stufe unserer Kultur, Nahrungsmittel für die ganze jetzige Bewohnerschaft unserer Erde zu liefern. Aber ohne unser Auge über die eigenen Landesgrenzen hinausschweifen zu lassen, sehen wir nur nach, wie viel von dem eigenen Boden durch Arbeit zur höchsten Ertragsfähigkeit gebracht worden ist. In England sogar steht nur ein Drittel des Landes auf der höheren Stufe unserer vervollkommneten Ackerbaukunst. In Deutschland sieht man blos auf einzelnen Gütern einen den Fortschritten agronomischer Wissenschaft entsprechenden Betrieb. Der bei weitem grössere Theil des Bodens bringt, wegen Mangel an gehöriger Bearbeitung, nicht die Hälfte des Ertrages, dessen er wohl fähig wäre. — Und Kapitalien, um nur benutzt zu werden, suchen einen prekären Gewinn in den gewagtesten, und durch Konkurrenz am meisten ausgebeuteten Gewerben.

Was sollen wir zu diesem Zustande der Dinge in zivilisirten industriellen Ländern sagen? Es sind daselbst: unbenutzte Bodenkraft, unbeschäftigte Arbeiter, verwendbares Kapital, technische Kenntnisse, produktive Geschicklichkeit, alle Erfordernisse der Produktion, und dennoch ist Noth, grosse, grenzenlose Noth da! Das Europa des neunzehnten Jahrhunderts, das angeblich nicht weiss, womit es alle seine Arbeitskräfte beschäftigen soll, hat sich noch nicht sicher gestellt vor der Gefahr periodischer, fast allgemeiner Hungersnoth, kann zur besten Zeit nicht für alle seine Einwohner reichliche Nahrungsmittel schaffen, und versorgt nicht ein Zehntel derselben mit Wohnung, Kleidung und Geräthschaft, wie sie für die Existenz eines zivilisirten Menschen erforderlich sind. In Deutschland z. B. fehlt es an Strassen, Kanälen, Abgrabungen, Eindämmungen, Wohnungen, Wirthschaftsgebäuden, Arbeitsgebäuden, Werkzeugen, Maschinerieen, kurz an allen Anstalten zum Ausbeuten der Produktionsquellen; und in Deutschland klagt man über Mangel an Beschäftigung für Arbeitskräfte; oder wenigstens, bei reichen natürlichen Quellen und vorgeschrittener Produktionskunst, klagt man über die Unmöglichkeit, allen seinen Arbeitern einen dürftig zureichenden Lebensunterhalt zu verschaffen. Kann die Noth der arbeitenden Volksklassen, unter solchen Umständen, auf einer natürlichen Nothwendigkeit beruhen; oder rührt sie von menschlichen Missgriffen her? Sind die schmerzliche Entbehrung und die brutalisirende Entblössung, selbst bei vorgeschrittener Zivilisation, über neun Zehntel der Staatsgenossen durch die Einrichtungen der Vorsehung unabänderlich verhängt; oder sollen wir nicht vielmehr schliessen »es ist im Staate Etwas faul,« das mit einiger volkswirthschaftlicher Einsicht gereinigt werden könnte?

Der faule Fleck ist für den Volkswirth auch leicht zu finden. Die Staatsgesetze, welche die Industrie künstlich leiten und befördern wollen, verhindern die naturgemässe Verwendung der Produktionsmittel. In England z. B. richtete sich das Gesetz gegen die Einfuhr fremden Getreides; es verhinderte die 'Verwendung fremder Produktionsmittel um das englische Arbeitervolk mit Brod für dessen Manufakte zu versorgen; und auf dem Festlande will das Gesetz die Leute zwingen, alle Manufakte, deren sie bedürfen, selbst solche, denen die Verhältnisse sehr ungünstig sind, selber zu verfertigen; und absorbirt auf diese Weise, für unproduktive Gewerbe, so viele Mittel, dass für die gebührende Ausbildung der Landwirthschaft zu wenig Mittel übrig bleiben, und die Produktion überhaupt kümmerlich ausfällt. Wenn aber die europäische Gesetzgebung solchergestalt die Verwendung der Arbeit auf Ackerbau unterdrückt und die Verwendung der Arbeit auf Manufaktur erzwingt, wie kann man sich darüber wundern, dass Mangel an Nahrung sich fühlbar macht? Bei dem natürlichen Verlaufe der Dinge, und so lange der Ackerbau noch sich ausdehnen lässt, vertheilen sich die Arbeitskräfte so zwischen Agrikultur und Manufaktur, dass die Preise der Nahrungsmittel zu denen der Manufakte in einem Verhältniss stehen, bei welchem für das Produkt der Manufakturarbeit so viel Nahrungsmittel erhalten werden, als der Arbeiter zu seinem Unterhalte, während der Arbeitszeit, bedurfte, und zwar um so gut zu leben, als es die Grösse der Produktivität im Allgemeinen dem Volke überhaupt gestattet. Sind die Preise der Nahrungsmittel zu hoch und die Preise der Manufakte zu niedrig, um Solches zu ermöglichen, dann fliessen, natürlicher Weise, die Produktionsmittel zum Ackerbau hin, und ziehen sich von der Manufaktur zurück, vermehren die Nahrungsmittel und vermindern die Manufakte, bis die respektiven Preise das Verhältniss des bezeichneten Gleichgewichts finden. Wenn man z. B. mit gleichen Mitteln, je nachdem man sie auf Ackerbau oder auf Manufaktur verwendet, x Scheffel Getreide, oder x Ellen Tuch produziren kann, aber, wegen der verhältnissmässig grösseren Produktion von Tuch, der Preis von einem Scheffel Getreide gleich dem von zwei Ellen Tuch ist, so wird der Ertrag der gedachten Mittel, beim Ackerbau gleich 2 x Ellen Tuch, und bei der Manufaktur gleich $\frac{x}{2}$ Scheffel Getreide sein. Es ist augenfällig, dass, unter solchen Umständen, man seine Mittel lieber auf Ackerbau für einen Ertrag von x Scheffel, als auf Manufaktur für einen Ertrag im Werthe von $\frac{x}{2}$ Scheffel Getreide verwenden werde; und dass der Ackerbau ausgedehnt, die Manufaktur eingeschränkt wird, bis die Preise ein anderes Verhältniss zu einander nehmen.

Ein Missverhältniss in der Produktion kann stattfinden. Der

Mensch braucht zu seinem Lebensunterhalte Nahrungsmittel und Manufakte in gewissen Verhältnissen. Wenn nun verhältnissmässig zu wenig von den vorhandenen Mitteln auf den Ackerbau verwandt werden, dann sind zu wenig Nahrungsmittel für die Manufakturarbeiter da: diese können also ihre Arbeitsprodukte nicht gegen die Nahrungsmittel, deren sie bedürfen, absetzen. Insofern eine Unterproduktion an Nahrungsmitteln da ist, kann man, doch nur mit Bezug darauf, von einer relativen Ueberproduktion an Manufakten reden. Aber viele Leute, welche nicht einsehen, dass das Uebel nur in der partiellen Unterproduktion liegt, reden von allgemeiner Ueberprodukton, als ob zu viel von Allem für die menschlichen Bedürfnisse jemals erzeugt werden könnte. Es ist aber ganz augenfällig, dass, in dieser Hinsicht, ein Uebel nur aus einem Missverhältniss in der Vertheilung der Mittel auf die verschiedenen Produktionszweige hervorgehen kann. Die Idee, dass das Angebot die Nachfrage überhaupt übersteigen könne, ist eine Ungereimtheit; denn, wer Etwas anbietet, will es nicht bloss los sein, sondern vielmehr dafür, soviel er nur kann, erlangen; jedes zum Verkaufe angebotene Ding ist zugleich ein Kaufmittel, und begründet eine dem Angebot gleich grosse Nachfrage. Die Besorgniss vor einem, die Nachfrage allgemein übertreffenden Angebot, beruht auf der Furcht, dass, bei den Menschen im Allgemeinen, der Wille zu haben nicht mit der Macht des Erlangens Schritt halten werde! Dieselbe Ungereimtheit äussert sich, nur in einer anderen Form, wenn von einer Ueberfüllung aller Produktionszweige geredet wird. Es giebt doch nicht, zu gleicher Zeit, zu Viele, welche Manufakte für Nahrungsmittel, und zu Viele, welche Nahrungsmittel für Manufakte geben wollen.

In den industriellen Theilen Europa's ist eine empfindliche Unterproduktion an Nahrungmitteln. Die Preise derselben stehen im Verhältniss zu denen der meisten anderen Dinge so hoch, dass für ein gewisses Produkt der Manufakturarbeit zu wenig Nahrungsmittel für die Bedürfnisse des Arbeiters eingetauscht werden können. In den meisten Theilen von Deutschland z. B. ist es leichter, sich, alle Tage im Jahr, mit ausgesuchter Pracht zu kleiden, als sich einmal an gutem Fleisch täglich satt zu essen. Selbst bei den Mittelklassen ist die leibliche Ernährung, wovon Lebensmuth und

Kraftäusserung abhangen, äusserst dürftig; und der Rock von feinem Tuche ist kein Zeugniss für einen gutgepflegten Magen; daher Schwäche und falsche Eitelkeit; Entnervung und Laster; Feigheit und böser Sinn. Und bei den Proletariern, die dabei positiven Mangel leiden müssen, treten alle diese Uebel noch im verstärktem Maasse hervor. Arbeitslosigkeit ist unter solchen Verhältnissen sehr leicht erklärlich. Wenn nämlich die Manufaktur, durch das Beschäftigen einer grösseren Arbeiterzahl, die Masse der Manufakte vermehrt, ohne dass zugleich die Nahrungsmittel, durch ausgedehnteren Ackerbau, verhältnissmässig vermehrt werden, so stellt sie für sich bloss ein ungünstigeres Preisverhältniss heraus; sie liefert mehr, aber empfängt nicht mehr dafür; sie hat mehr Menschen zu ernähren, aber nicht mehr Brod, unter sie zu vertheilen. Sie muss also gewaltsam die industrielle Thätigkeit unterdrücken, und nur so viele Menschen beschäftigen, als für welche ein dürftiges Brod gebaut wird. Alle übrigen, wenn sie noch so viele brauchbare Gegenstände herstellen könnten, müssen arbeitslos dastehen, weil ihre Arbeit, auf Manufaktur verwendet, nicht die Menge der Nahrungsmittel, sondern nur die Menge Dessen, was man für Nahrungsmittel giebt, vermehren könnte; während ihre Theilnahme an den Nahrungsmitteln die Portionen der schon Beschäftigten unter dasjenige Maass reduziren würde, bei welchem das Menschenleben, oder wenigstens eine gewisse Arbeitskraft, erhalten werden kann. Würden diese Uebrigen beim Ackerbau verwendet, so würden sie nicht nur für sich den Lebensbedarf erzeugen, sondern auch die Menge der für Manufakte zu gebenden Nahrungsmittel vermehren, den Absatz der ersteren gegen die letzteren erleichtern und in ein günstigeres Verhältniss stellen. Da aber der vermehrten Verwendung der Arbeiter beim Ackerbau Hindernisse entgegenstehen, müssen diese Uebrigen arbeitslos und brodlos dastehen. Sie werden dann verhindert, Brod durch ihre Arbeit zu produziren. Sie bilden eine Uebervölkerung auf einem Boden, dessen Ertragsfähigkeit kaum zur Hälfte benutzt wird; und dürfen nicht die Ueberproduktion verschlimmern in einer Nation, von der mehr als die Hälfte alle Lebensbequemlichkeiten entbehrt! — Wunderbare Paradoxen hat man ersonnen zur Erklärung der räthselhaften Erscheinung des zunehmenden Mangels bei zunehmender Produktionsfähigkeit der Menschen; und ebenso wunderbare Abhilfsmittel hat man dagegen vorgeschlagen. Die Merkantilisten wollen, in noch ausgedehnterem Maasse, die Produktion solcher Dinge im Lande erzwingen, deren Produktionskosten nur durch erzwungene Beisteuer von den Konsumenten gedeckt werden können; — sie wollen, durch ausgedehntere Betreibung unproduktiver Gewerbe, die Produktivität möglichst vermindern; und wenn der Mangel in Folge der vermehrten Produktivität, und nicht trotz derselben, entstände, wäre ihr Mittel allerdings zweckentsprechend. — Die Kommunisten wollen das individuelle Eigenthum, mithin das individuelle Interesse, Produktionsmittel anzusammeln, zu erhalten und zu vermehren, aufheben, mithin eine Gemeinschaft der Güterlosigkeit, Armuthsgleichheit, erzeugen. — Die Sozialisten wollen die Konkurrenz unter den Kapitalisten und Arbeitern aufheben; also einerseits, unter Aufhebung aller Freiheit bei der Verwendung der Produktionsmittel, verhindern, dass das Produkt durch möglichst grossartigen Betrieb, möglichst gross im Verhältniss zu den Kosten gemacht werde, und dass der verhältnissmässige Antheil des Kapitalisten am Produkte, oder seine Verwaltungs-Tantième, bei vergrössertem Kapitale reduzirt werde; (denn wie versteht man anders die Ereiferungen gegen die billige Produktion und den niedrigen Profitsatz grosser Kapitalisten?) — andererseits wollen sie, durch Verhinderung der Konkurrenz unter den Arbeitern, die Verminderung des Lohnes des einen Arbeiters verbieten, ohne dafür sorgen zu können, dass der andere überhaupt Lohn erhalte; (denn die Arbeiterkonkurrenz vermindert nicht die für Lohn im Ganzen verwendbare Summe, welche allein von der Grösse des Kapitals und der Vervollkommnung der Produktivität abhängt; sondern sie gleicht nur die Vertheilung derselben aus, und erhöht den Lohn der Einen ebenso sehr, als sie den der Anderen erniedrigt; wenn sie nämlich verhindert, dass Dieser nicht mehr als Jener erhalten könne, so verhindert sie auch, dass Jener nicht weniger als Dieser nehmen müsse.) — Aus allen diesen Räthseln und Paradoxen und Gewaltmaassregeln rettet uns vielleicht eine Rückkehr zu der geraden, einfachen Verstandesanschauung. Diese muss uns doch sagen, dass, wenn nicht Nahrungsmittel genug für alles Volk, welches dafür andere Arbeitsprodukte bieten will, da sind, so werden zu wenig Nahrungsmittel im Verhältniss zu anderen Arbeitsprodukten angebaut; und wenn mehr Nahrungsmittel sich produziren lassen, so liegt das Uebel in einer unzweckmässigen Vertheilung der Produktionsmittel. Die Unzweckmässigkeit ist aber immer nur Folge der Unfreiheit; denn bei vollkommener Freiheit verwendet Jeder seine Mittel so, dass er die verhältnissmässig grösste Menge der verhältnissmässig am besten bezahlten Dinge, oder die grösste Fülle der begehrtesten Produkte erzeuge, mithin die grössten Bedürfnisse seiner Mitmenschen am reichlichsten befriedige. Das Interesse des Einzelnen stimmt hierin, wie in allen naturgesetzlichen Erwerbseinrichtungen, mit dem der Gesammtheit überein. Anstatt also neue Unfreiheiten zu ersinnen, fragen wir, welche Hindernisse, dem freien Verwenden der Produktionsmittel entgegenstehend, das den menschlichen Bedürfnissen entsprechende Verhältniss zwischen Ackerbau und Manufaktur stören. Vorne an sehen wir die Merkantilgesetze. Die Wegräumung dieser wird dem Uebel in grossem Maasse abhelfen und insofern zum grössten Segen gereichen. Aber, verderblich wie sie auch wirken, sind sie nicht allein an dem Uebel Schuld. In Deutschland z. B. ist ein grosser Theil des Bodens im Besitze von Bauern, die gar nicht die nöthige Intelligenz besitzen, um denselben rationell zu kultiviren; der Rest ist in den Händen von verschuldeten Gutsherren, die weder hinlängliche Betriebskapitalien besitzen, noch solche, bei dem Mangel eines guten Banksystems, erlangen können. Hierzu kommt noch die feudalistische Polizei und der rohe Zustand bei der ländlichen Bevölkerung, welche Umstände sowohl Kapitalisten als Arbeiter nach den Städten hintreiben. Es liegt nicht in unserer Aufgabe, diese Missstände hier näher zu erörtern; aber die blosse Hinweisung darauf genügt, um von dem Vorhandensein und dem verderblichen Einflusse derselben zu überzeugen und die Abhilfsmittel an die Hand zu geben. Bei der heutigen Vervollkommnung der Kommunikationswege sind diese Abhilfsmittel leicht auszuführen, wenn man es will; aber sie erfordern zunächst eine bürgerliche Selbstständigmachung und durchgreifende geistige Hebung des Landvolkes. Das Gleichgewicht sozialer Kultur in Stadt und Land ist Bedingung des Gleichgewichts in der beiderseitigen Produktion.

Auch in Bezug auf die politische Entwickelung, nicht bloss Englands, sondern auch Europa's wollten wir den Einfluss der britischen Tarifreform erörtern.

Das Hauptmoment seiner Tarifreform, die Freigebung der Getreideeinfuhr, ist selbst Folge des grössten Schrittes in der politischen Entwickelung, den ein Volk überhaupt machen kann, nämlich — *des Ueberganges vom ständischen zum nationalen Regierungsprinzipe.*
Der Stand der Grundherren in England war bis vor Kurzem im Besitze eines sehr überwiegenden Eigenthums. Erst in neuerer Zeit hat das industrielle Kapital eine hinlängliche Höhe erreicht, um ihm die Waage zu halten. Auch befand er sich einer Volksmasse gegenüber, welche, ohne politische Aufklärung, folglich ohne Willen, zum grösseren Theile mehr oder weniger von ihm abhing. Er war also im Besitze einer sehr überwiegenden Macht, und bekleidete sich demnach fast ausschliesslich mit den Funktionen der Gesetzgebung, durch Einsetzung einer rein aristokratisch-ständischen Verfassung. Er verfasste die Gesetze, natürlicher Weise, zunächst aus Rücksicht für den eigenen ständischen Vortheil, mit Hintenansetzung oder sogar offenbarer Verletzung des allgemeinen Interesses der Nation. Er erzeugte, durch den Erlass handelsbeschränkender Staatsverordnungen, einen künstlichen Getreidemangel, um die Preise seines Produkts, zum Gewinne für sein Sonderinteresse, auf Kosten der übrigen Nation zu steigern. Er zog auch in sein Interesse die grösseren industriellen Kapitalisten, welchen gleichfalls Monopole gewährt wurden, um das Regiment des Sonderinteresses zu befestigen. Nichts ist von der Wahrheit entfernter, als die Rede von einer bisherigen volksthümlichen Regierung in England; denn es wurde dort weder durch das Volk, noch für das Volk regiert; und in keinem anderen kultivirten Lande wurde das Interesse der Volksmasse rücksichtsloser dem Gewinne weniger herrschenden Monopolisten geopfert, als in England. Aber zur Geltendmachung ihrer Macht, gegenüber der Krone, bedurften diese ständischen Monopolisten für sich gewisse Formen populärer Freiheit, nämlich Redefreiheit und freie Presse; und diese haben endlich die politische Aufklärung, mithin den politischen Willen der britischen Volksmasse zu einer Gewalt herangebildet, welche,

der Gewalt des Besitzthums die Spitze bietend, nicht mehr dulden will, dass die Staatsgesetze den Vortheil Einzelner auf den Nachtheil der übrigen Nation begründen, — nicht mehr die Herrschaft des ständischen Vorrechts, welches nicht das Prinzip des Rechts ist, dulden will.

Damit man dies nicht missdeute, muss man einerseits zwischen *Recht* und *Rechten*, andererseits zwischen *Klassen* der vergesellschafteten Nation und *Ständen* des historischen Staates, unterscheiden. Auf die Gefahr hin, dass eine solche Erörterung an dieser Stelle, als eine Abschweifung von unserer eigentlichen Aufgabe erscheinen dürfte, können wir nicht umhin, diese so allgemein wichtigen und zeitgemässen Fragen in möglichster Kürze etwas näher zu beleuchten.

Die beisammen lebenden Menschen unterstützen sich mächtig in ihrem Schaffen der Mittel zur Befriedigung; und darin liegt das Band der Vergesellschaftung. Aber bei der Beschränktheit des Naturreichs können sie nicht umhin, sich auch gegenseitig dabei mehr oder weniger zu hindern. Letzteres ist ein in der Naturordnung begründeter Uebelstand, der nicht ganz vermieden werden kann. Die Vernunft indessen, welche alle nicht ganz zu beseitigenden Uebelstände wenigstens auf ein Minimum reduzirt wissen will, erkennt, dass die kleinste Summe von Bestrebungen im Ganzen dabei negirt werde, wenn Keinem grössere Beschränkungen als jedem Anderen, beim Schaffen, auferlegt werden. Und der humane Sinn des philosophisch Denkenden, welcher sich mit dem Ich jedes Mitmenschen gleichmässig identifizirt, beruhigt sich nicht dabei, dass irgend Einem mehr als das unvermeidliche, für Alle gleiche Minimum der Beschränkungen auferlegt werde. Das in den Natureinrichtungen begründete und von der Vernunft erkannte *Prinzip des Rechts* fordert also für alle Menschen ein *gleiches* . *Ungehindertsein* in dem Schaffen von Befriedigungsmitteln. Um aber, selbst bei gänzlichem Ungehindertsein, Befriedigung zu erlangen, muss man Mittel haben und gebrauchen. Das Recht nun verbürgt Allen gleiche Gelegenheit; giebt aber nicht Mittel, und leitet nicht deren Gebrauch; ist also für das Resultat nicht verantwortlich. Das Recht erfüllt nur die negative, nicht die positive Bedingung des Gelingens. Selbst unter dem Walten des gleichmässigsten

Rechtsprinzips wird die Lebensbefriedigung für verschiedene Mitglieder der Gesellschaft ebenso ungleich ausfallen, als die positiven Kräfte und angesammelten Mittel zur Benutzung der dargebotenen Gelegenheit bei verschiedenen Individuen ungleich sind.

Rechte bezeichnen die Grenzen, welche die Ordnung eines gegebenen Menschenvereines den Bestrebungen eines Jeden setzt, also die Grenzen der Beschränkungen, welche ein Individuum oder eine Klasse den anderen auflegt, oder von ihnen erduldet. Aber nur eine Gewalt kann beschränken; und im Wesen einer jeden Gewalt liegt es, sich zu äussern, soweit sie nur kann. Also besteht ein effektives Recht nur durch eine faktische Gewalt, und misst sich auch nach dieser. Die Rechte einer Person oder Klasse im Staate sind ausgedehnter oder enger, je nachdem sie zur Unterstützung ihres Willens mehr oder weniger von der Staatsgewalt gewinnen kann.

Es versteht sich von selbst, dass der Besitzer grösserer Gewalt in stärkerem Maasse Andere hindern, als sich von ihnen hindern lassen werde. Wo also die Gewalt sehr ungleich vertheilt ist, darf man nicht erwarten, die Rechte nach dem Prinzipe des Rechtes vertheilt zu sehen; am allerwenigsten darf man eine Verwirklichung des Rechtsprinzips in den frühen Stadien der Staatenbildung suchen. Vor aller Staatenbildung, unter Wilden nämlich, herrscht eine ziemlich gleiche Ungebundenheit; denn die Individuen sind an thierischer Gewalt wenig von einander verschieden; auch leben sie, auf einem weiten Flächenraume zerstreut, fast ohne andere Beziehung zu einander, als welche der zufällige Kampf, bald Einzelner, bald gelegentlich Verbündeter, erzeugt. Sobald aber die Menschen sich fest niederlassen, von Arbeit und Eigenthum leben wollen, und sich durch ihre Vermehrung gegenseitig mehr drängen, da entwickelt sich, bei einzelnen mehr begabten Persönlichkeiten, eine überwiegende Gewalt des Geistes und des Willens. Diese unterwerfen alle Anderen ihrem Willen oder vernichten sie, je nach dem Grade des Widerstandes. Sie schreiben die Bedingungen vor, unter welchen sie den Kampf unterlassen wollen; stellen den status der Gewalten, den Staat, fest; und organisiren eine Staatsmacht zur Aufrechterhaltung ihrer Rechte, welche sie durch Gesetzerlasse verkünden.

Der Begriff »Staat« ist, im populären Verstande, noch sehr unklar; man versteht unter dem Worte bald Dies bald Jenes, und zwar sehr heterogene Dinge; — die Begrenzungen des Staates misst man bald nach Quadratmeilen, bald nach Verfassungsgesetzen. Man muss aber Folgendes unterscheiden: die Landfläche oder das Gebiet, und die Bewohnerschaft oder das Volk, bilden zusammen *das Reich*, welches, in Bezug auf das gegenseitige Beschränken der Reichsglieder, und der Reiche unter einander betrachtet, den Begriff »Staat« erzeugt, dagegen, wenn man das gegenseitige Unterstützen der Reichsglieder betrachtet, den Begriff einer Volksgesellschaft giebt; »Staat« und »Gesellschaft« unterscheiden bloss die zwei grossen Phasen des menschlichen Zusammenlebens nach den beiden Grundbedingungen des gegenseitigen Hinderns und Unterstützens, insofern in Beide eine bestimmte Ordnung gebracht wird. Für die staatlichen Funktionen muss eine ordnende Gewalt organisirt werden; auch übernimmt dieselbe, in Reichen, wo die freie Vereinigung zu produktiven Gemeinzwecken wenig ausgebildet ist, gesellschaftliche Funktionen. Doch lassen sich Beide leicht unterscheiden, je nachdem die Aufgabe unmittelbar in einem Negiren oder in einem Entwickeln von Kräften liegt. Die Staatsgewalt im Reiche ist es, welche feindlichen Angriff von Aussen her abwehrt, und die Verletzungen an Eigenthum oder Person verhindert. Die Gesellschaftskraft im Reiche ist es, welche Häfen, Wege und Dämme baut, Schulen unterhält und dergleichen mehr. Aber die unmittelbar negirende Thätigkeit der Staatsmacht giebt der Gesellschaftskraft die Möglichkeit zu wirken, und die Gesellschaftskraft giebt der Staatsmacht die Mittel sich zu äussern. Beide sind als Begriffe, dem Gesichtspunkte nach, sich entgegengesetzt; aber in ihrem Vorhandensein und für das Ziel sind sie vereint.

Die Vernunft muss ihrer Vorstellung einer begriffsgemässen Staatseinrichtung das unbedingte Rechtsprinzip unterlegen; aber die Wirklichkeit geht nicht, bei der anfänglichen Abfassung der Rechte, von der Rechtsgleichheit, sondern von der Ungleichheit der Gewalten aus. Der scholastische Gemeinplatz: »alle Menschen haben von Natur gleiche Rechte,« ist nur insofern wahr, als alle Menschen *»von Natur,«* *d. h. »vor oder abgesehen von aller staatlichen Vereinigung,«* wohl Kräfte und Bedürfnisse, aber gar keine Rechte haben; — und demnach hat allerdings Keiner mehr als der Andere von Dem, was überhaupt nicht da ist. Die Aufstellung eines vermeinten »gesellschaftlichen Vertrags,« als ursprüngliche Basis der faktischen Rechte, verräth eine nicht mindere Unklarheit der Begriffe. Unter Gleichheit der Gewalten, welche Jedem die freie Willensbestimmung gewährte, würde allerdings ein freiwilliger Vertrag entstehen, wie ein solcher unter gleichen Antheilnehmern, behufs einer Gesellschaftsunternehmung, errichtet wird. Aber der Anfang der Staatengeschichte zeigt uns im Gegentheil nur eine Kapitulation auf Gnade und Ungnade, deren Bedingungen die Uebergewalt vorschreibt. So wenig wird dabei an eine Verwirklichung des Rechtsprinzips gedacht, dass die Gewaltinhaber die Ueberwältigten zu Sklaven, Leibeigenen, Hörigen, zu Bestandtheilen ihres Privateigenthums herabdrücken, oder sie wenigstens von der Mitbestimmung ausschliessen, und ihnen somit alle Geltung als Personen im Staate absprechen. Denn nur insofern ein menschliches Individuum, durch seinen Willen, bestimmend auf andere Menschen wirkt, hat er das Attribut der Persönlichkeit. Der Leibeigene ist zwar Person gegenüber seinem Weibe und seinen Kindern; aber seinem Herrn gegenüber ist er nur Sache. Und wer nichts im Staate zu bestimmen hat, ist keine staatliche Person; leiblichen Schutz mag er dabei geniessen, sowie nützliches Eigenthum überhaupt vor Beschädigung verwahrt wird; aber nur ein populärer Missbrauch der Sprache nennt eine Sicherheit, welche nicht der eigenen Willensbestimmung zu verdanken ist, eine »persönliche.«

Doch ist jede Staatserrichtung, als solche, die Feststellung einer Regel. Und wenn auch dabei die Willenszwecke einzelner Gewaltigen denen aller Uebrigen vorangehen, und die eingesetzten Rechtsbestimmungen keine gleichen Gegenrechte bestehen lassen, also lediglich Vorrechte sind, so entwickelt sich, unter jeder wirklichen Regel, *Kultur*. Und die Kultur gleicht allmählich die Gewalten aus, führt die faktischen Rechte auf das Prinzip der Gleichheit hin, beseitigt die Vorrechte und verwirklicht das Recht. — In der ersten Periode der unentwickelten Produktivität können allerdings einige Gewaltigen ihren Eigennutz durch Raub und Verknechtung befriedigen. Sobald aber eine wirkliche Industrie entsteht und vorschreitet, ändern sich allseitig die Interessen. Die

Bevorrechtigten, um die Rechtlosen zu benutzen, müssen ihnen nützen; sowie man ein Gut, um es in der Bewirthschaftung ertragsfähiger zu machen, rationell amelioriren muss, was nicht nöthig war, so lange man es nur als Jagdrevier gebrauchte. Sobald der Werth der Industrie erkannt worden ist, sieht man, dass vom Benutzen produktiver Arbeiter mehr zu erlangen, als von unproduktiven durch noch so grossen Druck zu erpressen ist. Dazu muss die Leistungsfähigkeit der Benutzten durch allerlei Uebung und durch mitgetheilte Kenntnisse erhöht werden. Damit ihre Arbeit von einem möglichst selbstthätigen Willen unterstützt werde, muss ihnen ein verhältnissmässiger Antheil an den Früchten derselben gelassen werden. Um ihre Produktionsmittel möglichst zu vermehren und zu erhalten, muss ihnen ein Eigenthum an denselben bewahrt werden. Um ihre Arbeit möglichst erfolgreich zu machen, muss sie systematisch organisirt werden, wozu Vereinigung an einem Orte, erleichterte Kommunikation zwischen entlegenen Orten, überhaupt reger Verkehr in Nähe und Ferne erforderlich sind. Um die Anzahl der Produktiven möglichst zu vermehren, muss ihre Lage überhaupt erhöht werden. Aber nicht bloss materiell, sondern auch sittlich und geistig müssen die Industriellen gehoben werden, um ihre höchste Produktivität entfalten zu können; denn Intelligenz und sittlicher Wille machen Hauptkräfte der Industrie aus. Wie diese Bedingungen vorschreitender Produktion auf das Verhalten der Bevorrechtigten wirkten, lehrt die Erfahrung. Sobald nämlich der Ackerbau zum rationellen Gewerbe wird, hat der Grundherr ein Interesse daran, die unergiebige Zwangsarbeit abzuschaffen. Sobald die Fabrikation ein grosses Kapital anzuwenden hat, liegt es im Interesse der Unternehmer, den Zunftzwang aufzuheben. Auf der einen Seite also gelangen die vorhin stumpfen Unfähigen, unter industrieller Ordnung, zu Kenntnissen, zu Fähigkeiten, zu sittlicher Kraft, zu einem Willen, und werden zu einer Gewalt; auf der anderen Seite wird der einst rücksichtslose Egoismus der Bevorrechtigten durch Verfeinerung geschwächt, und findet es auch nicht immer in seinem Zwecke liegend, die Thätigkeit Derer zu beschränken, welche ihm die Mittel seiner Befriedigung verschaffen sollen. Letzteres ist besonders für die Staatsmacht der Fall. Sie findet sehr bald, dass eine Raubtheilung mit

den Gewaltigen ihr nur sehr wenig einbringen kann, verglichen mit
Dem, was Abgaben von einem erwerbenden Volke abzuwerfen vermögen.
Sie hat also ein Interesse daran, die Vorrechte, welche
den Volkserwerb hemmen, zu beseitigen, um die unendlich ergiebigere
Quelle möglichst reichlich fliessen zu machen. Die Staatsmacht,
von den Bevorrechtigten eingesetzt, muss sich, im Verlaufe
der Dinge, gegen dieselben wenden; auch wissen wir, aus geschichtlicher
Erfahrung, wie die Staatsmacht, nach Einführung der sogenannten
indirekten Auflagen, mitgeholfen hat, alle jene ständischen
Vorrechte zu opfern, welche der Produktivität des Volkes am Augenfälligsten
schaden, — die rohe Feudalherrschaft zu stürzen. Sie
will zwar zunächst, durch Erlangung grosser Mittel, eine absolute
Macht für sich gründen, und über Hohe wie Niedere herrschen;
auch gelingt ihr Solches anfangs; aber die vom schwersten Drucke
der Vorrechte befreite Volksthätigkeit vermehrt mit der Zeit die
Volksmittel in noch grösserem Maasse; die Staatsmacht bedarf zu
ihrer Herrschaft immer grösseren Aufwand; und um dies zu ermöglichen,
muss sie die produktive Volkskraft auf's Höchste
pflegen, entwickeln anstatt zu negiren, mehr verwalten als herrschen,
überhaupt die Kultur befördern. Dadurch hilft sie eine Volksgewalt
erziehen, welche die Gewalt der Stände endlich aufwiegt,
die alte Kapitulation verwirft, und einen neuen, nach dem Rechtsprinzipe
artikulirten Friedensvertrag vorlegt. Aber nicht bloss sein
volles Privatrecht, auch politisches Recht fordert das durch Erwerb
intelligent gewordene Volk. Denn, wenn auch eine absolute Regierung
alle privatrechtlichen Einrichtungen so zweckmässig trifft,
dass alle zur Befriedigung dienenden Kräfte und Mittel sich möglichst
viel unterstützen und möglichst wenig hindern können, sich
aber dabei nur durch den eigenen und gar nicht durch des Volkes
Willen bestimmen lässt, so verfährt sie nur wie ein kluger Eigenthümer,
der sein Gut höchst wirthschaftlich verwendet und schont;
doch sind ihr die Volksglieder eben nur Sachen und keine Personen;
sie mag deren leibliche Wohlfahrt, sogar deren vernünftige
Wünsche noch so sehr berücksichtigen, sie statuirt dem Volke kein
Recht der Persönlichkeit in Bezug auf den Staat, so lange sie ihm
kein Recht gestattet, durch seinen Willen die Staatseinrichtungen
zu bestimmen. Aber der aufgeklärte Mensch will Person sein, will

den Einfluss seines Willens über alle ihn betreffenden Verhältnisse erstrecken, über welche seine Einsicht sich erstreckt. Er verzichtet auf die eigene, und fügt sich in die fremde Willensbestimmung nur dann, wenn er sich einen gänzlichen Mangel an der betreffenden Einsicht eingesteht. Aber welche sichere Stütze hat denn die Staatsordnung bei einem Volke, welches, durch seine Kultur, eine Gewalt hat, aber das Staatssystem nicht begreift? Auf der heutigen Höhe europäischer Kultur sind die Bedürfnisse gesteigert, die Menschen dicht an einander gedrängt, die strebenden Kräfte massenhaft, die Antheile an den Befriedigungsmitteln sehr ungleich, die Konkurrenzen scharf, die Bewegungen schleunig. Wie sollen da Konflikte ausbleiben? Und wie soll die ordnende Macht ein solches System aufrechterhalten, bis es sich von seinen Gebrechen gereinigt hat, anders als durch die thätige Mitwirkung aller Aufgeklärten, Aller, die eine Gewalt bilden können im Volke? Auf einer solchen Stufe, wo die Elemente des gesellschaftlichen Kulturlebens sich nur partiell, und nach einzelnen Seiten hin ungleich entwickelt haben, kann das Ganze leicht als eine Missgeburt erscheinen; man erkennt aus so schiefen Erscheinungen nicht die naturnothwendigen Bedingungen der Vergesellschaftung, hat nicht den Maassstab für seine Leistungen und Ansprüche; man fühlt sich allerseits durch Bande beschränkt, ohne den Halt, den man an denselben hat, zu erkennen. Damit also, auf einer solchen Stufe, inmitten der gegeneinander laufenden gesellschaftlichen Elemente, alle Bande nicht blindlings zerrissen werden, giebt es nur eine Schutzwehr: die Verbreitung politischer Einsicht unter das Volk, und die Betheiligung aller politischen Intelligenzen an der Erhaltung der Staatsordnung. In einem solchen Stadium wird die politische Selbstthätigkeit des Volkes zur Nothwendigkeit. — Recht also, oder das allgemein gleiche Ungehindertsein im Schaffen, mit Freiheit gleichbedeutend, ist nicht ein Gut, welches die Natur schenkt, um jungen Staaten zur Basis zu dienen; sondern ein Gut, welches die gesellschaftliche Kultur, durch ihr Vorschreiten, allmählich verwirklichen soll. Der jedesmalige Zustand der Rechte entspricht dem jedesmaligen Verhältniss der Gewalten. Wer eine Gewalt hat, hat ein Recht; aber wenn die Gewalten sich ändern, ändern sich auch die Rechte. Und die Uebergewalt muss herrschen,

16*

weil sie allein es vermag, den anderen Gewalten eine Regel aufzuerlegen. Aber die möglichste Annäherung an das Recht wird erreicht durch möglichste Ausgleichung der Gewalten, und zwar durch Ausbildung des Willens in einer Richtung, wo er bisher fehlte; also durch Verbreitung der Aufklärung unter den Rechtlosen; denn Aufklärung besteht in vernünftigen Vorstellungen, und diese erzeugen vernünftigen Willen, und dieser wiederum ist Gewalt. Die Geschichte lehrt, dass Diejenigen, welche ihre Vorrechte gegen die Entwickelung des Rechtes konserviren wollen, aus Instinkt zunächst die Verbreitung der Aufklärung bekämpfen.

In Preussen erblicken wir gegenwärtig gerade eine Stufe partieller und halber Entwickelung des Kulturlebens, wie wir sie oben beschrieben: grosse Ungleichheit der Antheile, scharfe Konkurrenz, allenthalben hohe Ansprüche und vielerseits geringe reelle Leistungen, den Einzelnen im Konflikte mit den Lebensbedingungen, und über die wahre Beschaffenheit dieser viel Unklarheit, — wie man aus den allgemein an die Staatsverwaltung gemachten Ansprüchen erkennen kann. Wo die Leistungen eines Unterthans nicht ausreichen zu seiner Befriedigung oder wo sie fehlschlagen, wird die Verwaltung beansprucht. Wenn der Bodenbesitzer in einer Niederung seinen Schutzdamm brechen sieht, fordert er, dass die Verwaltung ihn erneuere. Wenn die Bewohner eines dürren Höhenstrichs nichts ernten, fordern sie, dass die Verwaltung ihnen die Scheunen fülle. Wenn ein Gewerbe nicht hinlänglich hohe Preise erhält, bestürmt es die Verwaltung um künstliche Erhöhung durch Theuerungszölle. Wenn eine Arbeiterklasse brodlos ist, soll die Verwaltung Beschäftigung geben. Sobald überhaupt nur Mehrere beisammen sind, denen Etwas fehlt, scheint der Glaube da zu sein, dass die Staatsverwaltung das Fehlende herbeischaffen müsse. Es ist fast, als glaubten die Leute, dass die Regierung übernommen habe, alle Thätigkeiten zu leiten, und demnach auch für den guten Erfolg einstehen müsse; oder dass die Verwaltung die Aufgabe habe, von dem Ueberfluss des Einen zu nehmen, um den Mangel des Anderen zu decken, damit die Antheile sich ausgleichen. Man darf aber solche Ansprüche auf Genossenschaftlichkeit und Gemeinschaftlichkeit nur etwas steigern und mit lateinischen Namen bezeichnen, um die volle Begriffsverwirrung und Konsequenzen zu erkennen, zu denen sie führen. — Indessen ist in Preussen die Schulbildung sehr weit verbreitet. Es giebt daselbst eine grosse Masse, welche ein gewisses geistiges Interesse äussert. Auch interessirt sie sich für Politik. Da sie aber an den Staatsgeschäften keinen praktischen Antheil hat, beschäftigt sie sich damit nur theoretisch, verfällt also leicht in Uebertreibungen, wie alle blossen Theoretiker. Sie urtheilt leicht weg, weil sie die Schwierigkeiten der Ausführung nicht durch Praxis kennt; und behauptet ohne Bedenken, weil sie für nichts verantwortlich ist. Als blosse Zuschauerin verhält sie sich bloss kritisch; und alle blosse Kritik neigt sich zum blossen Negiren, weil Solches am Leichtesten ist; auch wird sie leicht selbstüberhebend, wenn sie nicht die Probe des Bessermachens zu fürchten hat. Ausserdem erzeugt das ewige Kritisiren und wirkungslose Reden Langeweile oder sogenannte Blasirtheit, welche sich in der Sucht nach Neuem, gleichviel ob Besserem, äussert. Dies ist eine sehr gefährliche Stimmung, wenn sie sich weit verbreitet; denn der Gelangweilte ist eben so täppisch, wie der Bevormundete leichtsinnig ist. Auf einen solchen Punkt gelangt, ist man mit sich über alle Fragen fertig und des ferneren Redens überdrüssig. Diejenigen, welche sich in Preussen für Politik interessiren, haben schon über die allgemeineren Fragen wegen Verfassungsform, Oeffentlichkeit, Pressfreiheit und dergleichen so viel debattirt, dass sie nunmehr sehr ungern Zeit und Mühe damit verlieren, nichts mehr in Betreff der theoretischen Grundsätze lesen, noch schreiben wollen. Manche Schrift mit prinzipiellen Raisonnements, welche vor wenigen Jahren alle Leser in Aufregung gebracht hätte, wird heute kaum eines Blickes gewürdigt. Erst wenn Etwas geschieht, wollen sie wieder debattiren. Es hat den Schein, als hätten die Parteien, ihrer fruchtlosen Versuche einer Vermittelung der Ansichten müde, die Verhandlungen mit einander abgebrochen. Dass aber, nachdem die Ansichten so weit aus einander gegangen und in sich abgeschlossen sind, eine Zufriedenstellung durch etwaiges Geschehende erschwert wird, ist gewiss; denn »wer fertig ist, dem ist Nichts recht zu machen, — der Werdende wird immer dankbar sein.« Die Zeit aber, da die politischen Anschauungen bei den gebildeten Klassen in Preussen im Werden waren, ist verstrichen, und leider wurde sie, seitens der Regierung, wenig benutzt. — Wenn wir nun Recht haben mit unserer Meinung, dass die politischen Ansichten in Preussen mit einer gewissen theoretischen Abgeschlossenheit sich sehr weit durch alle einigermaassen geistig gebildeten Klassen verbreitet haben, so fragt es sich, ob eine bestimmte Willensrichtung daraus hervorgehen dürfte. Man ist zwar gewöhnt, viel von der politischen Willenslosigkeit deutscher Unterthanen reden zu hören. Man stellt dieselben durch das Bild eines tölpelhaften Michels mit einer Schlafmütze dar. Man scheint den deutschen Menschen für ein von dem französischen oder englischen Menschen ganz abweichendes Geschöpf zu halten. Aber wenn es auch wahr ist, dass bei den verschiedenen Nationen tausenderlei Aeusserlichkeiten, durch mannigfache örtliche Einflüsse ausgebildet, sich verschieden zeigen, so bleiben doch die Grundzüge der Menschennatur bei allen Nationen dieselben; und wenn diese durch Drangsal heftig angeregt werden, verschwinden vor ihrer Gewalt alle herangebildeten Eigenthümlichkeiten. Das Menschengeschlecht ändert seinen Karakter je nach der Kulturstufe, die es erreicht hat. Und die verschiedenen Nationen, insofern sie auf verschiedenen Kulturstufen stehen, zeigen verschiedene Phasen des Menschenkarakters. Aber an derselben Entwickelungskrisis angelangt, geberdet sich das eine Volk wie das andere. Es ist auch nicht wahr, dass das deutsche Volk sich weniger empfänglich für eine Idee, oder sich unter der Herrschaft einer Idee weniger thatkräftig, als andere zivilisirte Völker, bewiesen habe. Die Reformation ist allein Beweis genug. Aber man durchgehe den ganzen Verlauf der früheren Zeiten, und man wird in der französischen Geschichte bis zum Jahre 1789 wenig finden, was den starren Kämpfen der populären Elemente Deutschlands gleichkäme. Und die Kavaliere des *ancien régime* waren so überzeugt von der Willenslosigkeit des leichtsinnigen, an Willkür und Erpressung so gewöhnten französischen Volkes, dass sie sogar lange nach der Vernichtung der Bastille nicht erkennen konnten, wie die Kulturentwickelung eine neue Macht im Schoosse der Nation gezeugt habe, sondern fest an eine blosse Pöbelverführung glaubten, welche durch energische Verwendung von ein paar Garderegimentern zu beenden wäre. Und in dem Lande, wo das königliche Ich des Staates seine Geburtsstätte hatte, — bei einem

Volke, welches gewöhnt war, sich verpachten zu lassen, und *lettres de cachet* an Maitressen und Kuppler wie Theaterbillete verschenken zu sehen, und welches dabei nicht etwa schlief, sondern sogar immer vergnügt war, und zu den Hoffesten mit solcher gedankenlosen Hast sich drängte, dass Tausende todtgedrückt wurden, ohne dass die Lust am Gaffen bei den Ueberlebenden gestört wurde, — wer sollte da an einen ernsten Volkswillen glauben? Man muss sich also vor den Täuschungen hüten, zu denen vorgefasste Meinungen leicht führen; man muss sich nicht auf gemeinplätzige Ueberlieferungen stützen; sondern jedes Volk und jede Zeit scharf prüfen, und nach den besonderen Erscheinungen beurtheilen. Wie schlecht man sich aber bis jetzt auf die politische Diagnose versteht, beweisen die täglichen Ereignisse, welche immer Allen ganz unvermuthet, wie Blitze aus heiterem Himmel, kommen und Alle unvorbereitet finden. Man denkt an nichts weniger, als an Das, was sich zeigt; man hält eine Sache für unmöglich, und mit einem Male ist sie da. Der Grund davon liegt in dem Mangel an Kenntniss der politischen Physiologie; — und diese Kenntniss mangelt vielleicht darum, weil die Physiologie den Lebensprozess als eine Reihenfolge naturgesetzlicher Veränderungen erfasst, und demnach keinen Eingang bei Denen finden kann, welche das Staatsleben als ein unveränderliches erfassen möchten. — Wir können uns hier nicht auf diesen Gegenstand weiter einlassen, ohne Gefahr zu laufen, unser eigentliches Thema ganz aus den Augen zu verlieren. Da wir aber eben von Preussen und der Jetztzeit gesprochen haben, wollen wir ein Symptom erwähnen, welches, nach unserem Dafürhalten, der Beachtung der Staatspathologen würdig wäre. Fassen wir nämlich die sogenannten Bewegungen der neuesten Zeit in's Auge. Sie mögen einzeln oder sämmtlich Manchem höchst bedeutungslos erscheinen. Aber sie tragen einen gemeinsamen Karakter. Sie werden von keinen bedeutenden Persönlichkeiten angeregt und geleitet. In der Journalistik, auf den Landtagen, in den Bürgerversammlungen, bei den Deutsch-Katholiken, Lichtfreunden und freien Gemeinden, bei den Vereinen zur Hebung des Volkes oder zur Organisation der Auswanderung und bei den Agitationen für Theuerungszölle, nirgends sieht man einen hervorragenden Kopf, der seine Ideen dem Anderen eingiebt und sie durch seine anregende Gewalt mit sich fortreisst, sondern es ist ein Trieb, der in der Masse selbst liegt und sich aus ihr äussert. Es ist die spontane Bewegung der Menge, die ihren Kopf für sich haben will, und daher sich keinem Haupte unterordnet. Unsere Zeit lässt sich nirgends von Persönlichkeiten beherrschen, negirt jede Art von Heldenthum, streift Alles, was Pietät heisst, ab; aber in keinem Lande dürfte irgend welcher unfertige Reformvorschlag, ohne Prüfung, einen zahlreicheren Beitritt im sogenannten Publikum finden, als jetzt in Preussen. Man kann heutzutage nicht mehr von einem schlafenden, bedächtigen, regungslosen Volke in Preussen reden. Denn gerade die Abwesenheit leitender Häupter, welche die gedachten Bewegungen unklar auftreten und zum Theil ohne Erfolg verlaufen, also sie *als Ereignisse* unbedeutend erscheinen lässt, macht sie *als Symptome* bedeutsam. Wir glauben, in jenen aufsteigenden Blasen nicht die mephytischen Dünste einer Versumpfung, sondern die Merkmale eingetretener Gährung erkennen zu müssen. — Gährung ist indessen läuternd und, wenn zeitig Luft gemacht wird, gefahrlos.

Kehren wir jetzt zu unserer Erörterung über Recht im Allgemeinen wieder zurück. — Wir zeigten nämlich, dass das Recht durch den Sieg der Aufklärungsgewalt über das Vorrecht verwirklicht wird. Aber das Vorrecht macht dem Rechte nicht bloss dadurch Platz, dass es niedergekämpft und abgeschafft wird, sondern auch zum grossen Theile dadurch, dass es unter dem Kulturprozesse seinen Karakter ändert, und nicht bloss den Nutzen der einzelnen Uebermächtigen, sondern auch zugleich den der Gesammtheit fördert, also seine Rechtswidrigkeit abstreift. Die Herrschaft eines Fürsten z. B., welche ihren Anfang in der blossen Siegesgewalt hat, wird dadurch zu einem Rechtsinstitute, dass sie, in späterer Zeit und unter mehr vorgeschrittenen Kulturverhältnissen, durch Führung der öffentlichen Verwaltung den vorzüglichsten Nutzen stiftet, und der Nation dient, anstatt sie zu bedrücken. Ferner: der Alleinbesitz des Bodens entsteht durch gewaltsame Ergreifung desselben und Ausschliessung Anderer von dessen Benutzung. Aber der Alleinbesitz erweist sich als unerlässliche Bedingung der Verwendung von Kapital auf den Boden zur Vervollkommnung des Ackerbaues, mithin zur reichlichsten Ernährung der möglichst grossen Menschenmenge. Die gesetzliche Aufrechterhaltung des individuellen Grundeigenthums, insofern der Boden durch die Besitzer möglichst produktiv gemacht wird, gereicht zum Nutzen der Gesammtheit, und erfüllt also das Erforderniss des vernünftigen Rechtsprinzips; denn das vernünftige Recht schreibt keinesweges vor: »alle Mitglieder einer zivilisirten Erwerbsgemeinde sollen gleiche Landflächen besitzen und selber Ackerbau treiben,« sondern es besagt nur: »das Land soll so benutzt werden, dass der Bewohnerschaft die grösste Möglichkeit geboten werde, sich zu vermehren, und ihre Bedürfnisse mit den Früchten des Bodens zu befriedigen.« In Deutschland kann z. B. der vom Grundbesitze ausgeschlossene, gemeinste Tagelöhner, durch seine und seiner Familie Arbeit, den Werth von etwa hundert Scheffeln Roggen verdienen. Unmöglich aber könnte er diese Quantität selbst bauen und ernten, wenn ihm, unter einer Kommunistenherrschaft, auf den Kopf etwa sechs Morgen unkultivirten oder ausgesogenen Landes, welches er ohne alles Kapital bewirthschaften sollte, angewiesen würden. Wir dürfen uns nur nicht mit dem verhängnissvollen Irrwahne schmeicheln, dass bei aufgehobenem Eigenthums- und Vererbungsrecht irgend ein Vorgänger uns eine Wirthschaft einrichten und überlassen würde!

Da nun, wie gesagt, das Rechtsprinzip nur die negative Bedingung des gleichen Ungehindertseins für alle Schaffenden aufstellt; dagegen die ungleiche Begabung, Entwickelung und Bethätigung der Kräfte, nebst ungleicher Ansammlung von Mitteln, besonders durch mehrere Generationen einer Familie hindurch, zu sehr ungleicher Fähigkeit der Befriedigung führt, so kann man nicht aus der Ungleichheit des Lebensgenusses auf ungleiches Recht schliessen. Die Rechtsgegenstände sind offenbar Ergebnisse des Rechts und des Schaffens oder der Gelegenheitsbenutzung; sie sind also die Wirklichkeit der Rechte, aber nicht das Maass für das Recht, als blosse Gelegenheit, abgesehen von deren Benutzung. Um also zu unterscheiden, inwiefern z. B. ein Kapitalist seine reichlichere Befriedigung dadurch erzielt, dass er seine rechtmässige Gelegenheit zum Schaffen besser benutzt, oder dadurch, dass er Anderen ihre rechtmässige Gelegenheit zum Schaffen schmälert, muss man die natürlichen Gesetze des Entstehens und Benutzens der Kapitalien kennen. Um überhaupt zu beurtheilen, ob die natürlichen Güterquellen so benutzt werden, dass der höchste Ertrag für die Gesammtheit ermöglicht wird, — ob Jedem gleiche Gelegenheit zur Anwendung seiner Kräfte und Mittel gelassen wird, — ob Jeder einen seinem Beitrag angemessenen Antheil am Gesammtprodukt erhalte, muss man die Gesetze kennen, nach welchen, im erwerblichen Vereine, die Naturgüter, Menschenkräfte und angesammelten Mittel zum Gesammtprodukte beitragen, und der respektive Antheil, durch den Prozess der Verwerthung, sich für Jeden herausstellt. Um die Rechtmässigkeit der Rechte beurtheilen zu können, muss man nicht bloss das Prinzip des Rechts, sondern auch die Gesetze des Schaffens kennen. Insofern also Rechtswissenschaft nicht nur ein Kennen bestehender Rechte nebst deren Geschichte und Absicht, sondern vielmehr ein Erkennen der Rechtmässigkeit der die Lebenslagen bestimmenden, bürgerlichen Gesetze sein soll, muss sich in ihr die Wissenschaft des Rechts mit der Wissenschaft der Volkswirthschaft vereinen.

Aus dem Mangel solcher vereinten Kenntnisse sind viele Irrthümer hervorgegangen. Mehrere sehr humangesinnte Köpfe behaupten nämlich das allgemein gleiche Recht nicht etwa des Schaffens, sondern des Geniessens, — eine Anforderung, welche unsere staatlichen und gesellschaftlichen Einrichtungen ganz und gar nicht erfüllen, weshalb sie, wie Jene meinen, von Grund aus umgeschaffen werden müssten. Wir dürfen uns nicht darüber wundern, dass humane Gemüther durch den Anblick der Menschenzustände in unserer europäischen Welt tief erschüttert werden. Ein gar grosser Theil der Familien führen daselbst, unter dem Mangel an ersten Lebensbefriedigungen, eine Existenz im Kothe, welche das Menschenthum nicht bei ihnen zum Bewusstsein kommen lässt, und daher nicht eine menschliche Existenz genannt werden kann. Das Gefühl des Humanen muss sich dabei empören und den Drang hegen, dem Missstande abzuhelfen, es koste, was es wolle. Aber wenn geholfen und nicht noch verschlimmert werden soll, muss der Verstand ganz unbestochen die Dinge anschauen können. Und wie liegen der unbestochenen Verstandesanschauung die Dinge dar? — Ursprünglich stehen alle Menschen, inmitten des Naturreichs entblösst, wie die Thiere da, und sind, wie diese, für die Befriedigung ihrer Naturbedürfnisse, von dem Ablesen wilder Gewächse oder dem Erhaschen einer Beute, abhängig. Erst durch Erwerbung von Kenntnissen, Regelung der Triebe, Ausbildung körperlicher Fähigkeiten und Ansammlung von Vorräthen, erleichtert, vermehrt und verfeinert der Mensch seine Befriedigung, emanzipirt sich vom Drucke leiblicher Bedürfnisse, verschafft den geistigen Bedürfnissen freien Spielraum, erhebt sich zur Herrschaft über die Natur, erlangt das Bewusstsein seines Menschenthums, — wird aus einem Menschenthier zu einem Kulturmenschen oder zum Menschen überhaupt, — was er ohne Kultur nicht ist. Aber zur Erreichung einer wirklichen Kultur reicht die Lebensdauer eines Einzelnen nicht hin. Es gehört dazu die Aufeinanderfolge mehrerer Geschlechter einer Familie, welche ihre Kenntnisse, sittliche Bildung, Fertigkeiten und Vorräthe übertragen, so dass der Nachkomme von dem Punkte anfängt, wo der Vorgänger aufhörte. In unserer europäischen Welt ist dieser Kulturprozess in einem Theil der Familien vollzogen worden. Die Nachkommen derselben werden geistig, sittlich ausgebildet, zu künstlichen Fertigkeiten eingeübt, und empfangen angesammelte Vorräthe zur Befriedigung ihrer Bedürfnisse und zur Unterstützung ihrer Produktivität. Sie haben die zur Erreichung eines Kulturlebens gestellten Aufgaben mehr oder weniger gelöst, und befinden sich demnach mehr oder weniger in einer dem Menschenthum angemessenen Lebenslage. Aber man beschaue die Uebrigen dagegen. Sie haben sich um keinen Schritt über den ersten niedrigsten Zustand hinausbewegt; nichts gelernt, nichts geübt, nichts gesammelt.*) Sie sind der Kenntnisse, Sittlichkeit und Habe ebenso entblösst, wie der Wilde, und stehen ihm an körperlicher Gewandtheit sehr weit nach. Sie haben keine der Bedingungen erfüllt, welche die Naturordnung der Erreichung einer

---

*) Man mache nicht den Einwand, dass unterrichtete, geschickte, fleissige Arbeiter auch darben *müssen;* denn Solches ist nur ganz selten und ausnahmsweise der Fall. Und wenn der Fall eintritt, so ist es, weil sie nichts gesammelt haben, oder die Schuld liegt nicht an den Gesetzen des individuellen Eigenthums und der freien Konkurrenz, nicht am sozialen Systeme, sondern an Mängeln und Hindernissen, welche die freie Entwickelung und Vervollkommnung des Systemes stören, — vorzüglich an den Monopolen. Note des Verf.

mehr als bloss thierischen Lebensstellung gestellt hat. Sie haben keinen Schritt zur Kultur gemacht. Wie sollen sie denn des Kulturlebens theilhaftig sein können? Nicht Gelegenheit zu schaffen, sondern die Fähigkeit zu schaffen fehlt den Armen. Nicht soziales Recht, sondern Kulturkraft geht ihnen ab. Und es giebt keine andere Möglichkeit, alle Menschen zum Kulturgenuss zu erheben, als dadurch, dass sich in allen Menschen Kulturkräfte entwickeln. Die zurückgebliebenen Familien und Individuen müssen denselben Weg durchmachen, den die Vorgeschrittenen gemacht haben, wenn eine allgemeine Gleichheit sozialer Kultur verwirklicht werden soll. Hebt man die Rechte des Eigenthums, der Vererbung, der freien Konkurrenz auf, welche die naturnothwendigen Stützen der Kultur sind, so erreicht man auch eine Gleichheit, nämlich allgemeine Gleichheit der Unkultur. Eine Kenntniss der Volkswirthschaft überzeugt uns, dass es keine Kultur geben kann, ohne angesammelte Mittel und angestrengte Arbeit; und dass diese nicht ohne Eigenthumsrecht und freie Konkurrenz möglich sind. Als Beispiel der Abgeschmacktheit ausgeheckter Vorschläge zur Reform sozialer Grundgesetze dürfen wir nur die von Einigen verlangte Aufhebung des Vererbungsrechtes erwähnen. Die Gemeinde soll demnach, als alleinige Intestaterbin, die Vortheile und Pflichten jeder Nachlassmasse antreten; das etwaige Vermögen nehmen, und die Kinder erziehen und versorgen. Dies, glauben die Sozialreformer, müsste für die Gemeinde eine sehr vortheilhafte Spekulation sein; — und wissen so wenig von Sozialinteressen und Gemeindeverhältnissen, dass sie nicht einsehen, wie, unter einer solchen Anordnung, sobald nicht der Einzelne für seine eigenen Kinder Sorge tragen müsste, die Gemeinde sehr viele Kinder, aber gar kein Vermögen in jeder Hinterlassenschaft vorfinden würde! Wenn die Gemeinde es nicht zu bewirken weiss, dass Menschen ebenso eifrig für anderer Leute Kinder, als für die eigenen Kinder arbeiten und sparen, so ist die Idee einer solchen Erbschaftsspekulation eine sehr einfältige zu nennen. Es ist ganz notorisch, dass, bei eintretender Altersreife, die meisten Menschen viel mehr aus Rücksicht für ihre Kinder, als für die eigenen Genüsse, zur Thätigkeit und Wirthschaftlichkeit bis an's Ende angespornt werden. Würde nun, durch Beschränkung des Vererbungsrechtes, dieser mächtigste Trieb vereitelt, so wäre eine Vermehrung oder sogar Erhaltung der Kulturgüter fernerhin schier unmöglich. — Die Grundgesetze unseres sozialen Systems sind nichts Zufälliges, was auch willkürlich umgeändert werden könnte; sondern sie haben ihre nothwendige Begründung in der Beschaffenheit menschlicher Bedürfnisse und Fähigkeiten und in den Produktionsgesetzen des äusseren Naturreichs. Die Missstände, die wir erblicken, liegen nicht in der Anlage unseres sozialen Systems, sondern darin, dass unser System sich bisher nur über einen Theil der Beisammenlebenden erstreckt hat, und noch nicht frei und vollständig sich entwickeln konnte. — Die Vorwürfe, welche gegen unsere Sozialeinrichtungen gemacht werden, beruhen auf platter Unwissenheit der wahren Verhältnisse. Es lässt sich genau nachweisen, dass durch das angesammelte Kapital in England die Gesammtmasse der Befriedigungsmittel mehr als verhundertfacht wird. Die mechanischen Arbeitskräfte allein werden daselbst gleich denen von wenigstens vierhundert Millionen Menschen geschätzt. Aber die Kapitalisten beziehen keineswegs den ganzen, durch ihre ersparten Mittel veranlassten Mehrbetrag, sondern neun Zehntel des Gesammtproduktes gehen zur Ernährung der kapitallosen Arbeiter. Wenn nicht die Arbeiter zehnmal mehr erhielten, als was sie allein durch ihre Körperkräfte ohne alle Hilfe des Kapitals produziren könnten, so müssten die meisten sogleich umkommen, und die wenigen Ueberlebenden noch viel grössere Noth leiden als jetzt. Ohne die Wirksamkeit der Kapitalisten wäre solche Arbeitermasse überhaupt nicht zur Welt gekommen. — Die Kapitalisten können ihr Vermögen nur dadurch benutzen und erhalten, dass sie damit Arbeiter ernähren, deren Thätigkeit sie auf's Zweckmässigste leiten, damit das Produzirte mehr als das Verzehrte sei. Sie sind in der That nur Verwalter eines öffentlichen Eigenthums. Ihr Amt erlangen sie dadurch, dass sie das zu verwaltende Eigenthum selbst schaffen und sammeln; also ihre Qualifikation auf die unbezweifelbarste Weise darthun. Oder wenn sie das Kapital ererbt haben, sind sie zur Verwaltung desselben erzogen worden. Sie sind für den guten Erfolg ihrer Verwaltung bei Strafe des Bankerotts und der Verarmung verantwortlich. Sie beziehen allgemein eine kleine Tantième als Zinsen, welche aber immer mehr und mehr, so wie das Kapital sich mehr häuft, herabgesetzt wird; ausserdem aber, als Gewerbeprofit, ein Prämium für neue Erfindungen, Verbesserungen und ausserordentliche Leistungen. Die Kapitalisten sind für die vergesellschaftete Gemeinde die bestgewählten, best-kontrollirten und wohlfeilsten Beamten, die sich überhaupt denken lassen. Die Klagen werden indessen hauptsächlich wider die grösseren Kapitalisten erhoben. Diese, sagt man, können mit ihren vollkommneren Einrichtungen Alles so viel wohlfeiler liefern, und sich mit einem so viel niedrigeren Profitsatze begnügen, dass alle Konkurrenten zu Grunde gehen. Das Sinken sowohl der Preise, als des Profitsatzes, durch die Thätigkeit grösserer Kapitalisten, rührt allein davon her, dass sie die Menge der von ihnen produzirten Befriedigungsmittel rascher vermehren, als andere Produzenten die ihrigen, also zum Gesammtprodukt den verhältnissmässig reichsten Beitrag liefern, und einen verhältnissmässig immer kleiner werdenden Antheil beziehen. Und Solche sollen diejenigen sein, welche die Gemeinde zu Grunde richten! Und die Gemeinde soll sich gegen sie erheben, etwa weil sie die Befriedigungsmittel für die Gemeinde zu sehr vermehren, und von dem Produkte ihrer Kapitalanwendung einen zu kleinen Antheil für sich behalten! Wenn in einzelnen Zweigen die Fabrikation im Kleinen nicht mit der Fabrikation im Grossen konkurriren kann, so ist es ein Vortheil für die Gemeinde, wenn das Gewerbe nur von Denen betrieben wird, welche es am vollkommensten treiben, und Andere zu anderen Gewerben übergehen; — denn es giebt eine überaus grosse Anzahl von Gewerben, bei denen ein grösseres Kapital sich nicht verwenden lässt, und welche einen hohen Profit für kleine Kapitalien abwerfen. Insofern jedoch die Tendenz vorhanden ist, grössere Kapitalien in den Händen Einzelner bei einem Minimum des Profitsatzes zu konzentriren, so ist dies für die Gemeinde derselbe Vortheil, als wenn ein Staat die Anzahl seiner Beamten dadurch reduzirt, dass er einzelne mit einem grossen Geschäftskreise und hohen Gehalte anstellt, die ihm mehr leisten und verhältnissmässig weniger, als ein Heer von Subalternen, kosten; und in der That wird, unter der Tendenz zur Ersparung der sozialen Mittel und Kräfte, das Kapitalvermögen immer von Wenigeren und für eine niedrigere Tantième verwaltet; wobei man nicht übersehen darf, dass das Ersparte den Kapitallosen, in der Verwohlfeilerung der Bedürfnissmittel, zu Gute kommt. Das Sinken des Profits bekundet nicht ein Abnehmen der Fähigkeit des Kapitals, die Produkte der Arbeit zu steigern; sondern es zeigt, dass der Eigenthümer des Kapitals einen grösseren Theil des Ertrages den Kapitallosen abtreten muss. — Es wäre ein langwieriges Geschäft, alle die Widersprüche und Irrthümer aufzuklären, welche Unwissenheit der Erwerbsverhältnisse hervorgebracht hat. Doch ist es natürlich, dass Unwissende, welche mit einem Schlage allgemeines Menschenglück erfinden möchten, auf ein blosses Beschränken verfallen: — Beschränken des Eigenthums und der Konkurrenz. Denn nur das Beschränken lässt sich auf einen Schlag machen. Das Entwickeln erfordert dagegen Zeit. Es wäre sehr angenehm, wenn das Gesellschaftsglück durch irgend ein blosses Beschränken hervorgezaubert werden könnte; aber es ist nicht wahrscheinlich, dass, wenn Solches möglich wäre, es nicht sollte früher erfunden worden sein; denn die möglichen Arten des Beschränkens sind bei den Menschengemeinden schon längst alle ausprobirt worden. Beschränkungen der Konkurrenz haben von jeher geherrscht, und fangen erst jetzt an, nachzulassen. Auch ist die Beraubung der Besitzenden durch die Nichtbesitzenden keine neue Erfindung. So leicht, wie durch ein paar Verbote, wird man nicht den kulturlosen Theil der europäischen Bewohnerschaft zum Kulturleben erheben. Man muss in ihm Kulturkraft entwickeln; nicht das Kultursystem zerrütten, sondern vervollkommnen in sich, und über Diejenigen ausdehnen, die bis jetzt eigentlich ausserhalb desselben stehen. Die Aufgabe übersteigt keinesweges die Kräfte des schon kultivirten Theiles der Gesellschaft. Wenn nur die Völker die Hälfte der Mittel, die sie dazu verwenden, eine Kriegsmacht zur gegenseitigen Bedrückung zu unterhalten, zum Erziehen der Kulturlosen aussetzen möchten, so müsste alle Kulturlosigkeit bald verschwinden. Aber unter Erziehen ist natürlich etwas ganz Anderes, als ein dürftiger Unterricht im Lesen und Schreiben, von halbverhungerten Lehrern, an schmutzig und zerlumpt gelassene Kinder, in unsauberen Stuben, zu verstehen. Es muss ein Bilden zum Bewusstsein des Menschenthums sein, welches zuvörderst den Armen jene Unempfindlichkeit gegen Schmutz, Entblössung, Freudenleere, Schwächung und Roheit entreisst, die, als der wärmende Pelz des Nackten, jüngst gepriesen wurde. Man muss den Armen mit der Armuth entzweien, damit eine selbstthätige Kraft aus ihm den Bemühungen der Kultur für ihn entgegen komme. Auch gebietet dies nicht bloss das humane Gefühl, sondern die Sorge für eigene Sicherheit. Bei der zunehmenden Anhäufung und Beweglichkeit der Gesellschaftsmassen wird das Bestehen aller Kultur auf's Höchste dadurch gefährdet, dass inmitten der Kultivirten ein Volk von Kulturlosen wohnt; denn stumpfe Sorglosigkeit um Gegenwart und Zukunft, welche dasselbe verwahrlost bleiben lässt, macht, dass es sich auch am schnellsten vermehrt. Und die Unkultur wird von der Kultur immer mehr gedrängt, in dem Maasse, wie jene wuchert und diese sich vervollkommnet. Das Erwerbssystem drückt allerdings täglich härter auf die Erwerbsunfähigen; aber weit davon entfernt, diesen die Erlangung von Erwerbsfähigkeit zu erschweren, erleichtert es sie im höchsten Grade. Es ist dem Kulturlosen schwerer, unter Kultivirten, als unter lauter Kulturlosen seine Existenz zu fristen; der Wilde lebt leichter am Oregon als an der Spree; aber es ist dagegen leichter, unter Kultivirten als unter Kulturlosen sich eine Kultur anzueignen; es ist leichter nämlich, für den Verwahrlosten in Europa, sich zum Wohlstande zu erheben, als für den Comanche unter Seinesgleichen sich zu zivilisiren. Kenntnisse werden rascher und leichter mitgetheilt als entwickelt; und das Vorhandensein eines grossen angesammelten Eigenthums, indem es die Produktion fördert, macht die Ansammlung von mehr Eigenthum nur um so leichter. Um die Kultur qualitativ bis auf ihre heutige Höhe zu entwickeln, Das hat unsägliche Mühe und mehrere Jahrhunderte gekostet. Um sie aber quantitativ zu vermehren, und über die ganze Bewohnerschaft europäischer Länder auszudehnen, dürften verhältnissmässig geringe Anstrengungen und wenige Dezennien erforderlich sein. Die Sache scheint uns so sehr ausführbar und nothwendig, dass wir die Staatsverwaltungen wegen Unterlassung derselben nicht freisprechen können.

Soviel von Recht und Rechten, vom staatlichen und sozialen Leben. Wir haben jetzt noch ein paar Worte über Klassen der Gesellschaft und Stände des Staates, deren Unterschied schon aus dem Gesagten hervorgeht, hinzuzufügen. — Klassen der Gesellschaft wird es und muss es immer geben. Einzelne Familien sind mehr begütert, jenachdem ihre Erwerbsfähigkeit mehr ausgebildet, und vom Erworbenen mehr, durch gegenwärtige oder vorangegangene Mitglieder, angesammelt worden ist. Die Gesellschaftsglieder theilen sich auch in die verschiedenen Gewerbe, je nach örtlichen oder persönlichen Bestimmungsgründen, oder je nach den verschiedenen von Jedem besessenen Produktionsmitteln. Einer widmet sich der materiellen, ein Anderer der geistigen Produktion. Einzelnen muss das Amt der öffentlichen Verwaltung aufgetragen, Geeigneten die Aufgabe der Gesetzabfassung anvertraut werden. Eintheilungsgründe für Klassifikation werden immer genug da sein. Auch wird der Antheil am Gütergenuss und am Ansehen in der Gesellschaft bei verschiedenen Personen ungleich bleiben, weil die natürlichen und angesammelten oder ausgebildeten materiellen, geistigen und moralischen Kulturkräfte schwerlich jemals bei Allen gleich sein dürften, obgleich Keiner ohne alle Kulturkraft, folglich ohne allen Lebensgenuss sein darf. Ein Fürstengeschlecht, welches sein Interesse in der Entwickelung der Intelligenz, der Sitte und des Wohlstandes seines Volkes erkennt; Besitzende, welche ihren grössten Nutzen aus höchster Produktivität ihrer Güterquellen ziehen wollen; Handeltreibende, welche durch zweckmässigere Verlegung der Befriedigungsmittel erhöhten Gewinn suchen; Beamte, welche ihr Ansehen durch Vergrösserung ihrer Wirksamkeit im Dienste der Nation heben wollen; Religionslehrer, welche nach Entwickelung der Anschauungen vom Uebersinnlichen und Befestigung des moralischen Sinnes trachten; — diese sind allgemein wohlthätige, rechtschaffene, unentbehrliche Klassen der zivilisirten Gesellschaft. Ein Dynastenstamm dagegen, welcher den Fortschritt der Aufklärung bekämpft, um seine unumschränkte Herrschaft, als ein Familiengut, ungekürzt den Deszendenten oder Agnaten überantworten zu können; eine Adelskaste, welche die ausschliessliche Belehnung mit Würden und Aemtern, ohne Rücksicht auf die damit verknüpften Dienste, beansprucht, und, um ihr eigenes Ansehen zu erhöhen, die ganze übrige Nation zu einem, aller Ehre und Auszeichnung unfähigen, niedrigen Geschlechte stempeln möchte; eine Gewerbsinnung, welche sich vereint, nicht etwa um die eigene Produktivität zu vermehren, sondern um die produktive Thätigkeit Anderer zu unterdrücken; eine Kirchenzunft, welche, das Interesse der Priesterschaft dem der Religion voranstellend, ihre Herrschaft über die Gemüther, durch Festbannen der Anschauungen in bestimmte unwandelbare Formen, zu sichern trachtet; — diese sind Stände des Staates, wie die Geschichte uns sie kennen lehrt. Sie haben in der Negirung des Gemeinwillens, der Selbstachtung, der schaffenden Thätigkeit, der freien geistigen Fortbewegung, ihr Ziel, ihre Triebfeder, und das Band sowohl des inneren Zusammenhalts, als der Vereinigung untereinander. Sie sind alle der Kulturentwickelung des gesammten Volkes entgegengesetzt, und unterscheiden sich dadurch von den vorhin bezeichneten Klassen einer kultivirten Nation. Sie verfolgen ihr Sonderinteresse auf Kosten der Gesammtheit. Ihre Rechte sind Vorrechte und, als solche, der Gegensatz des Rechtes. Sie bestehen nur so lange, als ihre Gewalt überwiegt; — so lange, bis die Aufklärung im Volke eine Gegengewalt in sich zur Wahrung des Allgemeinwohls erzeugt.

Die jedesmalige Stufe materieller Produktivität, welche Basis der geistigen Entfaltung ist, bedingt auf die Dauer auch die Entwickelungsstufe des politischen und privaten Rechtes. In allen Ländern also macht die Rechtsentwickelung, unter dem Fortschritt materieller Mittel und Einrichtungen, mit geringen zufälligen Modifikationen, dieselben Phasen durch. Doch treten diese in den verschiedenen Ländern früher oder später ein, und sind respektive von längerer oder kürzerer Dauer, je nach den besonderen begünstigenden oder hemmenden Einflüssen. In England z. B., welches durch geologische Beschaffenheit, feuchtes befruchtendes Klima und ausgedehnte Küstenkommunikation, für die frühe Entfaltung des industriellen Wohlstandes einen grossen Vorzug hatte, wurde die ständische Feudalgewalt früh gestürzt. Seine Insellage, welche es vor fremden Angriffen schützte, liess keine militärische Alleinherrschaft sich ausbilden; dagegen bot sie ein grosses Feld für Erwerbsunternehmungen in fernen Welttheilen, und diese entwickelten bei den Vermögenden im Volke eine Thatkraft, welche dem Absolutismus überhaupt nur kurzen Bestand gestattete. Nach dem Fall dieses letzteren errichtete sich in England eine zweihundertjährige Herrschaft der monopolisirenden Besitz- und Geldmacht. In Deutschland dagegen hat der Feudalismus länger sich erhalten; der militärische Absolutismus besteht noch; aber die Geldmonopole dürften daselbst niemals ein so überwiegendes und langdauerndes Regiment, als in England der Fall gewesen, führen können. Mit der Abschaffung des Kornmonopols hören die englischen Grundbesitzer auf, einen historischen Stand zu bilden, und werden zu einer Klasse der Gesellschaft. Sie hören auf, ihren Vortheil in der Erhöhung des Brodpreises, durch künstlich erzeugten Mangel, auf Kosten der übrigen Nation, zu suchen. Sie verfolgen kein Unrecht mehr, haben also kein Interesse mehr daran, der Entwickelung des Rechtes überhaupt, wie bisher, sich zu widersetzen. Und den grössten Eigenthümern, insofern sie keine Monopolisten sind, also nur ein mit dem Allgemeinwohl identisches Interesse haben, muss der Hauptantheil an der Gesetzgebung überwiesen werden; denn sie haben sowohl den stärksten Trieb als die grösste Macht, das Allgemeinnützliche auszuführen. Ihr Privatberuf nämlich, die Verwaltung eines Eigenthums, bildet bei ihnen das Urtheil für Ueberschauung umfassenderer Verhältnisse, und den Willen zum Lenken der Kräfte Anderer, aus. Er giebt ihnen für die Leitung der Staatsgeschäfte Eigenschaften, welche, unter einer populären Regierungsform, sich natürlich geltend machen müssen. Und ob ein Eigenthümer Getreide oder Kattun produzirt, ob er auf dem Lande oder in der Stadt wohnt, ist ganz einerlei, sobald er den Gedanken aufgegeben hat, die Staatsgesetze zur Einwirkung auf die Preise zu missbrauchen, Monopolist zu werden. *Denn wenn alle Produkte, unter freier Konkurrenz, zu natürlichen Preisen verwerthet werden müssen, kann der Produzent für sich den möglichst grossen Vortheil nur dadurch erzielen, dass er einerseits die Menge seines Produkts, andererseits die Anzahl und Zahlungsfähigkeit der Konsumenten möglichst vermehrt.* Er hat das direkteste Interesse an vermehrter Zunahme aller Produktivität, aller Bevölkerung und alles Wohlstandes; sein Privatvortheil ist mit dem allgemeinen Nutzen identisch, — und solche Identität ist das gesuchte Geheimniss eines *organischen Verbindungsprinzips für das Gesellschaftsleben*, eine Verschmelzung der individuellen Zwecke mit dem allgemeinen Ziele, nicht etwa unter gewaltsamer Negirung des Individuums durch die Gesammtmacht, auch nicht unter fantastischem Entsagen seitens des Individuums, sondern gerade unter Benutzung jener Triebe und Leidenschaften, welche nicht umsonst in der Menschenbrust unauslöschlich leben, sondern, gehörig geregelt, gerade bestimmt sind, die Fortentwickelung des Menschenthums zu bewirken und zu sichern. Die Monopole sind die Elemente der Entzweiung, welche die Gesellschaft in ihrem natürlichen Organisationstrieb zu überwinden strebt. Sie wird sie auch überwinden; aber mancher Staat kann erst in der auflösenden Gewalt derselben untergehen. Frankreich z. B. ist durch den Konflikt seiner Monopolisten in den allergefährlichsten Grad der Desorganisation gestürzt. England hat sich daraus gerettet, obgleich nicht eher, als bis alle sozialen Bande sehr gelockert waren und alle Stützen des schlechtgefügten Gebäudes knarrten. Um so kräftiger wird der Halt innerer Vereinigung sein, den England, durch Ueberwindung des Monopolregiments, sich verschafft. Die Mächtigen daselbst werden nicht mehr das Unrecht, sondern die Kraft und die Wohlfahrt der Nation zu konserviren haben. Eine Ahnung hiervon bekundet sich schon darin, dass der Konservatismus sich vorzugsweise mit der sittlichen und materiellen Lage des besitzlosen Volkes zu beschäftigen anfängt. Und gerade von den grossen Landeigenthümern, den bisherigen Widersachern des Fortschritts, haben wir künftig die energischsten Vorschläge und freigebigsten Beiträge zu erwarten, behufs einer Beseitigung der Missbräuche und Mängel, welche die Entwickelung der Kulturkraft in den unteren Volksklassen hindern.

Die britische Tarifreform kann nicht verfehlen, eine wahrhaft volksthümliche Regierung herbeizuführen: — ein Regieren durch die natürlich hervorragenden Kräfte im Volke für das Volksinteresse. Das System einer Volksvertretung wird in England endlich zur Wahrheit; wird die Anforderungen eines hochzivilisirten Volkes an sein Regierungssystem überhaupt erfüllen. Die Verwirklichung eines solchen Fortschrittes im Staatswesen für England muss auch einen gewaltigen Einfluss auf die politischen Begriffe anderer nicht minder zivilisirten europäischen Nationen ausüben. Das System der unbeschränkten Monarchie bestach das Urtheil Vieler bisher deshalb, weil es am konsequentesten und vollkommensten ausgebildet war. Sobald aber die repräsentative Monarchie ihre bisherigen Mängel abgestreift und sich auch konsequent und vollkommen entwickelt haben wird, dürfte sie von Allen als die höhere Stufe erkannt werden.

Ueberdies zeigten wir, dass die britische Tarifreform die allgemeine Freiheit des Handels zwischen den Nationen der Erde zuwegebringen muss. Und die Abschaffung der internationalen Monopole fügt die Völker zu einem organischen Vereine, sichert den Weltfrieden, stürzt die Militärherrschaft, ermöglicht allgemein die bürgerliche Freiheit. Der Darlegung dieses nothwendigen und augenfälligen Verlaufs der Dinge haben wir eine besondere Schrift »*über Handelsfeindseligkeit*« schon gewidmet.

Anhang.

Den Faden der voranstehenden Erörterungen wollten wir nicht durch eine spezielle Zergliederung handelsbeschränkender Theorieen unterbrechen. Doch giebt es ein, jetzt besonders geltendgemachtes Argument für Theuerungszölle, welches wir bei dieser Gelegenheit nicht unberührt lassen dürfen. Die Merkantilisten haben zwar aufgeben müssen, die Handelsbeschränkung als Prinzip vertheidigen zu wollen. Sie gestehen ein, dass freier Verkehr, auf die Dauer und im Allgemeinen, das Ziel der Handelspolitik sein muss. Aber sie behaupten, dass ein sogenannter mässiger Schutz, zur Entwickelung und Kräftigung junger Gewerbe, ausnahmsweise und auf gewisse Zeit, nöthig sei. Sie müssen einräumen, dass solcher sogenannte Schutz eine Besteuerung der Nation sei, zur Deckung des von einem besonderen Gewerbe gemachten Schadens; aber sie geben vor, dass solche Belastung der Nation nur eine Beisteuer zu den Erziehungskosten einer Industrie sei, welche das Opfer, durch spätere Leistungen, reichlich wieder ersetzt. Es kommt also darauf an, sich zu überzeugen, dass der Endzweck erstens nicht ohne das Opfer erreichbar sei; zweitens, durch das Opfer sicher erreicht werde; und drittens, sich des Opfers werth erweise.

Lassen wir beiseite alle beliebten bildlichen Redensarten, von »jugendlichen Gewerbe«, von »nationalem Schutze«, von »kräftigen und erziehen«, und stellen wir die Sache mit ungekünstelten Worten hin. Sie verhält sich, ganz einfach, wie folgt: Wenn inländische Fabrikanten ein Produkt nicht so billig als Ausländer erzeugen können, so verlangen die Merkantilisten, dass der Preis desselben, durch einen Theuerungszoll, auf diejenige Höhe gebracht werde, bei der die Einheimischen 'so viel Waare, als das Inland bedarf, liefern können; wobei sie vorgeben, dass die Einheimischen dadurch von selbst dahin gelangen werden, ebenso billig, als die Ausländer, zu liefern. »Um billig produziren zu können,« sagen die Merkantilisten, »muss man Gelegenheit bieten, erst theuer produziren zu können.« — Nehmen wir irgend einen betreffenden Fall. In England spinnt man z. B. einen Zentner Baumwollengarn mittler Feinheit für etwa 11 Thlr. Da aber die Beziehungskosten des Garns aus England die der rohen Baumwolle um 1 Thlr. 20 Sgr. übersteigen, und ein Theuerungszoll von 2 Thlrn. hinzukommt, kostet im Zollverein die englische Spinnfabrikation 14 Thlr. 20 Sgr. Zu diesem Preise haben aber bisher die Spinner im Zollvereine nur 200,000 Ztr., oder ein Drittel des Bedarfs, liefern können. Die Merkantilisten fordern also eine Erhöhung des Eingangszolls auf 6 Thlr. pro Zentner, damit sich der Preis der Fabrikation für den deutschen Maschinenspinner auf 18 Thlr. 20 Sgr. stelle, und im Zollvereine sogleich Spinnereien genug hervorgerufen werden, um den ganzen Bedarf von 600,000 Ztrn. zu decken.

Dass ein hoher Theuerungszoll ein Mittel ist, *viele* Spinnereien bald zu haben, ist gewiss; denn bei 18 Thlrn. pro Zentner kann selbst eine ungünstig gelegene und schlecht geleitete Spinnerei arbeiten; und eine einigermaassen gute Spinnerei grossen Profit machen. Alle Welt würde also dabei begierig sein, sich auf's Maschinenspinnen zu legen, um aus einer solchen Konjunktur Nutzen zu ziehen. Unter solchem allgemeinen Andrange würden sich viele Leute ohne Fabrikationstalent oder Sachkenntniss finden; die Bauten und Einrichtungen würden theuer bezahlt, die weniger günstigen Oertlichkeiten benutzt werden. Wenn man dagegen keinen Theuerungszoll auflegt, so entstehen Spinnereien nur da, wo billige Wasserkräfte oder Brennstoffe, billige Baumaterialien, Kapitalien und Arbeiter, nebst guten Kommunikationswegen, dem billigen Spinnen günstig sind. Sie entstehen nicht so rasch, als wenn man die Möglichkeit bietet, auch in ungünstigen Lokalitäten Spinnereien anzulegen. Dass sie sich aber unter dem jetzigen Theuerungszoll von 2 Thlrn. pro Zentner sehr rasch vermehren, erhellt aus der amtlichen Nachricht, dass ihre Produktion sich in sieben Jahren, von 1836 bis 1843, gerade verdoppelt hat, — eine Zunahme, wie sie schwerlich bei irgend einem anderen Gewerbe nachzuweisen wäre; und fahren sie nach demselben Verhältnisse fort, sich auszudehnen, so müssen sie in zehn Jahren den ganzen Bedarf des Zollvereins versorgen können. Da aber das Entstehen von Fabriken nur insofern ein Vortheil ist, als es die Produkte billiger macht; und ein Gewerbe nicht dadurch befördert wird, dass man *viele*, sondern nur dadurch, dass man *zweckmässig angelegte* Anstalten hervorruft, so ist ein Theuerungszoll nicht ein Mittel, ein Gewerbe zu fördern, sondern zu verpfuschen. Die freie Konkurrenz mit dem Auslande lässt nur solche Spinnereien aufkommen, welche von vorne herein die Bedingungen des billigen Spinnens erfüllen, giebt also eine Garantie für die Zweckmässigkeit entstehender Anlagen oder für die Förderung des Gewerbes. Das Theuerungssystem dagegen hebt die Nöthigung zum billigen Spinnen auf, und ruft eine Menge Anlagen plötzlich in's Leben, welche bei billigen Preisen nicht arbeiten könnten. Das Vorgeben, dass, wenn man nur Spinnereien genug hat, gleichviel welche, es leicht sei, die unzweckmässigen zweckmässig zu machen, ist ein plumper Versuch, die Nation zu täuschen. Missgriffe bei der ersten Anlage lassen sich nur sehr schwer, nur mit grossen Opfern, und häufig gar nicht wieder gutmachen. Eine Spinnerei, welche, um ihre Arbeit anfangen zu können, 18 Thlr. 20 Sgr. pro Zentner Garn empfangen muss, wird niemals sich in den Stand setzen können, für 12 Thlr. 20 Sgr., also ohne Theuerungszoll, zu arbeiten. Wenn man erst fehlerhaft angelegte Fabriken sich auf den Hals geladen hat, muss man sie immerfort mit enormen Kosten unterhalten. Wenn man z. B. durch einen Theuerungszoll von 6 Thlrn. pro Zentner die Erzeugung von 600,000 Zentnern Garn jährlich, und die Beschäftigung von 75,000 Menschen, mit einer Zubusse von 3,600,000 Thlrn. jährlich, erzwingen sollte, so käme die Nation ebenso billig weg, wenn sie den Leuten eine Staatspension von 48 Thlrn. pro Kopf geradezu schenkte, und sie alsdann ihre Arbeit und ihr Kapital obendrein zu einem Gewerbe verwenden liesse, welches Lohn und Profit brächte.

Bei dem Anfangen eines Fabrikgewerbes, ehe die Anstalt in vollen Gang kommt, werden allerdings, durch Unerfahrenheit und Ungeübtheit, manche Missgriffe begangen, und manche Vortheile übersehen. Wo aber die Mehrkosten, im Vergleich zu den Kosten Anderer, sogar 50 Prozent betragen, können diese nicht auf solchen, bald zu beseitigenden Nachtheilen beruhen, sondern müssen in Grundfehlern der Anlage überhaupt liegen. Uebrigens hat jeder neue Gewerbsunternehmer die Mehrkosten seines ersten Anfangs, wenn solche entstehen, zu seinen Einrichtungskosten zu schlagen; er findet aber dafür meistens mehr als eine Entschädigung darin, dass er die neuesten, vervollkommnetsten Einrichtungen treffen kann, während ältere Anstalten oft mit veraltetem Verfahren zu kämpfen haben. Die Konkurrenz der älteren Anlagen mit den neuesten ist, bei vorschreitenden, also fast allen Gewerben viel schwieriger als umgekehrt. Aber insofern mit dem Anfangen ein Verlust verknüpft sein mag, trifft solcher nicht bloss die mit dem Auslande konkurrirenden Fabrikanten, sondern ist allen Gewerben überhaupt gemein. Der anfangende Schneidermeister erhält keinen »vorläufigen mässigen Schutz vom Staate« gegen die niederdrückende Konkurrenz renommirter und reicher Meister, sondern muss dieselbe bestehen, wie er es kann, und wie schwer auch der Anfang ihm sei. Warum denn sollen die Maschinenspinner, durch eine Besteuerung der Konsumenten, eine Entschädigung für die etwaigen Mehrkosten erhalten, welche ihre anfängliche Mangelhaftigkeit des Betriebs verursachen möge? Und wenn man solche Mehrkosen durch einen Theuerungszoll deckt, wo ist der Sporn, sie zu vermeiden oder zu vermindern? Man würde sie nicht vermeiden, nicht vermindern, sondern sie mehren, und das Bedürfniss einer noch grösseren Theuerung des Produkts nachweisen. Weit davon entfernt, dass ein einmal bewilligter Theuerungszoll nachher von selbst entbehrlich wird, zeigt die Erfahrung, dass nichts schwieriger sei, als seine Abschaffung oder Herabsetzung. Die Kämpfe in England, wegen der Kornbill, und in Frankreich, wegen des Rübenzuckerzolles, sind bekannte Beweise dafür. Und die Fabrikanten im Zollvereine geben ja, durch ihr stürmisches Fordern eines immer mehr und mehr erhöhten Tarifs, den auffallendsten Beleg für unsere Behauptung, dass das Bedürfniss nach Theuerungszöllen, durch ihr

Bestehen, nur wächst. Anlagen, welche ohne Theuerungszoll überhaupt bestehen können, werden auch ohne denselben entstehen. Insofern die natürlichen Bedingungen für ein Gewerbe sich im Lande vorfinden, wird dessen zweckmässiger Betrieb, nach Maassgabe der vorhandenen Mittel, bei freier Konkurrenz stattfinden. Theuerungszölle rufen nur solche Gewerbsanlagen hervor, welche entweder von der natürlichen Beschaffenheit des Landes nicht begünstigt werden, oder besser zu verwendende Mittel absorbiren, oder schlecht betrieben werden, — Anlagen, welche die natürlichen Bedingungen des billigen Produzirens nicht erfüllen können, und deren Vorhandensein ein Nachtheil ist; denn um sie zu haben, muss man die Produkte theuerer machen; während Fabriken, wir wiederholen es noch einmal, nur insofern von Vortheil sind, als sie Produkte billig machen, d. h. mit einem gegebenen Produktionsaufwande ein möglichst grosses Produkt liefern. — Der vorhingestellte Endzweck, Förderung eines Gewerbes oder möglichst billiges Produziren, wird, durch freie Konkurrenz, ohne Opfer von den Konsumenten, erreicht, insofern die Möglichkeit dafür in der natürlichen Beschaffenheit des Landes liegt. Durch das Opfer, welches ein Schutzzoll von den Konsumenten fordert, wird der Endzweck nicht erreicht, sondern vereitelt; und je grösser das gebrachte Opfer, je höher die Theuerung des Produkts, um so unzweckmässigere Anlagen werden entstehen können, umsomehr wird die Ausdehnung des Gewerbes das Gegentheil von einer Förderung sein.

Diese Beantwortung der beiden ersten Fragen dürfte es unnöthig machen, auf die dritte überhaupt einzugehen; denn wozu das Werthsverhältniss erforschen, zwischen einem Opfer und einem Ersatz, welcher nicht dadurch erreicht wird. Aber wir wollen annehmen, der Endzweck würde durch das Opfer erreicht. Wir wollen annehmen, das Vorgeben der Merkantilisten wäre kein Trug. Gesetzt also, eine Spinnerei, welche zuerst einen künstlichen Preis von 18 Thlrn. 20 Sgr. pro Zentner zur Deckung ihrer Kosten bedurfte, sollte sich allmählich so ausbilden und vervollkommnen, dass sie nach zwanzig Jahren ebenso billig als der Ausländer arbeiten könnte. Die Zubusse, anfänglich 6 Thlr. pro Zentner, sollte demnach alljährlich gleichmässig abnehmen, bis sie im zwanzigsten Jahre null würde. Dies betrüge so viel, als wenn ein gleichbleibender jährlicher Zuschuss von 3 Thlrn. pro Zentner auf zwanzig Jahre bewilligt wäre. Es sind aber zur Herstellung von einem Zentner Garn im Jahre etwa drei Spindeln nöthig, welche zusammen, an Anlage- und Betriebskapital, ungefähr 30 Thlr. erfordern. Das Opfer, welches erforderlich wäre, um ein Gewerbe für ein Kapital von 30 Thlrn. zu bilden, betrüge demnach 60 Thlr.! — Wenn die Merkantilisten selber nicht rechnen wollen, muss man ihnen vorrechnen.

Schliesslich, in Betreff des Vorgebens, dass die durch einen Theuerungszoll verursachte Belastung der Nation ein Beitrag zu den Erziehungskosten industrieller Volksklassen sei, so können wir einen solchen Zweck an sich nur höchlich loben. Wir fordern nur, wie vorhin, den Nachweis, dass der Erfolg in möglichst günstigem Verhältniss zu den angewandten Kosten stehe. Je mehr uns die Erziehung des Volkes am Herzen liegt, um so eifriger müssen wir darüber wachen, dass Alles, was die Nation dazu hergeben kann, auf das zweckmässigste verwendet werde. Und im vorliegenden Falle sehen wir gar nicht ein, dass die Bildung des Volkes, sein leiblicher, geistiger und sittlicher Zustand dadurch befördert wird, dass man es veranlasst, in Baumwollenspinnereien, anstatt bei anderen Gewerben, zu arbeiten. Die von anderen Ländern gemachten Erfahrungen berechtigen uns keinesweges, die Spinnfabriken als empfehlenswerthe Volksschulen zu betrachten. Jedermann wird uns beipflichten, dass die Summe von 400,000 Thlrn., welche jetzt durch den Theuerungszoll, von den Konsumenten einheimischen Garnes erhoben wird, der Volkserziehung unendlich mehr fruchten müsste, wenn man sie auf Verbesserung der Unterrichtsanstalten verwendete, als wenn man sie, wie jetzt, nur dazu benutzt, eine Bevölkerung von 25,000 Menschen in ein immer kränkelndes Gewerbe zu verwickeln, welches ihnen nur einen sehr dürftigen Lebensunterhalt gewährt, und die zarteste Jugendzeit der Kinder beansprucht. Es wäre sogar eher zu rechtfertigen, wenn man durch ein Prämium auf die Einfuhr fremden Gespinnstes, es der Nation Etwas kosten liesse, um im Interesse der Volksbildung zu verhindern, dass arme Arbeiterfamilien nicht dem entsittlichenden Einfluss der Spinnfabriken, wie sie sich bisher gestaltet haben, geopfert werden!

Herr *von Rönne*, welcher gewisse handelsbeschränkende Maassregeln, als förderlich für die industrielle Entwickelung und den Wohlstand des Zollvereins, befürwortet, wird, von den merkantilistischen Zeitungen, als ein genialer, für das Nationalsystem der Handelspolitik besorgter Beamte, laut gepriesen. Die Herren *Flottwell* und *Kühne* dagegen werden von dergleichen Zeitungen ebenso laut beschuldigt, dass sie »*die nationalen Interessen*« nicht wahren wollen, — und zwar, weil sie, als wahre Staatsmänner, andere Interessen in der Nation, als die Sonderinteressen der konkurrenzunfähigen Fabrikanten, kennen und wahrzunehmen sich verpflichtet fühlen, — auch, als wahre Staatswirthe, denen die legislative Pflege des Nationalwohlstandes obliegt, nicht einwilligen können, fernere 3,000,000 Thlr. jährlich von dem Volkseinkommen auf unbestimmte Zeit hinaus zu opfern, damit eine einzelne Klasse von Fabrikanten den sehr prekären Versuch mache, für ein ferneres Kapital von 20,000,000 Thlrn. einen Gewerbszweig auszubilden!

Bei der Forderung eines, angeblich nur provisorischen, bald entbehrlich zu machenden Theuerungszolles, setzen die Merkantilisten so wenig irgend eine Grenze für das von den Konsumenten zu bringende Opfer fest, dass sie künstliche Preiserhöhungen um zwanzig bis hundert Prozent verlangen; — so wenig geben sie irgend eine Bestimmung über Begründung eines Anspruchs an, dass sie selbst die deutsche Leinenindustrie, auf Grund der Jugendlichkeit, unterstützen wollen; — sie bieten um so weniger irgend eine Garantie für ihr Einhalten eines festen Ablauftermins, als sie bisher, im Gegentheil, nur um so grössere Steigerung des sogenannten Schutzes forderten, je länger sie ihn schon genossen hatten; — am allerwenigsten aber weisen sie klar irgend einen Gewinn nach, welcher die Konsumenten für ihr gebrachtes Opfer entschädigen solle; — ja, sie können nicht einmal den Gewinn für Denjenigen nachweisen, für den das Opfer angeblich gebracht wird. Also ist auch dieses Argument, auf welches sich die Merkantilisten jetzt hauptsächlich stützen, nur eine schwach ersonnene Ausflucht, womit sie, nach altem Missbrauche, Theuerungszölle ohne Maass, auf ewige Zeit, für jedes Gewerbe, und zum reinen Schaden der Nation beschönigen könnten.

Unsere Berechnung des zu erwartenden Preisstandes im britischen Kornmarkt, bei freier Einfuhr, geht davon aus, dass der mehrjährige Durchschnittspreis des Weizens, 58 Schilling pro Quarter, in Folge der Zollaufhebung nur durch Vergrösserung der fremden Zufuhr ermässigt wird; und die fremde Zufuhr nur dann vergrössert werden kann, wenn der zu erlangende Preis, frei von Zoll, sich höher stellt, als der bisherige Preis nach Abzug des Zolls sich stellte, also über $52^1/_2$ Schilling steigt. Gegen diese Aufstellung wird ein Einwand gemacht, dem wir von vornherein begegnen zu müssen glauben. Man erwidert uns nämlich, dass die Grösse der Einfuhr in England zu einem gewissen Preise, unter der Zollskala, keine Norm für die Einfuhr sei, welche bei Zollfreiheit sich zu gleichem Preise herausstellen könnte; denn gewisse entferntere Länder, welche Getreide am reichlichsten und wohlfeilsten liefern, aber nicht geschwind genug zur Benutzung einer Konjunktur ihre Ladungen herbeischaffen können, sollen gänzlich vom Mitkonkurriren im englischen Markte ausgeschlossen gewesen sein. Sobald aber die britischen Häfen immer offen stehen, werden jene entfernteren Länder, wie man behauptet, solche Massen von Getreide hineingiessen, dass der Weizenpreis in England auf einen permanenten Durchschnitt von viel weniger als 50 Schilling herabsinken muss.

Wenn es wirklich Länder giebt, denen es lohnt, Weizen nach England für weniger als 50 Schilling pro Quarter zu liefern, so hätten sie dies auch bisher immer thun können, wenn nicht direkt, doch vermittelst eines näherliegenden Entrepots, wie z. B. Antwerpen oder Hamburg; — denn wenn sie wirklich so viel billiger als Andere liefern können, so würden die Mehrkosten einer zweimaligen Ausschiffung, höchstens 5 Schilling pro Quarter, sie nicht vom Mitkonkurriren ausschliessen.

Wir brauchen aber nicht durch Schlüsse das Nichtvorhandensein jener entfernteren Länder zu folgern, welche eine so gewaltige Fluth von Cerealien ergiessen sollen; sondern wir fordern, dass man uns näher angebe, wo sie liegen und wie sie heissen; denn in Ermangelung solcher Angabe haben wir sie vergeblich auf der Weltkarte gesucht. Aus den Nord- und Ostseehäfen hat, erfahrungsmässig, ein Preis von $52^1/_2$ Schilling ohne Zoll nicht einmal 1,000,000 Quarters herausgelockt. Und wenn der Preis unter 54 Schilling steht, erhält man aus Amerika gar nichts. Ein Preis von 50 Schilling bewirkt eine Zufuhr aus dem Mittelländischen Meere von nur 200,000 Quarters jährlich. Das Schwarze Meer kann allerdings 150,000 Quarters Weizen jährlich zu 40 Schilling liefern, aber von so schlechter Qualität, dass er nicht für wirklich billiger als Ostsee-Weizen zu erachten ist. Und woher sonst grosse Quantitäten Getreides herkommen sollen, wüssten wir nicht. Man scheint sich aber keine genaue Vorstellung von der Quantität der Einfuhr gemacht zu haben, welche nöthig wäre, um den permanenten Durchschnittspreis in England auf die gedachte Weise herabzudrücken. Der Preis von 58 Schilling stellte sich nämlich bei einem Angebot von 15,000,000 Quarters jährlich, nach der Schätzung der zuverlässigsten Statistiker, heraus. Die Vermehrung dieses Angebots im Jahre 1844, um 3,000,000 Quarters, brachte den Preis nur auf etwa 54 Schilling herunter. Um ihn also dauernd unter 50 Schilling zu bringen, wäre ein durchschnittliches jährliches Angebot von wenigstens 20,000,000 Quarters erforderlich. Bei einem Preise unter 50 Schilling würde England viel Land dem Weizenbau entziehen; aber wir wollen annehmen, dass es, wegen verbesserter Kultur, dabei dennoch 14,000,000 Quarters bauen, und von den bisherigen fremden Quellen 1,000,000 Quarters empfangen sollte; — wir fragen nur, wo sollten die übrigen 5,000,000 Quarters herkommen? Man zeige uns die Länder, welche bei einem niedrigeren Preise, als der bisher dargebotene, fünfmal mehr Weizen liefern sollen, als die Häfen der Nord- und Ostsee, des Mittelländischen und Schwarzen Meeres, nebst dem Amerikanischen Kontinente auszuführen vermöchten?

Ferner äussern mehrere Getreidehändler in den Ostseeprovinzen die Besorgniss, dass sie, durch Aufhebung der englischen Zollskala, verlieren dürften, weil sie, wie sie glauben, vermöge derselben ein Monopol der Konjunkturen besassen, welche entferntere Länder nicht so rasch, wie sie, benutzen konnten. Aber es waren doch nur die seltenen Konjunkturen eines grossen Getreidemangels in England, welche die Skala ihnen eröffnete. Bei freier Einfuhr dagegen werden die Ostseehäfen die häufigeren kleineren Marktkonjunkturen sich zum Nutzen machen können, und diese sind, auf die Dauer, von viel grösserem Werthe; denn der Kaufmann vermehrt sein Vermögen sicherer und erfolgreicher durch häufiges möglichst regelmässiges Umsetzen mit mässigem Gewinne, als durch das gelegentliche Einschlagen seltener und gewagterer Spekulationen.

Der vorerwähnte Einwand ist uns von vielen praktischen Getreidehändlern gemacht worden. Er erweist sich aber, wie allzu häufig die Raisonnements praktischer Geschäftsmänner, sobald sie über den unmittelbaren Gesichtskreis des Vorhandenen hinausgehen, und über mögliche Erfolge ein Urtheil fällen wollen, als ein baares Hirngespinnst, gebildet ohne alle Berücksichtigung der Thatsachen.

Vermischte volkswirthschaftliche Schriften.

I.

Ueber die Frage: Wer trägt die Schlacht- und Mahlsteuer.

(Elbing 1845.)

Motto.
„Richtig gefragt, ist halb geantwortet!"
Englisches Sprüchwort.

Eingang.

Dringende Vorstellungen von vielen Seiten her, wegen Aufhebung oder Umlegung der Schlacht- und Mahlsteuer, werden die jetzt versammelten Landtage nöthigen, die Wirkungen jener Auflage, in allen Beziehungen, gründlich zu prüfen.

Die nächste Wirkung einer Steuer aber ist die: dass sie Jemandem Geld wegnimmt. Alle anderen Wirkungen gehen aus jener ersten hervor. Die erste Frage ist also: Von wem nimmt die Erhebung der Schlacht- und Mahlsteuer Geld weg? — Fleischer und Bäcker tragen nur das Geld auf die Kasse; doch fällt es Keinem ein, zu glauben, dass sie deshalb die Steuer tragen. Im Gegentheil weiss Jedermann, dass sie, durch den Unterschied zwischen den Einkaufspreisen und den Ladenpreisen, sich die Steuer, nebst gutem Gewerbsgewinne, vergütigen lassen. Zur Beantwortung meiner Frage muss man ermitteln, wie dieser Unterschied sich herausstellt: ob nämlich durch einen Abzug von der Einnahme der Produzenten, oder durch einen Zuschlag zur Ausgabe der Konsumenten. Bewirkt die Auflage der Schlacht- und Mahlsteuer, dass der Landmann niedrigere Preise empfängt, oder dass der Städter höhere Preise zahlt?

Herrn von Bülow-Cummerow's erstes Heft politischer und finanzieller Abhandlungen enthält einen Aufsatz über Schlacht- und

Mahlsteuer, worin dieser Punkt, gerade der Hauptpunkt um den sich dabei Alles dreht, erörtert wird:

»Die grösste Ungleichheit in der Besteuerung, sagt er, wird »von Vielen darin gefunden, dass es nicht sicher zu ermitteln ist, »wer die Steuer eigentlich bezahlt, ob der Landmann als Verkäufer »oder der Städter als Käufer.« Dies lässt sich auch nicht, auf den ersten Blick, ohne leitende Einsicht in wissenschaftliche Prinzipe thun; aber darin würde ich, beiläufig gesagt, nur die grösste Ungleichheit nicht etwa der Besteuerung, sondern der volkswirthschaftlichen Kenntnisse, finden. »Mit der grössten Aufmerksamkeit«, fährt er fort, »haben wir uns bemüht, das in dieser Beziehung bestehende Räthsel zu lösen; es gab in früheren Zeiten häufig Gelegenheit darüber Erfahrungen zu sammeln.« Diese grösste Aufmerksamkeit auf früher gesammelte Erfahrungen bringt jedoch nichts weiter zum Vorscheine, als die Beobachtung, dass jedesmal, in demselben Augenblicke, wo auf Branntwein ein Steueraufschlag gelegt wurde, der *dem Produzenten* bezahlte Preis *sank*. Wie Herr v. B.-C. daraus beweisen will, dass, durch die Schlacht- und Mahlsteuer, der *vom Konsumenten* bezahlte Preis *steigt*, dürfte ein grösseres Räthsel als dasjenige sein, welches er zu lösen übernimmt. Seine Art zu folgern in diesem Falle, ist bezeichnend für den ganzen Werth der staatswirthschaftlichen Belehrungen, womit er gegen das Publikum so freigebig geworden ist. »Der Grund«, sagt er, »weshalb der Branntweinpreis für den Fabrikanten fiel, lag »in der Verlegenheit, in welche die Abgabe einen Theil der Brannt- »weinfabrikanten versetzte, welche, um sie zahlen zu können, ihren »Branntwein zu verkaufen genöthigt waren. Aus dieser und mehreren »ähnlichen Erfahrungen lässt sich ziemlich bestimmt folgern, dass »eine auf die Konsumtion gelegte Steuer immer Diejenigen trifft, »die sich in Verlegenheit befinden.« Hätte er diesen Satz umgedreht, — hätte er nämlich gesagt: »Diejenigen, welche eine aufgelegte Steuer trifft, befinden sich in Verlegenheit,« dann wäre der Ausspruch richtig und verständlich. Wenn er aber folgert: »Eine Konsumtionssteuer ist also vor Allem eine Steuer auf die Hilfsbedürftigen,« so löst er dadurch nicht, wie er vermeint, die vorliegende Frage: sondern er nöthigt den einigermaassen klar Denkenden, erst zu fragen: trifft die Leute die Steuer, weil sie hilfsbedürftig sind, — oder sind sie hilfsbedürftig, weil die Steuer sie trifft? — Hingerissen von der Fruchtbarkeit seiner grossen volkswirthschaftlichen Entdeckung, fährt er indessen in der Kette seines Raisonnements fort: »Hieraus,« — nämlich aus seiner Entdeckung, dass eine Konsumtionssteuer die Hilfsbedürftigen trifft, — »folgt nun wieder, dass in den Zeiten des Misswachses, oder »der Besorgniss eines möglichen Mangels, die Steuer von den Kon»sumenten getragen werde; wenn dagegen die Ernten reichlich ge»wesen sind, von den Produzenten.« Hieraus aber glaube ich, mit noch mehr Recht folgern zu dürfen, dass Herr v. B.-C. der Ansicht sein muss, die Produzenten wären bei reichlichen Ernten hilfsbedürftig, und bei Misswachs dagegen nicht! — Jene letzte Bestimmung in der Reihe seiner Folgerungen scheint er jedoch fast in demselben Augenblicke wieder vergessen zu haben, in welchem er sie an das Licht brachte; — sie war wohl ein Gedankenblitz, zu glänzend, um dauernd zu sein; denn da, unter dem Segen des Himmels, Misswachs und Besorgniss des Mangels nur Ausnahmen von der Regel bilden, so hätte er die Schlacht- und Mahlsteuer, im gewöhnlichen Zustande der Dinge, als eine Auflage auf die Produzenten betrachten müssen; aber dessenungeachtet und ganz im Widerspruch mit seiner eigenen Regel, schildert er sie stets als eine beständige Belastung der Konsumenten. — Die Wurzel von allen diesen Irrthümern ist übrigens nicht schwer zu erkennen. Die angegebene Verlegenheit der Branntweinfabrikanten im gedachten Falle, als Ursache eines Sinkens der Preise, im Augenblicke einer Steuererhöhung war nämlich nur der Grund, warum die Produzenten *noch etwas mehr als die Steuer* einbüssten, — beweist aber gar nicht, dass, wenn sie noch so gut bei Kasse gewesen wären, sie die Steuer auf die Konsumenten hätten werfen können. Und die ganze auf angebliche Verlegenheit gegründete neue Theorie des Steuerdrucks, beweist nur des Erfinders eigene Verlegenheit um irgend plausible Gründe für eine staatswirthschaftliche Theorie überhaupt. — Ich würde um Entschuldigung bitten müssen, dass ich mit der Widerlegung so ganz haltloser Ansichten, Zeit verschwende, wäre es nicht dem Herrn von B.-C. gelungen, seinen Schriften ein Ansehen zu verschaffen, welches nur einen neuen Beweis liefert, für die unverzeihliche Vernachlässigung staatswirthschaftlicher Wissenschaft, seitens der deutschen Leser.

Wie gesagt, handelt es sich darum festzustellen, ob die Schlachtund Mahlsteuer bewirkt, dass der Konsument höhere Preise zahlt oder der Produzent in den niedrigeren Einkaufspreisen weniger von dem Erlös aus der Konsumtion empfängt, oder ob sie Beides zur Folge hat? Die Frage läuft also auf ein Erörtern der Preisbestimmungen hinaus, — welches auch das eigentliche und einzige Feld aller sogenannten Volkswirthschaftslehre ist. Sei es mir also erlaubt, ein Paar Elementarsätze aus jener Lehre, zur Erleichterung der Untersuchung, in Erinnerung zu bringen.

Der Preis einer Waare, sagt man gewöhnlich, wird durch das Verhältniss des Angebots zur Nachfrage bestimmt. Aber daraus allein würde schwerlich Jemand einen Preis errathen können; es gehört noch etwas mehr dazu; denn wenn man erführe, dass Nachfrage und Angebot sich verhielten, beim Weizen wie 1 : 2, und beim Silber wie 3 : 4, — wer würde daraus bestimmen können, wieviel Silbergroschen ein Scheffel Weizen kostet? Man muss seiner Vorstellung also positivere Annahmen zur Basis geben. Die Nachfrage nach einer Waare nämlich, misst sich nach derjenigen Quantität derselben, welche eine gedachte Einwohnerschaft, von gewisser Anzahl und Wohlhabenheit, kaufen kann und will. Diese Quantität aber ist bekanntlich grösser oder kleiner, jenachdem weniger oder mehr für die Waare gefordert wird. Wenn also die Produzenten einer Waare, aus Erfahrung, die Menge wissen, die sich davon an eine gegebene Einwohnerschaft, zu jeder Preisabstufung, absetzen lässt, so müssen sie ihre Preisforderung erhöhen oder erniedrigen, jenachdem sie für eine geringere oder grössere Quantität der Waare Abnahme zu bewirken haben. Höchst wichtig ist es, fest im Auge zu behalten, dass, so lange Wohlhabenheit und Gewöhnung einer Einwohnerschaft unverändert bleiben, der Preis einer Waare sich nur dann ändern kann, wenn die abzusetzende Menge derselben sich ändert. Was die Produktion kostet, weiss der Käufer gar nicht; und es geht ihn auch nichts an. Er kauft oder er kauft nicht, je nach seinen Mitteln und Begierden und dem geforderten Preise. Er zahlt doppelt soviel, als die Waare kostet, wenn er sie haben will, und nicht anders haben kann; er zahlt halb soviel als sie kostet, wenn die Produzenten nicht anders ihren Vorrath loswerden können. Bei Erhöhung des Preises, stehen viele sonstige Abnehmer vom Kaufen ab; bei Erniedrigung des Preises treten Viele hinzu, die sonst sich des Kaufens enthielten. Bei einer Vermehrung der Produktionskosten, z. B. durch eine Steuerauflage, kann der Verkaufspreis nur dadurch erhöht werden, dass man die produzirte Menge vermindert, und sich auf verminderten Absatz gefasst macht; geht dies nicht an, so muss man es beim früheren Preise lassen; denn immer werden, bei erhöhtem Preise, Viele vom Kaufen abstehen, oder sparsamer sich versorgen und wirthschaftlicher mit dem theuer Gekauften umgehen. Und bei einer Verminderung der Produktionskosten, z. B. durch eine Steueraufhebung, kann der Preis nur dann sinken, wenn man die produzirte Menge vermehrt, um einem erweiterten Absatze zu genügen; denn sonst würden die, bei herabgesetztem Preise neuhervortretenden Abnehmer nicht zu befriedigen sein. — Dies klingt Alles so einfach und bekannt, dass Einige sich wundern dürften, wie ich dazu komme, es hier umständlich zu erwähnen. Aber ich habe gefunden, dass dieser Zusammenhang der Dinge, wenn noch so bekannt, gewöhnlich da unbeobachtet bleibt, wo die Berücksichtigung desselben allein Aufschluss geben könnte; denn wir hören fast immer von einer Erhöhung oder Erniedrigung der Konsumtionspreise, als ausgemachter Folge der Auflegung oder Erlassung einer Steuer, ohne dass eine erfolgte Vermehrung oder Verminderung der hervorgebrachten und abzusetzenden Produktenmenge nachgewiesen, und in ihren sonstigen Folgen berücksichtigt wäre.

Um also die Einwirkung der Schlacht- und Mahlsteuer auf Preisbestimmung zu ermitteln, — worauf, wie gesagt, es uns zunächst ankommt — müssen wir erforschen, einerseits ihren Einfluss auf die Fleisch- und Getreideproduktion überhaupt, andererseits ihren Einfluss auf die, den steuerpflichtigen Städten zuzuweisende Quantität jener Produkte.

Hier muss es schon einleuchtend geworden sein, dass man nicht von Schlacht- und Mahlsteuer schlechtweg reden darf, sondern die verschiedenen darunter gemeinten Auflagen auf sehr verschiedene Produkte einzeln betrachten muss; denn die Bedingungen der Hervorbringung und des Absatzes sind, für jedes der gedachten

Erzeugnisse, bekanntlich sehr verschieden. Ich unterscheide also in meiner Untersuchung
1) Schlachtakzise,
2) Mahlakzise auf Weizen,
3) Mahlakzise auf Roggen.

Aber selbst nach dieser Sonderung lässt sich die Wirkung einer jeden dieser Auflagen nicht allgemein bestimmen; denn sie richtet sich, begreiflicher Weise, nach bestimmter örtlicher Beschaffenheit des Landbaues und der Handelswege, und fällt demnach, für verschiedene Gegenden, verschieden aus. Ich lege indessen meiner Auseinandersetzung die Verhältnisse der hiesigen Provinzen Preussens zu Grunde; und beantworte die aufgestellte Frage zunächst mit Bezug auf diese. Die Angaben, von denen ich ausgehe, sind solche, welche praktische Männer, bei denen ich mich über den Thatbestand zu unterrichten suchte, mir mittheilten. Sind diese Angaben mangelhaft, so werden es auch die Resultate meiner Schlüsse sein. Aber eine Berichtigung des Thatbestandes wird, wenn die von mir angewandten Grundprinzipe festgehalten werden, zum richtigen Ergebniss führen. Zur Lösung praktischer Probleme ist es überhaupt nur Beruf der Wissenschaft, die richtige Formel zu liefern. Den Männern der Praxis dagegen liegt es ob, die positiven Grössen festzustellen, die Formel anzuwenden, und das Fazit zu ziehen.

Schlachtakzise.

Die bisherige Einwirkung dieser Steuer, auf den Produktionsbetrag und Konsumtionspreis, ersehen wir für unseren Zweck am leichtesten dadurch, dass wir erforschen, wie ein Erlass derselben jetzt darauf wirken würde.

Es würde nämlich, in jenem Falle, anfangs nicht mehr Schlachtvieh, als vorhin, bei den Landleuten vorräthig sein. Folglich könnte auch anfangs, d. h. bis der Viehstand sich ausgedehnt hätte, nicht mehr Schlachtvieh, als vorhin, durchschnittlich zu Markte kommen. Die städtischen Schlächter könnten aber nicht den Ladenpreis des Fleisches heruntersetzen, ohne mehr Vieh durchschnittlich zu schlachten, um dem durch grössere Wohlfeilheit erregten stärkeren Fleischverbrauch zu genügen. Sollten sie dies versuchen, so würden die nicht zu befriedigenden Kunden die Verkaufsläden stürmen, und sich um Vertheilung des unzulänglichen Vorraths schlagen; und keine Polizei könnte Ordnung wiederherstellen, bis eine Erhöhung des Preises auf den alten Stand, das alte Verhältniss des Begehrs zum unveränderten Angebot wiederhergestellt hätte. Wenn aber die städtischen Schlächter einen unverminderten Ladenpreis empfingen, und keine Steuer entrichteten, und den Gutsbesitzern noch dieselben Preise zahlen sollten, so würden sie, wegen des sehr gestiegenen Gewinnes viel begieriger als vorhin sein, einander das schlachtbare Vieh wegzukaufen. Sie würden auch nicht eher im gegenseitigen Ueberbieten nachlassen können, bis die dadurch hinaufgetriebenen Einkaufspreise ihren Gewinn, mithin die Schärfe der Konkurrenz, auf den alten Fuss gebracht hätten.

Diese Bewegung aber würde zugleich die Konsumenten in den vorhin steuerfreien Gegenden treffen. Diese kauften in dem Maasse billiger, als das Angebot an sie vermehrt wurde, durch beschränkte Konsumtion innerhalb der Akzisebezirke. Bei Aufhebung der Akzise würde sich die Zufuhr allenthalben verhältnissmässig gleich vertheilen, mithin der Preis sich überall gleich stellen. Schon dadurch allein, ehe die Produktion sich im allgemeinen vermehrt hätte, wäre eine grössere Zufuhr zu den Städten bewirkt, wodurch die Ladenpreise daselbst verhältnissmässig sinken würden. Da aber in die Akzisebezirke meistens nur gemästetes Vieh gebracht wird, weil solches am besten die Auflage trägt, und fast nur ausrangirtes ungemästetes Vieh in kleineren Städten und auf dem platten Lande geschlachtet wird, so dürfte das Angebot von Fleisch, von der zur grossstädtischen Konsumtion geeigneten Qualität, anfangs nur unmerklich vermehrt und folglich der Preis desselben gehalten werden. Nur schlechtere Sorten, für ärmere Klassen, dürfte dem platten Lande entzogen und, durch Mehrangebot, für die Städter billiger werden.

Die Gutsbesitzer also würden, so lange sie nicht ihre Fleischproduktion vermehrt hätten, den ganzen Betrag der Akzise, durch erhöhte Preise, gewinnen; — denn, wenn auch die vorher besteuerten Schlächter, ihre Einkaufspreise nicht um die ganze Akzise erhöhten, so würde dies durch höhere Einkaufspreise von den vorher unbesteuerten Schlächtern ersetzt werden.

Die Schlachtakzise beträgt, nebst gewöhnlichem städtischen Zuschlage, etwa 15 Prozent vom Konsumtionspreise. Nehmen wir also an, dass, nach Aufhebung derselben, das ungemästete Vieh um 5 Prozent und das gemästete um 10 Prozent im Preise steigt. Die natürliche Folge davon ist, eine veränderte Verwendung der landwirthschaftlichen Produktionsmittel, und zwar zur Vermehrung der Viehzucht und der Mastung. Der Landwirth richtet sein Auge stets auf die höchste Verwerthung seiner Erzeugnisse; und er kann sein System bedeutend, wenn auch, wegen natürlicher Hindernisse, nicht beliebig modifiziren. Bis zu einem gewissen Grade kann er seinen Getreidebau zu Gunsten der Futtergewinnung einschränken; und er thut dies, sobald das Preisverhältniss, zwischen Getreide und thierischen Produkten, solches gestattet. Auch kann das gewonnene Futter zur grösseren oder geringeren Produktion von Butter, Wolle oder Mastfleisch, nach verschiedenen Verhältnissen verwendet werden, bis die respektiven Absatzpreise bei jedem Produkt gleichen Nettogewinn abwerfen. Obgleich nun die erwähnten natürlichen Hindernisse keine völlige Ausgleichung des Gewinnes für jeden Zweig des landwirthschaftlichen Betriebes gestatten, so stellt sich ein gewisses Gleichgewicht der Preise und des Gewinnes bei allen heraus; und jede fremde Einwirkung, wie die Auflegung oder Abschaffung einer Akzise auf landwirthschaftliche Produkte, müsste, zur Herstellung eines neuen Gleichgewichts, eine neue Vertheilung der Produktionsmittel veranlassen. Nehmen wir an, dass der Nettogewinn bei Viehzucht und Mastung, unter der Akzise, 12 Prozent gewesen sei. Durch die angenommene Preiserhöhung des Viehs, nach Aufhebung der Akzise, wird der Nettogewinn sich bei ungemästetem Vieh auf 17 Prozent, und, bei gemästetem, auf 22 Prozent herausstellen. Dies wird eine verstärkte Produktion, — und diese wieder ein entgegenwirkendes Fallen des Absatzpreises und Nettogewinnes, zur Folge haben. Wo wird die Bewegung enden? Augenscheinlich da, wo Erhöhung des Produktionsgewinnes und Ermässigung des Konsumtionspreises gleich stark wirken, — da nämlich, wo das vermehrte Angebot durch eine entsprechend vermehrte Nachfrage absorbirt wird, — also da, wo der ermässigte Absatzpreis zum früheren Absatzpreise in demselben Verhältnisse steht, als der frühere Nettogewinn zum erhöhten Nettogewinne. Also werden die Produzenten, von der aufgehobenen Fleischakzise, direkt nur einen Antheil beziehen, der sich zum ganzen Betrage derselben ungefähr so, wie ihr Nettogewinn zum Bruttoertrage, verhält. Aber sie werden auch den Rest der erlassenen Akzise auf indirektem Wege gewinnen. Die vermehrte Fleischproduktion, welche sie daran verhindert, gleich die ganze Akzise, durch unverminderte Fleischpreise, an sich zu ziehen, kann nur durch Beschränkung anderer Produktionszweige stattfinden. Bauen sie mehr angesäetes Futter, so können sie weniger Getreide bauen. Verwenden sie mehr Futter zur Mastung, so haben sie weniger zur Erzeugung von Butter und Wolle und dergl. Und ein vermindertes Angebot dieser Produkte muss die Preise derselben steigern — zwar nicht in gleichem Maasse mit dem Fallen des Fleischpreises; weil der gesammte Produktionsbetrag aller jener Erzeugnisse viel grösser, als der von Mastvieh, ist. Wenn Produktionsmittel von dem einen Betriebszweige zum anderen übergehen, machen sie auf die Produktionsmenge des grösseren Zweiges einen verhältnissmässig kleineren Eindruck, und üben dagegen, auf die des kleineren Zweiges, einen verhältnissmässig stärkeren Einfluss aus; — sie bewirken also eine Veränderung der Produktionspreise in umgekehrtem Verhältnisse zum respektiven Produktionsbetrage. Wenn also, bei ausgedehnterer Mastung, der Preisaufschlag auf Getreide, Butter, Wolle verhältnissmässig geringe wird, so giebt er doch, bei der verhältnissmässig grossen Menge solcher Produkte, einen vollen Ersatz für die grössere Preiserniedrigung bei dem verhältnissmässig kleinen Fleischquantum. Der Landmann gewinnt also, theils direkt, theils indirekt, die ganze aufgehobene Schlachtakzise: einen Theil nämlich dadurch, dass die Fleischpreise nicht zum ganzen Betrage der Akzise fallen; und den Rest dadurch, dass andere Produkte des Landbaues im Preise steigen. Wenn aber der Produzent die ganze aufgehobene Steuer gewinnt, so ist es klar, dass er den ganzen Betrag der auferlegten Steuer einbüsst.

Aber damit ist die Frage noch nicht erledigt. Denn, wenn auch die Produzenten, eine Einbusse, zum ganzen Betrage der Schlachtakzise, theils direkt, theils indirekt erleiden; so hat doch der Fleischkonsument in den Akzisebezirken ebenfalls einen Verlust dabei.

Dies rührt daher, dass die genannte Akzise einen zwiefachen Karakter hat; denn einestheils ist sie, ihrer Natur nach, eine Belastung landwirthschaftlicher Produktion, anderentheils ist sie, ihrer Ausführung nach, eine sehr partiell wirkende Steuer, d. h. sie trifft nur einen Theil der Fleischkonsumtion. Ich werde sie aus beiden Gesichtspunkten beleuchten.

Jede Steuer auf ein landwirthschaftliches Erzeugniss ist gleich einer Vermehrung der Produktionskosten; sie vermehrt nämlich die Abzüge von der Brutto- oder Konsumtionseinnahme und vermindert dadurch den Nettogewinn; — man muss nämlich die Sache so betrachten, als handelte der Fleischer im Auftrage der Produzenten: er löst die Bruttoeinnahme, zieht erst seinen Profit als Tantième, und dann die Steuer ab, und giebt nur den Rest den Landwirthen als Einkaufspreis. Für den besonderen Zweig, wo die Steuer aufgelegt wird, schmälert sie den Gewinn ganz unverhältnissmässig; also schränken die Landwirthe den Betrieb desselben ein, und erhöhen dadurch den Produktenpreis, bis der Erlös sich in ein möglichst gutes Verhältniss zu den vermehrten Kosten stellt. Aber gleichzeitig müssen sie andere Zweige ausdehnen, und das Verhältniss der Bruttoeinnahmen zu den Kosten in denselben schlechter stellen. Sie vertheilen also den Druck nur anders. Da aber die durch Besteuerung bewirkte Vermehrung der Gesammtabzüge nicht vermindert, und die gesammte Bruttoeinnahme nicht vermehrt wird, so entgehen niemals die Landwirthe als Produzenten, einer Verkürzung ihres Nettogewinnes, zum Betrage jeder auf ihre Erzeugnisse gelegten Steuer.*)

---

*) Der vereinfachten Darstellung wegen, habe ich angenommen, dass der Preis sich in entgegengesetzter Richtung, aber gleichem Verhältnisse, wie das Angebot ändert. Dies ist jedoch nicht der Fall, wie mehrere Staatswirthe und besonders *Professor Hagen*, nachgewiesen haben. In den vorliegenden Fällen indessen, kann ich unbeschadet der Resultate, das verwickeltere Gesetz der Preisveränderungen ausser Acht lassen.

Die Konsumenten als solche, und alle zusammengerechnet, haben keine Mehrausgabe in Folge einer Auflage auf landwirthschaftliche Erzeugnisse. Denn die Preiserhöhung des einen Produkts wird, durch eine Preiserniedrigung anderer Produkte, wenn nicht in demselben Verhältnisse, doch von demselben Betrage, ersetzt. Aber bei partieller Besteuerung kommt der Ersatz nicht denselben Konsumenten, denen er gebührt, zu Gute; — den Einen werden gewisse Produkte vertheuert; aber die aufwiegende Wohlfeilheit anderer Dinge ereignet sich bei Produkten, welche Andere verzehren.

Und so verhält es sich mit der Fleischakzise. Den Konsumenten wird das Fleisch in den Akzisebezirken um einen Theil der Steuer vertheuert. Dafür wird den Konsumenten überhaupt, in der grösseren Billigkeit anderer Produkte, Ersatz geboten. Aber die Fleischkonsumenten in den Akzisebezirken sind nur ein Theil der Konsumenten überhaupt; und sie beziehen also von dem ihnen zukommenden Ersatze, nur einen Theil, der sich zum Ganzen so verhält, wie der Betrag ihrer Konsumtion zur ganzen Konsumtion der Bodenerzeugnisse. Je partieller die Besteuerungsweise um so grösser ist dieser Missstand. Zum Besten des Staats wird also die Schlachtakzise, als Auflage auf ein Bodenerzeugniss, eigentlich von den Produzenten getragen; aber ausserdem legt sie, als partielle Steuer den Fleischkonsumenten in den Akzisebezirken eine Last auf, zum Besten der Konsumenten anderer Bodenprodukte ausserhalb jener Bezirke. Was die Städter tragen, ist nicht der Beitrag an den Staat, sondern eine Störung der individuellen Ausgabenverhältnisse durch partielle Belastung.

---

habe gleichfalls nicht in Betracht gezogen, dass eine übermässige Besteuerung zu einer Entziehung landwirthschaftlicher Kapitalien überhaupt führen könne, wovon die Folgen, gleich verlustbringend für Produzenten und Konsumenten, leicht zu ermessen sind. — Die werthvollen Schriften des ehrwürdigen *Hoffmann* und des *Major von Prittwitz* geben den gründlichsten Aufschluss „*über Steuern und Zölle*", und verdienen allgemeine populäre Verbreitung.   Note des Verf.

Mahlsteuer auf Weizen.

Die Weizenzufuhr zu den Hauptmärkten dieser Provinzen besteht nicht bloss aus hiesiger, sondern auch zum noch grösseren Theile, aus polnischer Produktion. Der Absatz geschieht theils durch hiesige Konsumtion, zum noch grösseren Theile aber durch überseeische Ausfuhr. Auf Preisbestimmung wirkt nun jeder Absatzkanal nach Verhältniss seiner Grösse im Vergleiche zu sämmtlichen übrigen Absatzkanälen für dasselbe Produkt. Wenn z. B. die hiesige steuerpflichtige Konsumtion, Absatz nur für ein Zwanzigstel des, an hiesigen Märkten befindlichen Weizens bietet, so würde ein gänzliches Aufhören oder ein Verdoppeln solches Weizenverbrauchs, das Angebot für die Ausfuhr nur um 5 Prozent vergrössern oder schwächen. Aber auch das hiesige Angebot für überseeischen Verbrauch ist wiederum nur ein Moment im allgemeinen Weltmarkt; und die gedachte Veränderung um 5 Prozent würde auf den Preis nur in dem Maasse wirken, in welchem sie das Verhältniss der Zufuhr, auf dem ganzen grossen Weltmarkt änderte. Hieraus ist ersichtlich, was übrigens Jedermann weiss, dass die hiesige Konsumtion keinen wahrnehmbaren Einfluss auf die Bestimmung der Weizenpreise hat, welche sich lediglich nach den Konjunkturen des Auslandes richten. Die städtischen Bäcker und Höker müssen also den allgemeinen Marktpreis zahlen, und nur soviel an Weissbrod und Weizenmehl halten, als sie zu Preisen absetzen können, welche die ausgelegte Mahlsteuer wieder von den Konsumenten einbringt. Diese Preiserhöhung von Weissbrod und Weizenmehl in hiesigen steuerpflichtigen Städten, vermindert allerdings die Abnahme von Weizen, aber nicht in einem Verhältniss zur Gesammtabnahme, welches den allgemeinen Marktpreis wahrnehmbar drückt. Der hiesige Weizenproduzent empfängt nicht in Folge der Mahlsteuer einen erniedrigten, mithin zahlt der besteuerte Konsument einen beträchtlich erhöhten Preis. — Der Praxis nach, kann man also sagen, dass in diesen Provinzen, der Konsument des besteuerten Weizens die ganze Auflage allein trägt, und der Produzent frei ausgeht. Wissenschaftlich genau betrachtet aber, trägt der besteuerte Konsument, in diesem, wie im vorigen Falle, nur die Missstände einer Belastung, welche so partiell aufgelegt ist, dass sein Antheil am Ersatze auf nichts hinausläuft. Die eigentliche Steuer als Auflage auf die gesammte im Weltmarkt konkurrirende Bodenproduktion, steht, zum Betrage dieser, in zu geringem Verhältnisse, als dass die gleich vertheilten Antheile sich verfolgen, oder die Beiträge hiesiger Produzenten sich ermessen liessen. In Gegenden indessen, wo Ein- und Ausfuhr von Weizen nicht stattfindet, sondern der Marktpreis lediglich von einheimischer Produktion und Konsumtion abhängt, da stellt sich die Sache freilich anders. Denn grössere Städte sind bei weitem die Hauptkonsumenten von Weizen; und sollte man, bei Auflegung einer Mahlsteuer, die Preise um den Betrag derselben erhöhen wollen, so würde dies die Hauptkonsumtion so sehr verringern, dass nicht mehr die ganze bis dahin produzirte Quantität Abnahme fände. Die Landbebauer müssen also, entweder sich einen Abzug des Steuerbetrages von ihrem Erlös gefallen lassen oder sie müssen weniger Weizen bauen. Im ersten Falle tragen sie die ganze Steuer direkt; im letzteren tragen sie einen Theil derselben indirekt. Ob sie aber dies oder jenes thun werden, hängt von besonderen örtlichen Verhältnissen und zwar davon ab, ob bei der unerlässlichen Rücksicht auf Fruchtfolge und Strohgewinn ein Theil des Weizenbodens sich anderweitig mit gleichem Vortheil, z. B. für Handelsgewächse oder Futterbau verwenden lässt.

In der Preussischen Monarchie also fällt die Mahlakzise beim Weizen als Besteuerung der Bodenproduktion, bald zum vollen Betrage, bald nur zum unmerklichen Betrage, auf die einheimischen Produzenten, jenachdem die Auflage in den Binnenländern oder den Küstenprovinzen erhoben wird; und eben dieser Umstand bestimmt, ob sie, als mehr oder weniger partielle Steuer, den städtischen Weizenkonsumenten eine grössere oder geringere Einbusse verursacht.

Die Mahlsteuer auf Roggen

vertheilt sich nach denselben Gesetzen, die ich eben dargestellt habe, welche übrigens die allgemeinen Gesetze für die Vertheilung jeder indirekten Auflage überhaupt sind.

Aber in unseren Provinzen sind die besonderen Verhältnisse der Zufuhr und Konsumtion anders bei Roggen als bei Weizen. Es wird zwar hier Roggen ein- und ausgeführt, aber nur von geringem Betrage im Vergleiche zur hiesigen Produktion und Konsumtion. Es wirken auch allerdings die ausländischen Konjunkturen auf unsere Roggenpreise ein, aber nur selten und vorübergehend. Dagegen sehen wir, dass der Preis des Roggens hierselbst, sich hauptsächlich nach dem Ergebniss hiesiger Ernten richtet.*) Wir haben also, bei der vorgenommenen Frage, hauptsächlich den Einfluss der Mahlsteuer auf hiesige Produktion und Konsumtion des Roggens zu untersuchen.

Dass der Roggenbau in diesen Provinzen, in Folge der Mahlsteuer beträchtlich eingeschränkt wird, glaube ich nicht annehmen zu können. Nach Beschaffenheit und Kulturstand des allermeisten Bodens, ist Roggen immer für solchen ausschliessliche Hauptfrucht und müsste darauf selbst, bei stark gefallenen Preisen, wegen des Strohgewinnes gebaut werden.

Wird aber das Angebot von Roggen, nicht durch die darauf lastende Mahlsteuer beträchtlich vermindert, so haben wir zu fragen, inwiefern die Konsumtion dadurch beschränkt wird.

Nehmen wir z. B. an, dass der Bedarf des Roggens auf dem platten Lande, zehnmal so gross als in grösseren Städten, und der stehende Bedarf für Saat das fünfte Korn sei; so würden ohne Mahlsteuer von der ganzen Ernte $^{40}/_{55}$ auf dem Lande, $^{11}/_{55}$ zur Saat, $^{4}/_{55}$ in grösseren Städten konsumirt werden. Wenn man nun eine Mahlsteuer von etwa $^{1}/_{3}$ des durchschnittlichen Preises, auf dies letzte Quantum legt, so kann der Städter, für das frühere

---

*) Der Roggenpreis steigt hier nicht bei Missernten im Verhältniss zum Ausfall am Ertrage, weil der Verlust für die Landleute, welche Hauptkonsumenten sind, sie zur geringeren Verzehrung nöthigt; auch müssen sie, um Geld für Abgaben und sonstige Verpflichtungen aufzubringen, fast eben soviel zu Markt bringen, als bei guten Ernten, natürlich auf Kosten des eigenen Magens. Wie stimmt damit Herrn von Bülow-Cummerow's neue Theorie, dass die Produzenten weniger bei Missernten den Steuerdruck empfinden?   Note des Verf.

Geld, nur ³/₄ des früheren Quantums kaufen, es wird also die gesammte Nachfrage, mithin auch der Gesammterlös, um ¹/₅₅ vermindert. Dies ¹/₅₅ des Gesammterlöses ist aber gleich dem Betrage der Steuer, welche, wie immer, den Profit der den Markt versorgenden Produzenten um soviel kürzt. Durch die Partielletät der Steuer aber gewinnen die Produzenten, in diesem Falle, als beträchtliche Roggenkonsumenten, einen grossen Theil der Steuer wieder; während die städtischen Konsumenten wenig Ersatz erlangen. Reinen Gewinn dabei haben die Roggenesser, welche ausserhalb der Akzisebezirke wohnen, und nicht Roggenproduzenten sind.

Rekapitulation.

Es würde also, wie gezeigt, durch Aufhebung der Schlacht- und Mahlsteuer, eintreten:

1. für die Produzenten von Fleisch, Roggen und binnenländischem Weizen ein Gewinn zum ganzen Betrage der Steuer;
2. für die Konsumenten von besteuertem Weizen in den Küstenprovinzen, ein Gewinn zum ganzen Betrage der Steuer;
3. für die besteuerten Konsumenten von Fleisch, Roggen und binnenländischem Weizen, ein Gewinn — für unbesteuerte Konsumenten derselben dagegen ein Verlust, — der sich zum ganzen Steuerbetrage so verhielte, wie die Konsumtion der Bodenprodukte durch Unbesteuerte, zur ganzen Produktion des Bodens sich verhält.

Schluss.

Somit hätte ich die erste Frage beantwortet, — nämlich die: Von wem, und in welchen Verhältnissen, nimmt die Schlacht- und Mahlsteuer Geld weg?

Aber diese erste Wirkung der Steuer ist nicht die alleinige; sie hat noch Folgen von der nachtheiligsten und weit verbreitetsten

Art. Der Betrag des weggenommenen Geldes lässt sich ermessen; und wenn die Steuernden ihre Produktionsmittel, ungestört, zur Erreichung des möglichst reichlichen Erwerbs verwenden können, so lässt sich ein Beitrag zu den Zwecken des Gemeinwohls leicht tragen. Aber die Schlacht- und Mahlsteuer zieht, mit allen indirekten Auflagen gemein, den unermesslichen Nachtheil nach sich, dass sie die natürliche Richtung der Konsumtion und demnach der Produktion ändert, und die Verwendung der Produktionsmittel stört. Die Fleischakzise z. B. schmälert den Gewinn bei der Produktion thierischer Stoffe. Aber die ganze rationelle Landwirthschaft ist darauf basirt, dass der Landwirth sein Einkommen, in viel grösserem Verhältnisse als früher, aus der Verwerthung thierischer Stoffe erstreben solle; denn da diese gleichsam nur Extrakte aus den Bodenfrüchten sind, so entzieht er seinem Acker dadurch viel weniger Vegetationskraft; ja er kann dabei, mit Hilfe fleissiger Bearbeitung, die Fruchtbarkeit seines Bodens allmählich so steigern, dass er am Ende, neben sehr vermehrten thierischen Produkten, noch mehr Bodenfrüchte als beim alten System, unbeschadet der fortschreitenden Ertragsfähigkeit seiner Felder zu veräussern hat. Und die lachende Aussicht auf eine solche Fülle der Zukunft war es, die alle unsere Landwirthe mit solchen Anstrengungen und augenblicklichen Opfern zum rationellem Systeme hinriss. Doch scheint schon, wenn nicht eine Reaktion, doch ein Nachlassen jenes Bestrebens, bei uns eingetreten zu sein. Denn da der Landmann auf ein gegenwärtiges Einkommen bedacht sein muss, so hängt natürlich der Grad, in welchem er das sogenannte rationelle Wirthschaftsprinzip verfolgen kann, von dem verhältnissmässigen Gewinne, bei der Verwerthung seiner Bodenfrüchte und thierischen Produkte ab. Die Schlachtakzise aber wirkt höchst nachtheilig auf die Viehzucht ein, und hemmt merklich die Ausbildung eines Systems, welches, in Ländern, wo thierische Produkte höheren Gewinn bringen, einen allgemeinen steigenden Bodenreichthum herbeiführt. Andererseits aber verhindert die Schlacht- und Mahlsteuer die arbeitenden Klassen in den Städten daran, sich an die nahrungsreichsten Speisen zu gewöhnen; mithin versperrt sie denselben die Quelle der Arbeitskraft; denn die Erfahrung zeigt, aus vielfach angestellten vergleichenden Versuchen, wie genau die Leistungsfähigkeit des Arbeiters, mit der Beschaffenheit seiner Nahrungsmittel zusammenhängt.

Kurz, die Schlacht- und Mahlsteuer in Preussen ist weniger drückend dadurch, dass sie Geld wegnimmt, als dadurch, dass sie das Erwerben von Geld verhindert; sie wirkt weniger empfindlich darin, dass sie vom Produzirten einen Theil abfordert, als darin, dass sie das Produziren im Ganzen erschwert. Sie ist wie ein Fluch auf den Acker und eine Lähmung der Menschenhand, — sie macht die Fruchtbarkeit versiegen und verbreitet Schwäche — Schwäche, die Mutter der Sorglosigkeit und die Quelle des Lasters.

II.

Ueber die
Breslauer Denkschrift für Differenzialzölle.

(Berlin 1847.)

Die Breslauer Kaufleute glauben sich »aus *ihrer besonderen Stellung, vorzugsweise* aufgefordert,« ihre Ansicht über Differenzialzölle auszusprechen. »Denn die bisherigen Denkschriften darüber,« sagen sie, »gingen fast ausschliesslich von Städten aus, die ausserhalb des Kreises grösserer Gewerbthätigkeit, meistens dicht an den Seeküsten liegen, — während wir, mitten in einer der gewerbreichsten Gegenden Deutschlands thätig, in ganz anderer Lage unsere Ansichten gewonnen haben.«

Dies ist, zum Eingange, ein köstliches Beispiel der Art und Weise, wie die Gegner der Handelsfreiheit durch Sprachkünste bestrebt sind, ihren Argumenten einen plausibelen Schein zu verleihen. Grosse Handelsstädte an den Strommündungen, die Stapelplätze, wo Erzeugnisse sowohl des einheimischen als des ausländischen Fleisses in der grössten Masse zusammengebracht werden, — wo kaufmännische Kenntniss am vielfältigsten und über die weitesten Kreise verbreitet ist, — Weltmarktplätze, wie die Hansestädte, und vornehmlich Hamburg, auf welches die Breslauer Bezeichnung besonders gemünzt ist, — diese nennt man

»Städte ausserhalb des Kreises grösserer Gewerbthätigkeit!«

— als ob der Kaufmann in Breslau durch seinen Verkehr mehr Gelegenheit hätte, als der Hamburger, die allgemeinen Verhältnisse deutscher Gewerbthätigkeit kennen zu lernen und in ihren Beziehungen zum Auslande zu beurtheilen! Die Worte »dicht an den Seeküsten« sollen uns wohl das Bild der ganzen Oede einer unwirthlichen von Winden gepeitschten Düne vergegenwärtigen, wo ein spärlicher Menschenhaufe eine spärliche Existenz im Kampfe mit den Elementen fristet! Denn bei unseren Gegnern müssen wir stets gegen den Missbrauch aufpassen, den sie durch Erzeugung falscher Bilder zum Verführen der urtheilslosen Menge treiben. Bildliche Sprache, lose und darum leicht zu vertauschende Bezeichnungen, Stichwörter zum Reizen der Vorurtheile und Leidenschaften, solches sind die Waffen, womit unsere Gegner kämpfen. — »Ausserhalb des Kreises grösserer Gewerbthätigkeit, dicht an den Seeküsten« — eine schlau ersonnene Phrase! Dreht es sich denn nicht in der ganzen vorliegenden Frage um die durch den Handel vermittelte Konkurrenz inländischer und ausländischer Gewerbthätigkeit? — und bilden nicht die Hafenplätze gerade die Mittelpunkte der Thätigkeit, um die es sich handelt? Muss nicht der internationale Handel seinen Mittelpunkt stets an der gemeinschaftlichen Grenze, also an der Küste haben, wenn das Meer die Handelnden trennt? — Um aber in volles Licht die trügliche Wortkunst zu stellen, die wir hier wie bei jedem Schritte unserer Gegner zu entlarven haben, will ich bloss die schönklingende Redensart der Breslauer Kaufmannschaft in einfaches Deutsch übersetzen: sie sagt nämlich, oder möchte vielmehr den unaufmerksamen Leser glauben machen,

> dass ein tief im Binnenlande wohnender Kaufmann besser als der Kaufmann im Hafenplatze im Stande sei, ein Urtheil über Gesetze für Schifffahrt und überseeischen Handel zu fällen!

A priori leuchtet dies schwerlich ein, und kann also nicht von vornherein behauptet werden. Wenn die Breslauer sich bescheidentlich auf das *audiatur et altera pars* gestützt hätten, um auch für ihr Urtheil Gehör zu erbitten, dann wäre ihr Anspruch in so weit gegründet. — Die Präsumtion einer Autorität »als allgemeinen Standpunkt,« wie sie sagen, haben sie gar nicht, — und »der Werth ihrer Ansichten,« kann nur nach der Besonnenheit, Schärfe, Klarheit und statistischen Unterstützung ihrer Gründe beurtheilt werden. Sehen wir zu, in welchem Maasse jene Eigenschaften in der betreffenden Denkschrift zu erkennen sind.

Die Denkschrift sagt:

»Die Praxis hat uns, bei dem bedauerlichen Wechsel von grösster Handelsblüthe unserer Stadt und Provinz bis zu fast gänzlichem Verfalle, veranlasst, über die Gründe unserer Lage in aller Weise klar zu werden.«

»Wenngleich nun das Resultat unserer gewonnenen Ueberzeugungen mit dem von der Wissenschaft lange verfochtenen Satze zusammentrifft,
dass vor Allem allgemeine Freiheit des Handels und Verkehrs erstrebt werden müsse,
so hat doch die eigene Erfahrung uns auch gezeigt, wie die Praxis mit der Wissenschaft in Konflikt geräth, so wie man zur Anwendung der gewonnenen, wenn auch in den Resultaten übereinstimmenden Sätze schreitet.« —

Deutsch ausgesprochen heisst dies: Die Breslauer, welche, da sie leiden, klug gemacht sein sollten, haben nach Klarheit gestrebt, und haben als Resultat dieses Strebens erlangt — was? — die Ueberzeugung von einem Satze, der nicht gelten darf, — eine Regel, nach der man sich nicht richten, einen Ausspruch, auf den man nicht hören, eine Hinweisung, nach der man nicht gehen soll!

— Und diese schönen Früchte sollen mit den Ergebnissen der Wissenschaft zusammentreffen? Welcher Wissenschaft? Die Staatswirthschafts-Wissenschaft kennt keine solche, — sie sind eine ausschliessliche Erfindung der Zöllnerweisheit.

Aber das in der oben angeführten Stelle der Denkschrift versteckte Argument, nackt hingestellt, lautet wie folgt:

a) Schlesien ist bei der bisherigen Praxis bis zu fast gänzlichem Verfall gebracht; —

b) die bisherige Praxis hatte keine Differenzialzölle; —

c) folglich hat der Mangel der Differenzialzölle Schlesien ruinirt.

d) Aber der Mangel an Differenzialzöllen ist ein Stück Handelsfreiheit; —

e) folglich ist die Handelsfreiheit sehr herrlich in einem wissenschaftlichen Lehrbuche, aber ganz verderblich in Schlesien! —

Hierauf bemerke ich nur, dass die bisherige Praxis, neben vielem Anderen, die Sperrung der polnischen Grenze, die Einvereibung Krakau's in das Oesterreichische Zollgebiet aufweist, —

Dinge, welche auf die materielle Lage Schlesiens grossen Einfluss hatten und keinesweges dem Freihandelssystem angehören. Ferner zeigt die bisherige Praxis, dass die schlesische Leinweberei versäumt hat, die anderweitig gemachten Verbesserungen des Betriebs, nämlich die Anwendung des Maschinengarns, der chemischen Bleiche und der sauberen Appretur, in hinlänglichem Maasse sich anzueignen; weshalb sie im auswärtigen Markte durch die englische Leinwandindustrie, und im einheimischen Markte durch die Baumwollenfabrikation immer mehr und mehr verdrängt, und jetzt in eine allerdings bedauerliche Lage gebracht worden ist. Ist aber etwa Handelsfreiheit daran Schuld? Ganz im Gegentheil. Der Zoll von 11 Thaler pro Zentner für appretirte Leinwand sicherte dem einheimischen Leinweber, trotz seines Zurückbleibens in der Fabrikationsweise, ein Monopol des einheimischen Marktes, — denn eine Totaleinfuhr von 1500 Zentner kann gar nicht in Betracht kommen. Aber gerade dies Monopol ist Schuld an seinem Zurückbleiben. Denn wäre die Einfuhr frei gewesen, hätte die fremde Konkurrenz das verbesserte Fabrikat ihm bis vor seine Thür bringen und seine ganze Existenz mit einem Schlage bedrohen dürfen, dann hätte er sich aufgerafft und hätte mit seinen Rivalen Schritt gehalten, wie er es wohl konnte, wenn er nur musste; und dann hätte er den auswärtigen Markt nicht bloss behaupten, sondern auch erweitern können; auch hätte er gegen den zunehmenden Verbrauch der baumwollenen Weisszeuge im Inlande erfolgreicher sich zu wehren vermocht. Der Tarif aber wandte gerade den Stachel ab, der den deutschen Leinweber genöthigt hätte, mit Anderen Schritt zu halten und seinen Platz unter ihnen zu behaupten. Und zu gleicher Zeit hat der Tarif, durch Hervorrufen künstlich gegründeter Gewerbe, denen er eine Zollprämie zuwandte, die Kapitals- und Arbeitskräfte von der Leinenindustrie abgewendet, und so ihrem Fortschritt nicht bloss direkt den Sporn, sondern auch indirekt die Mittel entzogen. Dieses Tarifsystem also, welches die einheimische deutsche Industrie zu beschützen unternimmt und vorgiebt, hat den ältesten, naturgemässesten und zur Konkurrenz im Weltmarkte sonst befähigtesten Zweig des deutschen Gewerbfleisses zu Grunde gerichtet, um fremde Gewerbe einzuführen, denen der inländische Markt nur mit grossem Opfer für die einheimischen Konsumenten erhalten werden kann. Wenn Breslauer Kaufleute in einem offiziellen Gutachten die Praxis und ihre eigenen Erfahrungen in's Auge fassen, um über die Gründe ihrer Lage in aller Weise klar zu werden, so ziemt es sich wahrlich, dass sie auch diese ihnen so nahe liegenden Dinge, ebenso wohl als die Abwesenheit eines Differenzialzollsystems in Anschlag bringen.

Die Denkschrift sagt: »Die Wissenschaft zeigt der Praxis nur »das Ideal, welches zu erreichen ist; berücksichtigt aber nicht das »Terrain, auf welchem den gewonnenen Sätzen Geltung verschafft »werden soll, und kann es auch nicht berücksichtigen, — weil es »sich hier um Faktoren handelt, welche bei der von der Wissen- »schaft anzustellenden Rechnung in keine fassbare Form gebracht »werden können.« — Diese Belehrung über die Natur der Wissenschaft seitens der Kaufleute Breslau's könnte für ein Zeichen gelten, wie sehr sie selber einer Belehrung darüber bedürfen, — wenn sie nicht ein Beispiel jener naiv-scheinen-wollenden Sophistik wäre, in deren Gebrauch unsere Gegner eine so grosse Fertigkeit erlangt haben. Die Staatswirthschaft ist eine praktische Wissenschaft, und hat mit Idealen nichts zu schaffen. Ihre Aufgabe ist es gerade, das Terrain des Erwerbslebens in allen seinen Beziehungen zu erforschen und daraus Schlüsse zu ziehen, welche, insofern sie auf einer hinreichend genauen und umfassenden Beobachtung basirt und logisch richtig gezogen sind, Verhaltungsregeln für die Praxis geben sollen. Die Wissenschaftlichkeit hierbei besteht lediglich und allein in dem Vervolständigen, Ordnen und folgerechten Verbinden der Thatsachen und der in der Natur der Dinge waltenden Gesetze. Und welche Faktoren etwa soll der wissenschaftliche Forscher nicht in fassbare Form bringen und würdigen, aber der nicht wissenschaftliche Kaufmann zum Motiv eines zuverlässigen Urtheils machen können? — Uebrigens will die Breslauer Denkschrift hiermit bloss der Nothwendigkeit ausweichen, auf die Faktoren einzugehen, welche in die sehr fassbare Form statistischer Listen gebracht, und das faktische Terrain der deutschen und fremdländischen Handels- und Schifffahrtsbewegung darstellend, von der Hamburger Denkschrift hervorgehoben worden sind, — einer Denkschrift, welche, obwohl nicht von Universitätslehrern verfasst, den Titel eines wissenschaftlichen Werkes, wegen der klar geordneten

Fülle gründlicher Sachkenntniss, vorzugsweise verdient. Hat die Breslauer Denkschrift das von Hamburg gebrachte, das Terrain der Frage direkt betreffende Material geprüft oder berücksichtigt? Hat sie ihre eigenen Argumente durch statistische Belege zu unterstützen versucht? Hat sie Genauigkeit in der Aufstellung oder Folgerichtigkeit in der Verbindung ihrer Urtheile erstrebt? Möge unsere Prüfung derselben die Antwort geben. Nur soll es ihr nicht gelingen, Sachkenntniss, Statistik und logische Strenge, als angeblich einer bloss idealen Wissenschaft angehörig, von der Erörterung dieser praktischen Frage so auszuschliessen, wie sie dieselben von ihrem eigenen Raisonnement fernhält.

Die Denkschrift verkündigt als Ueberzeugung der Breslauer Kaufmannschaft:

dass ein Differenzialzollsystem die Nordseestaaten und namentlich die Hansestädte bewegen werde, dem Zollvereine beizutreten,

und alle grösseren handeltreibenden Staaten bewegen, die dem deutschen Verkehre in den Weg gelegten Hindernisse fortzuräumen,

wodurch der Zollvereinsverband nach innen und aussen hin stärker werden,

und dann zur Verwirklichung des von der Wissenschaft aufgestellten Prinzips der Handelsfreiheit zurückzukehren im Stande sein wird.

Sollten die Differenzialzollsysteme den Nordseestaaten und namentlich den Hansestädten als Lockspeise geboten werden — als Entschädigung für die Fesseln, die sie, durch Eintreten in den Tarifbezirk des Zollvereins, ihrem Handel auflegen würden? — Dann müssten sie die Differenzialzölle als etwas Gutes, und wenn nicht gut für das Allgemeininteresse, doch ihrem besonderen Nutzen förderlich, ansehen. Aber so sehen sie dieselben nicht an. Hamburg, die einflussreichste und intelligenteste der Hansestädte erklärt seine Ueberzeugung, dass ein Differenzialzollsystem, obwohl es ausdrücklich ersonnen und eingerichtet ist, um Rhederei, direkten Handel und Absatz der Industrieprodukte zu begünstigen, die ganz entgegengesetzte Wirkung hat. Und wie begründet Hamburg diese Ueberzeugung? Etwa durch Hinstellen eines wissenschaftlichen

Ideals, ohne Berücksichtigung des faktischen Terrains, dessen Faktoren es nicht in eine für die Berechnung fassbare Form zu bringen vermöchte? — Hamburg weist einfach auf das unumstössliche Zeugniss der Zahlen hin. Diese bezeugen, dass die Betheiligung der respektiven eigenen Rhederei an dem Handel in eigenen Häfen, bei Ländern, welche, wie Deutschland, Dänemark, Schweden, keine Differenzialzölle haben, grösser ist, als bei Ländern, welche, wie England, Frankreich, Belgien, ihre Schifffahrt durch ein künstliches System zu heben versuchen. Die Hamburger Denkschrift weist z. B. nach:

dass die Betheiligung englischer Schiffe in englischen Häfen 51 Prozent, die Betheiligung deutscher Schiffe in Hamburg 58³/₄ Prozent betrage;

dass, wo Englands Rhederei gegen Länder mit Differenzialzöllen konkurrirt, zwei englische auf ein nicht-englisches Schiff kommen;

dagegen umgekehrt, wo Englands Rhederei gegen Länder ohne Differenzialzölle konkurrirt, nur ein englisches Schiff auf zwei nicht-englische kommen;

dass mithin England nur von den sich mit Differenzialzöllen schützenwollenden Ländern das Terrain wieder abgewinnt, welches es im Wetteifer mit den Freifahrern verliert;

dass auch die Freifahrer täglich von den Differenzialzollländern mehr Terrain abgewinnen. Denn die Betheiligung, z. B. an der transatlantischen Frachtfracht *nach* Hamburg ergab:

	1836		1846	
Freifahrer überhaupt . . .	71¹/₄	Prozent	86³/₄	Prozent
Deutsche	39¹/₂	„	54	„
Engländer	24¹/₂	„	5³/₄	„
Differenzialzöllner überhaupt	28³/₄	„	13¹/₄	„

Desgleichen *von* Hamburg:

Deutsche	41	Prozent	60	Prozent
Engländer	39	„	13	„
Freifahrer überhaupt . .	55	„	82	„
Differenzialzöllner überhaupt	45	„	18	„

Unter der Wirkung von Differenzialzöllen ergab sich eine Betheiligung der respektiven eigenen Rhederei in eigenen Häfen für

	1827	1844
Frankreich	44 Prozent	39 Prozent
und	1840	1846
Belgien	25 Prozent	20 Prozent

Unter der Wirkung von Differenzialzöllen zeigte die französische Handelsmarine, Küstenfahrer mitgerechnet, 1827 eine Tragkraft von . . . . . 692,125 Tonnen
1844   „   „   689,288   „

Ohne Differenzialzölle ergiebt sich für die Handelsmarine von Preussen, Hamburg und Bremen eine Vermehrung um etwas mehr als 6 Prozent jährlich!

Die Hansestädte werden, im Angesicht dieser lautredenden Zahlen, die sie wohl zu deuten gewusst haben, sich nicht durch das dargebotene Differenzialzollsystem in das Tarifnetz locken lassen. Es fragt sich, ob die Anwendung des Systems sie zwingen könnte, dem Zollvereine beizutreten. Durch Benachtheiligung ihrer Rhederei etwa? Das fürchten sie gar nicht. Die eben erwähnten, von ihnen selbst gesammelten Zahlenangaben beweisen ja, dass Differenzialzölle zumeist nur den Anwender derselben benachtheiligen, und dem Freifahrer ein neues Uebergewicht verleihen. Sollten die Hansestädte also, durch das Differenzialzollsystem, zum Eintritt in den Zollverein, aus Besorgniss für ihren Waarenhandel, bewegt werden? Man will nämlich eine Zollbegünstigung solchen transatlantischen Produkten gewähren, welche direkt nach dem Zollvereine konsignirt sind. Dadurch glauben die Breslauer Kaufleute, welche die Idee aus Herrn *von Rönne's* Denkschrift*) haben, dass die Hansestädter sich in Gefahr gesetzt sehen würden, blosse Spediteure zu werden. Aber Jeder, der mit dem Hansestädtischen Handel praktisch bekannt ist, wird wissen, dass nichts einfacher, als eine Umgehung jener Gefahr, wäre. Denn es wäre nichts weiter nöthig, als, alle eingehenden Waaren überhaupt, welche Bestimmung sie auch haben mögen, mit

---

*) „Betreffend die Begünstigung des direkten Verkehrs mit aussereuropäischen Ländern. 1845."   Note des Verf.

Connossements an ein beliebiges Handelshaus im Zollvereine begleiten, und von dem Hansestädter, als dessen nominellem Agenten, in Empfang nehmen zu lassen. Und wenn es auch möglich wäre, durch Verklausulirung und Bewachung, jede Umgehung zu verhindern, so haben doch die Hansestädte ein viel zu grosses Handelskapital, und sind zur Versorgung des Zollvereins zu unersetzlich, als dass man sie zwingen sollte zu einem Schritte, der, wie der Eintritt in den Zollverein, ihr ganzes Bestehen in Frage stellen müsste.

Und wenn auch, in Folge der Annahme eines Differenzialzollsystems, die Hansestädte und einige Nordseestaaten dem Zollvereine beitreten sollten, wäre dadurch der Zollverein, wie die Breslauer Denkschrift sagt, nach Innen und Aussen hin stärker? Grösser an Flächeninhalt und Einwohnerzahl wäre wohl der Zollverein; — aber in welchem Sinne stärker? Wäre etwa der Erwerb im Zollvereine grösser?

Wir wollen annehmen, das Differenzialzollsystem, welches ein Prämium von 2 Thlrn. pro Zentner für alle in vereinsländischen Schiffen direkt eingeführten transatlantischen Produkte bezahlen soll, wäre durchgeführt und erfüllte völlig seinen Zweck, so dass sämmtliche im Zollvereine verbrauchten Kolonialwaaren, die Herr *von Rönne* auf etwa $5^{1}/_{4}$ Millionen Zentner angiebt, direkt mit vereinsländischen Schiffen eingeführt würden. Dies würde eine Vermehrung der Handelsmarine um etwa 50,000 Last erfordern, wozu man für etwa 5 Millionen Thaler Kapital aus dem jetzigen Handels- und Fabrikationsbetrieb, wo es sehr nöthig gebraucht und gut verwerthet wird, entziehen und in die Rhederei hineinstecken müsste. Dass eine Vermehrung des Erwerbs aus solchem Umsatteln, — aus einem Beschränken der Mittel zum Betrieb der produzirenden Industrie, um Transportwerkzeuge, an denen es jetzt nicht fehlt, anzuschaffen, — dass daraus ein Gewinn entstehen solle, ist nicht zu ersehen. Beruht dieser vorgespiegelte Gewinn etwa auf Faktoren, die sich in keine fassbare Form für die Berechnung bringen lassen? — Wenn dem so ist, so ergiebt sich auf der anderen Seite ein Verlust, der sich für die Berechnung in eine sehr fassbare Form bringen lässt; — denn ein Prämium von 2 Thlrn. pro Zentner, welches Herr *von Rönne*, um sein Projekt durchzusetzen, daran setzen will, würde eine Belastung der Konsumenten um gerade 10½ Millionen Thaler jährlich ausmachen! Bis also die Breslauer Kaufleute uns, auf gut kaufmännische Weise, die überwiegende Intrade nachrechnen, welche diese gewaltig schwere neue Ausgabe decken soll, werden wir nicht zugeben, dass der Zollverein, nach Verwirklichung der von ihnen befürworteten, von Herrn *von Rönne* ersonnenen Projekte, eine grössere Einnahme haben, also nach Innen stärker sein würde.

Aber stärker nach Aussen? Die Breslauer meinen, dass, wenn alle deutschen Häfen unter eine Kappe gebracht wären, sie alsdann, durch Retorsionsmaassregeln zur Erzwingung von Konzessionen von anderen Ländern mehr als jetzt bewirken könnten.

Wenn sogenannte Retorsion überhaupt ein Mittel zur Erlangung von Konzessionen wäre, könnte man allerdings einräumen, dass sie um so wirksamer sein müsste, je ausgedehnter das Gebiet, über welches sie sich erstreckte.

Aber die Erfahrung zeigt, dass Retorsion nicht ein Mittel zur Erlangung von Konzessionen ist. Was auch unsere Gegner sagen, und uns einreden möchten, das Beschränken des Handels ist nicht der Weg zur Handelsfreiheit, — und das wissen unsere Gegner recht gut, sonst würden sie jenen Weg nicht empfehlen.

Die Breslauer Denkschrift behauptet, dass eine Retorsionsmaassregel gegen die Navigationsakte, nämlich die Auflegung der Flaggengelder durch Preussen i. J. 1823, die englische Regierung zu einer Konzession bestimmt habe. In Bezug auf diesen Fall erlaube ich mir, den Breslauer Kaufleuten einen Umstand mitzutheilen, welcher in den Hafenstädten bekannt genug ist, und den ich aus dem Munde eines hochstehenden preussischen Regierungsbeamten erfuhr. Die englische Regierung nämlich war es, welche im Jahre 1823 die Navigationsakte, im Interesse des englischen Handels, dahin abgeändert wissen wollte, dass für den direkten Verkehr mit fremden Ländern Gegenseitigkeitsverträge abgeschlossen würden. Die britischen Minister fanden indessen zu grossen Widerstand bei der handelsbeschränkenden Partei im Parlamente. Um dieser Partei nun einen Schrecken einzujagen, bat das englische Ministerium die preussische Regierung, jene Flaggengelder im heimlichen Einverständniss mit ihm aufzulegen, damit es, was auch gelang, den

Widerstand durch eine Art von Ueberrumpelung besiegen könnte. Jene sogenannte Retorsion wäre für Preussens Handel viel zu nachtheilig gewesen, als dass es dieselbe versucht hätte, wenn es nicht vorher die Bürgschaft in Händen gehabt, dass die Maassregel nur eine momentane Spiegelfechterei sein sollte. Und wäre die englische Regierung nicht vorher zur Modifikation der Navigationsakte und Eingehung von Gegenseitigkeitsverträgen entschlossen gewesen, so hätte man sie gewiss nicht dazu gezwungen, — wenigstens giebt es kein authentisches Beispiel, dass sie sich zu Gewährungen jemals hat zwingen lassen. Retorsionen hat man oft und lange genug versucht, und die einzigen Folgen davon sind stets verschärfte Gegenmaassregeln gewesen. Dadurch, dass man die eigenen Beschränkungen enger schraubt, bringt man den Gegner nicht dazu, die seinigen zu lüften. Und wenn man die eigenen geschraubten Hemmungen wieder lüften möchte, geht es nicht; denn unter dem Schutze dieser angeblich nur einstweiligen Maassregeln sind Kapitalsanlagen, die permanent erhalten sein wollen, gemacht worden; und sobald man wirklich einen Schritt zur Handelsfreiheit, auf welche die ganze Bewegung sich gerichtet haben soll, machen will, dann erheben sich Reklamationen ohne Ende, und selbstgeschaffene Hindernisse, die nur mit grossen Opfern zu beseitigen sind. Auf dem bisher verfolgten Wege der retorquirenden Diplomatie sind wir stets nur weiter vom Ziele, nämlich von der gegenseitigen Handelsfreiheit, entfernt worden. Und nie wird ein wirklicher Schritt zur Handelsfreiheit anders gewonnen, als wenn eine Nation der anderen Konzession gegen Konzession freisinnig anbietet, oder noch sicherer, wenn eine Nation einsichtsvoll genug ist, den Werth der Handelsfreiheit in allen ihren Stücken zu erkennen, und demnach ganz einseitig wenigstens diejenige Freiheit, die stets in ihrer Macht liegt, nämlich den freien Zugang bei sich, zu proklamiren, und sich darauf zu verlassen, dass Andere durch den Anblick des erwachsenden Vortheils stärker, als durch zugefügten Schaden, bewogen sein werden, dem Beispiele zu folgen. — England, oder vielmehr die überwiegende Partei im englischen Volke, ist zu dieser Einsicht gelangt. Sie erkennt jede Lüftung der Handelsschranken, selbst die einseitige Freistellung der Einfuhr, für einen Gewinn für sich. Sie hat erkämpft die Abschaffung oder sehr grosse Ermässigung der Eingangszölle von Nahrungsmitteln und Rohstoffen, und die Herabsetzung bis auf 10 Prozent, aller sogenannten Schutzzölle, nämlich der Eingangszölle von solchen Waarengattungen, die auch in England fabrizirt werden. Nur fremdländische Seidenwaaren werden noch ausnahmsweise mit 15 Prozent geschützt.*) Doch ist jene Partei keinesweges mit ihrer Errungenschaft zufrieden. Sie will sich auch nicht dabei beruhigen, dass der inländische Konsument dem inländischen Produzenten sogar einen um 10 Prozent künstlich erhöhten Preis zahle, sondern sie will den inländischen Produzenten genöthigt wissen, seine Konsumenten ebenso wohlfeil zu versorgen, als irgend ein Anderer es zu thun sich erbietet. Denn jene Partei ist zur klaren Einsicht gelangt, dass es sich bei der Freihandelsfrage nicht um das Interesse einheimischer Produzenten, dem Interesse fremdländischer Produzenten gegenüber, sondern um das Interesse einheimischer Konsumenten, dem Interesse gewisser einheimischer Produzenten gegenüber, handelt.

Diesen Gesichtspunkt hält sie fest und lässt ihn sich durch nichts verrücken. Der Produzent nun hat ein Interesse an hohen Preisen, oder Mangel seines respektiven Produkts, also ein dem Allgemeinwohl zuwiderlaufendes Interesse. Der Konsument hat ein Interesse an niedrigen Preisen oder Fülle aller Verbrauchsmittel, also ein mit dem Allgemeinwohl zusammentreffendes Interesse. Diese beiden sich entgegenstehenden Forderungen lassen sich nicht zugleich befriedigen. Und da jeder Einzelne zugleich Produzent und Konsument ist, so muss die Gesetzgebung die Gesammtheit der Einzelnen, die Nation, in einer der beiden Eigenschaften betrach-

---

*) Dagegen erhebt der Zollvereinstarif beim Eingang englischer Baumwollenwaaren, zwischen 17 Prozent (von extrafeinen Quilting), und 160 Prozent (von Domestics); und beim Eingange englischer Wollenwaaren, zwischen $14^1/_2$ Prozent (von feinen Lastings) und 67 Prozent (von ordinärer Mousseline de laine). Und dennoch behauptet man noch immer, der Zollvereinstarif sei ein Freihandelstarif! Die Sätze des preussischen Tarifs von 1818, die meistens noch bestehen, waren nach dem Verhältniss von 10 Prozent vom Werthe normirt, betragen aber jetzt, durch späteres Sinken der Waarenpreise, wie gezeigt, sehr viel mehr.
                                                                    Note des Verf.

ten; — sie muss nämlich entweder bloss das Produzenteninteresse, oder bloss das Konsumenteninteresse Aller, denn beide sind unvereinbar, fördern. Das Produzenteninteresse ist aber der Fülle der Befriedigungsmittel, also der Allgemeinwohlfahrt, welche die Gesetzgebung zu wahren hat, entgegen. Darum darf die Gesetzgebung nur allein das Konsumenteninteresse, die Fülle und Wohlfeilheit begünstigen. Sie muss Jedem gestatten, sich bei dem billigsten Verkäufer, wer es auch sei, zu versorgen; sie muss Jedermanns Konsumenteninteresse wahren. Sein Interesse als Produzent muss dagegen Jedermann selber fördern; — wenn nämlich die Gesetzgebung ihm nicht mehr die Hand bieten will, um für sein Produkt künstlich erhöhte Preise, zum Nachtheil seiner Mitbürger, zu verschaffen, so muss er streben, durch reichlichere Erzeugung mit demselben Aufwande sich einen Gewinn bei den Konkurrenzpreisen zu sichern; und wenn dies bei seinem bisherigen Gewerbe nicht geht, wird und muss er ein anderes Gewerbe ergreifen, bei dem es möglich ist. — Dieses sind, kurz und klar, die Gründe für Gewährung einer unbedingten Konkurrenz fremder Produzenten im einheimischen Markte zum Nutzen der ganzen Nation, in welcher Jedermann, wie gesagt, Konsument ist. Sie mögen den Breslauer Kaufleuten als blosse dialektische Uebungen einer idealen Wissenschaft erscheinen. Dennoch ist jene vorerwähnte Freihändlerpartei in England von dieser Idee so erfüllt, dass sie deren Sätze praktisch zu verwirklichen entschlossen ist. Sie weiss wohl, dass die Wissenschaft, welche für das Konsumenteninteresse Aller redet, in Konflikt mit der Praxis steht, welche für das Produzenteninteresse Einzelner, — für den künstlichen Mangel gegen die natürliche Fülle, — Gesetze gegeben hat. Aber eben diesem Konflikte will sie, durch Niederkämpfen der Produzentengesetze, ein Ende machen. Sie ist durch früheren Kampf und Sieg gestärkt; sie wird täglich stärker; und ist schon jetzt unwiderstehlich. Sie geht ihren Gang wie sie bisher ihn ging; sie richtet ihn nur auf den Nutzen Englands hin, und fragt nach keinem Anderen, am allerwenigsten nach dem Thun und Lassen fremder Regierungsbehörden. Wie ihre Wortführer *Cobden, Bowring, Thompson, Wilson* und Andere unumwunden erklärt haben, hat jene Partei über die Navigationsakte das Verdammungsurtheil gesprochen, weil sie für den Handel und die Rhederei Englands verderblich ist, wie die mit genauester Berücksichtigung des Terrains gemachten und in die sehr fassbare statistische Form gebrachten Ermittelungen des neuesten Parlamentsausschusses dargethan haben. Sie wird, im britischen Konsumenteninteresse, gegen jene Navigationsakte eine Macht der populären Agitation richten, zu deren Wirksamkeit Herrn *von Rönne's* Differenzialzollverband schwerlich etwas beitragen könnte; er wäre, glaube ich, viel eher geeignet, als unzeitiger Angriff, den britischen Volksgeist zur Behauptung der Navigationsakte aus Trotz, selbst zum eigenen Nachtheile, zu stimmen. Daher kann man auch nicht glauben, dass es redlich gemeint sei, wenn behauptet wird, die Differenzialzölle sollen nur dazu eingeführt werden, damit sie, durch schleunigste Erzwingung gegenseitiger Konzession wieder schwinden mögen. Denn man empfiehlt sie auch wegen allerlei Vortheile, die aus ihrem Bestehen erfolgen, aber mit der Erreichung gegenseitiger Navigationsfreiheit verloren gehen müssten; deshalb hat auch ein Süddeutscher ganz konsequent und aufrichtig erklärt, die Differenzialzöllner müssten wünschen, dass England seine Navigationsakte nicht mildern möchte! Mir scheint es, dass die Differenzialzöllner gerade jetzt eine besondere Thätigkeit an den Tag legen, weil sie fürchten, England könnte sein Beschränkungssystem rascher abschaffen, als sie das ihre durchsetzen; haben sie es aber einmal durchgesetzt, wozu sie Englands Navigationsakte noch vor dem Erlöschen als Vorwand benutzen möchten, dann vertrauen sie darauf, dass die Rückkehr zur Freiheit auf Hindernisse stossen werde; — und sie wollen, obgleich sie im Binnenlande wohnen, den Protestationen der Hafenstädte entgegen, die Schifffahrt beschränken, weil sie dadurch das Beschränkungssystem überhaupt zu ergänzen und zu befestigen hoffen. Wäre die Erreichung gegenseitig freier Schifffahrt ihr wahrer Zweck, so würden sie nicht in diesem Augenblicke, gerade vor Eröffnung einer Parlamentssession, welche über die Revision englischer Schifffahrtspolitik entscheiden soll, auf Retorsionsversuche ausdrücklich gegen England dringen.

Die Breslauer Denkschrift sagt ferner:

»Der Zollverein gewährt zwar den anderen handeltreibenden Staaten *alle Vortheile eines freien Verkehrs*; er selbst aber ist in seinem Verkehre (hauptsächlich in Grossbritannien) mit denselben vielfach beschränkt.

»Die Vereinsstaaten werden dadurch wesentlich beeinträchtigt, dass sie anderen Staaten gestatten, *sie einseitig auszubeuten.*

»Die Annahme eines Differenzialzollsystems würde uns zunächst mit jenen anderen Staaten *in gleiche Lage bringen.*«

Diese sehr unbestimmten Redensarten »alle Vortheile eines freien Verkehrs, — einseitig auszubeuten, — in gleiche Lage bringen« müssen näher geprüft werden, damit wir sehen, ob sie dem vorliegenden Sachverhältnisse entsprechen, oder nur solche Phrasen sind, womit Derjenige, der ohne Sachkenntniss doch reden will, sich zu behelfen pflegt. Berücksichtigen wir, genauer als die Denkschrift es gethan, das Terrain, auf welchem die Breslauer, im Konflikte mit ihrer angeblichen wissenschaftlichen Ueberzeugung, praktische Geltung für gewisse Beschränkungsprojekte gewinnen wollen.

Die Sache steht, in Wahrheit, wie folgt: Vereinsländische Schiffe, aus vereinsländischen oder gleichgestellten Häfen, mit vereinsländischen Produkten kommend, werden in britischen Häfen, hinsichtlich der Schiffs- und Waarenabgaben, wie britische Schiffe behandelt; und gegenseitig ebenso dergleichen britische Schiffe und Ladungen in vereinsländischen Häfen.

Von der Kabotage schliesst der Zollverein die englischen Schiffe und England die Zollvereinsschiffe aus. — Die Frachtfahrt zwischen Mutterland und dessen Kolonieen gehört aber zur Kabotage. Wie die vortreffliche Denkschrift des Herrn General-Steuer-Direktor *Kühne* »über Differenzialzölle,« sagt: „Die Schifffahrt zwischen dem Mutterlande und den Kolonieen, oder von einer Kolonie zur anderen, ist nach dem Seerechte aller Staaten, welche Kolonieen haben, eine Art der Kabotage. Für diesen Verkehr unseren Schiffen Gleichstellung mit der nationalen Flagge in Anspruch nehmen, hiesse: Zulassung zur Kabotage verlangen; und die Kabotage untersagen wir selbst allen fremden Nationen. Es kann aber wohl nicht in Frage kommen, den Engländern als Erwiderung einer solchen Forderung, die Zulassung zu unserer Küstenschifffahrt anzubieten, in welcher sie schwerlich ein angemessenes Aequivalent erblicken möchten.« — Kurz, England gestattet die Frachtfahrt zwischen seinen Häfen und seinen Kolonieen nicht den vereinsländischen Schiffen. Und der Zollverein hat keine Kolonieen, zwischen denen und seinen eigenen Häfen er den englischen Schiffen Frachtfahrten gestatten könnte.

Soweit ist die Gegenseitigkeit vollständig. Aber England gestattet nicht, dass in der Regel vereinsländische Schiffe die wichtigsten Produkte dritter Länder aus deren Häfen fahren; und nur rücksichtlich der Ausfuhr aus den Nordseehäfen zwischen Elbe und Maass ist eine Ausnahme zugestanden; wogegen der Zollverein den englischen, gleich den eigenen Schiffen gestattet, Produkte aus dritten Ländern nach dem Zollverein zu bringen.

Soll darin ein »einseitiges Ausbeuten« zur wesentlichen Beeinträchtigung der Vereinsstaaten liegen?

Erstens ist zu bemerken, dass englische Schiffe, welche, auf dergleichen sogenannten indirekten Fahrt, ein Frachtgeld verdienen, damit nur den gewöhnlichen Lohn für einen geleisteten, mit Mühe und Kosten verknüpften Dienst empfangen, also keinesweges ausbeuten, weil sie nichts umsonst, auch nicht mehr als jeder Andere für gleiche Leistung, erhalten. Aber sie beeinträchtigen die vereinsländischen Schiffe, denen sie die Gelegenheit zum Verdienst wegnehmen. Zugegeben. Fragen wir nun, ob dies faktisch in solchem Umfange stattfindet, dass daraus ein Uebel erwüchse, gegen welches man grosse, die ganze Schifffahrtspolitik umgestaltende Maassregeln anwenden müsste. Im Jahre 1846 haben, wie die Königsberger Denkschrift gegen Differenzialzölle bezeugt, nur 4 britische Schiffe, von 265 Last, direkte Fahrten aus dritten Ländern nach Zollvereinshäfen gemacht! — Und unter den 3453 beladenen Schiffen, welche in Hamburg im Jahre 1846 überhaupt einliefen, befanden sich bloss 29 englische von indirekter Fahrt, — nicht einmal ein Prozent! Ausserdem kamen auf indirekter Fahrt 9 französische, 2 portugiesische, 2 spanische und von weiteren Reisen etwa 15 niederländische, zusammen 28 Schiffe, also auch weniger als ein Prozent! — Und die Herren in Breslau, welche diese Faktoren aus den erwähnten Denkschriften und deren Quellen hätten entnehmen können, wollen zu verstehen geben, dass *sie* das

Terrain, d. h. die faktischen Verhältnisse berücksichtigen, die Freihandelsmänner nicht!

Ein anderer Beschwerdepunkt ist folgender: Der Zollverein gestattet die Einfuhr von Produkten aus anderen als den Ursprungsländern. England verbietet dies überhaupt; es gestattet weder den eigenen noch fremden Schiffen den sogenannten indirekten Handel.

Das Hauptbestreben der Differenzialzöllner geht darauf hinaus, den indirekten Handel, das Beziehen von Produkten aus näheren Entrepots, anstatt direkt aus den fernerliegenden Ursprungsländern, abzuschaffen; deshalb wählte auch Herr *von Rönne* für seine bekannte Verkündigung des Projektes den Titel: »Denkschrift betreffend die *Begünstigung des direkten Verkehrs zwischen den Staaten des Zollvereins und den aussereuropäischen Ländern.*«

Wie verhält sich gegenwärtig der direkte zum indirekten Handel in deutschen Häfen? Das ist die erste Frage; — denn von einer Berücksichtigung des Terrains muss jedesmal ausgegangen werden.

Die Hamburger Denkschrift zeigt nun, dass im Jahre 1845 in Hamburg von der Totaleinfuhr folgender Haupthandelswaaren die direkte Einfuhr betrug

      für Rohzucker . . . . 92 Prozent
      Kaffee . . . . 83 „
      Tabak (inkl. der Einfuhr über Bremen
         und Altona) . . . . 88 „
      Häute . . . . 79 „
      Reis (15 jähriger Durchschnitt) . . . 72 „

Nur in roher Baumwolle war das Verhältniss gering, nämlich 55 Prozent; doch war dasselbe in raschem Steigen begriffen, denn im Durchschnitt der 5 Jahre, 1838 bis 1842, betrug es nur 30 Prozent. — In Betreff der Konsumtion im Zollverein sagt Herr *von Rönne*, ohne statistischen Nachweis, dass über die Hälfte alles Kaffee's und etwa ein Drittel alles Zuckers über holländische Häfen aus Java komme.

Das direkte Beziehen der hauptsächlichsten sogenannten Kolonialwaaren, mit Ausnahme der Baumwolle, ist in Hamburg die Regel, und das Entnehmen derselben aus europäischen Entrepots eine jährlich seltener werdende Ausnahme. Ueberdies lehrt uns eine praktische Kenntniss der dortigen Geschäfte, dass jene indirekten Beziehungen theils zur gelegentlichen Benutzung günstiger Konjunkturen, theils zum Assortiren des Marktes, hauptsächlich aber durch solche Kaufleute geschehen, deren Handelskapital nicht gross genug ist, um ganze Schiffsladungen von sehr grossen Entfernungen her, also mit langsamerem Geldumsatze zu bestreiten, weshalb sie, um überhaupt handeln zu können, sich rasch aus der Nähe mit beliebig kleinen Quantitäten versorgen müssen. Wollte man also jene indirekte Einfuhr erschweren, so würde man nicht etwa den direkten Handel dadurch vermehren, sondern durch Unterdrückung jenes kleineren, respektive gelegentlichen Betriebes den Einfuhrhandel überhaupt vermindern.

Die rohe Baumwolle zieht sich, aus sehr erklärlichen Gründen, nach einem Zentralmarkte hin. Was Breslau für den Vertrieb schlesischer Schaafwolle ist, das ist Liverpool für die Baumwolle der ganzen Welt, — ein Mittelpunkt, wo die Vorräthe Käufer, und die Käufer Vorräthe sicher finden. Die Baumwollvorräthe folgender Handelsplätze verhalten sich respektive: in Stettin 1, Bremen 5, Hamburg 25, Liverpool 470. Was macht aber den Baumwollmarkt zu Liverpool über 15 mal so gross als jene drei anderen zusammen? Was zieht denn mit so überwiegender Macht die Produkte und Käufer dorthin? Doch nur das eigene Interesse, welches im Allgemeinen den grössten der Märkte sucht, weil dort der Preis am stetigsten und die Auswahl am reichlichsten ist.*) Es ist im Interesse Aller einen Mittelpunkt zu haben, — so wie es im Interesse des Büchervertriebes ist, dass ein Danziger über Leipzig eine Schrift beziehe, welche in Königsberg herausgegeben ist. Was gerade bewirkt, dass dieser oder jener Ort zum gemeinschaftlichen Zentrum des Vertriebes einer gewissen Waare wird, das lässt sich nur nach

---

*) Die Beschränkungspartei sagt bisweilen: „Die einheimische Industrie muss, bei dem Beziehen ihres Materials, vor den Schwankungen *fremder* Märkte geschützt werden." Es sollte heissen „vor Marktschwankungen überhaupt möglichst sich schützen dürfen," — dies aber vermag sie nur dann, wenn man ihr den freien Zugang zu den *grössten* Märkten, gleichviel, ob fremden oder inländischen, lässt. Note des Verf.

den besonderen Umständen für jeden Fall angeben. Hoffentlich aber kennen die Breslauer Kaufleute das Terrain hinlänglich, um sich selber zu sagen können, warum Liverpool, zwischen Manchester und New-Orleans, und in einem kapitalreichen Lande gelegen, Hauptmarkt für Baumwolle geworden ist, und auch bleiben muss. Aber keiner zwingt die vereinsländische Industrie, den Liverpooler Markt zu benutzen; sie hat die Wahl, direkt aus dem Ursprungslande ihre Rohbaumwolle zu beziehen. Und diese freie Wahl möchte man ihr künftig verkümmern? — vorgeblich in ihrem Interesse! Trotz der bisher freigestellten Benutzung fremder Schiffe und Entrepots konnte sich in Deutschland kein eigentlicher Zentralbaumwollmarkt für die über verschiedene Flussgebiete vertheilten Industriellen bilden. Und doch will man einen solchen, der ausschliesslich durch vereinsländische und ursprungsländische Schiffe direkt aus dem Erzeugungslande versorgt werden muss, ohne Nachtheil für die Zollvereinsindustrie erzwingen? Fürwahr, ein solches Vorhaben scheint mir nicht durch eine allzugenaue Berücksichtigung des Terrains eingegeben zu sein.

Aber warum soll denn der Zollverein für mehr als die Hälfte seines Kaffeeverbrauchs sich aus Holland versorgen? — Weil die holländische Regierung den Javakaffee nöthigt, und, trotz aller Retorsionen, stets nöthigen wird, den Weg nach seinen Lagerhäusern zu machen; — und der Javakaffee, selbst aus Holland bezogen, dem Konsumenten im Zollvereine sich am preiswürdigsten zeigt. Möglich, aber keinesweges gewiss, ist es, dass, wenn vereinsländische Schiffe ihn, unter denselben Bedingungen wie holländische Schiffe, aus Java direkt holen dürften, er etwas billiger als jetzt zu stehen käme. Aber selbst bei indirekter Einfuhr ist er der billigste Kaffee. Warum denn soll man nicht fortfahren, sich mit demselben sogar auf indirektem Wege zu versorgen? Weil er nicht so wohlfeil ist, als er unter anderen Umständen vielleicht werden könnte, ist das ein Grund, ihn theuerer, als er unter jetzigen Umständen ist, zu machen? Denn darauf allein läuft der Differenzialzollvorschlag hinaus. Dieser wird uns die Freigebung der direkten Einfuhr aus Java nicht erzwingen, wovon eine Berücksichtigung des Terrains holländischer Kolonialverhältnisse uns sogleich überzeugen muss; er wird bloss den Konsumenten im Zollvereine nöthigen, entweder 8 Pfennige für's Pfund Javakaffee mehr als jetzt zu geben, oder andere Sorten, die er jetzt nicht so gerne kauft, zu gebrauchen.

Gehen wir nun von den Einzelheiten ab, und ziehen wir den praktischen Kern des Ganzen gegen indirekte Schifffahrt und indirekten Handel gerichteten Differenzialzollprojekts hervor, so finden wir Folgendes:

Sachlage: Benutzung fremder Schiffe und Zwischenmärkte, insofern sie die Gelegenheit billigster Versorgung darbieten.

Aufgabe: Nichtbenutzung fremder Schiffe und Zwischenmärkte, wenn sie gleich die Gelegenheit billigster Versorgung darbieten.

Mittel: Zollaufschlag, welcher die Benutzung fremder Schiffe und Zwischenmärkte stets wenigstens so theuer, als der Bezug in eigenen Schiffen aus den Ursprungsländern ist, mache.

Die ganze kaufmännische Intelligenz bestrebt sich, uns wohlfeilere Beziehungswege zu eröffnen. Die handelspolitische Weisheit der Differenzialzöllner dagegen macht sich das leichtere Geschäft, die wohlfeileren Beziehungswege zu schliessen! »Eine *innere* Nothwendigkeit« sagt die Denkschrift über Begünstigung des direkten Handels »spricht nicht dafür, dass es für Deutschland vortheilhafter sein sollte, seine Kolonialwaaren durch Vermittelung dritter Nationen zu beziehen, als direkt.« Eine *innere* Nothwendigkeit haben wir auch gar nicht darum zu befragen. Denn diese »*innere* Nothwendigkeit» bezeichnet bloss eine Schlussfolgerung, die man lediglich aus allgemeinen Annahmen, nach den Regeln des Syllogismus, machen muss. Wenn man z. B. die praktischen Details des Baumwollhandels nicht kennt, sondern nur aus allgemeinen Prämissen syllogisirt, dann kann man sich allerdings nicht sagen, warum ein deutscher Spinner lieber in Liverpool als in New-Orleans seinen Rohstoff kauft. Wenn man aber alle Details kennt, dann erkennt man den Grund, welcher zwar nicht auf innerer Nothwendigkeit, wohl aber auf äusserem Vortheil beruht. Daran, dass jene Denkschrift von »innerer Nothwendigkeit« redet, können wir den Grundfehler, der ihren Raisonnements allen Werth raubt, erkennen. Sie stellt nämlich von vornherein gewisse Sätze auf, welche das faktische Terrain des Handels nur nach allgemeinen Umrissen bezeichnen, — wie sie Einer ohne praktische Detailkenntniss nur aufstellen kann. Aus diesen allgemeinen Sätzen nun will sie Regeln für die praktische Leitung des Handelsganges juristisch deduziren. Sie verfällt in eine blosse Scholastik oder ein Spiel mit logischen Formeln. Ihre Schlüsse mögen durch innere (formell-logische) Nothwendigkeit mit ihren Prämissen verknüpft sein; aber sie geben keine Regeln für die Praxis, denn diese Prämissen enthalten bei weitem nicht alle Faktoren der Wirklichkeit. Jeder Satz, den wir aus jener Schrift anzuführen haben, wird das Zutreffende des eben gemachten Vorwurfs bekunden. »Die kombinirten Frachten von Amerika nach England und von England nach irgendeinem deutschen Hafen sind *selbstredend* theuerer, als die Frachten von Amerika direkt nach eben diesem Hafen.« Was bedeutet hier das Wort »selbstredend«? Wieder jene »innere Nothwendigkeit«, wieder Scholastik! Dem Verfasser schwebt gewiss aus seiner Schulzeit der planimetrische Lehrsatz vor, dass die Summe zweier Seiten eines Dreiecks, wie stumpf auch der eingeschlossene Winkel, allemal grösser als die dritte Seite sei. Aber steht denn im Handel die Höhe der Fracht allemal in ebenso genauem mathematischen Verhältnisse zur Länge der Fahrt?*) Jeder praktische Kaufmann wird Beispiele geben können, wo kombinirte Frachten nebst Umladungskosten weniger als die direkte Fracht betragen. »Wenn es gleichwohl bei manchen Artikeln dem deutschen Konsumenten in einzelnen Fällen vortheilhafter sein mag, seinen Bedarf aus europäischen Entrepots, namentlich in England, zu entnehmen, als direkt aus dem Ursprungslande, so liegt dies nur darin, dass England durch regelmässige Handelsverbindungen mit den Ursprungsländern

---

*) Dies erinnert mich an folgendes Rechenexempel, das ich einst in einem alten Schulbuche fand: „Wenn ein Fuhrmann für 5 Thlr. eine Waarenlast von 50 Zentner 10 Meilen weit fährt, wie weit würde er für dasselbe Geld mit einem Loth fahren müssen." Das Fazit belehrte mich, dass ein Fuhrmann, nach innerer Nothwendigkeit, für 5 Thlr. etwa dreimal um die Erde fahren müsste! Ob er es, nach äusseren Fuhrmannsrücksichten, thun würde, kommt für die Gültigkeit der blossen Schulformel nicht in Betracht. Note des Verf.

sich im Besitze eines grossen Marktes befindet, der das Inland ausschliesslich versorgt, während unserere Gesetzgebung ihm zugleich den Vortheil des Absatzes nach Deutschland bietet« — und man darf hinzufügen, noch nicht den Deutschen den Vortheil abgeschnitten hat, sich »mit manchen Artikeln in gewissen Fällen« im grossen englischen Markte versorgen zu dürfen. »Der deutsche Einkäufer ist gewiss, auf dem englischen Markte assortirte Vorräthe aus den verschiedenen Produktionsländern vorzufinden, während die Verbindungen Deutschlands mit diesen Produktionsländern noch nicht vielfältig und regelmässig genug sind, um jederzeit die Befriedigung des mannigfachen Bedürfnisses auf direktem Wege zu sichern. Dieser Vorzug (nämlich der reichlicher assortirten Vorräthe) des vermittelnden fremden Marktes würde verschwinden, wenn alle aussereuropäischen Importe direkt nach Deutschland geführt, und hier im Lande selbst ein grosser Markt gebildet würde.« Hat sich der Verfasser eine Vorstellung von allen Bedingungen gemacht, die zur Bildung eines grossen Marktes gehören? Er giebt zu verstehen, dass »unsere Gesetzgebung, welche den Engländern den Vortheil des Absatzes nach Deutschland bietet« den englischen Markt gross gemacht habe. Aber unsere Gesetzgebung hat dabei nichts gemacht, sondern bloss *nicht gehindert* das, was die Fähigkeit besass, sich selbst zu machen. Unsere Gesetzgebung hat ebenfalls nicht gehindert, die Bildung eines grossen Marktes in Deutschland, wozu aber die Entstehungsfähigkeit sich nicht gezeigt hat. Unsere Gesetzgebung war passiv, jetzt soll sie aktiv werden; sie soll einen grossen Markt machen. Aber wie? Die Denkschrift sucht, auf dem Wege syllogistischer Kunst, die Mittel zu finden, wie folgt:

  England hat einen grossen Markt;
  England hat regelmässige Handelsverbindungen mit den
    Ursprungsländern;
folglich
  Man zwinge den Zollverein, bei Strafe eines Zollaufschlags, seinen Bedarf direkt aus den Ursprungsländern zu beziehen,
  Alsdann hat auch der Zollverein einen grossen Markt.

Wenn auch der Zollverein seinen ganzen Twistbedarf selbst

verfertigte, würde er nur etwa 200,000 Ballen rohe Baumwolle einführen, — eine Quantität, welche, gegen die 1,600,000 Ballen jährlich in Liverpool, immer keinen grossen Markt bilden könnte. Doch das ist Nebensache. Es kommt darauf an, zu fragen, nicht ob der durch Zwangsgesetze bewirkte Markt gross sein, sondern ob er wohlfeil versorgen würde? Diese Frage beseitigt die Denkschrift, auf ihre Weise, sehr leicht. »Die Konsumtion Deutschlands« sagt sie »ist hinreichend für einen selbstständigen Markt im Lande, und auf diesem würden in der Regel die aussereuropäischen Produkte für die deutschen Käufer wohlfeiler sein müssen, als in den englischen Entrepots, *weil die Kosten des Zwischenhandels erspart werden.*«

Dieses Raisonnement ist sehr plausibel, scheint ganz auf innerer Nothwendigkeit zu beruhen: Zwischenhandel wird vermieden, Zwischenhandel macht Kosten, Kostenvermeidung ist Kostenersparniss, und Kostenersparniss bedingt Wohlfeilheit. Eine so feste Syllogismenkette, wie man nur wünschen kann, und doch nur eine Falle für Solche, die nicht sehr schwer zu mystifiziren sind! Man beweist nämlich hier syllogistisch, dass direkt bezogene Produkte wohlfeiler als indirekt bezogene sein müssen, — und zugleich fordert man Differenzialzölle, weil in der Wirklichkeit indirekt bezogene Produkte häufig wohlfeiler als direkt bezogene Produkte sind. Um diesen Zwiespalt zwischen der Natur innerer Nothwendigkeit und äusserer Thatsächlichkeit zu lösen, müssen wir darauf aufmerksam machen, dass das Wesen des formalen Deduzirens, welches lediglich den Inhalt der ersten Annahmen auseinanderlegt, ganz verschieden von dem des thätigen Schaffens ist, welches bei jedem Schritt einen neuen Faktor hereinbringt. Formel-mathematisch ist der gerade Weg der kürzeste; und im Allgemeinen stehen die Kosten in direktem Verhältniss zur Länge des Handelsweges. Dennoch darf man nicht als ausgemacht hinstellen, wie die Denkschrift es thut, dass der direkte Handelsweg die Produkte am wohlfeilsten bringt. Wenn man sagt: »Die Kosten des Zwischenhandels werden erspart« so erschleicht man die Annahme, dass, wenn die Kosten des direkten Handels anstatt der Kosten des Zwischenhandels zu tragen sind, man wirklich eine Ersparniss macht. Bisweilen ist dies der Fall, bisweilen nicht. Wo es der Fall ist, da bedarf es keiner

Differenzialzollgesetzgebung, um Kaufleute zum direkten Handel zu bewegen, falls sie Kapital genug dazu besitzen. Differenzialzölle äussern überhaupt nur darin eine Wirksamkeit, dass sie den direkten Bezug da erzwingen, wo der indirekte Bezug wohlfeiler wäre; — sie gehen darauf hinaus, durch einen Zollaufschlag die Kosten der indirekt bezogenen Waaren da zu vermehren, wo sie sich geringer, als die der direkt bezogenen Waaren zeigen. Wie aber soll eine künstliche Vertheuerung besonderer Importe, die Importe im Allgemeinen wohlfeiler machen? — Der Urheber des Projektes hätte sich und Anderen, die in ihn Glauben setzen, vielen Irrthum erspart, wenn er nur einen Schritt tiefer im Aufsuchen der Ursachen gegangen wäre. Er findet nämlich, dass regelmässige Verbindungen mit den Ursprungsländern der Grösse des englischen Marktes zu Grunde liegen. Er hätte aber auch weiter fragen sollen, was denn jenen regelmässigen Verbindungen zu Grunde liegt. Er hätte gefunden, dass Mancherlei, vor Allem aber ein grosses Handelskapital, die eigentliche Basis derselben bildet. Alles Uebrige bietet nur Gelegenheit, oder Möglichkeit, ist mehr negativ wirkend; das Kapital ist der positiv schaffende Hebel. Wenn man grosse Mittel zu einem grossen Geschäfte hat, so kann man mehr aus erster Hand kaufen, und braucht nicht mehr die Dienste zu bezahlen, welche das Kapital eines Vermittlers leistet; aber warum soll die Gesetzgebung die Benutzung solcher fremden vermittelnden Kapitale vertheuern? Sobald der Dienst weniger werth wird, als er kostet, hört ja seine Benutzung von selbst auf. Den ganzen deutschen Importhandel direkt zu betreiben, erfordert ein grösseres Kapital, als jetzt hinein gesteckt wird. Das Differenzialzollsystem wird, durch Ausschliessen der indirekten Importe, eine Theuerung erzeugen, und, vermöge der gesteigerten Preise, einiges Kapital anderen Gewerben entziehen und in den Importhandel hineinleiten, wodurch jenen anderen Gewerben die Produktionsmittel und der ganzen Nation die Verbrauchsmittel vertheuert werden. — Der Trugschluss, der die Differenzialzöllner verleitet, beruht auf einer Verwechselung von Ursache und Wirkung. England ist sehr reich und darum hat es einen grossen direkten Handel; sie sagen also: Dekretiren wir nur einen grossen direkten Handel und dann sind wir sehr reich.

Eine ähnliche Umkehrung des ursächlichen Verhältnisses zeigt jene Denkschrift von 1845 in ihren Raisonnements über die Handelsmarine. »Die Geschichte des Handels lehrt,« sagt sie, »dass der Austausch der Erzeugnisse zwischen zwei durch die See getrennten Ländern *regelmässig* nur durch die Schiffe dieser Länder selbst befördert wird.« Die Geschichte des Handels hat mich im Gegentheil belehrt, dass die Schiffe der Phönizier, Venczianer, Holländer, den Austausch zwischen verschiedenen anderen Ländern mit grosser Regelmässigkeit beförderten. Aber mit der Beförderung zwischen Zweien, die man (mit gesperrter Schrift) »*regelmässig*« nennt, darf wohl kein durch einen Dritten vermittelter, sondern nur ein direkter umfangreicher Handelsbetrieb verstanden werden. Also ein umfangreicher, direkter überseeischer Handel ist geschichtlich stets von einer eigenen Handelsmarine begleitet gewesen. Allerdings; denn solchem Handel liegt der Besitz eines grossen Kapitals zu Grunde, worauf sich auch eine eigene Marine natürlich errichtet. »Die Rhederei muss sich nach den Bedürfnissen des Handels ihres Landes richten.« Sie thut es gewiss, wenn keine Gesetzgebung sich einmischt. Der Handel eines Landes aber hat das Bedürfniss nach billigstem Transport; und wenn dieser zum Theil durch fremde Schiffe dargeboten, aber durch Beschränkungsgesetze vorenthalten wird, damit künstlich erhöhte Frachtpreise die Zahl der nationalen Schiffe vermehren, dann richtet sich die Rhederei nicht nach den Bedürfnissen des Handels ihres Landes. »Der Handel und die Schifffahrt aller Küstenländer stehen in der engsten Verbindung mit einander.« Keiner wird's bezweifeln. Nur ist damit bloss der Grad, nicht die Art jener Verbindung bezeichnet. Ueberseeischer Handel und Schifffahrt sind zwei Verwendungsarten für Kapital; die respektiv verwendeten Summen müssen im Ganzen ein gewisses Verhältniss zu einander haben; aber ob die Kapitalisten eines gewissen Landes den Seetransport für den ganzen Handel ihres Landes selbst besorgen, oder durch Kapitalisten dritter Länder besorgen lassen sollen, richtet sich danach, ob sie eine vortheilhaftere Verwendung für ihr Kapital haben, als welche die Schifffahrt ihnen bietet. Wo Kapital genug, und für dieses keine gewinnbringendere Beschäftigung ist, da wird der ganze Seetransport sicherlich von einheimischen Rhedern besorgt. Man möge die Sache drehen und wenden wie man wolle, — Handel und Schifffahrt lassen sich nur durch Vermehren des Kapitals und dessen Freiheit heben. Differenzialzölle vermehren das Kapital nicht, vermindern aber dessen Freiheit.

Die Denkschrift von 1845 klagt darüber, dass fremde Schiffe dem deutschen Handel keinen regelmässigen Dienst leisten wollen, weil sie, »dem Dienste ihres eigenen Landes gewidmet, ihre Verbindung mit der Heimath nicht dauernd unterbrechen können.« Leere Phrase! Jedes Schiff ist dem Dienste Dessen gewidmet, der die beste Fracht bietet. »Fremde, in den Häfen gelegentlich sich findende Fahrzeuge« betet die Breslauer Denkschrift nach, können die Basis eines dauernden Verkehrs um so weniger bilden, als sie vorzugsweise dem Handel ihres Landes zu dienen bestimmt sind, und deshalb oft die Erscheinung darbieten, dass sie nach geschehener Ausladung in fremden Häfen in Ballast ohne Weiteres nach ihrer Heimath zurückkehren.« Dies thun sie schwerlich aus einem Gefühl von Heimweh, oder patriotischem Diensteifer, sondern lediglich weil sie keine hinlänglichen Frachtgüter dort liegen finden, wo sie ausgeladen haben. Diese Klage, dass fremde Schiffe den Transport für den deutschen Handel nicht besorgen *wollen*, ist überraschend. Ich dachte, die Beschränkung wurde verlangt, damit die vielen fremden Schiffe, die jetzt denselben besorgen wollen, es künftig nicht mehr sollen.

Um indessen den Schein einer so augenfälligen Inkonsequenz von sich zu weisen, geben die Differenzialzöllner vor, dass fremde Schiffe allerdings die Importe nach deutschen Häfen bereitwillig genug, und gar zu gern besorgen. Nur wollen sie nicht die deutschen Exportgüter nehmen. Sie kehren lieber in Ballast zurück, »weil sie dem Dienste ihres eigenen Landes gewidmet,« folglich viel zu patriotisch gesinnt sind, um nicht lieber ein persönliches Opfer an dargebotenem Frachtgeld zu bringen, als dem allgemeinen Interesse ihres Vaterlandes dadurch zu schaden, dass sie dem Absatz konkurrirender Fabrikate die Hand böten. — Wer das praktische Treiben des überseeischen Handels nicht kennt und nicht mit dem Rheder *Wilson*, dem Kapitain *Vanhuysen*, dem Agenten *Müller*, dem Kaufmann *Peterson* und dergleichen umgegangen ist und Geschäfte gemacht hat, der macht sich natürlich bloss verallgemeinerte Vorstellungen von ganzen Klassen, die er nach den Nationalitäten eintheilt und gegeneinanderstellt. Diese führt er als personifizirte Einheiten vor, und lässt sie natürlich nach allgemeiner Nationalpolitik einstimmig und konsequent handeln. Er sagt uns, wie »England« dies und »Deutschland« das thue; — wie der britische Rheder im Dienste britischer Industrie stehe; — wie also eine vaterländisch-deutsche Handelsmarine geschaffen werden müsse, welche aus gemeinsamem Nationalinteresse die einheimisch-deutsche Fabrikation unterstütze, und dergleichen mehr. Auf solche Weise ist ein national-politisches Handelssystem gar leicht ausgeheckt und zusammengestoppelt. Ein solches System entbehrt jedoch alle Begründung auf dem Terrain der Wirklichkeit. Man biete z. B. dem Rheder *Jones* eine Ladung deutscher Fabrikate nach Brasilien an; er wird allein nach dem Betrage der zu verdienenden Fracht, und gar nicht danach fragen, ob der Exporteur *Smith* in London, oder der Fabrikant *Price* in Manchester dadurch eine unerwünschte Konkurrenz erleide oder nicht. Im Erwerben steht Jeder für sich, dient nur sich selber; und im Ganzen wird Allen dadurch am Meisten gedient, dass Jedem freigestellt wird, sich selber zu dienen. Im Handel und Erwerb ist Alles individuell. Kein Rheder, *Jones*, *Brown* oder *Jackson*, widmet sich dem Dienste irgend eines Fabrikanten, *Price*, *Bell* oder *White;* also widmet sich auch nicht die britische Rhederei dem Interesse britischer Fabrikation, — denn was von keinem Einzelnen gilt, ist nicht von der Summe der Einzelnen wahr. Es ist nicht »England« nicht »Deutschland«, welches fabrizirt, Schifffahrt treibt und ausführt; sondern einzelne Engländer und Deutsche sind es, wovon Jeder seinen Partikulargewinn erstrebt. Die Beschränkungspolitik aber sieht von diesen Einzelinteressen ganz ab, wirft sie alle in einen Topf, den sie Nationalinteresse nennt, und in Gegensatz zum vermeintlichen Interesse anderer Nationen stellt. Sie kennt nur zwei Kategorieen: Einheimische und Auswärtige. Den Einheimischen soll sie nützen; — das ist schwer. Den Auswärtigen schaden, ist eine leichtere Aufgabe, — welche sie auch mit Eifer verfolgt, als ob sie dadurch ihren eigentlichen Zweck erfüllen müsste, — etwa wie man in der formellen Logik indirekt Etwas setzt, wenn man dessen Gegensatz negirt. Und indem diese Beschränkungspolitik alle Einheimischen als ein Gesammtinteresse betrachtet, kann ihre Theorie auf die Vertheilung des Gewinns zwischen den einzelnen Einheimischen keine Rücksicht nehmen. Wie viel Lohn ein Land sich selber zahlt, — welchen Preis die einheimische Industrie dem Inlande abfordert, — welche Kosten eine nationale Marine dem vaterländischen Handel macht, — das gilt ihr gleich. »Das Geld bleibt im Lande«, — »der Gewinn der Industriellen schafft Konsumenten für den Ackerbau«, — »ein blühender Handel hebt die Industrie«, — »Schifffahrt und Handel stehen in der engsten Verbindung mit einander«, — solche in der grössten Allgemeinheit gefassten Sätze will sie, ohne alle schärfere Bestimmung, zur Richtschnur für praktische Gesetzgebung machen. Haben aber die Einheimischen eine gemeinschaftliche Kasse, so dass es gleichgültig wäre, ob Diesem mehr, Jenem weniger zu Gute käme? Ist es Einem einerlei, welchen Lohn man zahlt, oder vielmehr, was für den Lohn geleistet wird, wenn nur der Arbeiter ein Landsmann ist? Findet der Weber für die Vertheuerung seines Garns einen Trost darin, dass um so mehr Mitbürger dem Spinnen obliegen? Sind Ackerbauer, Maschinenbauer und alle tausend Gewerbe, denen das Eisen eine Hauptsache ist, für die Vertheuerung dieses Materials entschädigt, weil der Preisaufschlag in eine einheimische Tasche fliesst? Findet sich bei einer genauen Berücksichtigung des Terrains irgend Etwas von einer solchen Gemeinwirthschaft? Der wissenschaftliche Staatswirth ist gerade Derjenige, welcher, bei den Handelsfragen, auf Berücksichtigung des wirklichen Terrains, nämlich auf Festhaltung der unterschiedenen Interessen und Berechtigungen unter den Einheimischen, dringt; während die Beschränkungspartei ihm nur mit personifizirten Abstraktionen und allgemein gefassten Maximen entgegentritt.

Durch ein derartiges Absehen von dem praktischen Terrain, und Umherwerfen mit allgemeinen Redensarten, wollen die Differenzialzöllner uns auch vorspiegeln, dass die Erzwingung einer vermehrten nationalen Schifffahrt nach transatlantischen Ländern einen vermehrten Absatz deutscher Fabrikate dorthin bewirken werde. »Gehen unsere Schiffe«, sagen die Breslauer, »nach transatlantischen Ländern, um dort direkt die Waaren zu holen, die wir in so grossen Massen verbrauchen, so führen sie dorthin auch unsere Fabrikate«;

— d. h. sie führen dorthin so viel und nicht mehr von unseren Fabrikaten, als was durch Güte sich empfiehlt und schon jetzt hinlängliche Transportgelegenheit findet. »Nur wenn ein regelmässiger Schifffahrtsverkehr auf den *eigenen* Schiffen stattfindet, kann der Austausch der Waaren zwischen zwei Ländern mit Vortheil betrieben werden« schreibt die Denkschrift von 1845. »Frachten und Rückfrachten unterstützen sich dann gegenseitig; der deutsche Exporteur kann das Risiko, welches mit der Versendung deutscher Waaren nach dem neutralen Markte, wegen des ungewissen Absatzes verbunden ist, eher übernehmen, wenn er die Gewissheit hat, *an der im Zoll bevorzugten* Rückladung ein gutes Geschäft zu machen.« Dies heisst mit anderen Worten, Herr *von Rönne* will Differenzialzölle als *versteckte Ausfuhrprämien* benutzen. Doch will ich auf die Raisonnements über diesen Punkt nicht weiter eingehen, sondern an die Thatsachen verweisen. Erstens sind in den letzten zehn Jahren von allen aus Hamburg nach transatlantischen Häfen abgegangenen Schiffen neun Prozent derselben in Ballast gesegelt, — ein Beweis, dass es nicht an Gelegenheit zur Versendung deutscher Fabrikate gefehlt habe. Zweitens ist die Betheiligung deutscher Schiffe an der direkten transatlantischen Frachtfahrt in jener Zeit von 41 auf 60 Prozent gestiegen. Ist aber gleichzeitig und in Folge dessen, der Absatz deutscher Fabrikate nach den transatlantischen Ländern in gleichem Verhältnisse gestiegen? Die Differenzialzöllner beklagen das Gegentheil. Wenn aber die natürliche und so auffallende Zunahme der Betheiligung deutscher Schiffe am transatlantischen Verkehr nicht eine entsprechend vermehrte Ausfuhr deutscher Fabrikate bewirkt hat, wie soll man annehmen dürfen, dass eine künstliche Vermehrung solcher Betheiligung jenen Erfolg haben müsse? Alle Theorie, womit man beweisen will, dass der Absatz deutscher Fabrikate nach dem Auslande im direkten Verhältnisse zur Zahl der absegelnden deutschen Schiffe nothwendig stehe, scheitert an der gemachten Erfahrung. Wir finden sogar, dass in den fünf Jahren 1837 bis 1841 von Hamburg 1438 Ladungen, dagegen in den fünf Jahren 1842 bis 1846 nur 1362 Ladungen nach transatlantischen Häfen abgingen; und dennoch waren in der letztgenannten Periode 739 und in der erstgenannten Periode nur 650 deutsche Schiffe dabei betheiligt.

Die Hauptpunkte dieser Breslauer Denkschrift hätte ich hiermit besprochen, und deren Haltlosigkeit, glaube ich, bewiesen. Weiter in's Einzelne mit der Kritik zu gehen ist um so weniger nöthig, da diese Breslauer Denkschrift weiter gar nichts, als ein blosses Aufwärmen der *von Rönne'*schen Denkschrift von 1845 ist; — weshalb ich auch meistens auf diese letztere in meiner Besprechung zurückging.

Die Breslauer reden am Eingange von »Ansichten« die sie »aus ihrer besonderen Stellung« gewonnen haben wollen. Durch ihre Denkschrift indessen beweisen sie, dass sie gar keine eigentliche Ansicht über die vorliegende Frage, und keine andere Stellung zu derselben haben, als welche Jedermann hat, der jene Denkschrift von 1845 gelesen hat, ohne sie prüfen zu können. Wir suchen vergebens in der Breslauer Denkschrift nach irgend einer Belehrung über die speziellen Verhältnisse in jener »gewerbreichsten Gegend Deutschlands« wo die Unterzeichner thätig sind. Nichts dergleichen finden wir, — keine einzige betreffende Zahlenangabe, keine bezügliche Thatsache. — Doch halt! Ich will nicht ungerecht sein, oder zu viel behaupten. Es findet sich allerdings in der Breslauer Denkschrift *eine* Sache, die nicht aus Herrn *von Rönne's* Denkschrift entlehnt, sondern auf das eigene Urtheil und die eigene Beobachtung und Berechnung der Breslauer gestützt sein dürfte. Sie sprechen nämlich die Ansicht aus, dass künftig das polnische und galizische Getreide nicht die Flüsse hinunter geflösst und in den Hafenplätzen gelagert, sondern in Krakau aufgespeichert werden wird, um dann, wenn eine Konjunktur eintritt, auf der Eisenbahn spedirt, und »gleich von den Waggons weg in Hamburg und Stettin seewärts verladen zu werden«. Die Berechnung hätte ich gern gesehen, welche gewiss gemacht worden ist, über die nöthige Zahl der Waggons für möglichst rasche Versendung von bisweilen 50,000 Last, oder 3 Millionen Scheffel Getreide, und über die Fracht pro Scheffel, zu 3 Pf. die Meile, von Krakau bis Hamburg!

Das Erscheinen dieser Breslauer Denkschrift müssen wir in hohem Grade bedauern; — nicht etwa, weil sie einen nachtheiligen Einfluss auf die Entscheidung der Frage haben könnte, — nein, im Gegentheil — weil eine so motivlose Arbeit geeignet ist, das

Votum praktischer Kaufleute, welches in Handelsfragen von grossem Werth sein kann, in gänzlichen Misskredit zu bringen, und jedes Einflusses überhaupt zu berauben.

Der Name Breslau hat unter uns einen guten Klang. Hinsichtlich der Bildung und Gesinnung rangirt es gewiss in erster Linie mit. Die dortige Handelswelt dürfte also mit Recht dagegen reklamiren, wenn man über sie im Ganzen ein Urtheil fällen wollte auf Grund dieser Denkschrift für Differenzialzölle, welche nur von den Aeltesten und dem Komité der Kaufmannschaft unterzeichnet ist. Aber selbst über die handelspolitische Einsicht dieser beiden Kollegien möchte ich nicht, aus dem vorliegenden Aktenstück allein, aburtheilen. Vielmehr vermuthe ich, dass die Entstehungsgeschichte desselben, wenn man sie enthüllen könnte, zeigen würde, wie Einer, der ein Interesse bei der Denkschrift von 1845 hat, diese neue Auflage derselben, Jemanden in die Hände schob, dem der Herr von Rönne eine Autorität ist, und der in Ansehen bei seinen kaufmännischen Kollegen steht, welche ohne viel selbstständige Prüfung, aus Anhänglichkeit, Bequemlichkeit und um nicht etwas Fertiges wegzuwerfen, die Sache adoptirt haben mögen. Dieser Schlendrian ist zwar noch immer sehr gewöhnlich, nur geht er, glücklicherweise, nicht mehr durch, wo man sich so scharf auf die Finger sieht, wie die handelspolitischen Parteien es heutzutage thun.

III.
Petition
um Schutz gegen Beschränkung des Verkehrs.
(Berlin, 12. August 1848.)

An die
Deutsche National-Versammlung in Frankfurt a. M.

Hohe Versammlung!

Die verderbliche Herrschaft der Sonderinteressen hat Deutschland endlich genöthigt, *durch Urwahlen, welche von allen Einzelrechten absehen,* Sie, die Vertreter der Gesammtnation, zu berufen, *um fortan das Allgemeininteresse zur Geltung zu bringen.*

Gegenseitige Bedrohung der Staaten, Unterhaltung grosser stehender Heere, Errichtung übermächtiger Regierungsgewalten, Erschöpfung der Volksmittel durch Besteuerung, Massenverarmung und Gefährdung der sozialen Ordnung, — dieses sind die Grundzüge des von Ihnen vorgefundenen Zustandes, der, unter dem Namen: »System des bewaffneten Friedens«, *ein chronisch gewordenes Kriegsübel unter Polizeistaaten bildete.* Die Staatsgewalt wurde Selbstzweck. Sie erstrebte nicht das Volkswohl, sondern einen hohen Rang inmitten der europäischen Grössen. — So stellte sich das glänzende Auftreten der Staaten in immer grelleren Kontrast zu dem düsteren Hinsiechen der Volksmassen.

Stützpunkt dieses Systems ist die Feindseligkeit, welche, durch Vorspiegelung entgegenstehender Interessen, unter den Völkern angeschürt und genährt wird. Obwohl jedes zivilisirte Volk ein gleiches Interesse daran hat, im Inneren frei, nach Aussen unabhängig, seine Kräfte der Besserung seiner sozialen Lage zu widmen, — obwohl kein Volk ein Interesse an der gewaltsamen Beraubung und Unterdrückung eines anderen Volkes haben kann, indem die Regierenden das Volk nur an den Kosten und dem Drucke, niemals an der Beute, theilnehmen lassen, — dennoch, unter der Herrschaft der Sonderinteressen, richteten sich die verblendeten Nationen selber zu Grunde in dem Bestreben, einander zu Grunde zu richten, erlagen selber der Gewalt, womit sie einander Gewalt anthun wollten.

Die Eroberungssucht der Herrschenden hat in dem erwachenden Rechtsgefühl der Völker ihre Schranke gefunden. *Aber als Quelle der gegenseitigen Feindseligkeit bleibt* der Wahn, dass durch Hemmung des internationalen Verkehrs, der Erwerb einem Volke zu sichern sei. Für diesen Wahn kämpft das Sonderinteresse Weniger, welche, anstatt sich der Ausbildung eines von den Lokalumständen begünstigten Industriezweiges zu widmen, ein im Auslande vervollkommnetes Gewerbe, unter Benutzung missbräuchlicher Tarifoperationen nachmachen wollen. Wider diesen Wahn aber streitet *das staats- und volkswirthschaftliche Naturgesetz*, welches, als Bedingung der Befriedigung vermehrter Volksbedürfnisse, vorschreibt:

> unter den Nationen dieselbe Arbeitstheilung durchzuführen, deren Ausbildung im Inneren des Staats als die Quelle aller Wohlfahrt anerkannt ist.

Dieses unabweisliche Gesetz ist es, welches die weltgeschichtliche Bestimmung hat, die Interessen der Völker zu verschmelzen, den Frieden zu sichern, und das soziale Wohl der Menschheit zu verwirklichen.

Die Theorie der Handelsbeschränkung will,
> *dass jeder Staat eine abgeschlossene Erwerbsgemeinde bilde.*

Dagegen leuchtet es ein, dass *die Eintheilung der Staatsgebiete und die Vertheilung der Produktionsgeschäfte von einander direkt entgegenstehenden Rücksichten ausgehen.* Die Verschiedenheit des Bodens, des Klimas, der Rasse, der Gewöhnungen, — Alles was die Sonderung der Völker in Einzelstaaten bestimmt, — dies gerade ist es, was bei jedem Volke eine besondere Befähigung für gewisse Produktionen bedingt, und es den Bewohnern verschiedener Staaten so vortheilhaft macht, ihre gegenseitigen Bedürfnisse durch freien Handelsverkehr zu befriedigen. Die Annahme, *dass der politischen Grenze überall auch eine Handelsgrenze entsprechen solle*, wird von der Vernunft verworfen.

Die Theorie der Handelsbeschränkung giebt vor,
dass, bei freigegebenem Verkehr, der Ausländer für seine abgesetzten Waaren nicht wieder Arbeitsprodukte, sondern nur Geld nehmen und die Baarschaft aus dem Lande wegführen werde.

Dagegen leuchtet es ein, dass die in dem Wegführen liegende *Verminderung der Baarschaft* eines Landes *wohlfeilere Preise* daselbst machen muss. Wohlfeilere Preise *schrecken von der Einfuhr ab und ermuntern zur Ausfuhr.* Die freie Geldbewegung trägt in sich die Bestimmung, den Werth des Geldes, mithin die Produktionspreise in den verschiedenen Ländern so zu regeln, dass Ein- und Ausfuhr von Waaren sich überall in's Gleichgewicht stellen. Die angedrohte beständige Geldentziehung ist, nach einfacher Berechnung, eine blosse Chimäre.

Die Theorie der Handelsbeschränkung giebt vor,
dass man den Verkehr nur dann freigeben dürfe, wenn alle anderen Nationen ein Gleiches thäten, da man sonst dabei viel Waaren vom Auslande erhalten, aber wenig dahin absetzen würde;

wiederum die eben zurückgewiesene *Vorspiegelung einer anhaltend sogenannten ungünstigen Handelsbilanz.*

Die Theorie der Handelsbeschränkung giebt vor,
dass unsere Gewerbe, wegen Unzulänglichkeit ihres Kapitals, der fremden Konkurrenz erliegen müssen; zugleich fordert sie, wegen Unzulänglichkeit der Beschäftigung, künstliche Ausdehnung von Gewerben.

In einem Athem also spricht sie aus, *dass zu wenig Kapital für unsere Industrie, und zu wenig Industrie für unser Kapital vorhanden sei!*

Die Theorie der Handelsbeschränkung giebt vor,
dass durch erzwungenes inländisches Fabriziren dessen,

21*

> *was man vortheilhafter vom Auslande eintauschen kann, die Beschäftigung für inländische Produktion vermehrt werde.*

Produktion lässt sich aber nicht vermehren ohne *Vermehrung der Betriebsmittel.* Das Auflegen von Eingangszöllen vermehrt nicht unsere Betriebsmittel, sondern giebt denselben bloss eine *willkürliche Richtung*, — bewirkt also zunächst nicht eine vermehrte, sondern nur eine *veränderte Beschäftigung.* Aber Eingangszölle *vertheuern* die Verbrauchsmittel, *erschweren* den Konsumenten das *Ansammeln neuer Kapitalien*, erschweren somit das *Fortschreiten der Beschäftigung* für eine zunehmende Bevölkerung. — Die bestehenden Handelsbeschränkungen gehören zu den ersichtlichsten Quellen der Massenverarmung.

Die Theorie der Handelsbeschränkung fordert,
> *dass der Staat seine Bürger hindere, von einem Ausländer zu kaufen, der das Meiste an Waare für's Geld bietet, damit gewisse Inländer für gleichviel Geld weniger Waare zu verabfolgen nöthig haben.*

Hierbei handelt es sich augenscheinlich um einen Widerstreit der Interessen, *nicht etwa zwischen inländischen und ausländischen Produzenten*, sondern zwischen *dem ganzen verzehrenden Volke und den wenigen Produzenten im Lande*, welche, unter einem Missbrauch der Tarifeinrichtungen, sich *auf unergiebige, eigentlich fremdländische Gewerbe* eingelassen haben.

Kurz: das System der Handelsbeschränkung *unternimmt für die Vermehrung der Arbeit zu sorgen und läuft auf eine Verminderung der Befriedigungsmittel hinaus.*

Abgesehen von seiner staats- und volkswirthschaftlichen Unhaltbarkeit ist das System der Handelsbeschränkung moralisch verwerflich.

Die Handelsbeschränkung beruht auf dem Triebe, einen verhältnissmässigen Mangel gewisser Dinge zu bewirken, um daraus höhere Preise für dieselben zu erpressen. *Dieser durchaus unsittliche Trieb,* den eigenen Vortheil auf des Nächsten Nachtheil anzubauen, entspringt am häufigsten *aus feigem Misstrauen in die eigene Produktionskraft;* und eben dieses feige Misstrauen wird von der handelsbeschränkenden Partei auf's eifrigste genährt.

um die Sympathieen für sich zu gewinnen. Obgleich *alle unsere Fabrikzweige*, mit Ausnahme der Spinnereien und Eisenhütten, von ihren Produkten, dem amtlichen Nachweis zufolge, *mehr*, als was einkommt, an das Ausland absetzen, *also faktisch die Konkurrenz auf ausländischen Märkten bestehen*, nichtsdestoweniger schreit die handelsbeschränkende Partei über »*das Unterliegen aller nationalen Industrie!*« Sie will für einige nicht nationalisirte Gewerbsversuche eine Zubusse aus der Volkstasche erringen und schiebt *eine allgemeine Hilfsbedürftigkeit* vor. So weit hat sich ihr demoralisirender Einfluss erstreckt, dass, wo industrielle Notabilitäten zur Berathung über die Entwickelung nationaler Betriebsamkeit versammelt werden, diese keinen Sinn dafür haben, ihre Intelligenz zu vereinigen, um die natürlichen Produktionsquellen des Landes zu entfalten, und wirklich nationale Vorzüge auf geeignetem Felde durch Anstrengung zu behaupten, sondern bloss ihre Stimmen dazu vereinigen, um einen Nothruf über die erbarmungswerthe Erwerbsunfähigkeit ihrer Industrieen auszustossen, — ohne Gefühl für die eigene Erniedrigung, — nicht begreifend, *welcher Widersinn in dem blossen Gedanken liegt, dass* »*die nationale Industrie*«, *die Quelle aller Ernährung, durch ein Almosensystem gespeist werden müsse!*

Abgesehen von seiner moralischen Verwerflichkeit ist das System der Handelsbeschränkung gefährlich für die soziale Ordnung.

Die Deklamationen der handelsbeschränkenden Partei gegen »*die verschlingende Uebermacht fremder Kapitalien und die vernichtende Konkurrenz fremder Arbeit*« werden von der einsichtslosen Menge, auf die sie berechnet sind, nicht nur gierig aufgenommen, sondern auch *in ihren Konsequenzen ausgeführt*. Aber der einsichtslosen Menge gilt nicht bloss das »fremde« sondern jedes Kapital, nicht bloss die »fremde«, sondern jede Arbeitskonkurrenz als eine feindlich eindringende Macht; — *sie streicht aus der Theorie der Handelsbeschränkung blos das ihr unwesentliche Beiwort* »*fremd*«, *und ihre sozialistische Theorie ist fertig.* Friedrich List will Garantie der Preise, Louis Blanc Garantie des Lohns. Jener will das Almosen durch die Fabrikunternehmer, dieser direkt durch die Arbeiter erhoben wissen.

Beide sind auf demselben Wege. *Der Staat, welcher dem System der Handelsbeschränkung Vorschub leistet, wird das Fortschreiten sozialistischer Projekte nicht aufhalten können.* Abgesehen von seiner Gefährlichkeit für die soziale Ordnung ist das System der Handelsbeschränkung **politisch verderblich.**

Der sittliche Zweck politischer Einrichtungen ist Volkswohl. Politische Zustände unterscheiden sich nur nach dem Grade, in welchem dieser Zweck erreicht wird. Keine Staatsform giebt für dessen Erreichung eine Bürgschaft. *Bisher wurden alle Staatsformen dem Sonderinteresse dienstbar gemacht*; — ja, oft geschah dies um so rücksichtsloser, je freier die Staatsform sich nannte. *Das absolute Preussen* opferte, in der Aufhebung der Zunft- und Dominialrechte, das Sonderinteresse dem Gemeinwohl, zu einer Zeit da *das konstitutionelle England* durch seine Getreidesperre selbst das Brod der Armen zum Monopole für die Reichen machte. *Das republikanisirte Frankreich,* in dem Monopolsgelüste noch durchweg befangen, versuchte, im ersten Siegestaumel, der grossen Menge, in der Garantie des Lohnes, ein Monopol zu schaffen; — eine mathematische Unmöglichkeit! Eine kleine Minderzahl kann auf Kosten der grossen Menge wohl leben, aber nicht umgekehrt; weil Alle wohl Einem helfen können, aber Einer nicht Allen. Die blutigste Abrechnung zog das Fazit dieses Elementarexempels. Und jetzt steht Frankreich wieder unter der alten Herrschaft der Sonderinteressen, beutet wieder das Volk durch Theuerungszölle und Ausfuhrprämien, aber noch schonungsloser, aus. *Die Monopolisten haben die Kammer nach wie vor inne.* Ebenso wie das Königthum, dem sie dienten, ihrem Sonderinteresse fröhnte, muss es auch die Republik, die sie beherrschen. *Sie haben den Polizeistaat mit ungemildertem Zwange wiederhergestellt, das System des bewaffneten Friedens mit seinen antisozialen Konsequenzen befestigt.* — Dem sittlichen Staatszweck, dem Volkswohl, ist Frankreich durch die Bewegung von 1848, *welche die Monopole nicht überwand,* um keinen Schritt näher gebracht worden.

Hohe Versammlung!

Sie wollen die *Einheit*, die *Freiheit*, *das soziale Wohl Deutschlands!*

Vergeblich wird Deutschland nach Einheit ringen, so lange es nicht *seine Handelspolitik von allem Einflusse der Monopole gereinigt hat*. Die Beschränkung des Verkehrs macht das *Binnenland* zum Bedrücker der *Küstengegenden*, den *Süden* zum Gegner des *Nordens*. Solche sich widerstrebende Glieder kann Ihre Gewalt wohl mit eisernen Banden aneinanderschmieden, — aber nimmermehr sie zu einem Ganzen fügen. — **Vereinigen kann nur der Gerechte.**

Vergeblich wird Deutschland nach *politischer Freiheit* ringen, so *lange es die Monopole duldet*. Denn die freiere Staatsform spielt jedesmal einen überwiegenden politischen Einfluss in die Hände *der grösseren Produzenten*, welche, durch Intelligenz, Willen und Besitz stets ein hervorragendes Element im Volke bilden. Können sie, *durch Missbrauch ihres politischen Uebergewichts, die Preise der Produkte willkürlich auf Kosten der Volksmasse erhöhen*, — können sie sich vom *Unrechte* nähren, dann verbinden sie sich wider die Geltendmachung des Rechts, wider das Gemeinwohl. **In den Händen der Monopolisten verkehrt sich jede Verfassung in ein Werkzeug despotischer Selbstsucht.**

Wird aber das Monopol als gemeinschädlich gebrandmarkt, — *müssen die einflussreichen Produzenten* vor der verbreiteten Rechtseinsicht *den Gedanken aufgeben,* andere Produkte zu erzeugen, als welche sie auf freiem Markte mit Vortheil verwerthen können, dann können sie ihren Gewinn nur *in der vermehrten Zahl* und der *vermehrten Zahlungsfähigkeit ihrer Konsumenten suchen*. Sie haben das direkteste Interesse, den Wohlstand des Volkes zu heben, seine geistige und sittliche Freiheit zu schützen.

Somit giebt die volle Freiheit des Verkehrs dem Interesse der Besitzenden wie der Besitzlosen ein gleiches Ziel, die Wohlfahrt Aller. **Der völlig freie Verkehr ist für das soziale Leben das einzig wahre organisirende Prinzip.** — welches nur Denen ein vergeblich gesuchtes Geheimniss blieb, die es bisher, mit kaum verhüllter Eigensucht, in den willkürlichsten Beschränkungen finden wollten.

Hohe Versammlung!

Mit Hinweis auf die Geschichte, im Namen des Völkerfriedens und der deutschen Einheit, im Namen der Freiheit und der sozialen Ordnung, fordern wir Sie, Deutschlands Vertreter, auf,

> die ungehemmte Freiheit des Verkehrs nach Aussen wie im Innern, als Grundbedingung Ihrer Aufgabe zu erkennen.

IV.
Für und Wider Schutz- und Differenzialzölle.

Eine Berufung an das kritische Urtheil deutscher Volksvertreter.

(Berlin 1848.)

Deutsche Volksvertreter!

Sie erkennen Alle, dass Zollgesetze mächtig auf den Erwerb eines Volkes einwirken. Aber Viele von Ihnen wurden bisher weder durch Beruf noch durch Studium veranlasst, an praktischen Zuständen genau die Art solcher Einwirkung zu erforschen, und möchten daher ihre Entscheidung auf das Urtheil von *Sachverständigen* stützen. Sachverständige schlechthin giebt es indessen nicht. Als Sachverständiger gilt Einer nur in Bezug auf Dasjenige, was seine Berufsverrichtung ausmacht, oder was nahe damit zusammenhängt. Zuvörderst also hat man die besondere Sache, über die man Aufschluss verlangt, genau zu bestimmen, um demnach die besondere dazu kompetente Person erkennen zu können. Hierzu gehört schon einige Einsicht in die betreffenden Verhältnisse.

Wer ist, in Bezug auf die sogenannte Zollfrage Sachverständiger?

Beträfe diese Frage das eigentliche Zollwesen, — handelte es sich darum, Tarifsätze so abzumessen, dass die unentbehrliche Staatseinnahme mit gerechtester Belastung aller Staatsgenossen und geringster Störung der Erwerbsthätigkeit beschafft werde, dann wäre wohl der Finanzbeamte darin Sachverständiger.

Aber es handelt sich dabei vielmehr um Dinge, die dem Wesen oder eigentlichen unmittelbaren Zwecke der Zolleinrichtung geradezu entgegenlaufen. Es ist nämlich die Forderung gestellt, Tarifsätze so abzumessen, dass weniger Waaren eingehen und weniger Zoll zur Erhebung komme; — dass eine Einnahme nicht etwa den Staatsbehörden auf Kosten Aller, sondern gewissen Staatsunterthanen auf Kosten der übrigen verschafft, — und dass der Erwerbsthätigkeit eine erzwungene Richtung geflissentlich gegeben werde. Das Verfahren verhält sich einfach wie folgt: — Vermittelst Zollauflagen wird die Zufuhr gewisser fremdländischer Produkte beschränkt, und ein verhältnissmässiger Mangel bewirkt, in Folge dessen der Preis derselben um den Betrag des Zolles erhöht wird. Der Verbraucher solcher fremdländischen Produkte wird dadurch nicht benachtheiligt, insofern der Betrag des Preisaufschlags in die Staatskasse geflossen und ihm auf Rechnung der von ihm zu leistenden Beiträge zum Staatshaushalte gutgeschrieben sei; — wenn er z. B. für einen Zentner schottisches Stangeneisen 5 Thlr. erlegen muss, empfängt er neben der Waare gleichsam eine Quittung über 1½ Thlr. die er sonst bei einer anderen Gelegenheit an die Staatskasse entrichten müsste. Aber die inländischen Produzenten von dergleichen Waaren nehmen von dem inländischen Verbraucher den um den Zollschlag erhöhten Preis, ohne den Zollbetrag an die Staatskasse abzugeben. Demnach hat z. B. der inländische Verbraucher von schlesischem oder rheinischem Stangeneisen, während er, in Abwesenheit der Zölle, für einen Zentner nur 3½ Thlr. zahlen würde, 5 Thlr. zu zahlen, und ausserdem die 1½ Thlr. auch bei anderer Gelegenheit dem Staate zu entrichten.

Die inländischen Verbraucher widersetzen sich einer Anordnung, kraft welcher sie genöthigt werden, an Mitunterthanen sowohl als an den Staat Zölle zu zahlen.

Augenscheinlich lässt sich kein privatrechtlicher Grund für eine solche Anordnung finden. Sie stützt sich auf angebliche Rücksicht für das Allgemeinwohl. Aus eben solcher Rücksicht wird sie auch zurückgewiesen.

Zur Schlichtung dieses Widerstreits gehört offenbar, nebst Kenntniss der faktischen Verhältnisse, ein unbefangenes Urtheil und die Fertigkeit, widersprechende Zeugnisse zu schlichten, verwickelte Verhältnisse auseinander zu legen, Schlussfolgerungen zu prüfen, Gründe und Gegengründe abzuwägen.

Wer denn ist für diese Frage der Sachverständige?

»*Der praktische Mann*« hören wir Jemand sagen.

Ganz recht! Aber mit dem praktischen Manne hat es eben dieselbe Bewandtniss wie mit dem Sachverständigen. Es gilt nämlich Jeder voraussätzlich als praktischer Gewährsmann nur in Bezug auf Dasjenige, was er praktisch betreibt.

»Die Schutzzollfrage« hören wir vielleicht wieder sagen, »betrifft das praktische Geschäft der Eisenproduzenten, Spinner, Rübenzuckerfabrikanten und dgl. m.«

Allerdings! denn sie betrifft die Verkaufspreise für Eisen, Twist, Rübenzucker und dgl. m. Dies aber ist ein Verhältniss jener genannten Produzenten zu Anderen, wobei nicht jene allein, sondern auch diese mit, zu reden haben. Ausschliessliche Gewährsleute sind Eisenproduzenten, Spinner und Rübenzuckerfabrikanten bloss in Bezug auf das technische Verfahren ihrer respektiven Gewerbe. Eigentliche Sachverständige sind sie nur da, wo es sich darum fragt, wie man Eisen, Twist und Rübenzucker am besten und wohlfeilsten produziren könne.

Aber die Schutzzollfrage dreht sich nicht darum, *wie* man jene Dinge *am wohlfeilsten* produziren *könne*, sondern *ob* man sie *theuer* produziren *solle?*

Auch entsteht ja die ganze Verlegenheit daher, dass von jenen Dingen bei uns im Verhältniss zu dem Produktionsaufwande weniger als anderswo gewonnen wird, und die betreffenden Praktiker von vornherein erklären, dass ihre Sachverständigkeit es nicht vermag, den technischen Erfolg ebenso gross bei uns, als anderswo, zu machen. Sie sagen sogar, dass sie keine Möglichkeit sehen, ihr Kapital auf irgend eine andere Weise anzuwenden, bei der sie von ihrem Kostenaufwande einen ebenso grossen Erfolg, als irgend ein Anderer, erzielen dürften. Sie steifen sich eigentlich darauf, die Sache nicht verstehen zu wollen, worin bei einem praktischen Gewerbsmann Sachverständigkeit sich zu bethätigen hat, nämlich: die Herstellung von Produkten, welche, zu natürlichem Preise, wenigstens so viel werth sind, als was sie kosten. Augenfällig erhebt sich die sogenannte Schutzzollfrage erst da, wo gewisse praktische Männer behaupten, sich mit ihrer Sachverständigkeit nicht helfen zu können. — Freilich gehören Einsicht, Geschicklichkeit und Ausdauer dazu, ein Gewerbe so auszuwählen, einzurichten und zu betreiben, dass man darin ebenso viel als irgend ein Mitbewerber allezeit leiste, und somit, durch die Fülle des Erzeugten, Gewinn für sich mit Nutzen für die Verbraucher verbinde. Aber weil es seine Schwierigkeit hat, bei freiem Markte, Kapital mit Gewinn zu verwenden, sollen Zollgesetze die Leichtigkeit verschaffen, Kapital zu verwenden, mit einem Schaden, der auf die Verbraucher gewälzt wird? — Denn darauf läuft die Schutzzollweisheit eigentlich hinaus!

Wenn aber Eisenproduzenten, Spinner und Rübenzuckerfabrikanten, in Bezug auf die Schutzzollfrage *keine Sachverständigen* sind, so stehen sie zu derselben doch in sehr naher Verbindung.

Sie sind dabei *Interessenten.*

Sie wollen, vermittelst der Zolleinrichtung, mehr Geld als sonst für ihre Waare erlangen.

Ihr Bemühen es zu bekommen ist ebenso eifrig, als erklärlich.

Aber auch, auf der anderen Seite, sind Diejenigen, welche bei Handelsfreiheit mehr Waare für ihr Geld haben wollen, gleichfalls bei der Frage interessirt. Diese bemühen sich im Ganzen viel weniger, als sie es sollten; und ihre Sache wird am eifrigsten von Solchen verfochten, welche von den weiteren politischen und sozialen Folgen der Handelsfreiheit erfüllt sind.

Auf unbefangene Sachverständige dürfte man sich vergebens in dieser Frage berufen wollen. Von zwei Seiten treten Interessenten hervor, von denen jeder seine eigene Sache versteht. Doch ist das Zeugniss von Interessenten in eigener Sache mit gebührendem Misstrauen aufzunehmen.

Eigentlich schwebt zwischen zwei Parteien ein Prozess um Mein und Dein. Der Freihandelsmann verklagt den Schutzzöllner, dass dieser ihm einen Ueberpreis in Form eines Zollzuschlages abnimmt, ohne den Betrag an die Staatskasse zu liefern, weshalb der Freihandelsmann denselben zum zweiten Mal, an den Staat, entrichten muss. Der Schutzzöllner beantwortet die Klage dahin: erstens, dass er keinen Ueberpreis nimmt; zweitens dass er den Ueberpreis zum allgemeinen Besten nimmt; drittens, dass er im Besitz der Befugniss ist, und seinen Geschäftsgewinn auf das Nehmen dieses Ueberpreises gegründet hat.

Die Volksvertreter sind Richter in diesem Prozesse. Ihr Urtheil haben sie aus den Akten und Verhandlungen selbstständig sich zu bilden. Sie werden entscheiden nach Pflicht und Gewissen. Doch dürfen wir sie dabei wohl an eine Pflicht ermahnen, — an die Pflicht, die Aussagen der Zeugen und die Argumente der Advokaten auf beiden Seiten scharf zu prüfen, — eine *gewissenhafte Kritik* anzuwenden, — die bestimmte Bezeichnung, den logischen Schluss, den erfassten Knoten allemal zu unterscheiden von dem doppelsinnigen Ausdrucke, dem inneren Widerspruche, dem umgangenen Entscheidungspunkte; — vor Allem aber ein wachsames Auge zu haben auf die Phrase, *welche stets das Zufluchtsmittel desjenigen Advokaten ist, der mehr auf die Befangenheit der Richter, als auf die Haltbarkeit seiner Sache, rechnet.*

Frankfurt, 30. November 1848.

Der Vertreter der Danziger Kaufmannschaft
bei der Versammlung deutscher Handelsstände.

I.

Der volkswirthschaftliche Ausschuss der Nationalversammlung hat seinen Bericht erstattet über die vom Handelsminister vorgelegten Grundzüge einer künftigen Reichs-Handelspolitik. »In Bezug auf dieselben glaubt er keine Anträge stellen zu sollen, indem eine konstituirende Versammlung offenbar keinen Anlass hat, sich über allgemeine Grundsätze auszusprechen.«

Aber der volkswirthschaftliche Ausschuss schliesst in sich die Häupter der handelsbeschränkenden Partei, denen es gelungen ist, den Herrn *Eisenstuck* aus Chemnitz, den hervorragendsten Verfechter ihrer Sache, zum Präsidenten des Ausschusses zu ernennen. Sie glauben, diese Gelegenheit wahrnehmen zu müssen, um einen Versuch zur Geltendmachung ihrer Grundsätze zu machen, und haben daher ihren Herrn Präsidenten beauftragt mit Abfassung eines Minderheitsberichts, welcher das ganze deutsche Gebiet einem einheitlichen Schutz- und Differenzialzollsystem unterwerfen lassen will. — Der Mann, die Stellung, der Auftrag und die Sache machen diesen Minderheitsbericht aus solcher Feder zu einem hochwichtigen Aktenstück.

Im Augenblick da unsere Zentral-Gesetzgebung erwägen soll, welcher Grundsatz bei dem in alle Erwerbsverhältnisse so tief eingreifenden Zollwesen zu befolgen sei, dürfen wir annehmen, dass die Häupter der handelsbeschränkenden Partei ihre beste Kraft entwickelt, und den kenntnissreichsten und klarsten Denker aus ihrer Mitte zum Wortführer erwählt haben, um ihre Sache so gründlich und folgerichtig, als sie es nur irgend vermögen, vortragen zu lassen.

Der erwähnte Bericht vom Herrn Präsidenten Eisenstuck ist also ein hochwichtiges Aktenstück, weil er uns zeigt, welches Maass der Kenntniss und Gedankenklarheit über allgemeine Erwerbsverhältnisse der Sache jener Partei überhaupt zu Grunde liegt.

Der Herr Präsident sagt, er habe sich bei seinem Bericht vorgehalten: »Dass von der gedeihlichen Lösung der Zollfrage »die ganze innere Kraft und materielle Wohlfahrt Deutschlands, das

»künftige Wohlbefinden von Millionen seiner fleissigen Bewohner »abhängen wird.« Wenn er sich dies wirklich vorgehalten hat, so musste er sich auch die Vorsichtsregeln vorhalten, welche ihm zur ersten Pflicht wurden, ehe er, unter so unermesslicher Verantwortlichkeit, sich an die Lösung einer solchen Frage wagte.

Die Pflicht gebot ihm, der Prüfung der übernommenen Sache eine strenge Selbstprüfung voranzuschicken.

Da er erkannte, dass ein einziger von ihm gemachter Trugschluss »das künftige Wohlbefinden von Millionen fleissiger Menschen« in Gefahr brächte, so müsste er sich zuvörderst das Verhalten einprägen, wodurch sich der Gewissenhafte vor Irrthum zu bewahren strebt, wo es sich um das Wohl Anderer handelt, nämlich:

I. — a) den eigentlichen Zielpunkt der Aufgabe, von allen Nebendingen gesondert, genau zu bezeichnen und b) denselben durchweg festzuhalten;

II. — sorgfältig zu vermeiden: a) Ausdrücke mit doppeltem oder unbestimmtem Sinne, b) alle blos bildlichen Bezeichnungen, c) Redensarten ohne klar bestimmten Sinn, sogenannte Phrasen;

III. — sich zu hüten vor Verwechselung: a) des Gesichtspunktes, b) der mittelbaren und unmittelbaren Folgen, c) der Ursache und Wirkung, d) des Mittels und des Zweckes,

IV. — sich zu enthalten jeder Vorwegnahme der des Beweises bedürftigen Punkte;

V. — erst dann Schlüsse zu ziehen, wenn alle einschlagenden Verhältnisse, a) vollständig zusammengefasst und b) richtig gegen einander abgewogen sind;

VI. — alle Gründe durch wohlgeprüfte Belege aus der Erfahrung, insoweit solche vorliegen, zu erhärten.

Damit man ermesse, inwiefern der Herr Präsident (obwohl er sich das auf dem Spiele stehende Wohl von Millionen fleissiger Menschen vorgehalten haben will) bei Abfassung seines Gutachtens jener Vorschriften eingedenk war, werden die nachstehend eingeschalteten Zahlen auf die bezügliche Regel verweisen, wo Verstösse begangen worden sind.

Der Ausschuss hat sich vorgehalten, dass von der gedeihlichen Lösung seiner Aufgabe abhängig sind: (I a.)

die volle Geltung einer Achtung gebietenden Stellung nach Aussen, (Ib. IIc. IIIa.)

die blühende Zukunft einer grossen Nation, (IIb.)

welche berufen ist, den ersten Rang in dem Verkehre der Völker (IIa.) einzunehmen,

sobald sie es begreift, die Vortheile ihrer geographischen Lage *zu benutzen.*

Die Nation ist berufen den ersten Rang einzunehmen sobald sie es begreift, die volle Ausbeutung der ihr zugetheilten Naturschätze (IIa. IV) *zu erreichen,*

»*Aufgabe*« für den Ausschuss ist es, zu prüfen, inwiefern Beschränkung des Handels und der Schifffahrt durch Zolleinrichtungen, dem Erwerbe der Deutschen zuträglich sei.

Diese Ausdrücke zielen auf politische Grösse hin, welche einen ganz anderen Zielpunkt, als den unserer Aufgabe bildet.

— einfach ausgedrückt: grösstmöglicher Erwerb für die Deutschen.

— »im *Handelsverkehr,*« muss es heissen, damit nicht politische und kommerzielle Beziehungen vermischt werden.

Die Vortheile unserer geographischen Lage begreifen, heisst: unsere Arbeitskräfte ungehindert solchen Produktionszweigen nachgehen lassen, welche durch die Verhältnisse unseres Landes am meisten begünstigt sind. Die einzige Forderung der Freihandelspartei ist: »Lasset alle Produktion sich frei nach den geographischen und ethnographischen Verhältnissen überall einrichten!«

— wohl eine Hindeutung, dass Deutschland nach Versorgung mit Metallen lediglich aus deutschen Bergwerken trachten müsse. Aber der grösstmögliche Erwerb für die Deutschen erheischt wohlfeilsten d. h. grösstmöglichen

Verbrauch von Metallen, erstens wegen Vermehrung des produktiven Kapitals, zweitens weil der Lohnerwerb bei *weiterer Verarbeitung* der halbfabrizirten Metalle viel beträchtlicher als bei dem Berg- und Hüttenbetrieb ist. — Uebrigens sind einem Volke diejenigen Naturschätze »zugetheilt,« die, wo sie auch liegen, am wohlfeisten d. h. am leichtesten für dasselbe erreichbar sind. Bei freiem Handel wären die Eisenschätze Staffordshires den Brandenburgern ebenso gut als den Bewohnern von Middlesex zugetheilt; — Herr Borsig in Berlin genösse dieselbe Wohlthat billiger Versorgung als Herr Stephenson in London.

Die Nation ist berufen, den ersten Rang einzunehmen, sobald sie es begreift, die Intelligenz und Betriebsamkeit einer dichten Bevölkerung, im wohlverstandenen geeinigten Interesse (IIa. c.) zur vollen ungeschmälerten Anwendung zu bringen (IIa. c.) — (IV.)

Der Ausdruck »*volle* und *ungeschmälerte* Anwendung« deutet wohl darauf hin, dass *alle* Produktionsgeschäfte betrieben werden sollen, sogar solche, bei deren Betreibung wir weniger Produkte, als auf dem Wege der Einfuhr, erzielen, — was unseren Erwerb keineswegs fördert.

Der Ausdruck »*geeinigtes* Interesse« deutet wohl darauf hin, dass der Eine künstlich erhöhte Preise zahlen solle, damit der Andere ein mit erhöhten Kosten verknüpftes Gewerbe betreiben könne, — was unseren Erwerb keineswegs fördert.

Wo Einer aus der Tasche des Anderen lebt, ist zwar gleichsam geeinigte Kasse, aber kein geeinigtes Interesse.

Im »wohlverstandenen Interesse« des grösstmöglichen Erwerbes liegt es, dass jedes Gewerbe, welches nicht ohne künstlich erhöhte Absatzpreise bestehen kann, gegen ein anderes vertauscht werde, welches bei den Preisen des freien Marktes lohnend ist.

Der Ausschuss ist aber auch der Ueberzeugung, dass dies hohe Ziel, (IIId.) dessen Erreichung einer

Das bis hierher Gesagte enthält mehr unbestimmte Andeutung *gewisser Mittel*, als eine klare Bestimmung *des Zieles*. — dessen Erreichung davon abder ersten Preise der Erhebung Deutschlands sein würde (IIc.)

dem deutschen Volke abermals entrückt werden wird, wenn es nicht gelingt, die handelspolitischen Irrthümer und Fehlgriffe vollständig zu beseitigen, durch deren Anwendung in den letzten Dezennien (IIa. IV.) die materiellen Interessen der deutschen Bruderstämme gewaltsam von einander getrennt, und sich gegenseitig entfremdet worden sind (IIc. IIIa.)

hängt, dass die Erhebung Deutschlands die Handelsgesetzgebung in die Hände von Männern mit einigem Verstande für Volkswirthschaft bringt.

Handelspolitische Fehlgriffe verrathen sich durch erfolgende Hemmung des Erwerbes. Wo also sind mehr Fehlgriffe begangen worden, — in Oesterreich oder in Mecklenburg? — in Schlesien oder in Hannover?

Im Erwerbe giebt es nur ein Band der Einigung: die Wohlthat billigster gegenseitiger Versorgung. Der Zwang, einem gewissen Produzenten mehr zu bezahlen, als wofür wir uns anderwärts versorgen können, ist ein so empörender Eingriff in unseren Erwerb, dass keine Rücksicht auf Stammverwandtschaft uns damit versöhnen kann. In den letzten Dezennien ist die Wegräumung der Mauthgrenzen, welche noch die materiellen Interessen der deutschen Bruderstämme gewaltsam trennen, die Herstellung eines zolleinigen Deutschlands nur dadurch verhindert worden, dass Oesterreich in höchstem, und der Zollverein in hohem Grade darauf bestanden, die Grenzzolleinrichtung zur Beschaffung einer Einnahme für einzelne Produzenten zu missbrauchen, anstatt dieselben, wie im Steuerverein und in Holstein, möglichst nur zur Erhebung einer Staatseinnahme zu gebrauchen. Unter dem Prinzipe »gerechter Finanzzölle« wäre Verkehrseinheit allezeit herzustellen gewesen. Und nur unter allseitiger Annahme dieses Prinzips wird Zolleinheit für ein politisch geeinigtes Deutschland jetzt herzustellen sein.

Das hohe Ziel wird abermals entrückt, wenn ferner nicht die wahre Erkennt-

»Kommerzielle und gewerbliche Kraft« ist die in den Einzelnen liegende Kraft, Handel

Für und Wider Schutz- und Differenzialzölle.

niss von den unermesslichen Vortheilen (IV.) einer einheitlichen kommerziellen und gewerblichen Kraft (II c.) nach Innen und Aussen, zu einem gleichzeitigen bereitwilligen Entgegenkommen der seither zersplitterten Theile auffordert.

und Gewerbe zu betreiben. Der Herr Präsident aber hat hier im Sinne eine Kraft der Staatsbehörden, Handel und Gewerbe auf ein gewisses System zu beschränken.

Er braucht das Wort »kommerziell« d. h. »handeltreibend« um damit »handelsbeschränkend« zu bezeichnen!

Ehe aber von den unermesslichen Vortheilen einer einheitlichen Kraft zur Beschränkung des Handels geredet wird, müssten die Vortheile der Handelsbeschränkung überhaupt bewiesen sein.

Das hohe Ziel wird abermals entrückt, wenn nicht Erkenntniss der Vortheile einheitlicher Kraft zum Entgegenkommen auffordert, und selbst die Opfer vergessen lässt, welche nothwendiger Weise vorübergehend (IV.) von der einen oder der anderen Seite gebracht werden müssen,

Gewiss wäre es unseren Stammverwandten in Holstein, Hannover, Mecklenburg und den Hansestädten ein Opfer, für 3 Thlr. nur 50 Pfund schlesisches oder rheinländisches Stangeneisen, anstatt 100 Pfund englisches oder schwedisches Stangeneisen, — für 10 Thlr. nur 70 Pfund magdeburger Zucker, anstatt 100 Pfund Kolonialzucker, — für 22 Thlr. nur 73 Pfund badisches Baumwollengarn anstatt 100 Pfund englischen Twist nehmen zu müssen.

Dass dies Opfer ein vorübergehendes wäre, musste der Herr Präsident beweisen, nicht voraussetzen; — er musste bestimmt darthun, innerhalb welcher Zeit der Kelch des Schutzes an uns vorübergegangen sein dürfte, damit wir einen Maassstab für die Grösse des Opfers hätten. Offenbar würden die, einem von gewisser Seite projektirten deutscheinigen Schutzsystem unterworfenen Konsumenten das Opfer so lange bringen müssen, bis das deutsche Eisenerzlager so ergiebig als das englische, die magdeburger Rübe so zuckerreich als das tropische Rohr, die deutsche Spinnerei, vor

22*

dem Sporn der ausländischen Konkurrenz geschützt, so betriebsam sein wird, als die ausländische, welche, täglich zu neuem Fortschritt gedrängt, seit ein paar Jahren Verbesserungen gemacht hat, die das ganze Gewerbe im Auslande gleichsam revolutionirt, aber in Deutschland noch kaum Berücksichtigung gefunden haben. In den verbesserten englischen Spinnereien liefert der Arbeiter 66 Zentner Twist mittler Feinheit jährlich; in Deutschland bei veralteten Einrichtungen angeblich nur 20 Zentner. Kein Wunder dass der deutsche Spinner, obwohl er jedem Arbeiter durchschnittlich 2 Thlr. 20 Sgr. oder 4 fl. 40 kr. weniger Wochenlohn als der Engländer zahlt, bei solchem Betrieb einen Zuschuss beanspruchen muss. Nach vieljährigem Zollschutz, den er als Mittel zur Verbesserung seines Betriebes forderte, steht der deutsche Spinner jetzt weiter als zu Anfang hinter seinem Konkurrenten zurück; — auch kein Wunder! — *denn Zollschutz ist offenbar zunächst ein Mittel, um einen unverbesserten Betrieb fortzusetzen.*

Erfahrungsmässig haben die beschützten Fabrikanten, nachdem sie lange den Schutz genossen hatten, nur Erhöhung, niemals Erniedrigung desselben gefordert. In diesem Jahre fordert Herr Eisenstuck für sie Erhöhungen in einem bisher bei uns nie gekannten Maasse. Und doch soll der Schutz nur etwas Vorübergehendes sein!

Welches Jahr des Heiles dürften wir demnach, aus bisheriger Erfahrung rechnend, als dasjenige bezeichnen, in welchem die Schutzzöllner ihr Lied ausgesungen haben und uns zurufen werden: Claudite jam rivos, pueri, »Macht die Taschen zu, Ihr willigen
 Opferer,«
— sat prata biberunt. »Eure Schützlinge haben genug geschluckt!«

Das hohe Ziel wird abermals entrückt, wenn nicht die Erkenntniss der Vortheile einheitlicher Kraft die Opfer vergessen lässt, welche gebracht werden müssen, um die, allen scheinbaren oder wirk-

Der Ausdruck »augenblicklicher Schaden« bedeutet hier einen Schaden, der augenblicklich eintritt, nicht aber einen solchen, der augenblicklich wieder verschwindet, — was sehr zu merken ist.

lichen augenblicklichen (IIa)Schaden überwiegenden Vortheile(IV)endlicherVereinigung (IIa.) zu erlangen, stimmt gesagt werden, aus welcher Maassregel, zu der man sich vereinigt, der Vortheil erfolgen soll.

Der Ausdruck »Vortheile endlicher Vereinigung" ist doppelsinnig; — denn man vereinigt sich zu verschiedenen Maassregeln, und daher musste be- Da von den »gewaltsam von einander getrennten materiellen Interessen deutscher Bruderstämme« und den »seither zersplitterten Theilen Deutschlands« die Rede ist, denkt sich der unbefangene Leser, unter »endlicher Vereinigung,« zunächst: Wegräumung der, den Verkehr zwischen deutschen Bruderstämmen noch hemmenden inneren Mauthlinien, also Vereinigung, um ein beträchtliches Stück Handelsfreiheit zu gewinnen. Die vortheilhaften Erfolge dieser Vereinigung sind einleuchtend und eines Opfers werth. Aber diese Stelle bezieht sich hauptsächlich auf die Erfolge einer Vereinigung zum Beschränken des Handels mit dem Auslande. Es musste also erst bewiesen werden, dass die Erfolge solcher vereinigten Beschränkung vortheilhaft wären. Der Herr Präsident durfte nicht, durch Zusammenwerfen des Unbestreitbaren mit dem Bestrittenen, eine Beistimmung zu erscheichen, und die Hauptfrage vorwegzunehmen versuchen.

Das Ziel wird entrückt, wenn man nicht die Opfer vergisst, welche gebracht werden müssen, um überwiegende Vortheile zu erlangen, und die Grösse des deutschen Ackerbaues, Handels und Gewerbes, — dieser gemeinsamen Grundsäulen der Blüthe aller zivilisirten Staaten (IIb. c.) — in ihrem ganzen Umfange (IIa.) dem Vaterlande zu sichern.

Wenn hier von »Grösse« und »Grundsäulen (?) einer Blüthe« und »Sicherung im ganzen Umfange« gesprochen wird, darf man dies alles nicht für blosse Ueppigkeit des Stils halten. In der scheinbar losen Rhetorik des Herrn Präsidenten ist ebenso viel Methode, als in Hamlets Verrücktheit, für Denjenigen erkennbar, der nur weiss, »wann der Wind aus Südwest bläst.« — Wo uns seine Phrasen keinen bestimmt gestalteten Begriff darbieten, sollen sie dazu dienen, die Schattengestalt irgend eines noch verdeckt stehenden Gedankens aufzufangen und vor unseren Blick zu führen, damit das Ding später, bei seinem leibhaften Herausrücken uns nicht allzu »fragwürdig« vorkomme.

Auf der Phrase: »Grösse des Handels und Gewerbes, in ihrem *vollem Umfange* dem Vaterlande zu sichern« erblicken wir die Silhouette einer Forderung, *den Handel solchen Gewerbsprodukten ausschliesslich zu sichern, welche innerhalb des Umfanges des Vaterlandes verfertigt werden.*

Die Zusammenstellung von Ackerbau und Gewerbe, welche allerdings gemeinsame Grundsäulen des volkswirthschaftlichen Baues sind, wenn Keiner vom Anderen Opfer fordert, — die Hervorhebung »überwiegender Vortheile« für den Ackerbau nach überstandenem Schaden »endlicher Vereinigung« zum Vertheuern seiner Bedürfnisse, — dies Alles enthält die Annahme, dass der Ackerbau schon lebhaft überzeugt ist, wie vortheilhaft es für ihn sei, durch unabsehbare Opfer, gewisse Fabrikanten reich zu machen, damit sie ihm mit seinem eigenen Gelde seine Produkte abkaufen können! — Eine »blühende Industrie« ist ein Segen für den Ackerbau; aber eine Industrie, welche Zuschüsse bedarf, weil ihre Produkte nicht die Kosten werth sind, ist keine »blühende« — sie ist eigentlich eine Almosenempfängerin. Die Schutzzöllner empfehlen eigentlich dem Ackerbau, sich Kunden durch grossartige Almosenspenden zu sichern!

Eine erwerbreiche Industrie, um die es dem Ackerbau zu thun ist, entsteht am sichersten dann, wenn Handelsfreiheit das Kapital nöthigt, sich denjenigen Gewerben zuzuwenden, welche am meisten durch die Landesverhältnisse begünstigt sind, und demnach dem Ackerbau für seine Produkte die reichlichste oder wohlfeilste Versorgung seines Bedarfs sichern können. Ein einziger Blick auf die Ausfuhrlisten überzeugt uns, dass sich in Deutschland dergleichen Produktionszweige, die mit Allerwelt konkurriren können, genug befinden, um unter Handelsfreiheit, für Anwendung aller deutschen Kapitalien, ein Feld darzubieten, dessen Grenzen ebenso weit, als die des menschlichen Fortschrittes überhaupt, sich erstrecken.

Als den obersten Zweck, welcher die Grundlage der	»Zweck« ist Dasjenige, zu dem man hinstrebt; »Grundlage,«

deutschen Handelspolitik zu bilden hat, erkennt der Ausschuss, mit dem Handelsminister, die Freiheit des Verkehrs, zwischen Deutschland und den fremden Nationen an, sich, aber gar nicht *in* sich habe! —

ist Dasjenige von dem man ausgeht, oder was man unter sich hat; das »Oberste« ist was über Allem steht. Wie wir nun ersehen, will der Herr Präsident, dass die deutsche Handelspolitik »Freiheit des Verkehrs« *vor* sich und *hinter* sich, *über* und *unter*

aber er betrachtet die wahre Freiheit des Handels (IIa. IIIa.) als unerreichbar, »Wahre Freiheit des Handels« heisst so viel als: »zollfreie Einfuhr bei allen Nationen.« Diese ist allerdings nicht durch einen Beschluss unserer Gesetzgebung erreichbar. Wohl aber ist freiere Einfuhr *bei uns* sogleich durch einen Beschluss zu erreichen.

— Auch hatte der Ausschuss sich mit Dem, worüber wir beschliessen können, und nicht mit Dem, was ausser unserer Kompetenz liegt, — also nicht mit der »wahren« sondern mit der *erreichbaren* Handelsfreiheit, zu beschäftigen.

Die von allen Nebendingen zu sondernde und durchweg festzuhaltende Frage lautet:

»*Inwiefern ist Beschränkung der Einfuhr fremder Erzeugnisse in unser Land, durch Auflegung von Zöllen, dem Erwerbe der Deutschen zuträglich?*«

Wenn nun der Herr Präsident Handelsfreiheit nur insofern befürwortet, als sie zu einer allseitigen wird, so liegt dem Stellen dieser Bedingung die Annahme zu Grunde, dass, bei Freigebung der Einfuhr unsererseits, ohne entsprechende Erleichterung seitens anderer Länder, wir vom Auslande einen viel grösseren Produktenbetrag empfangen würden, als welchen wir an dasselbe absetzen könnten. Dies durfte aber der Ausschuss nicht vorweg annehmen, sondern musste es beweisen; denn es ist gerade der Punkt, von dessen klarer Feststellung die Entscheidung der Streitfrage abhängen sollte. — Die Freihandelsmänner behaupten: »Ein Land kann nicht, beim Handelsverkehr, durchschnittlich einen grösseren

Produktenwerth einführen, als welchen es ausführt.*) Vorkommende Schwankungen gleichen sich bald wieder aus. Der Werthbetrag der ausgeführten Erzeugnisse muss in gleichem Maasse wachsen, wie der Werthbetrag der eingeführten Erzeugnisse wächst. Eine Beschränkung des Einfuhrwerthes bedingt nothwendig eine gleichgrosse Verminderung des Ausfuhrwerthes.« — Die Freihandelsmänner schöpfen für diese Behauptung viele Gründe aus den natürlichen Gesetzen der Werthbewegung; und die sorgfältigste Aufzeichnung und Vergleichung der wirklich ein- und ausgehenden Beträge hat die Behauptung überall bestätigt.**) Wenn aber unseren Produzenten für jeden ihnen entrissenen Absatz im inländischen Markte ein gleichgrosser Absatz an's Ausland werden muss, dann schwindet das Bedenken gegen einseitige Erleichterung der Einfuhr, welche uns jedenfalls in den Stand setzt, den Betrag unseres Guthabens im Auslande in solchen Erzeugnissen zu entnehmen, von denen wir verhältnissmässig die reichlichste Menge dafür bekommen, — was für den Erwerb der Deutschen zu wichtig wäre, als dass der Ausschuss diesen Punkt umgehen durfte.

Aber er betrachtet die Entwickelung »seiner vollen wahre Freiheit des Verkehrs Produktionskräfte« bedeutet in

---

*) Die Fälle, wo Bewohner eines Landes Eigenthum ausserhalb desselben besitzen, fremde Kapitalisten in's Land ziehen, das Land Anleihen macht oder Subsidien empfängt, gehören nicht zum Handelsverkehr.

**) Der Bericht eines englischen Parlamentsausschusses vom 12. Juli 1847, über den Handel mit China, giebt hierüber wichtigen Aufschluss. Die britischen Ausfuhren nach China betrugen 1845 und 1846 etwa 39 Millionen Dollars; die britischen Einfuhren aus China betrugen etwa 27 Millionen Dollars. Hier war also ein Handel, welcher nach der Merkantiltheorie den grössten Vortheil für England gebracht haben müsste. Aber die englischen Kaufleute wurden dabei bankerott, und deshalb wurde eine Untersuchung der Quelle ihrer Noth angeordnet. Der Absatz britischer Fabrikate in China minderte sich von 1843 bis 1846 um 20 Prozent, obwohl weder Mangel an Begehr, noch Konkurrenz anderer Nationen denselben beschränkte. Die Ursache war lediglich Mangel an Ausfuhrprodukten aus China, welches nur Thee, Seide und einige Kleinigkeiten darbot. Die englischen Kaufleute, welche nicht ein todtes Geld-

als unerreichbar, so lange Deutschland nicht seine vollen Produktionskräfte (IIa.) nach Innen und Aussen entwickelt hat, (IIc.) der Schutzzöllner-Sprache »Erzwingung der Produktion *aller* Fabrikate,« — sogar solcher, von denen wir dabei weniger, als auf dem Wege der Einfuhr, erzielen. Aufgabe der Volkswirthschaft ist es aber: »die Produktion grösster Fülle mit unseren Kräften zu entwickeln.« Die zu lösende Frage ist: ob die Eröffnung unseres Marktes der freien Konkurrenz, welche unsere Produktionskräfte zur angestrengtesten Betreibung lediglich der von den Landesverhältnissen am meisten begünstigten Zweige nöthigt, das Mittel sei, mit unseren Kräften die Produktion grösster Fülle zu entwickeln?

Wahre Freiheit des Verkehrs unerreichbar so lange Deutschland nicht seine volle Produktionskräfte entwickelt hat, um den fremden Staaten gegenüber ebenbürtig und gleich stark (IIb.) ver- »*Handeln*« und nicht »*Verhandeln*« ist unser Zweck. Der Herr Präsident nimmt, als ausgemacht, an, dass wir die Erweiterung unseres Handels hauptsächlich durch Verhandeln erlangen und, um erfolgreich

---

kapital über das Meer transportiren wollten, trieben die Einkaufspreise solcher Retouren so hoch, dass sie beim Verkaufe Verlust hatten; der Begehr nach Wechseln auf Europa trieb den Kurs auf eine nachtheilige Höhe; die Engländer halfen sich zwar zum Theile mit Wechseln auf Amerika und andere Länder, welche nur für etwa 5 Millionen Dollars nach China gesandt und für 10 Millionen Dollars von dort bezogen hatten; aber immer blieb eine Bilanz von 7 Millionen Dollars, wofür nur Silber zu haben, eine Waare, deren Versendung nach England mit Verlust verknüpft war. Die Engländer mussten also ihre Waarensendungen nach China einschränken auf das Maass dessen, was die englischen Einfuhrzölle ihnen gestatteten von chinesischen Produkten zu verbrauchen. Obwohl China als höchsten Zoll 10 Prozent ansetzte, während England den Thee mit 200 bis 350 Prozent besteuerte, fand die „Ueberschwemmung" China's, trotz seiner einseitigen Befreiung der Einfuhr, ihre baldige nothwendige Grenze, — und die Kosten der Ausgleichung trug England.

Note des Verf.

handeln zu können, (IIIa.) verhandeln zu können, unsere Einfuhr beschränken müssen. Dies sind gerade die Hauptstreitfragen der Handelspolitik, die nicht präjudizirt werden dürfen. England, welches seinen handelspolitischen Unterhandlungen den stärksten Nachdruck zu geben vermag, hat seine so lange fortgesetzten Versuche zur Erweiterung des Handels durch Verträge für gegenseitige Gewährungen, als völlig eitles Bemühen, aufgegeben. Sir Robert Peel erklärte nachdrücklich bei seinen Zollherabsetzungen: Seine reiche Erfahrung habe ihn überzeugt, dass ein Land eine Maassregel, die ihm einen Vortheil brächte, nicht um einen Tag versäumen dürfe in der Erwartung, durch Verschieben anderer Länder zu Maassregeln zu veranlassen, die noch einen zweiten Vortheil brächten; das Warten, bis man zwei Vortheile auf einmal erreicht, sei der Weg zum Verfehlen beider. England habe es sich daher zum Prinzipe gemacht, seine Tarifgesetze lediglich mit Rücksicht auf die Bedürfnisse des eigenen Landes, ganz unbekümmert um die Schritte fremdländischer Handelspolitik, festzustellen. Das britische Ministerium habe also grosse Erleichterung der Einfuhr fremder Produkte beschlossen, weil es dieselbe als zuträglich für den englischen Erwerb erkenne; es habe nicht erst von fremden Staaten dafür Gegengewährungen auszubedingen versucht; sondern es verlasse sich darauf, dass der für England aus freierer Einfuhr erfolgende Gewinn sicherer und schneller, als alle Diplomatie, die anderen Regierungen bestimmen werde, dem Beispiele zu folgen.

Ehe der Ausschuss »das Verhandeln« als grosse Aufgabe der Handelspolitik hinstellte und, als Mittel dazu, die an sich nachtheiligen Einfuhrbeschränkungen empfahl, musste nachgewiesen werden, dass diplomatisch schwache Nationen es nicht vermögen, sich jetzt unter die meistbegünstigten zu stellen und sich alle Rücksicht zu verschaffen, welche Mächtige zu ertrotzen sich den Schein geben möchten.

Wahre Freiheit des Verkehrs unerreichbar, so lange Deutschland nicht fremden Staaten gegenüber ebenbürtig

Zwischen Individuen auf ungleichen Stufen der Bildung und Lebensstellung kann allerdings nicht freier *geselliger* und gleich stark verhandeln könne, nach dem allgemeinen Grundsatze, dass freier Verkehr im wahren Sinne (IIa.) wie zwischen Individuen, so zwischen Staaten nur da denkbar ist, wo beide Theile gleich kräftig und Achtung gebietend einander gegenüber stehen. (IIIa. IIc.)

Verkehr, oder *vertrauter Umgang* stattfinden. Aber welcher Schluss lässt sich daraus für den *Handelsverkehr* ziehen? Sollen etwa Vornehme und Geringe, Gelehrte und Ununterrichtete, rohe Arbeiter und geschickte Handwerker nicht unter einander kaufen und verkaufen? — Sollen etwa die Einwohner eines staatlich mächtigen und die Einwohner eines staatlich ohnmächtigen Landes ihre respektiven Produkte nicht an einander verkaufen? Und wenn einem Volke auf niedriger Kulturstufe freier Handelsverkehr mit einem Volke von höchster industrieller Ausbildung eröffnet wird, wessen Lebensbefriedigung wird wohl dadurch am auffallendsten erweitert?

Um diese Stellung, in der man ebenbürtig und gleich stark Fremden gegenüber verhandeln könne, für Deutschland zu gewinnen, ist die Anwendung aller derjenigen Mittel erforderlich, welche den deutschen Arbeitserwerb in allen Fächern (IIIa.) *zur höchsten Blüthe bringen.*

Die auf Handelsbeschränkung fussende diplomatische Stellung, auf die bisher gezielt ward, ist keineswegs als erspriesslich für den grösstmöglichen Erwerb der Deutschen dargethan worden. Die Worte »höchste Blüthe des deutschen Arbeitserwerbs in allen Fächern« zeigen ferner, dass eine Stellung Deutschlands gedacht wird, in welcher es *alle* Fabrikate ebenso wohlfeil als irgend ein anderes Land herstellen solle. Alsdann, da nämlich aller Nutzen vom Einführen fremder Fabrikate aufgehört hätte, dürfte die Freiheit der Einfuhr beginnen! Nur gerade so lange als man einführen möchte, soll man es nicht dürfen! — Es ist ferner gar nicht bewiesen worden, dass es überhaupt Mittel giebt, in Deutschland die Herstellung *aller* Fabrikate ebenso wohlfeil als anderwärts zu bewerkstelligen.

Aber warum soll die deutsche Arbeit in allen Fächern, und nicht vorzugsweise in solchen Fächern Erwerb suchen, in denen sie am meisten begünstigt ist? Warum nicht zwischen dem Deutschen und dem Engländer dieselbe Arbeitstheilung benutzen, die zwischen zwei Deutschen für beide sich so vortheilhaft erweist? — Diese Grundfrage hat der Herr Präsident übergangen.

Zur Erlangung von Ebenbürtigkeit im Verhandeln sind Mittel erforderlich, welche den Absatz deutscher Erzeugnisse im Innern und nach dem Auslande, *zur höchsten Blüthe bringen.* Ein Einfuhrzoll bewirkt, dass der Preis einer Waare sich innerhalb eines Landes höher als im Auslande stellt. Der Preis muss aber niedriger im Innern als im Auslande stehen, wenn eine Waare ausgeführt werden soll. — »Schützen« heisst: fremde Konkurrenz *abwehren.* »Ausführen« heisst: fremde Konkurrenz *aufsuchen.* Was man beschützen muss, kann nicht ausgeführt werden, was man ausführen kann, bedarf keines Schutzes. Rückt man nun den Schutzzöllnern den Widerspruch zwischen »Schützen« und »Ausführen« vor, dann räumen sie ein, dass sie nicht beides als *gleichzeitig* möglich ausgeben wollen, sondern nur meinen, dass die Ausfuhr erst entstehen solle, wenn der Schutz alles Dasjenige, was sie uns davon versprechen, verwirklicht haben wird. Sie sagen nämlich: Erhöhet durch Eingangszoll den Preis der Fabrikate, welche das Ausland wohlfeiler liefert als wir, damit wir uns auf das Gewerbe werfen können; erleichtert uns das Unternehmen und die Entwickelung; und wenn auch Anfangs unsere Einrichtungen unvollkommen, unsere Leistungen mangelhaft, unsere Produkte theurer sind, werden wir, durch starke Konkurrenz untereinander, uns gegenseitig nöthigen, unseren Betrieb so zu vervollkommnen, dass wir am Ende wohlfeiler als der Ausländer fabriziren, also in's Ausland ausführen werden.

Wenn aber sicher anzunehmen ist, dass bei uns ein Fabrikationszweig, binnen absehbarer Zeit, wohlfeilere Produkte als das Ausland liefern könne, dann besitzt unser Land für jenes Gewerbe ersichtliche begünstigende Verhältnisse. Für das rechtzeitige Ergreifen eines solchen Gewerbes bedarf es nicht einer Prämie aus den

Taschen der Konsumenten zur Aufmunterung; denn sobald die Kapitalisten Beschäftigung für neue Mittel suchen müssen, werden sie sich auf jenes Gewerbe werfen, *falls nicht ein besseres sich darbietet.* Bewirkt also der Schutzzoll eine frühere Ergreifung des gedachten Gewerbes, ruft er dasselbe hervor, während noch Kapitalsanlagen zu finden sind, welche ohne Belastung der Konsumenten rentiren, so fördert er nicht den Erwerb. Indem aber der Schutzzoll hohe Preise schafft, mindert er die Nöthigung, die Anlagen mit Rücksicht auf wohlfeilstes Produziren, also die möglichst zweckmässige Einrichtung zu machen. Das Vorgeben, dass es nur darauf ankomme, viele Fabriken zu haben, gleichviel wo und wie angelegt, indem es leicht sei, die unzweckmässigen nachher zweckmässig zu machen — dies ist der plumpeste aller Täuschungsversuche. Missgriffe bei der ersten Anlage sind bekanntlich die allerschlimmsten. Und darum ist, zur Verhütung derselben, gerade beim Anfangen eines Gewerbes die Konkurrenz am meisten nöthig. Ohne Schutzzölle wären die für Deutschland sich eignenden Fabriken genöthigt gewesen, sich an einzelnen, nämlich an den einem besonderen Zweige günstigsten Lokalitäten zusammen zu gruppiren, was für Fabrikbetrieb ein Hauptvortheil ist. Unter dem Schutzzoll sind sie sporadisch entstanden, nicht etwa wo die Lokalität sich dem Betriebe günstig, sondern, wo sich ein Kapitalist geneigt zeigte, aus den künstlich erhöhten Preisen Nutzen zu ziehen. Solche Unternehmer, unfähig mit den seitherigen Vervollkommnungen des Gewerbes Schritt zu halten, rufen jetzt nach noch höheren Zöllen. — Ganz unlogisch ist es, wenn gesagt wird, ein Schutzzoll erleichtere ein Unternehmen. Nicht die *Schwierigkeit der Sache*, sondern bloss die *Bedenklichkeit* des Unternehmungslustigen wird durch den Schutzzoll vermindert. Also erleichtert der Schutzzoll nicht *das Unternehmen,* sondern bloss *den Entschluss.* Die Frage ist, ob verminderte Berücksichtigung der Schwierigkeit bei Gewerbsunternehmungen dem Erwerbe im Ganzen förderlich sei? — Ebenso unlogisch ist es, zu sagen, ein Schutzzoll fördere die *Entwickelung* eines Gewerbes; denn »Entwickeln« heisst hier: Missgriffe, Unvollkommenheiten und Verschwendungen beseitigen; mit einem Worte: täglich *besser wirthschaften lernen.* Dies wird nicht dadurch gefördert, dass eine besondere Entschädigung aus der Volkstasche gegeben, d. h. *auf allgemeine Kosten gewirthschaftet* wird. Der Einfluss des Schutzzolls auf Wahl, Einrichtung und Betrieb eines Gewerbes beweist, dass er nicht ein Mittel sein kann, »unseren Absatz nach dem Auslande zur höchsten Blüthe zu bringen.«

Zur Erlangung von Ebenbürtigkeit im Verhandeln sind Mittel erforderlich, welche den Absatz deutscher Erzeugnisse im Innren und nach dem Auslande, und eben damit die Fähigkeit des Landes, zum Bezuge seiner Bedürfnisse an fremden Erzeugnissen zur höchsten Blüthe bringen.

In einem bald folgenden Satze heisst es: »Der Absatz deutscher Erzeugnisse nach dem Auslande, und somit auch die Fähigkeit des Landes, auswärtige Erzeugnisse zu bezahlen.« Hiermit wird bestimmt ausgesprochen, dass der Betrag der Einfuhr seine Schranke in dem Betrage der Ausfuhr hat. Da nun unsere Ausfuhr eine Einfuhr für das Ausland bildet, muss sich auch der Satz umkehren lassen. *Demnach bestimmt die Einfuhr auswärtiger Erzeugnisse in Deutschland die Fähigkeit des Auslandes, deutsche Erzeugnisse zu bezahlen.* Sobald man zugiebt, dass Beschränkung der Einfuhr die Ausfuhr entsprechend beschränkt, muss man auch einsehen, dass das handelsbeschränkende System nur darin besteht, *Gewerben, welche im Weltmarkt festen Fuss gewonnen haben und einer unabsehbaren Ausdehnung fähig sind, den Absatz zu rauben, um Gewerbe zu stützen, welche nur für den inländischen Bedarf arbeiten können.*

Die ganze Freihandelspolitik beruht auf der Einsicht, dass eine Erweiterung der Einfuhr eine entsprechende Ausfuhr von Erzeugnissen zur Folge haben muss; dass also ein Land nur für vortheilhaftes Kaufen zu sorgen habe, indem es den Anderen die Sorge überlässt, sich Gleichwerthe für das Gegebene von ihm zu entnehmen, was augenscheinlich auch ihre Sache ist. *Hiermit aber ändert sich auch die ganze Staatenpolitik.* So lange eine Nation von der Idee beherrscht ist, dass sie sich anders, als durch den Sieg ihrer Wohlfeilheit, Absatz zu erringen habe, muss sie nach Gewalt über das Ausland trachten, Gebietseroberungen machen,

Konsumenten sich unterwerfen, Kolonieen erwerben, die Waaren Anderer daraus verdrängen, oder andere Staaten unter eine Suprematie bringen wollen, welche diese zu ihr in das Verhältniss von Kolonieen versetze; — sie bedarf hierzu einer grossen Land- und Seemacht; auch erregt der von ihr verfolgte Zweck überall Eifersucht, Feindschaft und Hass, gegen welche sie sich vorsehen und vertheidigen muss. Eine weniger mächtige Nation, welche nicht so angreifend auftreten kann, glaubt wenigstens ihre ganze staatliche Macht zur Abwehr solcher Angriffe aufbieten zu müssen, und strebt, im vermeintlichen Interesse ihres Erwerbs, nach,»einer gleich starken, Achtung gebietenden, ebenbürtigen Stellung.« *Auf solchem Wahn beruht das für die Völker so verhängnissvolle System des bewaffneten Friedens.*

Sobald man seiner Handelspolitik vorzugsweise die Erleichterung des Einkaufs zur Aufgabe stellt, bedarf es keiner Staatsgewalt mehr. Der Käufer ist überall willkommen und wird von Allen in Schutz genommen und auf das Zuvorkommendste behandelt. Und warum sollte die Handelspolitik einer Nation nicht diese Maxime befolgen? Der Handel einer Nation ist nur die Summe der Handelsgeschäfte aller Einzelnen in der Nation. Und thatsächlich verfährt jeder Einzelne nur nach jener Maxime. Kaufmann oder Fabrikant, er kann activ nur beim Einkauf verfahren, indem er das ihm Passende aufsucht, wählt und nach eigener Willensentschliessung besorgt. Beim Absatz beschränkt sich seine Activität auf Sorge für die Qualität der Waare und Darbietung derselben; er vermag nicht den Verkauf irgendwie zu erzwingen, sondern muss sich dabei lediglich auf den Grad des Nutzens verlassen, den seine Waare Anderen bieten möge. Da aber Alle Bedürfnisse haben, deren Befriedigung Ziel ihres Bemühens ist, kann Jeder der Abnahme gesichert sein, wenn er nur gesuchte Befriedigungsmittel darbietet, was nothwendig seine Aufgabe ist. — Sind unsere Waaren die wohlfeilsten und am besten für die Bedürfnisse zugerichtet, dann werden fremde Kaufleute eben so begierig als unsere eigenen sein, sie uns abzunehmen und in ihren Schiffen fortzuführen. Theure und nicht zusagende Waare mögen wir in deutschem Schiffe und unter deutscher Flagge versenden, und am Landungsorte von einem Reichskonsul mit schwarz-roth-goldener Kokarde noch so feierlich empfangen lassen, deshalb kauft kein Mensch nur ein einziges Stück mehr davon; und wenn selbst ein ganzes Geschwader deutscher Kriegsschiffe vor dem Hafen liegt, so wird die Waare mit Seelenruhe besehen und befühlt, und genommen oder gelassen lediglich nach der Preiswürdigkeit des Gegenstandes, und ohne alle Rücksicht auf die Ruhmwürdigkeit unserer Seemacht. Werden aber die Kosten einer Kriegsflotte auf den Preis der Waaren geschlagen, dann wirken sie allerdings auf den Absatz, nämlich erschwerend. Die englischen Fabrikanten sind zur Einsicht gelangt, dass sie viel mehr Waare verkaufen würden, wenn diese nicht vertheuert würde durch die Kosten der grossen Kriegsmarine, und aller Gouverneure und Beamten und Soldaten in den Kolonien, welche für Absatz britischer Industrieprodukte wirken sollen, aber in Wirklichkeit den britischen Industriellen aufzehren. Es bildet sich in England eine neue League gegen den bewaffneten Schutz und gegen Zollschutz. — Nur weil Leute nicht hören mögen, dass Hilfe für sie zunächst durch ihre eigene Anstrengung verschafft werden muss, machen sie sich allerlei fantastische Vorstellungen über Beförderung ihres Erwerbs durch Anstrengung der Staatsmacht.

Zur Erlangung von Ebenbürtigkeit im Verhandeln sind Maassregeln nöthig, welche den deutschen Absatz im Inneren und nach dem Auslande, und eben damit die Fähigkeit des Landes zum Bezuge fremder Erzeugnisse zur höchsten Blüthe bringen, mit welcher stets die grösstmöglichste Ausdehnung der Landwirthschaft, des Gewerbfleisses und des Handels der Nationen, und somit die volle Entfaltung aller ihrer materiellen Kräfte verbunden ist.

Unsere »materiellen Kräfte auf's Vollste entfalten« heisst: die grösste Produktion mit denselben bewirken. Das einzige Mittel hierzu ist Freigebung der Einfuhr, welche alle materiellen Kräfte zu den produktivsten Verwendungen treibt. — Mit einem Kostenaufwand von 5 Rthlr., Eisen zum Werthe von 2½ Rthlr. erzeugen, oder mit 10 Rthlr. Kosten eine Spinnarbeit, die nur 7 Rthlr. werth ist, verrichten, heisst doch nicht materielle Kraft entfalten!

Für und Wider Schutz- und Differenzialzölle. 353

Dass Deutschland, in Folge seiner Zersplitterung noch weit entfernt ist von einer solchen Entwickelung, Welcher Entwickelung? — Entwickelung diplomatischer Macht, oder industrieller Leistungen? Beide werden vermischt, indem angenommen wird, dass diese von jener abhängt, was bestritten wird. Die Zersplitterung Deutschlands hat allerdings die Entwickelung deutscher diplomatischer Macht gehindert. Ob sie aber den deutschen Erwerb anders benachtheiligte, als insofern sie *den freien Verkehr in Deutschland gehemmt* hat, ist nicht erwiesen.

dass es durchgreifender Maassregeln im Innern wie nach Aussen noch dringend bedarf, um diejenige Selbstständigkeit (II a.) zu erlangen, auf deren Grund es seinen Handel frei und kräftig über alle Theile der Erde verbreiten wird,

»Selbstständigkeit« bedeutet an dieser Stelle eine diplomatische Macht zur Durchführung eines handelspolitischen Systems, welches nicht logischer Weise ein selbstständiges genannt werden kann, weil seine Hauptregel sogenannte Gegenseitigkeit, eigentlich blosses Nachmachen ist. — Die einzige Selbstständig-

keit, auf deren Grund Deutschland seinen Handel über alle Theile der Erde verbreiten könnte, bestände in der durchgängigen Konkurrenzfähigkeit seiner Industrie; und diese kann es nur durch Handelsfreiheit erlangen, welche alle Kräfte zu den konkurrenzfähigen Gewerben treibt, deren es in Deutschland erweislich genug giebt, welche bei Zufluss von Mitteln auch entsprechend sich aus dehnen könnten.

Dass es durchgreifender Maassregeln bedarf um diejenige Selbstständigkeit zu erlangen, auf deren Grund es seinen Handel über alle Theile der Erde verbreiten wird, beweisen die Einfuhren fremder Arbeitserzeugnisse, die

Im Jahre 1839 führte der Zollverein allein an Fabrikaten und Manufakturen für 101¼ Millionen Thaler aus. Warum berechnet nicht der Herr Präsident die Summe von Arbeitslöhnen und Veredlungskosten, welche das Ausland an uns zu zahlen

Summen von Arbeitslöhnen und Veredlungskosten, welche wir jetzt nach dem Auslande zu leisten haben (II a. c.) während unsere Arbeiter dem Mangel unterliegen. (III a.) Der preussische Zollverein allein bezieht für 40 Millionen Thaler jährlich ausländische Gewerbserzeugnisse, worin an 22 Millionen Thaler Arbeitslöhne und Veredlungskosten enthalten sind. Im Jahre 1839 betrugen letztere nur allein auf baum- und schaafwollene Erzeugnisse und Leinengarn 8½ Millionen Thaler, 1843 war diese Summe bereits auf 11½ Millionen Thaler gestiegen.

hat? Mit der gegebenen Beschäftigung hat man die empfangene Beschäftigung, mit der Einfuhr hat man die Ausfuhr zu vergleichen, wenn man den Einfluss des internationalen Verkehrs auf Arbeitserwerb betrachten will. Hätte der Zollverein die Einfuhr der 40 Millionen Thaler betragenden Gewerbserzeugnisse durch Zölle verhindert, so hätte zur Herstellung derselben im Inlande Kapital verwendet werden müssen, welches zur Herstellung von Fabrikaten für's Ausland verwendet worden ist. Damit wäre nur eine *veränderte*, nicht eine *vermehrte* Beschäftigung für Arbeit bewirkt. Eine Erhöhung der Zölle vermehrt nicht unser Kapital; und ohne Vermehrung unseres Kapitals können wir doch nicht mehr für das Inland und ebenso viel für das Ausland als vorhin erzeugen. Wenn also unsere Arbeiter dem Mangel unterliegen, so geschieht dies, weil uns das Kapital mangelt, um sie alle gut zu beschäftigen. Die Frage im Interesse der Arbeiter ist: Wie vermehren wir am raschesten unser Kapital? Die Freihandelsmänner sagen: »Erleichtert die Einfuhr, nöthigt unser Kapital zu den produktivsten Verwendungen, vermehrt die Wohlfeilheit oder Fülle der Erzeugnisse, damit, nach Befriedigung der nothwendigen Bedürfnisse, mehr übrig bleiben können. Erübrigte Erzeugnisse, zur Wiedererzeugung verwendbar, sind Kapital.«

Dass die Noth unter unseren Arbeitsfähigen nur von Mangel an Kapital herrühren kann, lässt sich leicht klar machen. Wenn uns eine nothleidende Bevölkerung gezeigt wird, so dürfen wir fragen: Warum beschäftigt man die Leute nicht? — »Man braucht ihre Arbeit nicht.« — Aber die Leute brauchen selber, was sie durch ihre Arbeit schaffen könnten. — »Allerdings.« — Mögen sie dann für einander arbeiten. Mögen die Einen von unbenutztem oder wenig benutztem Lande Nahrungsmittel gewinnen, Andere Häuser bauen, Andere spinnen und weben, Andere Geräthe machen u. s. w. Es kommt nur darauf an, dass sie sich in die Beschäftigungen richtig theilen, dann befriedigt ihre Arbeit gegenseitig ihre Bedürfnisse, sie finden vollauf damit zu thun und beseitigen ihren Mangel. — »Ja, wenn das so ginge. Aber dazu gehören Ackergeräthe, Werkstätten, Maschinen, Werkzeuge, Materialien und Nahrungsvorräthe, um die Arbeiter zu unterhalten bis ihre Erzeugnisse vollendet und im Wege des Verkehrs ausgetauscht sind.« — Also kann Mangel an Beschäftigung (abgesehen von Zeiten der Unsicherheit) immer nur Mangel an *Beschäftigungsmitteln*, nicht Mangel an *Beschäftigungszweck* bedeuten.

Ohne nähere Untersuchung des Zusammenhangs der Dinge stellt uns der Herr Präsident des *volkswirthschaftlichen* Ausschusses das Mangelleiden bei unseren Arbeitern, als direkten Erfolg der Einfuhr ausländischer Gewerbserzeugnisse, ohne Weiteres hin, und damit Punktum!

Von diesem Standpunkte aus, ist der Handel nur in derjenigen Richtung wünschenswerth, in welcher er der Entwickelung der nationalen Hilfsquellen nicht entgegenwirkt,

Der Herr Präsident hat noch gar nicht gezeigt, in welcher Richtung der freie Handel unserem Erwerbe entgegenwirken kann. — Der freie Handel giebt unseren Produktionsmitteln die Richtung zu den konkurrenzfähigen oder produktiveren Gewerben, und giebt denjenigen bisher nicht konkurrenzfähigen Gewerben, welche nicht ganz naturwidrig und unverbesserlich sind, eine Richtung zu grösserer Anstrengung; dadurch wird »der Entwickelung der nationalen Hilfsquellen«, gewiss nicht entgegengewirkt.

Der freie Handel richtet sich bloss gegen die künstliche Fristung nicht nationalisirbarer, stets hilfsbedürftiger Gewerbe. Diese sind nicht Quellen, aus denen der Nation Hilfe fliesst, sondern bodenlose Brunnen, in welche die Nation Hilfsspenden wirft.

und die höchste Blüthe des deutschen Handels hängt davon ab, dass der deutsche Arbeitserwerb, der Absatz deutscher Erzeugnisse nach dem Auslande, und somit auch die Fähigkeit des Landes, auswärtige Erzeugnisse zu bezahlen, auf die oberste Entwickelungsstufe sich erhebt.

»Höchste Blüthe« und »oberste Entwickelungsstufe« und dergleichen Redeschmuck bei Seite gelassen, sagt uns der Herr Präsident, dass, von seinem Standpunkte aus betrachtet, je mehr deutsche Erzeugnisse gegen ausländische Erzeugnisse ausgetauscht werden, um so grösser ist Deutschlands Handel mit dem Auslande. — Man könnte glauben, dass er für diesen Satz keiner so langen Deduktion bedurfte. Aber die lange Deduktion bedurfte dieses Satzes. Es ist nämlich ein Hauptkunstgriff der Sophistik, eine Reihe von Sätzen, die nichts beweisen, mit einem Satze zu schliessen, der seinen Beweis in sich trägt — indem er im Grunde nichts sagt.

Diese Grundsätze sind in der That auch diejenigen, welche die Handelspolitik der, in ihrer nationalen (II a.) Entwickelung vorangeschrittenen europäischen Staaten und beinahe aller grossen Seemächte, mit Ausnahme des in seiner Zerspaltung ohnmächtigen Deutschlands, bis jetzt verfolgt hat.

Es würde Jedem schwer fallen, zu zeigen, wo der Herr Präsident, bis hierher, auch nur einen einzigen »Grundsatz« klar und bestimmt hingestellt hätte.

Der Syllogismus, dem man hier bei uns Eingang verschaffen möchte, ist folgender:

Vorangeschrittene Staaten haben einheitliche Systeme der Handelsbeschränkung befolgt.

Deutschland hat, bei seiner Zerspaltung, Solches nicht vermocht,

Darum kann Deutschland nicht vorangeschritten sein.

Worauf zu erwidern ist, dass ein einheitliches handelsbeschränkendes System nicht zum erwerblichen Vorschreiten unerlässlich ist, wie das unleugbare Vorschreiten Deutschlands beweist.

Und worin ist denn Deutschland ohnmächtig? Im Seekriege

allerdings. Aber keineswegs im Seehandel, um welchen es uns hier doch zu thun ist. Der Betrag der Ein- und Ausfuhr ist im Zollverein relativ grösser als in Frankreich. Zwischen den Jahren 1834 und 1843 stieg derselbe im Zollverein, etwa um die Hälfte. Die Handelsmarine Frankreichs nahm, zwischen 1827 und 1844 gar nicht zu, während die deutsche grosse Fortschritte macht, — und in neuester Zeit sich vermehrte, in einigen Häfen um 6 Prozent, in anderen bis auf 9 Prozent jährlich. Die deutsche Rhederei an Nord- und Ostsee nimmt die erste Stelle in Europa nach England ein; sie besitzt mehr Tragfähigkeit als die Rhederei Frankreichs, welches doch so viel ausgedehntere Küsten hat. Die Rhederei von Stettin allein ist an Tonnenzahl doppelt so gross als die Belgiens.

Politische Zerspaltung hemmt natürlich das, was man heute »Voranschreiten in nationaler Entwickelung« nennt. Hier aber handelt es sich um Entwickelung des Erwerbs. Beide Gesichtspunkte sind streng zu unterscheiden, und nur insofern in entsprechende Verbindung zu bringen als ein gegenseitiges Bedingen nachgewiesen wird.

Die Handelspolitik aller in ihrer nationalen Entwickelung vorangeschrittenen europäischen Staaten, mit Ausnahme Deutschlands, hat oben bezeichnete Grundsätze verfolgt, und zwar hauptsächlich durch dreierlei Maassregeln:
 a) Durch Gewährung eines Schutzes des heimischen (II a.) Gewerbfleisses, soweit er erforderlich ist, um alle Arbeitskräfte (II a.) des Volkes gleichmässig zu entwickeln, und, durch die Ausfuhr der inländischen Gewerbsprodukte

Unter Rubrik a. sind aufgezeichnet nicht Maassregeln, sondern angebliche *Erfolge* von Maassregeln. Dies macht einen gewaltigen Unterschied. Denn der ganze Streit erhebt sich bloss, weil behauptet wird, dass die gemeinten Maassregeln die vermeintlichen Erfolge nicht gehabt haben und nie haben können.

Wenn ein sich anpreisender Quacksalber uns sagen sollte, er fördere die menschliche Gesundheit hauptsächlich durch dreierlei Mittel: a) »Durch Gewährung eines Schutzes der inneren Organe, soweit es erforderlich ist, um alle Lebenskräfte gleich-

(III b.) wiederum die Mittel zu entsprechender Einfuhr fremder, zumal tropischer Erzeugnisse zu gewinnen (IV). — mässig zu entwickeln u. s. w.« — so würden wir sogleich den Kunstgriff durchschauen, welcher die Darreichung einer Pille als eins mit der Gewährung von Gesundheit ausgiebt. — Des Herrn Präsidenten Anpreisung der Schutzzölle ist demselben Einwurf ausgesetzt.

b) Durch Beförderung (III b. IV) ihres gewerblichen und anderen Absatzes nach den, demselben offen stehenden tropischen Erzeugungsländern, mittelst Begünstigung (III a. b. IV.) der direkten Einfuhr aus letzterem, — »Beförderung des Absatzes« ist keine Maassregel, sondern angeblicher Erfolg einer Begünstigung direkter Einfuhr, welche angeblicher Erfolg einer Maassregel zur Beschränkung indirekter Einfuhr ist. Die Sophistik macht hier einen Doppelsprung. Prüfen wir indessen die Momente des Verfahrens in ihrer nothwendigen Folge.

Bei gleicher Verzollung einer eingeführten Waare ohne Rücksicht auf Herkunft, finden es Kaufleute öfters vortheilhaft, neben ihren Beziehungen direkt aus den Ursprungsländern, auch aus näheren Niederlagen zu beziehen, wo sie grössere Auswahl haben, beliebige kleinere Quantitäten erhalten, vielleicht Kredit erlangen, rascher sich versorgen, und wegen des rascheren Umsatzes mehr Geschäft mit ihrem Kapital machen, auch häufig wohlfeiler kaufen können, theils wegen besonderer Konjunkturen, theils wegen der grossen Wohlfeilheit des Handelskapitals in grösseren Zentralmärkten. Wenn nun die deutsche Handelsgesetzgebung es für handelspolitisch erachten sollte, durch einen Zuschlagszoll auf indirekte Einfuhr, dem deutschen Handel die Wahl der Einkaufsplätze zu kürzen, und ihn von der Benutzung der Zwischenmärkte gleichsam bei Zollstrafe abzuhalten, so werden allerdings dadurch die gelegentlich sich darbietenden Vortheile indirekter Einfuhr abgeschnitten, aber damit ist nicht gesagt, dass vermehrte Vortheile für direkte Einfuhr dadurch entstehen. Der logische Fehler liegt darin, dass das Wort »*Begünstigung*« hier bloss in *relativer Bedeutung* gebraucht wird. Wenn die direkte Einfuhr verschont bleibt von der Missgunst des Gesetzes, so kann man allerdings sagen, dass sie *negativ günstiger* behandelt, und *relativ günstiger* gestellt wird, als die indirekte Einfuhr; aber das Abschneiden früherer *positiver Gewinne*, kann nur durch Aufweisen neuer positiver Gewinne gerechtfertigt werden. Es handelt sich also um absolute, nicht relative Begünstigung direkter Einfuhr. — Die Differenzialzöllner sagen: »Die direkt eingeführten Produkte, vor der Konkurrenz der in nahen Zwischenlagern befindlichen Waaren geschützt, finden einen sichereren Markt und bessere Preise, wodurch die direkte Einfuhr auch positiv günstiger wird.« Der hier begangene logische Fehler liegt darin, dass ein *Begünstigen* des *Einführenden* mit dem *Günstigermachen* der *Einfuhr* verwechselt wird. Es handelt sich nicht darum, den Kaufleuten bei direkter Beziehung mehr Gewinn, oder transatlantischen Produzenten, durch ein Vorrecht in unserem Markte, einen grösseren Erlös zuzuwenden. Es handelt sich darum, die direkte Einfuhr günstiger für Erfüllung ihres Zwecks, nämlich für Versorgung der Konsumenten zu machen; also handelt es sich darum, *die direkt eingeführten Erzeugnisse wohlfeiler zu machen*. Bis die Differenzialzöllner uns klar auseinandersetzen, wie das blosse Vertheuern indirekt eingeführter Waaren, die direkt eingeführten Waaren wohlfeiler machen solle, sehen wir in ihrem Vorschlage nur eine Maassregel zur muthwilligen Bewerkstelligung eines reinen Schadens. — Dass eine Verminderung der Versorgungsquellen eine reichlichere Versorgung bewirken, — dass eine Beschränkung auf direkten Bezug, die Einfuhr, mithin auch die Ausfuhr im Ganzen vergrössern, und den Erwerb irgendwie fördern solle, vermögen wir nicht zu ersehen.

Aber der Differenzialzöllner will anderswo hinaus. Er hat sich eingebildet und möchte uns einreden, dass unser Absatz »nach den demselben offenstehenden tropischen Ländern« davon abhänge, dass wir deren Erzeugnisse direkt einführen. — Es handelt sich für unsern Erwerb indessen um Absatz überhaupt, und nicht um Absatz nach gewissen Ländern; und die tropischen Erzeugungsländer stehen anderen fabrizirenden Völkern ebenso offen als uns; so dass unser Absatz dort ebenso sehr als anderwärts von der Güte und Wohlfeilheit unserer Waaren abhängt. Ferner wird der Betrag unserer Ausfuhr im Ganzen durch den Betrag unserer Einfuhr im Ganzen bedingt, und umgekehrt. Aber die Beträge der Ein- und Ausfuhr von und nach einem bestimmten Orte hängen nicht nothwendig von einander ab. Jedermann muss im Ganzen gleich viel an Werth geben und nehmen, aber nicht an die Personen, von denen er kauft, ebenso viel verkaufen, wie beim ursprünglichen Tauschverkehr. Der Handel ist ja eben dazu ausgebildet worden, um uns von der Nothwendigkeit zu befreien, Verkäufer und Käufer in einer Person zu suchen. Wenn wir durch unsern Differenzialzoll dem Verkäufer von Baumwolle in New-Orleans einen bessern Absatz in Bremen verschaffen, als welchen ihm Liverpool darböte, so verpflichten wir ihn zu Danke; aber wir verpflichten dadurch nicht den Käufer von Manufakturwaaren in New-Orleans, deutsche lieber als andere Fabrikate zu kaufen. Der Differenzialzöllner will eigentlich *für den Absatz transatlantischer Erzeugnisse* sorgen, — eine Sorge, welche der Freihändler dem Transatlanten überlassen zu dürfen glaubt. Auf welchem Wege auch Dieser zu seinem Gelde gekommen sein mag, er kauft damit deutsche Fabrikate nur dann, wenn sie die preiswürdigsten sind. Daher können deutsche Fabrikanten ihren Absatz nur durch Ausbildung ihres technischen Betriebs, und nicht durch Ausheckung von Projekten zur Ablenkung des Handelsganges fördern. Werfen wir nur einen Blick auf Tabelle XIX der Hamburger Denkschrift über das Differenzialzollsystem, worin Ein- und Ausfuhr von und nach den verschiedenen transatlantischen Plätzen verzeichnet sind. Da sehen wir für Hamburg und Bremen zusammen, als ersten Posten: Einfuhr aus Mexiko 339,890 Mk. Banko, Ausfuhr nach Mexiko 3,326,000 Mk. Banko; und als zweiten Posten: Einfuhr aus Brasilien 14,244,660 Mk. Banko, Ausfuhr nach Brasilien 3,797,160 Mk. Banko. Und doch, bei solcher Abweichung im Einzelnen gleichen sich Ein- und Ausfuhr im Ganzen aus. Das Schutzzollsystem und das Differenzialzollsystem beruhen *auf zwei sich widersprechenden Annahmen, die beide gleich unbegründet sind.* Der Schutzzöllner nimmt an, dass unsere Einfuhr aus allen Ländern unsere

Ausfuhr nach allen Ländern übersteigen kann; der Differenzialzöllner nimmt an, dass unsere Ausfuhr nach einem Lande unserer Einfuhr aus jenem Lande gleich kommen muss.

c) **Durch Begünstigung der eigenen Schifffahrt vor der fremden, theils als Erwerbsquelle des Volkes überhaupt, theils als Beförderungsmittel für den direkten Handel mit den Erzeugungsländern der Einfuhrgegenstände, und für die Ausfuhr der heimischen Produkte.**

Wiederum angebliche Erfolge der Maassregel für die Maassregel selber ausgegeben! Das Auflegen von Zuschlagsabgaben, um den deutschen Handel bei Zollstrafe von der Benutzung fremder Schiffsgelegenheiten abzuhalten, ist eine Begünstigung nicht »der eigenen Schifffahrt vor der fremder«, sondern »Deutscher Schiffseigner auf Kosten Deutscher Kaufleute.«
Die Schiffseigner aller deutschen Häfen, mit Ausnahme Bremens, haben indessen erklärt, dass ein Begünstigen der Schifffahrt lediglich darin bestehen könne, dass man dieselbe günstiger zur Erfüllung ihres Zweckes mache, also die Schifffahrer durch freie Konkurrenz nöthige, für möglichst tüchtige und wohlfeile Transportgelegenheit zu sorgen, damit die Waarenversendung möglichst ermuntert werde. Die deutschen Rheder sehen unter der bisherigen freien Konkurrenz der Schiffe in deutschen Häfen den Handel wachsen, und sichern sich einen stets wachsenden Antheil daran durch jene Tüchtigkeit, welche die freie Konkurrenz in ihnen ausgebildet hat. Sie protestiren gegen ein Abschneiden der Konkurrenz, weil sie sich nicht entziehen wollen einem Wettkampf, der ihr Uebergewicht in dem Maasse sichert, als er ihre Leistungsfähigkeit entfaltet. Sie sehen keinen Grund, das Loos der sogenannten beschützten Gewerbe zu beneiden, und wollen für ihre eigene Wohlfahrt auch fortan allein durch ihre eigene Kraft sorgen. Insofern deutsche Kapitalisten es lohnend finden, bei den jetzigen Frachtpreisen grössere Mittel in das Rhedergeschäft zu stecken, steht einer Benutzung dieser Erwerbsquelle ihrerseits in ausgedehnterem Maasse nichts entgegen. Wird aber, durch Ausschliessung fremder Schiffe, ein Mangel an Transportgelegenheit und demnach ein höherer Frachtpreis auf Kosten des deutschen

Handels bewirkt, dann wird das Rhedergeschäft nicht eine *Erwerbsquelle*, sondern ein *Besteuerungsmittel*. Eine derartige erzwungene Vermehrung der deutschen Rhederei würde Kapital dem Handel entziehen, um es dem Schiffsbau zuzuwenden, und somit *zur Folge haben, dass weniger Geschäfte mit mehr Kosten gemacht werden müssten*. — Wie der direkte Handel befördert werden solle durch ein Beschränken desselben auf die Benutzung deutscher Schiffe, vermögen wir nicht zu begreifen. Die Voraussetzung, dass ein heimischer Schiffer auch eine patriotische Vorliebe für heimische Erzeugnisse haben müsse, gehört zu den Schrullen, welche sich Leute in den Kopf setzen, wenn sie ihre Phantasie quälen, um Scheingründe für ein an sich unvernünftiges Projekt zu erfinden. Selbst der deutscheste aller deutschen Schiffer fragt nur nach der Fracht, die man ihm für die Waare bezahlen will, nicht aber, wer die Waare gemacht habe. Und wenn fremde Schiffer in deutschen Häfen Ladung suchen, so bekunden sie dadurch keine Abneigung, die Ausfuhr deutscher Produkte zu fördern. Dass deutsche Fabrikanten auf die Idee kommen konnten, den überseeischen Absatz ihrer Produkte durch Beschränkung und Vertheuerung der Schiffsgelegenheiten zu fördern, dies zeigt, in welche Widersprüche ein falsches System hinauslaufen kann, ohne dass die darin Befangenen ihres Irrweges gewahr werden. — Den überseeischen Absatz deutscher Fabrikate zu besorgen, ist Geschäft der Kaufleute in den Hafenstädten. Diese erklären, als Sachverständige und Interessenten zugleich, dass sie dies ihr Geschäft am besten verrichten können, wenn ihnen keine Beschränkung durch Differenzialzölle auferlegt wird. Ihre Stimme muss hierin auch maassgebend sein.

Die dreierlei angepriesenen Maassregeln sind in ihrer Unmittelbarkeit: a. Zölle auf fremde Erzeugnisse, b. Zuschlagszölle auf indirekt eingeführte Erzeugnisse, c. Zuschlagsabgaben von fremden Schiffen und deren Ladungen.

Die nächsten Erfolge sind:

ad a. erhöhte Preise, welche Kapital und Arbeit zu den am wenigsten von den Landesverhältnissen begünstigten Gewerben hinziehen;

ad b. Verminderung der Versorgungsquellen;

ad c. Verminderung der Versendungsgelegenheiten.

Für und Wider Schutz- und Differenzialzölle.

Dass diese Maassregeln, welche zunächst den Erwerb der Deutschen augenfällig schmälern, in ihren weiteren Erfolgen denselben fördern sollen, hat die handelsbeschränkende Partei zwar kühn genug vorausgesetzt, aber keineswegs genügend dargethan.

Unter diesem Systeme sind England und Frankreich gross und mächtig (II a.) geworden, dieses System hat Belgien nach vielfachen Untersuchungen eingeführt; es wird von Spanien, Holland und anderen Staaten befolgt. Hier versucht der Herr Präsident durch den Doppelsinn im Ausdrucke »gross und mächtig«, aller volkswirthschaftlichen Geschichte zum Trotze, uns zu mystifiziren. England ist in Fabrikation, Handel und Schifffahrt gross und mächtig, und Frankreich in sogenannter »nationaler Entwickelung« gross und mächtig geworden. Aber ist Frankreich in Entwickelung des Erwerbs grösser und mächtiger als Deutschland geworden? Hat Deutschland irgend Grund, auf Frankreichs erwerbliche Lage mit Neid hinzublicken? — In Belgien hat die handelsbeschränkende Partei vorläufig gesiegt. Das beweist indessen bloss, dass die belgische Konstitution noch den Klasseninteressen die Uebermacht sichert. — Und wie kommt man dazu Holland und Spanien zusammenzustellen? Inwiefern sind in beiden die Erwerbsentwickelungen sich ähnlich? Aus der offenkundigen Thatsache, dass unter einem und demselben Systeme der Handelsgesetzgebung verschiedene Länder sich auf sehr verschiedener Stufe der Erwerbsentwickelung befinden, welchen anderen Schluss können wir logischer Weise machen, als dass andere Umstände, ausser der Wirkung jenes Systems, zur Erklärung solcher Verschiedenheit nöthig sind? Augenfällig ist es auch, dass die Beschränkung des Verkehrs sehr verschieden auf verschiedene Völker wirken muss. Grossbritannien z. B. mit seinen mineralischen Schätzen, und einem Gebiete, welches Ost- und Westindien, Südafrika und Canada, alle Zonen der Welt in sich schloss, konnte sich mit viel geringerem Nachtheil isoliren, als andere Staaten, welche nicht solche mannigfache Quellen in sich begriffen. Durch seine Lage zum Zentralmarkt tropischer und transatlantischer Produkte für Europa natürlich bestimmt, und mit seinem grossen

Handelskapital, konnte es durch sein Verbot der indirekten Einfuhr, weniger seinen Handel beeinträchtigen, als anders gelegene Staaten durch eine ähnliche Maassregel ihren Handel beeinträchtigen müssten. Als Insel für das Rhedereigeschäft besonders günstig gelegen, konnte es Zwangsgesetze zur Vermehrung seiner Handelsmarine aufrecht erhalten, ohne dadurch seinem Kapitale eine so falsche Richtung zu geben, als andere Staaten durch Nachahmung jener Maassregeln thun dürften. Unter so begünstigenden Verhältnissen konnte die Entwickelung der Industrie, des Handels und der Schifffahrt in England, viel erfolgreicher, als in anderen Ländern den handelsbeschränkenden Gesetzen trotzen, und darum ist sie auch weniger als anderwärts durch dieselben gehemmt worden. Aber auf der anderen Seite, trotz jener für Volkserwerb so günstigen Verhältnisse, ist in England unter jenem Beschränkungssysteme, die Massenarmuth zu eben so hoher Entwickelung, als die massenhafte Produktion gebracht worden. Wenn man von dem handelspolitischen Systeme Englands spricht, darf man nicht vergessen, dass der grosse Haupthebel desselben *die Getreidesperre* war. Hat die britische Fabrikindustrie in dem fraglichen Nutzen der Schutzzölle irgend einen Ersatz gefunden für jene Getreidesperre, welche sie verhinderte, ihre Waaren an fremde Nationen in fast unbeschränktem Maasse abzusetzen gegen die Nahrungsmittel, die sie zur Erhaltung ihrer Arbeiter am meisten bedurfte, — für jene Getreidesperre, welche ihr die Arbeit vertheuerte und die Kapitalien benachbarter Völker vom Ackerbau zum Fabrikgeschäft hinübertrieb, und ihr Konkurrenten und Feinde in der ganzen Welt schuf? Hat der britische Handel oder die britische Rhederei in den fraglichen Vortheilen der Navigationsakte irgend einen Ersatz gefunden für jene Getreidesperre, welche allein verhinderte das Versenden unzähliger Ladungen von Waaren, Kohlen, Eisen, um dafür Ladungen von Bodenfrüchten heimzubringen? Demjenigen, der es noch wagt, Englands Tarifsystem als eine einsichtsvolle Pflege des Allgemeininteresses emporzuhalten, rufen wir in's Gesicht: » *Getreidesperre!*« Demjenigen, der leugnen will, dass Englands Tarifsystem diktirt war vom rücksichtslosen Bestreben gewalthabender Einzelklassen, ihrem Sonderinteresse die Wohlfahrt aller übrigen Klassen im Lande zu opfern, Dem rufen wir wieder in's Gesicht: » *Getreide-*

sperre!« Demjenigen, der uns sagt, das britische System der Handelsbeschränkung habe den Volkserwerb gesichert, rufen wir zu: »Fünfzig Millionen Thaler jährliche Armenunterstützung!« — Dass diese Erwerbslosigkeit der Massen bloss Folge der Einfuhrbeschränkungen gewesen sei, behaupten wir nicht; sie erfolgte zum grossen Theile aus der Verschlingung des Kapitals durch Staatsaufwand zur Behauptung einer Gewaltherrschaft, welche, indem sie für den Absatz britischer Gewerbsprodukte zu sorgen vorgab und den Haupthebel der britischen sogenannten Erwerbspolitik bildete, in Wirklichkeit den Unterhaltsfonds der Arbeiter aufzehren liess von der Sippschaft einer regierenden Aristokratie. Nach dem Durchschnitt der Jahre 1839 bis 1844 betrug der britische Absatz nach den unter Englands Suprematie stehenden Gegenden nicht ³/₁₀ der ganzen Ausfuhr. Dem englischen Volke kosteten unlängst die westindischen Kolonieen sieben Millionen Pfd. Sterl., während der Werth aller dorthin abgesetzten Waaren nur drei Millionen Pfund Sterl. betrug. Wer ein Urtheil fällen will über die Wirkung des Systems britischer Regierungswirthschaft, möge erst die Enthüllungen lesen, welche langjährige Augenzeugen, wie Rickards, Carnac Brown und Sullivan über die Verwaltung Ostindiens gemacht haben. Er wird daraus ersehen, wie eine geschlossene Körperschaft von Monopolisten, mit unbeschränkter Gewalt versehen, die Baumwollenkultur von Ostindien nach Amerika vertrieb, indem sie 1789 über 10 Sgr. für ein Pfund Baumwolle forderte, welches weniger als 1 Sgr. zu bauen kostete; wie sie Kraft ihres ausschliesslichen Schifffahrtsrechtes, die Fracht von Ostindien zwei und dreissigmal so hoch stellte, als die von Amerika nach England steht; wie sie jetzt, allein durch ihre Erpressungen und Beschränkungen, die Bewohner Ostindiens verhindert, für 2¹/₂ Pence das Pfund, den Bedarf an Baumwolle zu versorgen, den England jetzt aus den Vereinigten Staaten zu 5 Pence das Pfund beziehen muss, und den Bedarf an Zucker zu liefern für die Hälfte des Preises, den England jetzt dafür bezahlt; — mit einem Wort, er wird erkennen, dass die vernichtende Gewalt des Monopols im Stande ist, selbst die zeugende Kraft eines indischen Bodens unter einer tropischen Sonne zu überwältigen und die fleissigste und genügsamste Bevölkerung zu nöthigen, sich dem Verhungern zu entziehen durch

Auswanderung nach Gebieten, wo der Segen der Natur viel weniger verschwenderisch und nur der Fluch der Menschenherrschaft etwas gemässigter sich zeigt. — Es thut wahrhaftig endlich Noth, die Deutschen über das »System Englands« aufzuklären!

Auch die nordamerikanischen Freistaaten haben es seit dem Jahre 1790 ergriffen und ausgebildet, nachdem sie zuvor unter den Nachtheilen der Schutzlosigkeit ihres Handels und ihrer Schifffahrt schwer gelitten hatten. Die Unterdrückung der Handelsunternehmung in den amerikanischen Kolonieen durch die Strenge der britischen Navigationsakte war, nach Huskissons Zeugniss, eine Hauptursache ihrer Losreissung. »Die Schlauheit der Zollofffizianten«, sagt er, »war beständig in Bewegung, der verkehrten Eifersucht unserer Seehäfen ihre Dienste zu leihen. Blind gegen alle anderweitigen Folgen, beharrten sie bei ihrem Bemühen, die harten und aufreizenden Maassregeln durchzuführen, bis dieses Bemühen einen ganz anderen Geist erweckte — den Geist, welcher in den Fortschritten eines erfolgreichen Aufstandes, das Endziel politischer Unabhängigkeit zu erblicken wagte.« — Mit der erlangten Unabhängigkeit war den Vereinigten Staaten der Handel mit den übrigen Kolonieen sowohl, als die Ausfuhr nach England in anderen als englischen Schiffen, abgeschnitten. Nachdem sie drei Jahre sich vergeblich bemüht hatten, durch diplomatische Verhandlungen einen erträglichen Zustand herbeizuführen, erliessen sie 1787 eine eigene Navigationsakte, die nach dem Muster der englischen zugeschnitten war und auch geradezu als Retorsionsmaassregel gelten sollte.*) Hieraus entstand ein Gang der Dinge, welcher die retorquirende Politik in ihr vollstes Licht stellt: kraft der beiderseitigen Navigationsakten durften amerikanische Produkte nur in englischen Schiffen nach England, englische Produkte nur in amerikanischen Schiffen nach Amerika geführt werden. Keines der Länder aber

---

*) Siehe „Aus den Verhandlungen der Spezialkommission des Parlaments über die Navigationsakte von Dr. *Asher*," Berlin 1848, bei Hermann Schultze.

konnte die Produkte des anderen entbehren. Acht und zwanzig Jahre hindurch sah man amerikanische Schiffe leer über das atlantische Meer kommen, gefolgt von englischen, die mit Reis, Baumwolle und Tabak beladen waren, und wieder englische Schiffe über das Meer in Ballast hingehen, gefolgt von amerikanischen Schiffen, die vollgeladen waren mit Kattun, Kurzwaaren, Steingut und Eisen. Länger als acht und zwanzig Jahre indessen vermochten die beiderseitigen Produzenten und Kaufleute diese handelspolitische Förderung ihrer Interessen nicht zu ertragen. Im Jahre 1815 also wurde ein Vertrag abgeschlossen, welcher den Schiffen beider Nationen die Einfuhr ihrer Produkte nach beiden Ländern freistellte. Welcher Nutzen den Rhedereien beider Länder aus dieser Befreiung erwachsen ist, ersehen wir daraus, dass der Verkehr britischer Schiffe in amerikanischen Häfen von 53,000 Tonnen in 1821, auf 766,000 Tonnen in 1844 gestiegen ist, während in derselben Zeit der Verkehr amerikanischer Schiffe in britischen Häfen von etwa 45,000 Tonnen auf 600,000 Tonnen stieg.

Die Amerikaner griffen zur Navigationsakte nachdem sie zuvor unter der Schutzlosigkeit schwer und in ähnlicher Weise gelitten hatten, wie seither Deutschland. (VI).

Also nimmt der Herr Präsident des volkswirthschaftlichen Ausschusses keinen Anstand zu berichten, dass Deutschland's Schifffahrt seither schwer und in ähnlicher Weise gelitten habe, wie die Amerikanische in der Zeit zwischen der Unabhängigkeitserklärung und dem Jahre 1787! — Wir müssen ihn verweisen auf die statistischen Nachweise über die seitherige Zunahme deutscher Schiffe und deren Beschäftigung, so wie auf die Zeugnisse der deutschen Seestädte, welche durchaus nicht über Leiden klagen, und, mit Ausnahme Bremens, einstimmig gegen alle sogenannte Beschützung ihrer Rhederei- und Handelsinteressen protestiren. Was der Herr Präsident Schutzlosigkeit nennt, nennen die Hafenbewohner Freiheit; was ihn eine nothwendige Quelle des Leidens dünkt, wird von Jenen als eine Stütze der Kraft betrachtet. Die deutschen Rheder sagen: »Lasset die Kaufleute einführen direkt oder indirekt, in einheimischen oder fremden Schiffen, wie die Konjunktur es vortheilhaft macht; lasset den Handel möglichst frei, damit er möglichst wachse; denn je mehr Handel, um so mehr Beschäftigung für Schiffe; und dass wir unseren gehörigen Antheil an der Beschäftigung uns verschaffen, sei unsere Sorge; darum brauchen die Herren Handelspolitiker sich nicht zu kümmern.«

Nur auf den Grundlagen derselben sind die einzelnen Seemächte im Stande, im Wege wahrer Gegenseitigkeit, fremden Völkern Zugeständnisse zu machen (III a) und das grössere oder kleinere Maass derselben, je nach den Verhältnissen, zum Vortheile der eigenen Wohlfahrt zu bestimmen.

Wenn wir unseren Kaufleuten den Einkauf in Zwischenmärkten und die Benutzung fremder Schiffe verbieten, wem wird vorenthalten? Und wenn wir unseren Kaufleuten die freie Wahl der Märkte und Transportmittel lassen, wem wird konzedirt? Abgesehen davon indessen, halten wir nur den Endzweck fest: Beseitigung der unserem Handel und unserer Schifffahrt anderseits gesetzten Hindernisse. Um dahin zu gelangen, schlägt man uns vor, erst Handel und Schifffahrt für unsere Kaufleute noch mehr zu beschränken, um, durch den Rückschlag, fremde Kaufleute und Rheder mitzutreffen, und dadurch fremde Regierungen zu bewegen, Beschränkungen, die sie jetzt ihren Kaufleuten auflegen, und worunter wir mitbeschränkt sind, aufzuheben, worauf wir dann unsere aufzulegenden Beschränkungen auch wieder aufheben können. Kann man aber nur auf diesem, mit so vielen Uebeln besetzten Umwege zum Guten gelangen? »Nur auf Grundlage der zuvor unsererseits aufzulegenden Beschränkungen«, sagt der Herr Präsident, »sind wir im Stande Konzessionen zu machen;« d. h. um Etwas konzediren zu können, müssen wir erst Etwas vorenthalten haben; — ein an sich zwar sehr treffender Satz, der aber unsere Frage nicht trifft; — denn es fragt sich immer, ob wir vermöge des Beschränkens und Konzedirens schnell und sicher, aber auf keinem anderen Wege, die anderseits auferlegten Beschränkungen beseitigen können? Die Erfahrung lehrt uns das Gegentheil. Die Staaten, welche am eifrigsten bemüht waren, durch auferlegte Beschränkungen einen diplomatischen Zwang auf Andere auszuüben, sind am tiefsten in der Beschränktheit stecken geblieben. Wogegen Länder, welche gegen alle Welt freisinnig verfahren, auch allenthalben auf den Fuss der meist begünstigten Nationen gestellt werden; sie erhalten alle Konzessionen umsonst, welche andere mit Opfern erringen. Man lasse also England, Frankreich, Amerika, Holland, Spanien unter sich den Repressalienkrieg wider ihre gegenseitigen Beschränkungen führen; genügt nicht der Zwang, welchen diese alle gegeneinander richten, um ein Verlassen des Beschränkungssystems zu bewirken, so wird das Hinzutreten Deutschlands wohl schwerlich den Kampf entscheiden. Gelingt es aber den Anstrengungen jener Mächte, das gegenseitige Beschränkungssystem zu stürzen, dann haben wir unseren Theil an den Früchten des Sieges ohne zu den Kriegskosten beigetragen zu haben. Der Herr Präsident wird wohl nicht voraussetzen, dass England z. B. die indirekte Einfuhr und die Zwischenfahrt den Amerikanern oder Holländern konzediren, und den Deutschen vorenthalten könnte. Wenn die noch bestehenden Navigationsbeschränkungen in England aufgehoben werden, so wird dies geschehen, weil die Partei, welche den Nutzen eines solchen Schrittes für Englands Handelsinteressen erkennt, die Kraft erlangt hat, mit Hilfe der öffentlichen Meinung das Widerstreben verblendeter Sonderinteressenten zu überwinden. Jene Partei ist thätig und stark. Vor dem parlamentarischen Untersuchungsausschuss hat sie gegen alle Navigationsbeschränkungen ein Verdammungsurtheil erwirkt, dessen gesetzliche Vollstreckung nur verschoben wurde durch das Eintreten politischer Erschütterungen, welche die ruhige Erwägung staatswirthschaftlicher Reformen hinderte. Eins der stärksten Argumente gegen britische Schiffahrtsbeschränkungen war der Hinweis auf die günstigen Erfolge der deutschen Rhederei unter einem freieren Systeme, — Erfolge, welche in London besser als in Chemnitz gekannt zu sein scheinen.

— Das entscheidende Argument indessen bestand in dem Nachweis, dass von 1824 bis 1846 die Beschäftigung britischer Schiffe bei der Einfuhr in dem *nichtbeschützten* Theile des Handels sich von 904,223 Tonnen auf 2,558,809 Tonnen oder fast 183 Prozent gehoben habe; während sie in dem *beschützten* Theile, d. h. bei der Einfuhr von britischen Besitzungen (mit Ausnahme von Canada), nur von 465,265 Tonnen auf 659,762 Tonnen oder 42 Prozent gestiegen sei. Von Canada stieg die Schifffahrt von 1824 bis 1842 nur von 427,832 Tonnen auf 521,451 Tonnen; seitdem aber der Zoll für Bauholz von 3¹/₃ Rthlr. auf ¹/₃ Rthlr. per Last herabgesetzt wurde, ist die Einfuhr von Canada so gestiegen, dass 1846 sogar 1,076,102 Tonnen beschäftigt wurden, — was indessen nicht der Navigationsakte, sondern dem Umstande zu verdanken ist, dass das gepriesene »System« endlich aufhörte, einem industriellen und seefahrenden Volke das nothwendigste Material zum Bau seiner Fabriken und Schiffe zu kürzen. Der britische Zoll auf Bauholz ist ein Attentat gegen den Volkserwerb, welches an Ruchlosigkeit beispiellos zu nennen wäre, — wenn nicht die deutschen Eisenzölle ihm würdig zur Seite ständen!

England hat bis jetzt in der Hauptsache unabänderlich an den Grundsätzen seiner Schifffahrtsakte gegenüber von fremden Nationen festgehalten, es hat bis jetzt dem Handel und der Schifffahrt keines europäischen Staates gestattet, Erzeugnisse Amerika's, Afrika's oder Asiens (die Levante ausgenommen) nach Grossbritannien zum Verbrauche einzusenden. Schiffen freiwillig geöffnet hält, freisinnigen Richtung wohl

Seine sogenannten Gegenseitigkeitsverträge mit Ländern, welche nicht, wie Nordamerika und Frank-

Es kommt nicht darauf an, zu erzählen, wie England verfahren hat, sondern zu beweisen, welchen Nutzen England von seinem Verfahren gehabt hat, wenn uns eine Nachahmung empfohlen wird. Und wenn England unabänderlich an seinen Grundsätzen, trotz aller fremden Repressalien festgehalten hat, so wird Deutschland nicht mit einem Male durch Differenzialzölle England zu anderen Grundsätzen zwingen. — Dass England seit Anfang dieses Jahres seine ostindischen Häfen allen fremden ist Etwas, was als Zeichen einer Erwähnung verdient hätte.

Dies heisst: man macht sich eine Illusion oder falsche Vorstellung, wenn man glaubt, England habe sich durch Verträge

reich, den englischen Handel mit tropischen Erzeugnissen ebenfalls unbedingt ausschliessen, sind mehr oder weniger illusorisch. verbunden, den Handel und die Schifffahrt eines anderen Landes in allen Stücken nach den Gesetzen jenes Landes und nicht nach seinen eigenen Gesetzen zu behandeln. Da Englands »sogenannte Gegenseitigkeitsverträge« nur in gewissen Punkten gleiche Behandlung der fremden mit den englischen Schiffen bedingen, ist allerdings Einwand zu erheben gegen die Benennung derselben, welche, wohl elliptisch, Gegenseitigkeit schlechtweg, anstatt Gegenseitigkeit in gewissen Dingen ausdrückt, also zu Irrthümern oder Illusionen bei den Unkundigen führen kann. Doch ist dies eher ein sprachliches als ein staatswirthschaftliches Bedenken. Dass aber die von England abgeschlossenen »sogenannten Gegenseitigkeitsverträge« der Schifffahrt fremder Staaten wirklichen, nicht illusorischen Nutzen gebracht haben, geht daraus hervor, dass die Beschäftigung fremder Schiffe in britischen Häfen von 447,611 Tonnen in 1820, auf 3,727,438 Tonnen in 1846, und das Verhältniss derselben zu der britischen Tonnenzahl von 21 auf 30 Prozent gestiegen ist. — Gegen Illusionen in volkswirthschaftlichen Fragen sind Zahlen das einzige Verwahrungsmittel.

Mit Nordamerika und Frankreich aber beschränken sich die britischen Gegenseitigkeits-Verträge im Wesentlichen auf die beiderseitigen eigenen Erzeugnisse, weil diese beiden Seemächte den Handel und die Schifffahrt Grossbritanniens genau mit dem eigenen Maasse der britischen Beschränkungen messen, — d. h. die Gesetze Nordamerika's und Frankreichs verbieten amerikanischen und französischen Kaufleuten aus England andere als englische Produkte zu beziehen, und englische Schiffe zu anderen Frachten, als von England aus, zu benutzen. Welchen Nutzen hat der Erwerb der Nordamerikaner und der Franzosen von solchen Verboten? — Dass englische Schiffe übrigens nicht deutsche Waaren nach Amerika oder Frankreich führen dürfen, ist ein Schaden für die Deutschen.

und die Grundsätze der englischen Navigationsakte streng gegen England selbst anwenden.

kungen auflegen, die England den

Frankreich hat gleichfalls bis jetzt in der Hauptsache und mit wenigen Ausnahmen sein System der Begünstigung direkter Einfuhr aus den Erzeugungsländern durch hohe Unterschiedszölle festgehalten, und seine wenigen Handelsverträge gewähren meistentheils nur in den Hafen- und dergleichen Abgaben Erleichterungen.

Nordamerika (obwohl es die britische Navigationsakte bei sich im Wesentlichen als Gesetz eingeführt und überdies die Einfuhren unter fremder Flagge mit einer Zollerhöhung von 10 Prozent und mit höheren Abgaben als die Einfuhren unter eigener Flagge belegt hat) befolgt zwar das System der Ausnahmen von diesen Gesetzen, sowohl hinsichtlich der Zulassung fremder Nationen mit ihrem Handel und ihrer Schifffahrt zur

Aber der Herr Präsident weiset nicht den Nutzen nach, den Amerika und Frankreich davon haben, dass sie ihren Kaufleuten dieselben Beschränkungen seinigen auflegt.

Aber der Nutzen aus solchem Verfahren für Frankreichs Erwerb wird nicht nachgewiesen!

Was die nordamerikanischen Gesetze bestimmen, wissen wir. Was sie für Nutzen bewirken, hätten wir gern hier erfahren.

indirekten Einfuhr aus dritten Ländern, als auch hinsichtlich der Gleichstellung fremder Flagge mit eigener in Beziehung auf Zölle und Schifffahrtsabgaben, mithin den Grundsatz vollkommener Gegenseitigkeit.

Indessen ist nicht zu übersehen, dass Nordamerika, sowohl durch seine geographische Lage (II a), als durch die umfänglichen Frachten, welche ihm die Ausfuhr seiner unermesslichen eigenen Naturprodukte gewährt, in einer ausnahmsweise günstigen Stellung für Befolgung dieses Systems sich befindet.

Die »geographische Lage« fasst so unendlich viele Umstände in sich, dass ohne nähere Angabe es schwer zu erkennen ist, welche derselben so ausnahmsweise günstig in gedachter Hinsicht sein sollen. So weit wir den Sinn dieses Satzes enträthseln können, scheint der Herr Präsident zu meinen, dass Amerika, nach seiner geographischen Lage, am wenigsten auf indirekte Einfuhr angewiesen ist; demnach sei Amerika in der ausnahmsweise günstigen Stellung, seinen Kaufleuten eine Freiheit, die sie in den seltensten Fällen benutzen dürften, gewähren zu können. Mit anderen Worten: Das handelsbeschränkende System ist in Amerika in der ausnahmsweise günstigen Stellung, Etwas mit Verbotsgesetzen zu verschonen, was sich schon durch die Natur der Dinge verbietet. Unsere deutschen Kaufleute an der Ostsee, in Hamburg und am Rheine, sind, nach ihrer geographischen Lage, zum grossen Theile auf indirekte Einfuhr angewiesen. Sie glauben, ganz im Widerspruch mit den handelspolitischen Maximen des Herrn Präsidenten, dass für deutschen Erwerb die Freiheit der indirekten Einfuhr um so mehr Werth habe, je mehr die deutschen Kaufleute in der Lage sind, von solcher Freiheit Gebrauch machen zu können.

Deutschland dagegen ist, wie durch seine geographischen (II. a), so durch alle übrigen inneren Verhältnisse (II. a) gebieterisch darauf hingewiesen, in dem Systeme der anderen europäischen Gewerbsstaaten (IV.), wie England, Frankreich, Belgien (VI.), die Erlangung gleicher Macht (II. a III. a) und kommerzieller Grösse (II. a) zu suchen.

Was die deutsche Handelspolitik zu suchen hat, ist: grösstmöglicher Erwerb für die Deutschen.

Diplomatische Macht ist, unter genauer Abwägung des Opfers gegen den Erfolg, als Mittel zur Beseitigung der dem Erwerbe entgegenstehenden Beschränkungen, erstrebenswerth.

Das Projekt des Herrn Präsidenten giebt der deutschen Reichsgewalt zwar die *Ermächtigung*, Bedingungen an fremde Staatsregierungen zu stellen, aber nicht die *Macht*, Forderungen bei denselben durchzusetzen.

»Kommerzielle Grösse suchen«, heisst, seinen Handel auszudehnen streben. Dies bewirkt man durch keinerlei den eigenen Kaufleuten auferlegten Beschränkungen. — Das, was der Herr Präsident indessen als »kommerzielle Grösse« erstrebt, bestände eigentlich darin, dass man in der ganzen Welt seinen Einfluss als *grosser Störer des Handels* fühlbar machte.

»Die geographischen und die übrigen inneren Verhältnisse« Deutschlands sind von denen Englands, Frankreichs, Belgiens zum grossen Theile so verschieden, dass ein System, welches den Erwerb jener Länder befördert hätte, nicht ohne Weiteres als passend für Deutschland empfohlen werden dürfte.

Der Herr Präsident hat aber nicht einmal den Nachweis versucht, dass, oder inwiefern und auf welche Weise jene Gewerbsstaaten, durch ihr System der Zoll- und Schifffahrtgesetzgebung, ihren Erwerb befördert haben.

Sollen wir indessen, ohne zu fragen, annehmen, dass wir bloss dem handelspolitischen Systeme eines Landes nachzuahmen hätten, um gleiche erwerbliche Zustände, wie in jenem Lande, bei uns zu verwirklichen, so drängt sich doch in dem vorliegenden Falle eine Frage auf, die sich nicht umgehen lässt. Wenn wir nämlich das System Englands und Frankreichs einführen, so können wir nicht bei uns erwerbliche Zustände verwirklichen, die zugleich denen Englands und denen Frankreichs gleichständen, denn diese beiden stehen nicht einander gleich. Würde das englisch-französische System, auf Deutschland übertragen, englische oder französische Erwerbszustände hier verwirklichen? Wenn nun die Wirkungen des Systems am ähnlichsten da ausfallen dürften, wo die »geographischen und übrigen inneren Verhältnisse« sich am meisten gleichen, — und wenn unverkennbar ist, dass Deutschland an Kapitalkraft, Mineralschätzen, Bodenkultur und kontinentaler Lage viel näher dem Niveau Frankreichs, als dem Englands steht, wäre nicht zu befürchten, dass die empfohlene Einführung des gedachten Systems den deutschen Handel und die deutsche Schifffahrt eher auf das Niveau derselben in Frankreich hinabdrücken, als auf die Höhe derselben in England heben dürfte? Wenn man uns zwei Erwerbsstaaten, einen vor und einen hinter uns, zeigt, und von einem Systeme zur Gleichstellung redet, so dürfen wir wohl fragen, mit welchem von beiden wir gleichgestellt werden sollen?

Sollten wir nicht am ehesten der englischen Erwerbshöhe dadurch uns nähern können, dass wir, unter befreitem Handel, die englischen Kapitalkräfte, Mineralschätze, Handels- und Schifffahrtsanstalten unserem Erwerbe dienstbar werden liessen? Diese Frage ist wenigstens der Ueberlegung werth.

Solche sind die Aufstellungen und Auslassungen, welche, anstatt sorgfältig geprüfter Gründe, zur Empfehlung des Schutz- und Differenzialzollprojekts, von der handelsbeschränkenden Partei in Deutschland, durch ihren Anführer geboten werden.

Die Formulirung des Projekts, die den übrigen Theil des Berichts ausmacht, können wir füglich auf sich beruhen lassen. Ehe die Ausführung geprüft wird, muss das Prinzip derselben motivirt sein.

II.

Unter dem Titel: »*Der Schutz der Eisenindustrie vor der verfassungsgebenden Nationalversammlung*« ist hier eine Schrift vertheilt worden, die wir uns erlauben werden, erst auf einen Augenblick vor die *kritisirende Nationalökonomie* zu ziehen.

Eine der wichtigsten Aufgaben politisch-sozialer Reorganisation in allen Zweigen unserer Verwaltung, sagt die Schrift, »*liegt in der Beschaffung lohnender Arbeit durch Entwickelung und Sicherung naturgemässer Produktionen in allen Zweigen menschlicher Thätigkeit.*«

Auf die Beschaffung lohnender Arbeit, d. h. die Vermehrung der Nachfrage nach Arbeitern im Ganzen kann die Verwaltung nur mittelbar einwirken. »Entwickelung der Produktion«, d. h. Herstellung einer grössern Produktenfülle im Verhältniss zu den verwendeten Mitteln, ist die Aufgabe für die Einsicht und Betriebsamkeit der Gewerbsunternehmer. Die Verwaltung kann dazu insofern beitragen, als sie alle willkürlichen Beschränkungen beseitigt, und von dem Produzirten möglichst wenig selber aufzehrt, damit möglichst viele Mittel zur Beschäftigung produktiver Arbeiter übrig bleiben. In dem Verhältnisse, in welchem Material und Arbeit verwendet wird, um Festungen, Kasernen, Kanonen, Munitonswagen und Musketen herzustellen, und Kavalleriepferde zu füttern, muss es an Werkstätten, Dampfmaschinen, Handwerkszeug, Frachtfuhrwerk, Ackergeräth, Viehbestand, mithin Nahrungsmitteln uns fehlen, um Arbeitskräfte nutzbar zu machen.

Der Ausdruck »lohnende Arbeit« hat immer eine doppelte Beziehung. Eine Arbeit kann lohnend sein, einerseits dem Verbraucher des Arbeitsproduktes, andererseits dem Empfänger des Arbeitslohnes. Damit also eine Arbeit schlechtweg »lohnend« genannt werde, muss sie beide Betheiligte zufrieden stellen. Dem Verbraucher aber ist es nicht lohnend, in Folge eines Tarifmanövers, für 2 Rthlr. nur 100 Pfund Roheisen zu erhalten, anstatt 120 Pfund, die er sonst dafür bekommen hätte. — Ist denn das Ergebniss nach der anderen Seite hin lohnender? Verbessert jenes Tarifmanöver die Lage der Arbeiter? Natürlich kann nicht der Zweck sein. Beschäftigung lieber dem Einen als dem Andern zuzuwenden, sondern die Nachfrage nach Arbeitern überhaupt möglichst zu mehren. Dadurch aber, dass durch einen Schutzzoll Kapital in die Eisenindustrie hineingeleitet wird, anstatt in einer anderen Industrie verwendet zu werden, beschäftigt es nicht mehr Arbeiter als sonst. Indem man aber in Folge der Vertheuerung viel weniger Eisen zur Vermehrung der Maschinen, Werkzeuge, Geräthe, Wagen, Gebäude, Eisenbahnen, kurz der Beschäftigungsmittel verwendet, wird die Zunahme der Beschäftigung doch sehr wesentlich gehemmt, und bei zunehmender Bevölkerung Arbeitslosigkeit verbreitet.

Also wäre, im Ganzen und auf die Dauer, die durch die Verwaltung dem Kapitale und der Arbeit zu gebende Richtung keineswegs lohnend, weder dem Verbraucher noch dem Arbeiterstande, — sondern nur dem Vermittler zwischen beiden, dem *Kapitalisten* nämlich, und zwar insofern ihm eine Gewerbsgelegenheit an die Hand gegeben wird, bei der die Verwaltung die Monopolpreise allemal über die Kosten hinaufschrauben soll, während er sonst eine Gewerbsgelegenheit sich suchen müsste, bei der er stets die Kosten unter die Konkurrenzpreise zu bringen hätte.

»*Der industriellen Entwickelung namentlich liegt die Aufgabe vor,*« sagt die Schrift, »*die Nachtheile zu beseitigen, womit jeder Austausch roher Produkte gegen Erzeugnisse der Industrie den Wohlstand der Völker bedroht. — Bei verschiedenen Staaten, welche durch Ungleichheit der Naturgaben wie der Gesetze zu einer verschiedenen Stufe der industriellen Entwickelung gelangt sind, wirkt der freie Austausch von Waaren, auf deren Erzeugung ungleiche Arbeitskräfte ruhen, verarmend auf denjenigen Staat, der industriell weniger entwickelt ist, — und nur der Schutz seiner Arbeitskraft gegen die überwiegende Konkurrenz des Auslandes vermag alsdann das Gleichgewicht herzustellen.*«

Nach diesem Pröbchen wird man hoffentlich nicht behaupten wollen, dass die Schutzzöllner keine »Theorie« vorbringen. Dass sie indessen, soviel sie auch theoretesiren, keine Theoretiker sind, muss man allerdings bekennen! — Wo aber in aller Welt findet denn Dasjenige statt, was die Voraussetzung dieser ganz sonderbaren Theorie bildet? Wo werden Waaren, auf deren Erzeugung ungleiche Arbeitskräfte ruhen, gegen einander ausgetauscht? Wenn z. B. deutsches Getreide zum Werthe von 100 Thlrn. ausgetauscht wird gegen englisches Eisen zum Werthe von 100 Thlrn., ruht denn auf der einen Produktenmasse weniger Arbeit als auf der andern? Wird nicht der Werth der Produkte durch die dazu verwendete Arbeit regulirt? Und wenn man gleiche Produktenwerthe austauscht, tauscht man nicht demnach auch die Produkte gleicher Arbeitsmengen aus? — Ein Zentner Roheisen erfordert allerdings weniger Arbeit als ein Zentner Stecknadeln. Aber wo tauscht man Roheisen und Stecknadeln, Zentner gegen Zentner, aus? Und wenn man wirklich gleiche Gewichtsmengen der verschiedenartigsten Produkte, und nicht gleiche Werthbeträge gegen einander austauschte, — würde Derjenige etwa der Verarmende sein, der für einen Zentner Roheisen einen Zentner feiner Eisenwaaren, oder für einen Zentner Flachs einen Zentner fertiger Hemden erhielte? Dass wenigstens der Andere bei dem Geschäfte nicht reich werden würde, ist augenfällig. — Den Scharfsinn eines Kindes prüft man bisweilen mit der Frage: *Was ist schwerer, ein Pfund Blei oder ein Pfund Bettfedern?* — Wenn aber Schutzzöllner unserer Nationalversammlung einzureden versuchen, dass Fabrikate für 100 Rthlr. mehr werth seien, als Rohstoffe für 100 Rthlr.. so müssen sie vor dem Verstande der Volksvertreter eben keine sehr hohe Achtung hegen!

»*Was ein mangelhaftes Schutzsystem, dem mehr finanzielle als staatsökonomische Zwecke zu Grunde gelegen haben, nach dreissigjährigem Frieden in Deutschland für Früchte getragen hat, erweist die vor uns liegende Zeit.*«

Da von industrieller Entwickelung hier die Rede ist, müsste der Nachweis der Früchte, durch Vergleichen der industriellen Leistungen der Gegenwart mit denen vor dreissig Jahren, gegeben werden. Um nur bis zur Gründung des Zollvereins zurückzugehen, hätte man daraus ersehen eine Zunahme bei der

Baumwollspinnerei,	1834 bis 1846 um				144	Prozent,
Baumwollweberei,	..	„	„	„	179	„
Wollspinnerei,	..	..	„	„	59	„
Wollweberei,	..	„	„	„.	57	„

Für und Wider Schutz- und Differenzialzölle. 379

Seidenweberei, 1841 bis 1846 um 9 Prozent,
Roheisen und Gusswaaren, 1836 „ 1845 „ 40 „
Stabeisenfabrikation, „ „ „ „ 114 „

Dass bei solchem Fortschritte der industriellen Entwickelung die Früchte für das arbeitende Volk nicht besser sind, als welche »die uns vorliegende Zeit« aufweist, liegt darin, dass die Früchte verschlungen wurden durch den Aufwand für Erhaltung einer staatlichen Grossmacht, welche uns eben in die politischen Wirren unserer Zeit gestürzt hat. Dass aber das vollständigste Schutzzollsystem weder vor politischen Wirren, noch vor Noth des Arbeitervolkes sichert, beweist hinlänglich ein Blick auf das benachbarte Frankreich!

»*Der Vaterlandsfreund erschrickt, wenn aus den Zolllisten nachgewiesen werden kann, dass der Werth der vom Auslande jährlich eingeführten industriellen Erzeugnisse, nach Abzug des Werths für Rohstoffe, mithin für reine Arbeitskraft, in runden Summen nahe an 40 Millionen Thaler betragen hat.*«

Die Schrift giebt als Beleg aus der deutschen Gewerbezeitung für 1848 ein Verzeichniss bloss der eingeführten Fabrikate. Wir erlauben uns, hier neben den eingeführten, auch die ausgeführten Werthsummen genannter Waarengattungen anzugeben.

Zollverein 1846.	Einfuhr.	Ausfuhr.
Roheisen	3,156,104 .	39,642
Schmiedeeisen	4,541,086 .	66,104
Weissblech, Eisendraht . . .	152,460 .	55,560
Grobe Gusswaaren	262,932 .	299,052
Grobe Eisenwaaren	1,056,125 .	3,432,600
Feine Eisenwaaren	371,800 .	1,545,450
Leinen-Garn aller Art	3,507,072 .	1,184,116
Leinen-Gewebe	2,607,740 .	13,843,000
Zwirnspitzen	6,000 .	117,000
Gefärbte, gezwirnte Seide . .	1,213,400 .	263,600
Ganze Seidenwaaren	4,351,500 .	10,216,500
Halbe Seidenwaaren	2,360,250 .	4,132,500
Einfach und doppelt Wollengarn	3,218,234 .	1,178,582
Wollenwaaren	2,690,947 .	25,267,085
Transport:	29,495,650 .	61,640,791

	Einfuhr.	Ausfuhr.
Zollverein 1848. Transport:	29,495,650	61,650,791
Baumwollengarn	22,406,287	2,771,682
Bauwollenwaaren	1,720,060	10,750,698
Weisses Hohlglas	337,059	302,100
Gepresstes, geschliffenes Glas .	294,360	155,160
Latus:	54,253,416	75,620,431

Wenn die Schutzzöllner es versuchen, die Vaterlandsfreunde durch Vorzeigen bloss der einen Seite der Rechnung zu erschrecken, müssen sie wirklich auf eine grosse Geschäftsunerfahrenheit bei der Nationalversammlung gezählt haben, insofern sie hofften, dass diese nicht auch nach der anderen Seite des Konto's fragen sollte.

»*Der Drang der Nothwendigkeit*, sagt die Schrift, *gesteigert durch die Kalamität, mit welcher die Zeitverhältnisse die gesammten Industriezweige, namentlich die dadurch bedingte Arbeitskraft bedroht, wendet die Hoffnungen der Betheiligten zu der Zentralgewalt hin, welche, aus der Wahl des Volkes hervorgegangen, berufen ist, mit Einheit und Kraft die tiefen Wunden zu heilen, welche aus den Zerwürfnissen getheilter Interessen für das materielle Wohl des deutschen Volkes hervorgegangen sind. — Alle Zweige der Industrie setzen ihre Hoffnungen auf den Segen, womit die Annahme wahrhaft nationaler Grundsätze das geistige und materielle Wohl eines grossen Volkes begründen und die herben Erfahrungen der vergangenen Zeit tilgen soll.*«

Dies ist uns, offen gestanden, zu gelehrt! Aus diesem Drang von Nothwendigkeit, Kalamität, Hoffnungen, Einheit und Kraft, tiefen Wunden, Zentralgewalt, Zerwürfnissen und zu tilgenden Erfahrungen finden wir uns nicht heraus. Vermuthlich soll damit bloss die Hoffnung ausgesprochen werden, dass die Zentralgewalt Gesetze geben werde, unter denen der Erwerb der Deutschen möglichst gross werde. Solche Gesetze müssen natürlich auf Grundsätzen beruhen, welche den Bedingungen des reichlichsten Erwerbens in der Nation am besten entsprechen, und demnach, wenn der Name gefällt, *wahrhaft nationale Grundsätze* genannt werden mögen. Ob aber durch jene Grundsätze die Beschränkung der Einfuhr fremder Arbeitsprodukte geboten sei, ist eine Frage, welche erst geprüft und nachher entschieden werden muss.

»Unter den industriellen Kräften eines Landes darf die Produktion des Eisens als eine der wichtigsten betrachtet werden.«
Erst muss angegeben werden, wie viel Eisen ein gewisser Aufwand industrieller Kraft in gedachtem Lande produzirt. Demnach vergleichen wir den Tauschwerth solcher Eisenmenge mit dem Tauschwerthe sonstiger Produkte eines gleichen industriellen Kraftaufwands, und entscheiden erst daraus über die verhältnissmässige Wichtigkeit solcher Eisenproduktion. Die relative Wichtigkeit einer Sache ermessen wollen, ohne den Maassstab erst bestimmt zu haben, ist nicht logisch.

»*Auf der Entwickelung der Eisenproduktion ruht die selbstständige Ausbildung vieler anderen Industrieen.*«
Die Entwickelung fast aller Industrieen ruht auf der Versorgung mit möglichster Fülle von Eisen, — also darauf, dass die Eisenproduktion sich irgendwo entwickele, von woher Eisen in grösster Fülle zu haben sei. Aber damit ist nicht gesagt, dass die Entwickelung der Eisenproduktion nothwendig innerhalb derselben Staatsgrenzen mit jenen anderen Industrieen zu dem Zwecke stattfinden müsse. Und noch weniger darf damit gemeint sein, die Entwickelung der Industrie werde dadurch gefördert, dass man ihr eine reichlichere Versorgung von aussenher abschneidet, um sie auf eine kärglichere Quelle im Inlande zu verweisen. *Möglichst viel Eisen für das Geld erlangen können*, darauf kommt es an. — Eine ähnliche Mystifikation versuchen die Schutzzöllner, wenn sie uns sagen: »Basis der Weberei ist die Spinnerei«, und, indem sie damit bloss sagen: »erst muss gesponnen sein, ehe gewebt werden kann«, uns glauben machen möchten, dass in diesem Satze der Beweis liege für die Nothwendigkeit, das Garn in demselben Lande zu spinnen, wo es gewebt wird. Was würde man denn demnach folgern müssen aus dem ebenso unbestreitbaren Satze: Basis der Twistspinnerei ist die Baumwollenpflanzung?

»*Die Entwickelung der Eisenproduktion sichert die Vertheidigung der Staaten.*«
Die Vertheidigung der Staaten wird gesichert durch die Entwickelung der Volksmittel überhaupt, wozu unter Anderem gehört, dass einem Volk die Versorgung mit Eisen nicht von Staatswegen

beschränkt werde. — Das Vorgeben, dass ein Volk seinen Eisenverbrauch auf dasjenige Quantum reduziren solle, welches es sogar unter Monopolspreisen im Inlande herstellen kann, »*um die Unabhängigkeit des Staates gegen die Wechselfälle von Aussen sicher zu stellen*« ist auch ein Stück schutzzöllnerischer Logik. Die Zufuhr von Aussen jetzt selber abschneiden, weil sie von Anderen einst abgeschnitten werden könnte, heisst das Uebel sogleich verwirklichen, vor dem man sich zu fürchten vorgiebt. Wenn man lange mit Eisen sehr reichlich versorgt worden ist, dann hat man gewiss so viel vorräthig, dass es schwerlich an Material zu Kanonenkugeln und Beschlägen, oder Gewehrläufen und Säbelklingen fehlen dürfte, wenn man auch dazu altes Geräthe einschmelzen oder umschmieden müsste. Die Industrie würde einen Krieg, der die Eisenzufuhr kürzte, allerdings empfinden. Sie würde zwar Eisen immer bekommen können, aber für die Dauer des Kriegs nur zu erhöhten Preisen. Also haben wir hierbei zu fragen: Was würde die Industrie mehr empfinden? — eine Vertheuerung des Eisens, jahraus jahrein, um 30 Prozent, oder eine Vertheuerung desselben, auf ein Jahr unter dreissig Jahren, um vielleicht 300 Prozent? — Da die hier angeregte Rücksicht wegen Unabhängigkeit des Staats und der Landesvertheidigung, nicht eine erwerbliche, sondern eine politisch-strategische ist, wäre nicht der Gefahr am leichtesten dadurch zu begegnen, dass der Staat zinsenfreie Geldvorschüsse auf Eisenlager gäbe? Gewiss würden, in Folge dessen, so grosse Vorräthe im Lande sich stets befinden, dass man der Besorgniss vor Wechselfällen von Aussen überhoben wäre. Doch wollen wir eine solche Maassregel nicht gerade vorschlagen, sondern wir erwähnen sie nur, als einen durch die vorliegende Schrift veranlassten Einfall.

»*Die Entwickelung der Eisenproduktion entzieht dem heimischen Boden Kapitalwerthe, die, als Arbeitskräfte ausgeprägt, gerade in den Gegenden ihren Wucher treiben, wo die Natur ihre Gaben weniger der Oberfläche, als dem Inneren der Erde vertraute, und belebt durch Vermittelung des Bergbaues solche Distrikte, die durch ihre kümmerliche Vegetation dem menschlichen Fleisse sonst entzogen sein würden.*«

Enthält diese Stelle der Schrift etwa die wissenschaftliche

Erklärung der erwerblichen Erscheinungen in den Kreisen Rybnik und Pless?

So weit die Einleitung oder theoretische Begründung. Darauf folgt der praktische Theil, welcher viele schätzenswerthe statistische Angaben, die wir bei Gelegenheit dankbarlichst benutzen werden, enthält.

Sehr viel Mühe giebt sich die Schrift, uns genau vorzurechnen, wie viel weniger Eisen wir durch eigene Produktion, als durch Einfuhr, bei gleichem Kostenaufwande erhalten.

Setzen wir nun die Richtigkeit aller dieser Zahlenangaben, als von einem Sachverständigen in der Eisenindustrie (wenn nicht in der Nationalökonomie) herrührend, voraus, und gehen wir geradenweges zu dem Endergebniss.

Nehmen wir an, der Vorschlag wäre ausgeführt, und das Ziel desselben, nämlich die einheimische Erzeugung des jetzt im Zollverein verbrauchten Eisens, vermittelst angegebener Preiserhöhungen, vollständig erreicht.

Die Mehrausgabe für die Verbraucher betrüge:

bei 766,200 Ztr. Gusswaaren um 15 Sgr. . . . . . 383,100 Rthlr.
., 2,902,868 ,, Grobeisen um 1 Rthlr. 18 Sgr. . . . 4,644,748 ,,
., 833,416 ,. Kleineisen um 2 Rthlr. 15 Sgr. . . . 2,083,540 ,.
Summa . . 7,111,388 Rthlr.

Zur Herstellung dieser Eisenmenge wären auch erforderlich, wie wir es aus den Angaben der vorliegenden Schrift herausrechnen, einschliesslich der Erz- und Roheisengewinnung, etwa 57,000 Mann.

Die Betrachtung dieser Zahlen erregt in uns wieder einen Einfall, den wir unmaassgeblich, als einen Vorschlag zur Güte, erwähnen wollen. — Wie wäre es nämlich, wenn, unter solchen Verhältnissen, wir anstatt dieses auferlegten Schutzgeldes, den Reisigen der Eisengewalt für Jeden eine Leibrente von 2 Rthlrn. die Woche offerirten, blos dafür, dass sie einerseits uns die Freiheit ertheilten, uns überall das wohlfeilste Eisen zu kaufen, und dass sie andererseits aufhören möchten, mit so unsäglichem Schweiss und Lärm zu heizen und zu hämmern, bloss damit für uns weniger Eisen da sei, als wenn sie alle regungslos mit Kaiser Rothbart in der Steinhöhle sässen und wir freien Handel hätten! Wir würden dabei über eine Million Thaler jährlich sogleich retten, und hätten die Aussicht, beim allmählichen Aussterben der Berechtigten, fernere Summen zu ersparen.

Eine andere Angabe in der vorliegenden Schrift veranlasst eine Betrachtung, womit wir für dieses Mal schliessen wollen. »*Nach glaubhaften Notizen*, sagt die Schrift, *aus den verschiedenen deutschen Zollvereinsstaaten kann angenommen werden, dass die jährliche Eisenerzeugung des Zollvereins 3,600,000 Ztr. Roheisen beträgt, was im Vergleich zu* (dem Bedarf) *einer Bevölkerung von 27 Millionen sehr gering zu nennen ist. — Grossbritannien* (mit einer fast gleich grossen Bevölkerung) *dagegen erzeugte 1842 die enorme Summe von 35,000,000 Ztr. Roheisen.*« — Aus Macculloch ersehen wir, dass in Grossbritannien etwa 5 Millionen Ztr. Gusswaaren und 15 Millionen Ztr. Stangeneisen verbraucht werden, also jährlich etwa 80 Pfund Eisen auf den Kopf, während die vorliegende Schrift nachweist, dass im Zollverein, selbst bei den jetzigen Preisen, nur »*circa* 15$^{3}/_{10}$ *Pfund Eisenwaaren per Jahr auf den Kopf entfallen.*« Und doch sollen höhere Zölle aufgelegt werden! Man frage sich bloss, wie alle unsere Industrieen, die schon in grossem Maasse auf die Ausfuhr ihrer Produkte angewiesen sind, die Konkurrenz mit einem Lande aushalten sollen, welches in seine Betriebsmittel wenigstens fünfmal so viel Eisen jährlich hineinsteckt, als wir es vermögen?

Bedenke man auch die Worte des englischen Handelsministers Herrn Gladstone, welcher sagte: »Wenn fremde Nationen unser wohlfeiles Eisen ausschliessen, dann berauben sie sich der Waffen, womit allein sie hoffen dürften, mit England konkurriren zu können, in allen den Industriezweigen, für welche Eisen ein wesentliches Hilfsmittel bildet.« Und mehr oder weniger direkt ist Eisen wesentliches Hilfsmittel aller Industrie, — vorzüglich auch des Ackerbaues, von dessen Entwickelung ja die Sattmachung unseres Volkes zunächst abhängt.

Und was die Beschäftigung für Arbeiter bei zollfreier Eiseneinfuhr beträfe, so dürfen wir nicht vergessen, dass Schmiede, Schlosser und Maschinenarbeiter auch zur Eisenindustrie gehören. Wenn also die Bewohner des Zollvereins sich dieselbe wohlfeile Versorgung, welche die Engländer geniessen, nur gönnen wollten, was lediglich in ihrem Belieben steht, — wenn sie demnach durch Einfuhrfreiheit den Verbrauch hier einigermaassen der in England erreichten Höhe nahe brächten, also vielleicht 8 Millionen Ztr. Grobeisen und 2 Millionen Ztr. Kleineisen *mehr als jetzt* zu verarbeiten hätten, so würden sie dadurch, nach annähernder Schätzung, Beschäftigung für 50,000 Schmiede, und 20,000 Schlosser und Maschinenbauer mehr als jetzt finden, — und hätten nicht 7,000,000 Rthlr. jährlich dafür zu zahlen, dass die Vermehrung der industriellen Betriebsmittel, der Mittel zur Beschäftigung des Arbeitervolks, gewaltsam gehemmt werde.

III.

Fassen wir zum Schluss die Gründe und Gegengründe zusammen:

Die betreffenden inländischen Produzenten, vornehmlich die Eisenproduzenten, Twistspinner, Rübenzuckerfabrikanten und Verfertiger halbwollener Zeuge, sagen, dass, ohne Schutzzölle, man weniger Eisen, Twist und Halbwollenzeug und keinen Zucker im Lande produziren könnte.

Die Gegner erwidern, dass man, ohne solche Zolleinrichtung, mehr Eisen, Twist, Halbwollenzeug und Zucker im Lande *haben* würde, indem man solche Produkte vom Auslande eintauschte.

Jene Produzenten sagen, dass die Herstellung solcher Produkte im Inlande ein sehr grosses Kapital beschäftigt und sehr viele Arbeiter in Brod setzt.

Die Gegner sagen, dass ebenso viele Kapitalien beschäftigt und ebenso viele Arbeiter in Brod gesetzt werden würden, um die Waaren zu erzeugen, welche wir dem Auslande für Eisen, Twist, Zucker und Halbwollenzeug zu geben hätten; — es handle sich bloss darum, ob Kapital und Arbeit verwendet werden solle, um Dinge, die wir verbrauchen, oder Dinge, die wir austauschen wollen, Verbrauchswaaren oder Tauschwaaren, zu verfertigen. Dies entscheidet sich jenachdem wir von einer Waare, bei gleichem Aufwande, mehr verfertigen, oder mehr eintauschen können.

Jene Produzenten wenden ein, dass unser Land Tauschwaaren

nicht absetzen könne an das Ausland, welches Alles wohlfeiler und besser verfertigt, als wir es vermögen.

Die Gegner weisen auf die Ausfuhrlisten hin, welche zeigen, dass der Zollverein z. B. Fabrikate jeder Gattung an das Ausland in grösserer Masse absetzt, als in welcher er solche von aussen her bezieht; — dass er in jedem Zweige der Industrie, wozu die meiste Menschenarbeit und Geschicklichkeit der Hand erforderlich ist, mit aller Welt siegreich konkurrirt; dass er nicht blos alle von ihm eingeführten Fabrikate, sondern auch die grossen Massen von Halbfabrikaten und ausserdem noch fast die Hälfte seines Verbrauchs an Kolonialwaaren mit Fabrikaten bezahlt, indem die von ihm ausgeführten Bodenerzeugnisse und Rohstoffe nur etwa ein Achtel des Werths der von ihm ausgeführten Fabrikate betragen.

Jene Produzenten sagen, dass fremde Regierungen unsere Fabrikate durch ihre Zollsperren ausschliessen. Wollten wir einseitig die unserigen lüften, so würden mehr fremde Waaren bei uns, aber nicht mehr von unseren Waaren in fremde Länder Eingang finden, folglich müsste baares Geld uns entzogen werden.

Die Gegner machen darauf aufmerksam, dass eine Verminderung der Baarschaft sich verräth und fühlbar macht nur in einer Verminderung aller Preise, welche, wo sie stattfindet, von der Einfuhr abschreckt und zur Ausfuhr ermuntert, so dass ein Gleichgewicht zwischen Ein- und Ausfuhr allenthalben, sowohl in den Theilen eines Landes, als in verschiedenen Ländern, eben durch den Einfluss der Geldbewegung auf die Preisverhältnisse, aufrecht erhalten wird. — Die von den Schutzzöllnern behauptete Theorie, dass alle Kaufleute in allen Ländern sich stets bemühen, von den Kaufleuten anderer Länder baares Geld zu beziehen, steht in Widerspruch mit der Thatsache, dass jeder Kaufmann in jedem Lande stets bemüht ist, sein Geschäft mit möglichst wenig Baarschaft zu verrichten, und bekanntlich einen Handel scheut, wobei er sich, anstatt der Retourwaaren, baares Geld weit her mit bedeutenden Kosten zurücksenden lassen müsste, wofür ihn nur ausserordentlicher Gewinn entschädigen könnte. Uebrigens stände es in jedes deutschen Kaufmanns Belieben, für die von ihm ausgeführten Waaren sich allezeit baares Geld remittiren zu lassen, und er würde dies sicherlich thun, sobald baares Geld mehr als ein anderes Ding in Deutschland begehrt wäre. — Dagegen sucht das Ausland auf dem Wege des Handels nur Befriedigungsmittel. Sein Gelüst, die Erzeugnisse deutscher Arbeit zu verbrauchen, hat seine Schranke nur in der Forderung, Erzeugnisse seiner Arbeit dafür zu geben. Es ist also kein Grund für die Annahme, dass das Ausland nicht willens sein sollte, mehr deutsche Arbeitserzeugnisse zu nehmen, wenn es von den seinigen mehr gegeben hätte. Alle bisherige Erfahrung zeigt, dass eine erleichterte Einfuhr in ein Land stets eine entsprechende Ausfuhr von dessen Erzeugnissen zur Folge gehabt habe.

Endlich stellen jene Produzenten vor, dass sie grosse Einrichtungskapitalien festgesteckt und viele Arbeiter angenommen haben, und ohne jenen Zollzuschlag zu ihren Produktenpreisen, d. h. ohne jenen von den Verbrauchern genommenen Ueberpreis, ihre Beschäftigungen einstellen müssten.

Die Gegner erwidern, dass die Spinner und Fabrikanten von Halbwollenzeug, welche so viel weniger Lohn, als ihre ausländischen Mitbewerber, zu zahlen haben, ganz gut für dieselben Preise wie diese arbeiten könnten, wenn nur die Handelsfreiheit sie nöthigte, Einrichtung und Betrieb ebenso zu vervollkommnen, wie es ihre Mitbewerber im Auslande gethan haben; — dass die Roheisenproduzenten, von beschränkender Staatskontrolle befreit, sich gleichfalls ohne Besteuerung der Verbraucher behaupten könnten in Oertlichkeiten, wo genug Erze, Brennstoffe und Transporterleichterungen sich darbieten, um den Betrieb überhaupt dort zulässig zu machen; während von einem allgemeinen Einstellen der Roheisenproduktion schon deshalb nicht die Rede sein könnte, weil die Preise bei freier Einfuhr höher wären als die Preise, bei denen jene Produktion sich in den Jahren 1837 bis 1843 bekanntlich ausdehnen konnte; — dass die Fabrikation von Stangeneisen, bei wohlfeilerem Roheisen und vervollkommneteren Einrichtungen, sich auch bei Zollfreiheit in wenig verminderter Ausdehnung erhalten könnte, weil ihr Produkt, wegen seiner Qualität theilweise unentbehrlich ist; — dass die Rübenzucker-Fabrikanten, je schneller um so besser, für das Einstellen ihres Gewerbes entschädigt werden sollten, indem der wachsende Ausfall für die Zollkasse innerhalb etwa dreier Jahre so viel beträgt, als die ganze Auskaufssumme ausmachen dürfte; — und dass schliesslich die Verbraucher, indem sie für die im Inlande produzirten Eisenwaaren, Baumwollen- und Halbwollenzeuge und den Rübenzucker etwa zehn Millionen Thaler jährlich Ueberpreis zahlen müssen, um gerade so viel weniger an sonstige Verbrauchsgegenstände verwenden können, wodurch einerseits sie den Genuss von Befriedigungsmitteln, und andererseits Arbeiter den Genuss eines Lohnes für deren Verfertigung, im Betrage von zehn Millionen Thalern rein einbüssen.

In Betracht, dass es an Mitteln zur Beschäftigung, Ernährung und Bekleidung so vieler der Arbeitsfähigen im Lande fehlt, — dass nämlich für den Unterhalt Aller zu wenig erübrigt ist an Werkzeugen, Maschinen, Ackergeräthen, mithin auch an Bodenfrüchten, an Kleidern, nebst so vielem Anderen, überhaupt an Kapitalsgegenständen, wird protestirt gegen eine Anordnung, welche vornehmlich das Eisen und das Garn im Lande vermindert.

In Betracht, dass Kapital die Bestimmung hat, die Fülle der Produkte zu vermehren, wird protestirt gegen Kapitalsverwendungen, zu deren Ermöglichung ein Mangel an gewissen Produkten angeordnet wird.

J. Prince·Smith,
Stadtverordneter in Berlin.